中国社会科学院 学者文选

林里夫集

中国社会科学院科研局组织编选

中国社会科学出版社

图书在版编目（CIP）数据

林里夫集／中国社会科学院科研局组织编选. —北京：中国社会
科学出版社，2007.10（2018.8 重印）
（中国社会科学院学者文选）
ISBN 978 - 7 - 5004 - 6399 - 3

Ⅰ.①林…　Ⅱ.①中…　Ⅲ.①林里夫—文集②马克思主义政治经
济学—文集③统计学—文集④社会主义经济—文集　Ⅳ.①C53

中国版本图书馆 CIP 数据核字（2007）第 138891 号

出 版 人	赵剑英	
责任编辑	周兴泉	
责任校对	郭　娟	
责任印制	王　超	

出　　版	中国社会科学出版社	
社　　址	北京鼓楼西大街甲 158 号	
邮　　编	100720	
网　　址	http：//www.csspw.cn	
发 行 部	010 - 84083685	
门 市 部	010 - 84029450	
经　　销	新华书店及其他书店	

印刷装订	北京市十月印刷有限公司	
版　　次	2007 年 10 月第 1 版	
印　　次	2018 年 8 月第 2 次印刷	

开　　本	880×1230　1/32	
印　　张	14.875	
字　　数	358 千字	
定　　价	89.00 元	

凡购买中国社会科学出版社图书，如有质量问题请与本社营销中心联系调换
电话：010 - 84083683

出版说明

一、《中国社会科学院学者文选》是根据李铁映院长的倡议和院务会议的决定，由科研局组织编选的大型学术性丛书。它的出版，旨在积累本院学者的重要学术成果，展示他们具有代表性的学术成就。

二、《文选》的作者都是中国社会科学院具有正高级专业技术职称的资深专家、学者。他们在长期的学术生涯中，对于人文社会科学的发展做出了贡献。

三、《文选》中所收学术论文，以作者在社科院工作期间的作品为主，同时也兼顾了作者在院外工作期间的代表作；对少数在建国前成名的学者，文章选收的时间范围更宽。

中国社会科学院

科研局

1999 年 11 月 14 日

目　录

编 者 的 话

林里夫,辽宁省西丰县人,1909年11月26日生,2001年
4月16日逝世。享年92岁。

1925年,他在日本人办的"南满中学堂"读书时,参加反
日罢课斗争后,自动退学;1926年,接受了马克思主义,特别
是李大钊《唯物史观》的影响;1927年考入北京大学;1928年
参加革命;在70余年的艰辛历程中,他既是一名严谨的科学工
作者,又是一名忠诚的共产主义战士。无论环境如何恶劣,他总
是以旺盛的斗志去迎接各种挑战,坚持信仰,矢志不移。在他最
后的几年中,还曾充满乐观地表达了一直在努力着的愿望:"愿
在仅有的余年留下三部专著:一、《资本论的辩证法》,二、《中
国古代经济史》,三、《革命斗争回忆录》,完成为实现马克思主
义科学真理和共产主义理想而斗争的终身志愿!"可惜,由于他
偶发疾患、匆匆离世,未能了却宏愿。

一 崇高的政治向往

1929年,他在日本东京加入中国共产党(中国留日学生特

别支部），因参加国际青年节的游行示威活动，被捕入狱一年零三个月。1931年回国后，在北平、天津、上海等地，做党的组织、宣传工作。1931年12月他作为北平南下（南京）示威团的党团主要成员之一，参加并组织游行示威活动。南京的这次规模较大的学生游行示威斗争，激发了人民群众抗日的爱国热情，直接促进了"1·28"上海抗战。

1934年至1936年，在党的上海中央局的领导下，成立了以宋庆龄为主席、林里夫为党团书记的中国民族武装自卫委员会（简称"武卫会"），为建立广泛的抗日民族统一战线，组织、动员全国海陆空军武装及全国人民，为实现《中国人民对日作战基本纲领》而斗争，"武卫会"的分会遍布海内外，推动了抗日救亡运动的进一步开展。

1937年，林里夫到延安，担任陕甘宁特区民主政府选举委员会和陕甘宁边区政府主席团等政府机关秘书及政务工作，同时在陕北公学担任政治经济学教员，对干部和学生进行马克思主义教育。1939年因遭受康生等人的诬陷，被关押在陕甘宁边区政府保安处达7年之久，受尽酷刑折磨，被开除党籍。至1945年中国共产党第七次代表大会专案组审查后，于1946年党组织以中共中央组织部名义恢复其党籍。

1947年后，在东北行政委员会经济委员会资料室、东北财经委员会调查统计处、东北人民政府统计局、东北计划统计学院担任领导职务。

在东北统计局工作期间，他为实现统计数字的科学性、全面性、真实性、及时性，坚决反对"用估计数字代替统计数字"的主张，并在业务中切实抵制各种不良做法。反对诸如年底计划执行完毕以后，用修改（降低）计划数字等方法，把没有完成计划说成是超额完成计划，向中央谎报成绩等一系列做法。他为此受到勒令"停职反省"的处分。

1954年10月，任中国科学院经济所研究员。1955年与经济研究所代所长狄超白共同创办《经济研究》杂志，兼任研究生导师。

1956年1月，周恩来总理作《关于知识分子问题的报告》，传达毛主席提出"赶上世界科学先进水平"的号召。之后，中国科学院党组组织制定12年赶上世界科学先进水平的科学研究计划，并通过党委下发的通知规定所属各支部动员党团员检查任务完成情况。科学院党委的通知着重指出，行政干部检查行政工作应如何改善科学家的工作条件，更好地为科学研究工作服务的问题；青年研究实习员尤应检查如何虚心向科学家学习并做好科学家助手问题。文件传达中特别强调，要在工作中学习；并要求通过检查，充分发挥全体党团员的积极性，掀起一个向科学进军的高潮。经济研究所党支部经过三天半的热烈讨论，一致同意党委的通知，并否决了一项提议，即"要在青年中提出为争取候补博士学位而奋斗的口号"。在科教领域内外公开的"向科学进军"的两条道路和两条路线的斗争中，林里夫坚决执行党中央提出的向科学进军的路线，反对把"向世界科学先进水平进军"的正确路线篡改为"向副博士学位进军"的错误路线，反对用荣誉、地位、物质享受等错误手段去误导青年。国家科学研究计划，包括发展科研队伍培养青年的计划，和党的培养青年科学家的方法，是强调在工作中培养。1957年4月23日，林里夫在《光明日报》上发表了题为《引导青年向科学进军的两条不同的道路》一文。1958年，这篇文章连同他1955年发表的《论决定我国过渡时期的各种生产底社会形态的基本经济法则》一文，都被说成是向党进攻的右派纲领而遭到错误的批判。他被打成"右派分子"。由此衍生出的"狄超白、林里夫反党集团"案，使许多同志受到株连。他被剥夺了政治权利与发表意见的权利，不能公开发表文章。同时，取消原有的一切物质待遇，仅发给生活费每月28元，并准备安排下放改造。由于接任经济研究所代理所长的孙冶方同志识才惜才，他被留在所内监督劳动。其"右派分子"问题延续21年之久。

1978年、1979年、1984年、1985年、1986年，中共经济研究所党总支（分党组）、中共中国社会科学院党组、中共中央组织部、中共中央纪律检查委员会分别做出决定，改正原来的错误决定，推倒一切诬陷不实之词，为林里夫同志和"狄超白、林里夫反党集团"彻底平反。林里夫同志因遭受康生等诬陷被定为"内奸"罪名而在延安保安处关押7年之久的"历史保留问题"，经中共中央组织部审查认定，林里夫同志历史保留问题应予撤销；所谓"内奸嫌疑"属于诬陷不实之词，应予推翻，彻底平反，恢复名誉，并消除因此而受到的政治影响。中共中央组织部审查认定指出，林里夫同志在上海中国民族武装自卫委员会工作期间"工作是努力的、政治上是坚定的、对敌斗争是坚决的、是有成绩的"。至此，长期压在林里夫同志身上的冤屈得以彻底的清理。

林里夫同志1989年12月离休。虽历尽艰险，但他始终坚信党、坚信党的事业，坚信马克思主义理论的真理性，不屈不挠、毫不动摇、积极乐观，表现了共产党人实事求是、追求真理的崇高精神。

林老的一生，是革命的一生、光明磊落的一生，又是集党内外政治经济社会运动的一生。从1928年参加革命至2001年去世，在其数十年艰难困苦的经历中，在他年富力强的生命时段，他有30余年处于被捕入狱、受审查、遭处分、被管制的政治状态。无论环境如何艰难、险恶，他坚贞不屈，始终保持着革命者和共产党人的坚强信念，并始终以自己力所能及的行动履行着目标远大但举步维艰的社会责任和革命义务。

二 学习和宣传与应用马克思主义

林老的一生，是对马克思主义理论不懈地探索、学习、研究、宣传、实践的一生。

1932年上半年，他在上海担任中国社会科学家联盟（简称"社联"）常委研究部长，直接负责劳动大学和中国公学等社联小组的社会科学研究活动的组织和领导。在社联代表大会上，根据"1·28"抗敌行动后的国际和国内政治形势，对脱离中国实际（代表王明路线）的观点进行了斗争。

1932年下半年，在担任中共北平市文委书记期间，组织和领导北平市"社联"、"左联"、"教联"、"剧联"、"乐联"（左翼音乐家联盟）等社团的工作。在担任中共北平市委宣传部长期间，曾通过左翼文化团体的关系，邀请左翼教授侯外庐、王思华、许德珩、马哲民、鲁克明和鲁迅等在各大学讲演，宣传马克思主义，同时成立十月革命研究会，开展革命历史的研究工作。

1933年，在担任中共天津市委宣传部长兼秘书长期间，曾代表中共天津市委动员党和共青团组织，领导反帝同盟和左翼文化团体，把组织领导抗日运动，支援察哈尔的抗日民族革命战争作为反对帝国主义运动的中心；为此，继续和错误（王明）路线的盲目坚持者进行斗争。

1934—1936年，担任中国民族武装自卫委员会筹备会党团书记兼该会宣传部长期间，坚持"马克思主义理论和中国革命的具体实践相结合"的原则，努力克服来自王明路线的"左"倾思想的影响。

例如，针对王明路线的口号："要参加革命，不要参加抗日；要参加共产党，不要为完成革命任务而斗争"，以及采取脱离群众的少数干部的冒险主义行动，林里夫积极坚持党的正确主张，表达认识并落实于行动。即如：（一）反对把共产党所领导的无产阶级的阶级组织与抗日民族统一战线对立起来，把建立国防政府与抗日联军及抗日民族革命战争对立起来的理论和实践；（二）反对把"解散党所领导的一切赤色群众团体和停止一切阶级斗争"、"解散中国民族武装自卫委员会筹备会"、"停止为实现《中国人民对日作战基本纲领》（中国共产党的抗日救国六大纲领）而斗争"，作为建立抗日民族统一战线的先决条件的理论和实践；（三）反对"一切通过统一战线和一切服从统一战线"的理论和实践；主张在蒋介石坚持"抗日必先剿共"、"在剿共期间，不准奢言抗日，奢言抗日者斩"的政策之下，只有坚持"反蒋抗日"，为实现《中国人民对日作战基本纲领》而斗争，才能实现逼蒋抗日（及以后的联蒋抗日），等等。

1937 年，在陕北公学担任政治经济学教员，对干部、学生（包括北平、天津等地各大专院校的流亡学生，及全国各大城市受过党的政治影响的思想进步的青年）进行马克思主义教育。

1948—1952 年，创办东北计划统计学院（现东北财经大学），为我国经济建设培养了大批干部。

1952—1954 年在中共中央东北局党校政治经济学教研室，1954—1957 年在中国科学院经济研究所政治经济学研究组任职期间，按照马克思的《资本论》的观点讲授政治经济学，曾在中国人民解放军东北军区学习会上讲述《关于资本主义的基本经济法则》和《现代资本主义的基本经济法则》；曾在北京大学经济系讲授《资本论》第 2 卷；曾应邀到天津市委干部学习班作政治经济学的专题报告；也为北京军区某些单位讲过课。

1956年1月，毛主席发出号召，要求"全党同志努力为学习科学知识同党外知识分子团结一致，为迅速赶上世界科学先进水平而奋斗"。中国科学院随即做出决定"在12年内赶上世界科学先进水平"并于当月24日发出通知，指示：行政干部要为科学研究服务；青年实习研究员虚心向科学家学习，做好科学家的助手；科学家发挥一切潜在力量为更好地完成国家所批准的研究计划而奋斗，掀起一个向科学进军的高潮，要求党团员明确认识，忠诚地执行党的政策。林里夫为贯彻党的向世界科学技术先进水平进军的路线，反对把全国青年引向单纯"为副博士学位而斗争"的道路；在1957年毛泽东主席、周恩来总理批评了上述单纯性思想倾向以后，根据组织的要求，撰写了《引导青年向科学进军的两条不同的道路》一文，经中宣部批准，发表在《光明日报》。

在编辑工作方面：1929年，在日本东京时，担任《赤花》报的编印工作；1947—1948年，编辑《东北经济》；1948—1952年，编辑出版《国际经济》、《计划经济》、《统计工作》；1955年2月与中国科学院经济研究所党支部书记、代理所长狄超白共同创办党的经济理论刊物《经济研究》，任编辑委员会常务编委、副主编。

三　不懈的追求与艰辛的探索

作为一名马克思主义经济学家，虽经常身处逆境，但他的敬业和探索精神却终身不懈。他勤于学习，勤于钻研，敢于直言，敢于斗争。即使在被停职、审查时期，他也没有中断过各种专著的学习研究与文献资料的累积遴选。

1926年阅读李大钊《唯物史观》。

1927 年在北京大学期间，阅读马克思恩格斯《剩余价值学说》、《社会主义从空想到科学的发展》等著作。

1929 年，东渡日本，在东京参加社会科学研究会，研究马克思主义经济学。

1932 年上半年，在上海担任中国社会科学家联盟（简称"社联"）常委研究部长，翻译苏联拉皮都斯、奥斯特洛维疆诺夫《政治经济学》的"工资"一章。

1932 年下半年，在担任中共北平市文委书记、中共北平市委宣传部长期间，组织左翼教授在各大学讲演、宣传马克思主义。

1933 年，翻译苏联米高扬的《苏联的第一个五年计划》、《通货膨胀经济学》。

1937 年，在陕北公学担任政治经济学教员，对学生和进修干部讲授马克思主义政治经济学。

1939—1945 年，在遭受政治诬陷与迫害期间，对马克思的《资本论》和《列宁选集》进行系统研究，翻译列宁的《政治经济学教程》。

1947—1948 年，在担任东北行政委员会经济委员会资料室主任期间，搜集东北解放前的满铁调查资料，并对北满、东满的国营经济进行调查研究；参加土改运动的检查工作，写了《黑龙江土改运动调查报告》和《黑龙江省土改运动研究报告》，揭露了打击面过宽的"左"倾问题，批评了土改运动中的"左"倾错误。

在东北财经委员会工作期间，接收满铁调查资料，组织和领导原满铁调查部的研究人员整理和编辑东北解放前的工矿企业统计资料；创办东北计划统计学院，培养计划统计工作干部和经济建设干部，开展统计科学研究，推进了新中国统计学科的建设和发展。

在中共中央东北局党校期间及调到中国科学院经济研究所后，按照马克思的《资本论》的观点，开展政治经济学的讲授教研，得到领导支持；以《资本论》（第2卷）和《政治经济学》、《苏联社会主义经济问题》、《关于资本主义的基本经济法则》和《现代资本主义的基本经济法则》等专题开展教研并在大学、党校和部队系统讲演。

1955年，为了我国经济建设的需要，研究过渡时期的经济规律及其作用，他在刚刚创刊的《经济研究》期刊上发表《论决定我国过渡时期的各种生产底社会形态的基本经济法则》，论述了价值法则依然是决定我国产品生产的基本经济法则，剩余价值依然是决定我国资本家阶级的生产目的的资本主义的基本经济法则。

1956—1957年，参加中央民委组织的少数民族社会历史调查工作，收集了黎族、傣族、彝族、蒙古族、维吾尔等族的社会历史资料，准备从少数民族的经济史入手，研究中国原始社会、奴隶社会及封建社会的经济史。在以后的许多年中，他夜以继日地进行了大量的研究工作，从二十四史及其他中、外文书籍中摘录了许多经济史资料，准备以马克思的唯物史观，特别是根据马克思的亚细亚生产方式的观点，撰写《中国古代经济史》。这部尚未完成的书稿，以生产关系区分社会发展阶段，把中国封建社会的开端上溯到夏朝；其学术意义还在于将揭示中华民族的发源地和中华文明的源头。

1958年，参加〔日本〕副岛种典所著《社会主义政治经济学研究》的合译工作。

1966年以后，他以冤案申诉为中心，写出革命史料片断，并打算完成一部《革命斗争回忆录》。

20 世纪 80 年代，他就社会主义生产目的等专题撰写论文、阐述主张，未能全部发表。

长期以来，他准备完成《中国古代经济史》和《资本论的辩证法》两项研究工作。但是，由于解决历史冤案曲折费时耗费精力，政治上平反后一直没能得到相应的工作条件，这些工作也未能顺利进行。

他对于马克思主义政治经济学的研究和传播，对于我国统计学的学科创立与统计工作的发展，对于社会主义企业必须实行经济核算的思想，对于社会主义生产目的的论述，对于经济发展战略的科学抉择，对于国民经济运行中必须高度重视自然资源综合利用以及生态平衡良性循环等专题研究，都做出了开创性的贡献和科学的主张。

林老的一生，是研究探索、写作思考的一生。他学术造诣深厚，研究深入，理论联系实际，善于普及大众。他通晓日、英、德、俄等国语言文字，翻译过多部俄、日文经济学著作。他的研究成果为当代马克思主义理论研究提供了丰富厚重的学术史料与思想宝藏。

在 70 余年的艰辛历程中，无论环境如何恶劣，他总是以旺盛的斗志去迎接各种挑战，坚持信仰，矢志不移。在进入新世纪的一次《经济研究》编委会年会上，我们曾向他和巫宝三等几位长者提出，要有继续健康生活工作几十年的精神准备、思想准备，他们笑容满面示意愿意接受挑战，他们还有许多重要的研究课题尚待完成。

扎实的学风，使他的研究著述缜密严谨。他坚忍的意志，使他在恶劣的环境中，仍能潜心研究、笔耕不辍。他学识渊博、底蕴厚实、思想深邃、洞察秋毫，能够发现并解决一些不易被人们察觉而又十分重要的冷僻疑难问题。例如，1980 年《经济研究》

编辑部收到一篇《评"严复译亚当·斯密〈原富〉按语"的经济思想》文章。对于此稿评审，难度很大。因为该文涉及英国古典政治经济学理论及 18、19 世纪英国的语言文字，涉及对于严复译文及其按语的理解，涉及严复根据亚当·斯密的经济自由主义理论针对我国当时经济发展所阐发的各种经济思想观点，涉及我国白话文运动以前清朝末年文言文字的阅读以及各种不同版本的差异，因而特别需要用马克思《资本论》的基础理论破解该文的迷雾并指出问题的症结。当时评审此稿的责任编辑是 1949 年至 1954 年就读于北京大学中文系和经济系，具有扎实的政治经济学功底又可熟练运用英语和古汉语的业务人员。编辑查阅《原富》几种不同的版本后，发现文稿有理论错误；但是认为此类文章非常罕见，值得在《经济研究》上反映。为慎重起见，编辑希望权威专家给予理论业务指导，遂就教于林里夫同志。林老认真阅读论文和原著文献后指出该文在不变资本与可变资本理论上的错误，对于责任编辑的发现予以肯定。随后编辑部致函论文作者指出其存在原则性问题。作者回函倍加感激。论文修改后，《经济研究》予以发表。

对于同志、同事、朋友，他平易近人、春风和煦、乐于助人。对于青年干部及自己的子女他要求严格甚至严厉。

他严于律己，生活俭朴。不论他自己的情况如何，对于那些在历史上、运动中被组织错怪、错误对待甚至不当处置的同志，一旦有难，他挺身而出，伸出援助之手，尽管他自己的政治经济处境也非常困难。

老同事狄超白同志于 1977 年 11 月 7 日因积劳过度病逝。其在世期间冤案未得以平反，研究和写作成果一直未发表，去世后遗稿因无人整理又多被遗失。林里夫同志从当时还能找到的狄超白遗稿中摘录要点，介绍给世人，并为狄超白同志写传略。狄超白同志去世后，林里夫同志和裴俊生同志为狄超白同志的冤案遗留问题继续奔波，终于在1985年11月中共中央纪律检查委员会下文件为狄超白同志彻底平反，撤销1958年10月22日中央监委对中国科学院党委上报意见的批示，推倒一切诬蔑不实之词、彻底恢复名誉。

当有着40年革命情谊的老战友顾准同志病重时，为了挽救老友危殆的生命，他千方百计寻医问药，每天去医院看望；在顾准最需要人照顾的最后的日子里，他还安排自己的女儿每天早早去医院照顾顾准。著名经济学家骆耕漠深切回忆："顾准临终时讲到他非常感激三个人：一个是林里夫，一个是李少甫，一个是我。""林里夫还是顾准的入党介绍人。'文革'中被整的很厉害，但人也很硬气。"顾准临终时，还在遗嘱中将"存款500元赠予里夫老友"。

他与人为善、不图回报。为了远大的人生目标，他孜孜以求、奋斗不已。

作为跨世纪的革命建设者和科学研究者，持续的思想力、意志力，来源于探索实践和同路者的共鸣以及社会承前启后代际传承的发展需要。一个人的物质生活、政治处境可以屡遭不幸，但是，他精神追求的目标层次不降低，奋发向上的意志力和奉献力始终保持坚强和旺盛。几十年间，他屡遇怀疑、审查、批判，几十年来他都心胸坦荡、率直坦然、表里如一。他按照有关正式规定认真申辩、据理上诉、持之以恒，表现出其内在的信心和决心，表现出高度的组织性、纪律性和程序规范性。在长期被视为异己分子、备受歧视的同时，他还排除干扰、奋力科研、积累奉献，诚属难能可贵。无论职位高低，人是要有一点精神的。几近百年的饱经风霜、历尽艰辛、跌宕起伏，累积成丰厚的社会财富，铸就了一种人生成就。人生自古谁无死，留取丹心照汗青。

跨越世纪的坎坷经历与不懈探求的实践证明了一点：他坚持革命操守、高风亮节，是一位高尚的人、一位刚正不阿宁折不弯的人，一位不断执著追求真理的人。

现在，我们作为林里夫同志在经济研究所诸多同事和晚辈的代表，以参与文集编辑的方式，来表达后来者对于前辈先哲的崇敬之情和深切缅怀。

裴俊生　韩　孟

2006 年 9 月 5 日至 2007 年 1 月 15 日

我是怎样走上革命道路的

一 寻求真理

我（林里夫），辽宁省西丰县人，1909年11月26日生于一个思想进步的小资产阶级家庭。父亲林树菜（字梅阁），从事教育，在西丰县立女子中学校做教员。我在小学时受过爱国主义教育，"不自由不如死"的思想，养成了我的为真理和正义不怕死的性格。1923年，我离开家乡到沈阳，考入日本人创办的南满中学堂；随着感性知识的增长，愈益痛恨日本帝国主义对中国人实行的民族压迫。1925年，在我16岁时，毅然决然参加了由中国共产党间接领导的反对日本帝国主义的罢课斗争，接着就办了退学手续，转入国人自己办的学校。

1926年，在北伐战争期间，我受到共产党员的影响，在我以后的入党介绍人崔仲远的影响下，接受了李大钊的《唯物史观》，开始了对马克思主义的探索，从此走上了自觉的学习马克思理论的道路。

二　考入北京大学,接受进步思想

我是 1927 年考进北京大学的。北大是中国近代新思想的发源地,从五四运动起,这里就成了革命的摇篮,很多青年人受陈独秀、李大钊的思想影响,走上了革命的道路。

1927 年,李大钊被军阀杀害,同年蒋介石发动了"4·12"政变,血腥屠杀共产党人,白色恐怖同样笼罩着北大,"宁可错杀一千也不放过一个",只要稍有共产党嫌疑或进步思想的人都有可能被杀头、坐牢,读马克思的书也要杀头,革命正处在低潮。当时,对我影响最大的是郑侃,他是我同学郑依平(郑佩)的哥哥,年级比我高,是共产党员。我和郑依平住同一宿舍,郑侃经常来我宿舍,我们经常交流进步书籍。在郑侃的影响下,我学习了马克思的《剩余价值学说》和恩格斯的《社会主义从空想到科学的发展》,宿舍变成了研究马克思主义的场所,后来他还给我介绍共产党的情况,找一些共产党领袖写的文章给我看,甚至给我宣读党的文件。

学习了马、恩的两部著作,我认为自己初步掌握了马克思主义理论,对共产主义的信念逐步坚定起来,决定为共产主义奋斗终生,跟着共产党走,把自己的一生交给党。尽管革命处于低潮,很多意志不坚定的人纷纷脱党,我却提出要加入共产党,组织上认为我年龄小,应该在斗争中经受考验。

三　参加革命

北京大学在清朝叫京师大学堂,后来改为北京大学。那时的北大,充满了民主的气氛,任课老师由学生会聘请,聘到的老师都是学术水平高、思想进步的。"4·12"政变后，蒋介石为加强统治，疯狂地屠杀共产党人，制造了多起惨案。已公开身份的共产党人大部分都被杀害，党的活动不得不由公开转入地下。

1928年，蒋介石赶走了奉系军阀，占领了北京。国民党酝酿要取消北大，将包括北大在内的9所大学合并，改名京师大学校，目的是要禁止进步思想在北大的传播。老北大校长蔡元培被赶出北大校门，一些有进步思想的老师被迫离开北大。在国民党政府的专制统治下，出台了并校方案，把北京大学改为北平大学院。并校的主要目的是扼杀学生的进步思想，禁止传播马列主义。当时，看马、列的书被认为和共产党有关，是要冒生命危险的，但学校里充满了要民主要自由的呼声，北大师生反对国民党血腥屠杀共产党的情绪日益高涨。在这种情况下，党组织决定开展复校运动，反对国民党政府的并校政策，反对国民党的独裁统治。

郑侃是我党的早期党员，是我走上革命道路的领路人。在这次复校运动中，郑侃是我的直接领导。在他的领导下，我贴过标语、散过传单，经历了生死的考验。在当时的白色恐怖下，如果被国民党抓住，就会被当作"赤色分子"杀头；如果被国民党怀疑贴标语、散传单，同样有掉脑袋的危险。在复校斗争中，我出生入死，完成了组织交给的任务，从此走上了革命的道路。

我从1928年起，接受党的领导，遵守党的纪律，为完成党组织交给的任务置生死于度外。在当时极端恶劣的环境下，我开始对马克思主义的理论进行系统的学习，并把共产主义作为自己的人生观，把自己的命运与共产主义事业结合起来，用共产主义的理论指导实践，成为立场坚定的马克思主义者。

四 东渡日本

1928 年，在极度的白色恐怖之下，学习马克思主义是非常危险的。为了能够系统地学习马克思主义理论，我毅然离开北京大学，去了日本。因为当时的日本，是出版马克思主义著作最多、马克思主义学说流传最广的国家。

在日本东京，我参加了中共留日学生特别支部领导的社会科学研究会，研究马克思主义经济学，结识了很多共产党员。经过组织审查和批准，于 1929 年 9 月 1 日举行了入党仪式，我成为中共中国留日学生特别支部（简称"中国特支"）的一员，同时在它的领导下担任小组长和《赤花》报的编印工作。

1929 年 9 月 4 日，中共中国留日学生特别支部和日本共产党中央共同决定为纪念国际青年节举行游行示威，我在游行中被捕，在日本的监狱里住了一年零三个月，1931 年 1 月出狱，3 月回到北平。

我参加科学研究活动的简历

1929年，我在日本东京参加社会科学研究会，研究马克思主义经济学，同时在党的领导下，担任小组长和《赤花》报的编印工作。

1932年上半年，我在上海担任中国社会科学家联盟（简称"社联"）常委研究部长，直接负责劳动大学和中国公学等社联小组的社会科学研究活动的组织和领导。参加社联代表大会，在"1·28"后的国际和国内政治形势的总结报告会上，向代表王明路线的观点进行了斗争。指出报告人离开了共产国际第六次代表大会决议的观点，只看到了帝国主义和苏联社会主义之间的矛盾，忽视了帝国主义国家之间矛盾的尖锐化、帝国主义进攻中国革命的一致性、帝国主义国内的无产阶级和资产阶级间的阶级矛盾、帝国主义和殖民地半殖民地被压迫民族间的矛盾，尤其是日本帝国主义和中国民族的矛盾的发展。在这一期间，翻译过拉皮都斯、奥斯特洛维疆诺夫《政治经济学》一书中的"工资"一章。

1932年下半年，我在担任中共北平市文委书记期间，负责北平市"社联"、"左联"、"教联"、"剧联"、"乐联"（左翼音乐家联盟)……的组织和领导工作。我在担任中共北平市委宣传部长期间,曾通过左翼文化团体的关系,有计划地邀请左翼教授侯外庐、王思华、许德珩、马哲民、鲁克明和鲁迅等在各大学讲演,宣传马克思主义,同时成立十月革命研究会,开展革命历史的研究工作。

1933 年,我在担任中共天津市委宣传部长兼秘书长期间,曾代表中共天津市委动员党和共青团组织,领导反帝同盟和左翼文化团体,把组织领导抗日运动,支援察哈尔的抗日民族革命战争作为反对帝国主义运动的中心;为此,继续和王明路线的盲目坚持者进行斗争(他们坚持"反对一切帝国主义"的空喊,而拒绝参加支援察哈尔抗日民族革命战争的抗日运动)。翻译过米高扬的《苏联的第一个五年计划》、《通货膨胀经济学》。

1934—1936 年,我在担任中国民族武装自卫委员会的党团书记兼该会宣传部长期间,为坚持马克思主义理论和中国革命的具体实践相结合的原则,为克服来自王明路线的"左"倾思想的影响而斗争(王明路线表现为:要参加革命,不要参加抗日,要参加共产党,不要为完成革命任务而斗争,或者采取脱离群众的少数干部的冒险主义)。我反对把共产党所领导的无产阶级的阶级组织与抗日民族统一战线对立起来,把建立国防政府与抗日联军及抗日民族革命战争对立起来的理论和实践;反对把解散党所领导的一切赤色群众团体和停止一切阶级斗争,尤其是解散中国民族武装自卫委员会筹备会,停止为实现《中国人民对日作战基本纲领》(中国共产党的抗日救国六大纲领)而斗争,作为建立抗日民族统一战线的先决条件的理论和实践;反对一切通过统一战线和一切服从统一战线的理论和实践;主张在蒋介石坚持"抗日必先剿共"、"在剿共期间,不准奢言抗日,奢言抗日者斩"的政策之下,只有坚持"反蒋抗日",为实现《中国人民对日作战基本纲领》而斗争，才能实现逼蒋抗日（及以后的联蒋抗日）。

1937 年，我在延安陕北公学担任政治经济学教员，对学生进行马克思主义政治经济学的基础入门教育。

1939—1945 年，我在遭到康生的政治诬陷与迫害期间，对马克思的《资本论》和《列宁选集》进行了系统的研究，翻译过列宁的《政治经济学教程》。

1947—1948 年，我在担任东北行政委员会经济委员会资料室主任期间，接收日本满铁调查部的研究人员，搜集东北解放前的满铁调查资料，并对北满、东满的国营经济进行调查研究，参加土改运动的检查工作，写了《黑龙江土改运动调查报告》和《黑龙江省土改运动研究报告》，揭露了打击面过宽，批评了土改运动中的"左"倾错误，编辑《东北经济》。

1948—1952 年，我在担任东北行政委员会（后改名东北人民政府）财经委员会（后改名人民经济计划委员会）调查统计处（后改名统计局）副处长（副局长）期间，接收满铁调查资料，组织和领导原满铁调查部的研究人员整理和编辑东北解放前的工矿企业统计资料；接收和招聘研究人员和翻译人员，编辑出版《国际经济》、《计划经济》、《统计工作》；创办东北计划统计学院（后改名东北财经大学）培养计划统计工作干部和经济建设的干部。在此期间，我为实现统计数字的科学性、全面性和及时性而斗争，坚持用统计数字代替估计数字；反对用估计数字代替统计数字，甚至在年度计划执行完毕以后，用修改（降低）计划数字等方法掩盖计划执行中的缺点和错误，把没有完成计划说成是超额完成计划，向中央谎报成绩等做法。为此，我不但遭到勒令"停职反省"的处分，而且还被扣上主观主义、教条主义和官僚主义的三顶大帽子。

1952—1954 年，我在担任中共中央东北局党校政治经济学教研室主任期间，按照马克思的《资本论》的观点进行政治经济学的讲授，得到领导同志的支持，曾以中共中央东北局党校政治经济学教研室的名义印发了《苏联社会主义经济问题》，同时也以教研室的名义印发了《关于苏联社会主义经济问题讲义初稿》。在同一期间，曾在中国人民解放军东北军区学习会上讲述过《关于资本主义的基本经济法则》和《现代资本主义的基本经济法则》，由东北军区政治部宣传部印发了报告记录。

1954—1957 年，在中国科学院经济研究所担任政治经济学组组长兼《经济研究》常务编委期间，曾在北京大学经济系讲授过《资本论》第 2 卷，曾应邀到天津市委干部学习班作政治经济学的专题报告，也为北京军区某些单位讲过课。

1955 年，发表《论决定我国过渡时期的各种生产底社会形态的基本经济法则》，引用马克思、恩格斯、列宁、斯大林的著作，特别是恩格斯、列宁关于农业合作社的论述，列宁、斯大林关于国家资本主义的论述，说明党在过渡时期总路线的理论依据，论述了价值法则依然是决定我国商品生产的基本经济法则，剩余价值依然是决定我国资本家的生产目的的资本主义的基本经济法则。

1956—1957 年，我参加了民委组织的少数民族社会历史调查工作，收集黎族、傣族、彝族、藏族、维吾尔族、蒙古族的社会历史资料，准备从少数民族的经济史入手，研究中国原始社会、奴隶社会及封建社会的经济史。1958 年以后，我从二十四史及其他历史书籍摘录经济史资料，做了大量的卡片，准备以马克思的唯物史观，特别是根据马克思的亚细亚生产方式的观点，写一部《中国古代经济史》。

从 1956 年起，我为贯彻党的向世界科学技术先进水平进军的路线，反对把全国青年引向"为副博士学位而斗争"的道路。在1957年毛主席、周总理批评了"为副博士学位而斗争"的口号以后，根据组织的要求，我写了《引导青年向科学进军的两条不同的道路》一文，经中宣部批准，发表在光明日报上。

1958年，我参加了副岛种典所著的《社会主义政治经济学研究》的合译工作。同年，根据《论决定我国过渡时期的各种生产底社会形态的基本经济法则》和《引导青年向科学进军的两条不同的道路》两篇文章，我被打成"右派分子"，长达21年之久，被剥夺了一切权利，不能公开发表文章。

1966年以后，我以冤案申诉为中心写了一些亲身经历过的革命史料的片段；并准备完成一部《革命斗争回忆录》。

长期以来，准备完成《中国古代经济史》的编写工作；还准备写一部《资本论的辩证法》，把马克思的辩证法从他的《资本论》中抽出来，既帮助读者学习《资本论》，又帮助读者学习辩证法，由于平反后一直没得到应有的工作条件，这些研究和写作计划不能顺利进行。

边区各乡各区民政府选举
运动的总结(通讯)

一　边区选举运动是根据着彻底民主原则
并采取了真正的民主方式进行的

边区的选举是根据着一种彻底的民主原则进行的。这种民主原则，在世界上除了苏联，是没有任何国家真正地采用过的。这种原则，不仅和那些限制、圈定及指派的所谓选举办法有本质的区别，就是和过去苏维埃的选举原则也有截然的不同。这种民主原则是些什么呢？

第一是不分阶级、党派、种族、性别及宗教信仰的普遍选举权，第二是不分职业、文化程度、财产、资格及民族差异等的平等选举权；

第三是各级议会议员及政府的行政首长，都经全体选民直接选出的直接选举权；

第四是为了消除选民的各种顾忌，保证每个选民真正民主投票的秘密（不记名）投票的选举权。

在开始时，对于这一彻底的民主普选的原则，曾经不免引起了一些人们的曲解、怀疑和忧虑。有些人说，给地主、豪绅、资本家等以选举权，是假的，只是名义上的，实际上并不给他们。又有人说，给地主、豪绅、资本家等以选举权就是向国民党投降，要把工农已得的土地、自由和权利等送还给地主资产阶级。

但是，经过了我们有系统的宣传与解释之后，尤其是经过了这次运动中的事实证明之后，终于一般人都能了解并承认了：为了抗日救国，为了全国范围的民主自由，我们坚定不移地给予了地主、豪绅、资本家们以实际上的选举权、被选举权以及提出自己的候选名单，进行竞选运动的自由。另一方面，同样地为了抗日救国，保证民生幸福，我们又坚决地主张确保工农既得的土地、自由与权利，积极地动员成千累万的民众参加这次的民主运动，提高他们的政治文化水平，以保证选出真能代表广大劳动民众及整个民族利益的人们参加到新的民主政权机关中来。

在这次选举运动中，共产党提出了自己的候选名单与政治纲领，同样，其他阶级、党派、社团也一样可以自由提出自己的竞选名单，绝没有所谓一党派一阶级操纵包办现象，更无所谓贿选现象。所以这次边区乡选，完全是真正民主的方式。

二 各乡政府民主普选的总结

首先，因为一般的民众，对于这次的普选运动已经有了基本的了解，全体选民中70%以上都能热烈地参加选举运动。安塞、盘龙比较更好，除看家出外有病以及个别小脚妇女外，都能参加。小部分的地方，虽未全到，但均在半数以上，在选民会与代表会议上，虽然有部分地方发言很少，精神上却表现出异常紧张。妇女代表平均占总数1/10。特别值得叙述的是有些地方

（如横山县清平区城界乡）由于群众积极参加与帮助，在一天之内便完成了全乡人口统计及选民登记工作。有些地方（如延安一区三乡）选民是在大雨之下继续开会，一直到选民大会圆满地结束。还有些地方（如安塞一区三乡），在选举委员会公布选民名单时，群众发现了被剥夺公权期限未满的人名被列在选民名单之上，而有公民权的人反被漏掉了的事实之后，便自动地提出意见，纠正了选举委员会的这一个忽略。这些事实都在说明着一般的群众是在热烈地拥护与参加这一选举运动。

其次，我们应该指出：有2/3以上的乡的选民大会都提出了而且热烈地讨论了具体的提案。例如：延安县西区第四乡会通过了这样的提案：

（一）重新修枣园被洪水淹没了的水浇池。

（二）下学期开办一处学校。

（三）保证受水灾及雹灾的田地种上秋田，不使荒废。

（四）乡长加强领导耕耘工作，保证全村的耕田不荒废一垧。

（五）调剂粮食，救济难民灾民。

此外，每个乡，都根据了自己不同的条件，提出了各种不同的具体提案；例如在延安县北一区的一乡决议种果树，造森林，三乡决议修水利，六乡决议开煤矿等等。此外，关于剿匪及禁烟、放脚等问题都有具体决定。

第三，有2/3以上的乡的选民在自己的大会上，提出了很重要的批评和建议，并且一般的讨论都是非常热烈的。这就表示出了一般的农村基本群众的民主精神已经有了更进一步的发扬与发展。同时这也就造成了把一些腐化分子、官僚主义者、不听群众意见、不努力自己工作的人们，从政权机关中洗刷出去的前提。

第四，在这次选举中，我们能够成功地保证了99.7%的当选了的乡长是工农出身能代表劳苦群众利益的。

第五，在选举运动中，地主豪绅，曾经用过种种威胁、利诱、欺骗和造谣的办法，企图恢复他们的土地和过去的封建剥削，尤其是企图恢复他们封建的统治，但是结果都到处遭到了群众的坚决反抗而终于失败了。

在选民登记中，一般的对于不良分子的清查，哥老会、流氓、无赖、游手好闲不事生产等都给以适当的纠正教育，特别是发动群众与之斗争，对哥老会分子勾结土匪更使群众有了深刻的了解，提高了群众的政治警觉性，在剿匪工作上，得到了不少的帮助。管理政权，清洗败类，教育群众的工作在这次乡选中很明显的比过去要大大的进步了。过去是工农民主，阶级单纯，不大关心，是不会发生大的问题，同时专信任上级依靠上级去审查。这次普选中一些豪绅地主与不能代表群众利益的分子都有选举权，并且有许多地方企图当选，群众是热烈的竞选，坚决不让这些分子当选。例如，安塞群众对选民权详细的考查，四区一乡主席工作消极不许候选。盘龙区一三五乡与子长四区三乡的主席，均以工作消极或不能代表群众利益，不予选举。一些意识不正确的，都能给以适当的批评，在选民会议、代表会议中提出许多提案，一般的能够运用自己的力量，管理自己的政权机关。所选出的乡长，都是坚决抗日的分子，能代表群众利益，是群众所拥护爱戴的领袖。

第六，在乡议员（或乡代表）开会的时候，各地群众都自动地举行了盛大的慰劳代表，拥护与庆祝代表大会的运动。有的送酒菜食物给全体代表，有的派音乐队去奏乐，有的送匾额帐子给大会，更有些地方大批的群众参加议员大会旁听，在讨论中并且很热烈地发表意见。大会后，群众非常积极地执行决议。这一切都在说明着广大苏区民众拥护民主政府及其决议的热忱。

第七，抗日的热潮在边区向来就十分高涨，因为我们老早就在做抗战动员工作，在各方面充实抗日力量。例如春耕当中，在准备抗战的口号之下，群众非常兴奋，男女老幼都参加到生产战线中。在这次选举中间，更见群众情绪激昂，无论在会议中、谈话中、住室庭院、田野道路，处处可听到救亡的呼声，看到抗日的热情。每一个农民都知道今年的增加生产是为了抗日。特别是选举中间，经过各剧社的巡回表演，各地宣传队的广泛的宣传，到处的妇女小孩都在歌唱抗日的山歌小调，抗日的问题，已经是深刻的印在广大群众的脑海中了。

因此我们可以说，边区民众的民主运动在选举工作中有了极大的进步与发展。这里如果我们特别估计到西北的政治、经济及文化的落后，交通的不便以及从来选举工作经验的缺乏（在陕北省仅有二次苏维埃的选举，在陕甘宁省及关中边区这是有史以来的第一次）等特殊情形，同时尤其是如果把这次边区选举的情形及其结果去和边区以外的任何政治、经济及文化的中心区域（在那里包办、贿选及舞弊是个普遍的现象，一般的老百姓是绝对没有当选的可能的）的国民大会代表的选举比较起来，我们不能不说，这次边区的选举运动确已得到了伟大的成功与胜利。

三　各区政府民主普选的总结

在乡级民主政府的选举中，我们还有若干错误缺点，如群众还有一部分未能积极参加，乡主席的工作报告不充分，检查报告制度没有建立，对反革命汉奸活动未能提高群众政治警觉性等。但在区级民主政府的选举运动中，确实是纠正了而且得到了许多的成绩。

（一）加强与推动了抗战动员工作：整理与加强了抗日自行军与少先队，恢复了许多岗位。各地方妇女做鞋子送前方慰劳抗日军队，发扬了群众的抗日热忱。

（二）在乡选时群众中发生许多怀疑，区选中是消减了这一现象。豪绅地主强迫人民要收回旧老债的企图都被人民自己的力量克服了（如红宜、甘洛、延川等县）。

（三）发动大多数的人民参加剿匪工作，群众自动的报告土匪的消息，捕捉散匪送交政府处理。

（四）区选中百分之百的有提案，内容亦较充实。

（五）在区长的选举中，最大部分是保证了共产党提出的候选人当选，只有四个区的区长没有当选共产党的候选人。

但是，我们还有什么缺点呢？

（一）宣传是呆板的，不会灵活的适应具体环境，如选举工作开始时，是日本帝国主义发动侵略中国战争，后来日寇愈来愈凶，我们的宣传队，到今天，因交通的不便，材料到达的迟缓，还只会拿过去的卢沟桥以后的材料去向群众宣传，没有加上一些新的材料。

（二）抗战动员和其他的行政工作的联系不够，甚至于把它们对立起来。

（三）提案的项目虽多，但没有讨论出用人民自己的力量去实现各提案的办法。

（四）没有保证百分之百的当选议员到会，有五分之四以上的地方，议员是没有全数到会的。

（五）政治警觉性还不够，如甘洛发现有汉奸的造谣活动，没有很快的发动人民起来斗争，加以惩办。还有其他的不良分子活动，不能迅速的发觉。

（六）区乡选举虽然完成，但是还有些选委会并没有完成他的工作任务，如当选了区议员乡代表的成分统计，当选的区乡长至今天还没有报告到边区选委会，选民与户口统计表也没有填好送来，区乡选举经费至今天还没有按级交代清楚。在今后县的选举运动中，必须根据下面标准去完成：

四　正在开始的县级民主政府普选运动应完成的任务

（一）要和各项工作取得精密的联系，特别是抗战动员的工作。

（二）要选举最积极的真正能代表人民利益的工农领袖，坚决抗战到底的抗日分子，巩固我们抗日的民主政府。

（三）宣传队除了一般的宣传材料外应与征收救国公粮的意义的解释联系起来，动员人民自动的缴纳。

（四）发动广大的人民参加抗日自卫军少先队，扩大抗日自卫军少先队的组织。在选民大会与议会上，要具体的讨论整理训练自卫军与少先队的办法。

（五）秋收开荒，优待抗日军人家属，边区工作人员家属，发展合作事业，经济的、文化的、建设等工作，应在选民大会与议会上讨论出具体的实施办法。

（六）向群众宣传解释，边区政府发给人民土地所有权证的意义与作用。

（七）提高人民的政治警觉性，严厉镇压汉奸卖国贼土匪的造谣扰乱，巩固我们抗日的后方。

（八）宣传解释共产党的施政纲领；县政府的工作报告，县长的候选名单应迅速传达到每个人民，并发动人民起来讨论。

（九）发动人民自己在选民大会上提出提案，初步的讨论出具体实施办法，再在议会上通过作最后的决定，反对议员包办代替选民提出提案的现象。

（原载 1937 年 10 月《解放周刊》第 1 卷第 21 期）

论国家企业实行成本核算的必要性

　　成本核算是实现经营企业化的先决条件；在今天它已经成为促进经济建设运动健全发展的杠杆，它是直接关系于物价的规定，利润的调整，间接地影响着资本在各部门之间的合理分配，甚至工资在各种企业之间的平衡的建立的一系列问题的根本问题。

　　这篇文章本是去年 11 月底所写东满经济视察报告中的一部分。因为当时所根据的材料不多，为了慎重而没有发表。现在工作的开展，已经把成本核算的问题提了出来，要求作一具体的解决，所以现在加以适当的统计材料和注解把它发表出来，以和有关方面研讨，并且希望得到指正。

　　直到现在计算资本的公式一般地是：

　　接收以来所投下的（固定资本＋流动资本）[①] ＝资本总额。

　　忘记了在这里还应该加入现在实际运用着的：接收以前所投

---

　　① 按照马克思的原文，正确的译语应为：固定了的资本（Fixed Capital），循环着的资本（Circulating Capital），这里沿用着"人云亦云"的名词，为了便于了解。

下的（固定资本＋流动资本）；这在当时的定价公式之下①必然
要带来如下的结果：

　　a. 一般地说来，在国家企业（例如煤矿、电力、林业、交
通、纺织、造纸等等）和私人资本之间，存在着不等价的交换关
系；特殊地说来，在生产生产手段的（例如煤、铁、木材、电力
等）部门和生产生活手段的（例如油、酒、火柴、皮革、纺织、
漂染、面粉等等）部门之间，实行着不等价的交换；结果就一般
地表现在私人企业赚钱而国家企业赔本②以及"加工业"③的利润
高于一般工业利润的这一现象上④。因为第一，生活手段的生产部
门，尤其是"加工业"这种生产部门的固定资本在总资本中的比
例是低于生产手段的生产部门的；纵令在成本的核算中这两个部
门都同样地不把过去投下的固定资本计算在内，因而纵令这两个
部门都同样地不把这一部分资本核算在物价的构成之中，然而生
产手段的生产部门也已不能不比生活手段的生产部门，尤其比
"加工业"部门蒙受更多的损失。第二，一般地说来，生活手段的
生产部门，"加工业"的生产部门，特别是私人企业部门的商品价
格一般地是根据着市场上的需要供给的关系——自然形成的价格
关系变动的；在这自由价格的规定中，它（那商品价格）不仅包

---

　　①　像在后面所说的一样，国营企业的生产品价格并不是在市场上自然形成的，
而是生产部门自己人为地规定的，并且所用的公式还是：接收以来投下的资本＋前
项资本额×社会平均利润率＝价格。因此，这里暂且不说由于过低估计了社会平均
利润率曾经造成了很大的损失，就是单纯由于过低计算了生产资本也就必然要造
成双重的亏损：第一，在资本额上的，第二，在利润量上的。

　　②　根据经委会办公处经理科的材料，如果进行严格的成本核算，煤、电、林业
及纺织业就都是赔本的。

　　③　这里的所谓"加工业"是沿着伪满时代的用法的，不是按照现在的含义的。

　　④　曾有一个时期面粉、榨油、造酒、火柴等部门的利润率特别高，结果大批的
资本就向这些部门转移，以后反而造成利润率下降的趋势。

括了它的全部固定资本和流动资本的被体现在该商品之中的部分；而且还包括了超出平均利润率的"剩余（超额）利润"，可是正在这种"剩余（超额）利润"中，就恰好包括了一般地从国家企业部门，特别地从生产手段的生产部门的（由于没有把它过去投下的固定资本的适当部分算入自己的商品价格之中而引起的）成本亏损中所得来的盈利的部分。

b. 在计算盈亏时可能发生错误。例如：鹤岗煤矿在去年5月实行生产竞赛运动的期间，会在统计表中造成了增加产量一倍的成绩。如果单从增加生产量的观点来看，那就不能不认为这是一个非常可喜的现象。但是如果让我们再从成本核算的观点来看，那就不能不说这是一个可惜的事件！因为在生产量的逐日统计表上，尽管表现出了怎样大的增加，然而若在资本的逐月盈亏簿上，它却一定会要暴露出惊人庞大的亏损！因为为了有意识地追求产量的增高，就不能不无意识地造成固定资本的损失：烧坏了四个大电滚子，挖塌了一个投资×××亿元的坑口（更不用说还造成了相当的死伤！）……如果再进一步计算下去，那就一定是个惊人数字。然而由于直到现在所使用的计算资本的公式，我们不但在鹤岗煤矿损益账簿中看不到任何资本的亏损，反倒还会"认为"利润随着产量而有了一倍（？）的增加！

直到现在计算利润的公式一般地是：

规定的市场价格 - 接收以来所投下的生产该商品所消耗的（不变资本 + 可变资本） = 一般利润……（A）

自由的市场价格 - ［生产该商品所消耗的（不变资本 + 可变资本） + 一般利润］ = 剩余（超额）利润……（B）

在公式（A）的情形中，发生两个结果：

第一个结果是由于没有加入今天所实际消耗的在接收以前所投下的不变资本，因而一方面把实际资本额做了过小的估计，结果就不能不使利润率的计算发生错误；另一方面又使价格的三个构成因素：不变资本、可变资本和剩余价值的比例关系发生变化；把不变资本绝对地减少，而把剩余价值相对地加多；这结果也就不能不使剩余价值率的计算发生错误。

第二个结果是由于上述的结果，一方面使我们几乎很难确定盈亏，使我们非常担心将来固定资本的更新是否可能？另一方面它又不能不转过来影响价格的规定，使我们相当怀疑目前国家企业的商品价格的规定是否合理，是否可能达成促进生产健全发展的使命？

在这里我只举出一个例子，说明这点：

蛟河炭矿 1947 年 11 月份损益计算表①

	项目		金额（元）		项目	金额（元）
支	人件费	薪水	4683645	收	石炭	9679200
		包工费	11300935			
		其他	209480			
出	材料费	坑木及制材	5814534		卖新煤	45515000
		火药	1327100	入		
		电石	1231800			
		石炭	4431200		卖陈煤	12744000
部		电力	7410000	部		
		杂品	5336200			
	杂支费	警卫	611490		杂收入	5500
分		税金	910300	分		
		其他	197910		小计	67843700
		小计	43464594			
损 益		纯 利				24379106

从结算出来的数字看来，这无疑地是个非常大的"纯利"

---

① 这是根据原表照抄的，因为这是一个有代表性的东西，所以把它引出作为例证，当时许多国营企业，连这样程度的成本核算都还没有实行过！

（占总支出56.08%），然而如果让我们进一步去分析一下，那就不难发现：第一，这里没有固定资本的代置（例如机器"折旧"等）部分，究竟参与生产品的生产过程的资本总额应该算作多少，这是一个很大的疑问。第二，资本回转的周期多长，速率多大，是一个未知的因素，究应怎样计算这一利润？这也是一个很大的疑问？第三，假如从收入项下把出卖陈煤的127744000元扣除，则新生产的"纯利"就只有55099700元，假如再在支出项上把那体现于这一部分生产品之中的接收以前所投下的不变资本计算进去（自然同时也应该把"税金"扣除），则不但利润率将要发生变化，就是在这55099700元的"纯利"之中究竟含有多少，甚至是否含有剩余价值都还是个很大的疑问。但是有一件事可以肯定，那就是：在所谓剩余价值的形式（"利润"）之中，一定含有资本价值的部分①。

在公式（B）的情形下，发生这样的问题：究竟这所谓"剩余（超额）利润"是怎样发生的呢？为了回答这个问题，再让

---

① 假如按照伪满时代的不变资本或固定资本在总资本中的比例来计算成本和利润，即：蛟河炭矿

a. 总支出－税金=42554294元

制修（5.82%）＋折旧（2.72%）＋损失（11.02%）=19.56%（1941年度，伪满调查材料）

实际总支出=42554294元÷$\left(1-\frac{1956}{100}\right)$=52901000元…………A

b. 总收入－卖陈煤=55099700元…………B

c. 利润额 B－A=2198700元…………C

d. 利润率=$\frac{C}{A}$=4.156%

e. 剩余价值率=$\frac{C}{人件费总额（16194060）}$=13.57%

假如注意到：坑木及制材和电力的价格也是没有计入其全部成本的，那就不难发现在这一煤矿"利润"（4.15%）之中，还正含有林业和电业的资本价值的部分呢！

我先来举个"加工业"的例子：

哈尔滨泰和机器漂染工厂7、8月份营业收支表①

A：收入

月别＼类别	工作日数	加工布匹数	每匹价（元）	加工总收入金（元）
7月份	3	1068	5000	5340000
8月份	5	357	40000	14280000
合计	8	1425		19620000

B：支出

类别＼数目／月份	颜料 元	%	燃料 元	%	人工费 元	%	膳费 元	%	其他开支 元	%	合计 元	%
7月份	染料及其他化学药品月计344000	28.8	月需25吨@20000（3日）150000（5日）	11.7	22人月薪410000 19人月薪	31.8	全月伙食费总额243000	18.8	电力税交际捐及其他开支141000	10.9	1288000	100
8月份	7768800	88.7	250000	2.9	380000	4.3	228000	2.6	135000	1.5	8761800	100
合计	8112800	80.7	400000	4.0	790000	7.9	471000	4.7	276000	2.7	10049800	100

C：利润

月别＼类别	总收入（元）	总支出（元）	纯利润（元）	利润率 占总收入	占总支出	占资本金
7月份	5340000	1288000	4052000	75.8%	314.5%	38.9%
8月份	14280000	8761800	5518200	38.8%	63.0%	53.1%
合计	19620000	10949800	9570200	48.8%	95.2%	8.2%

---

①　引自《金融和物价》第9期。

从这里可以看出：在 7 月份仅仅开工 3 天，在 8 月份只是开工 5 天，就能得到占全月总支出资本的 63%—314.5%的惊人的巨额利润。这原因究在哪里呢？很显然地在于：第一，尽管他们自己已把全部实际消耗了的不变资本计入于商品价格之中，但我们的这个统计表并没有把它（那项资本支出）列入。换句话说，就是在这个"剩余（超额）利润"中还包含着一部分他们自己的不变资本的代置费。第二，他们所使用的燃料和电力是以低于生产价格的价格购入的①，这实际上是以国家企业的亏损换取他们的盈利的（例如 7 月份在"全部支出"中燃料的支出占11.7%，电力及其他占 10.9%）。因之，可以说，正在这个"剩余利润"中还包含着国家企业的一部分剩余价值，甚至资本价值的亏损金。

直到现在规定价格所用的公式一般地是：

$$\text{接收以来所投下而为生产该商品所消耗的}\left\{\begin{array}{c}(\text{固定资本}+\text{流动资本})\\ \text{或}\\ (\text{不变资本}+\text{可变资本})\end{array}\right\}+\text{社会平均利润}=\text{价格}$$

这是一个主要地适用于生产手段生产部门的价格规定：因为它并不完全适用于生活手段生产部门。所以这是一个不利于生产手段生产部门的发展，而独利于生活手段生产部门的政策。因为在今天生产手段的生产部门，主要地是国营的，而生活手段的生产部门多半是私人的；所以它又是一个主要地有利于私人企业而不利于国家企业的发展的价格政策。同

---

① 生产价格 = 生产费 + 社会平均利润。

时又因为私人的企业是以追逐利润为目的的，它是根据市场上的需给关系的变动来决定它的价格的涨落的；这就不可避免地使它带有一定程度的商业的投机的性质并也必然使它倾向于努力冲破我们的定价或限价政策的约束；所以就这种意义来说，有利于私人企业并不等于有利于人民事业的发展（包括人民的生活的稳定及改善）；因此为了新民主主义经济的健全发展（包括国家财政收入的增加），为了人民生活的向上（包括革命战斗力的增强），我们直到今天所一向实行下来的这个价格政策（主观的"压价政策"），应该给以重新考虑。请看下面的情形：

从1946年12月起，一直到1948年5月止，豆饼已经涨到48.5倍，大豆涨到接近47倍，高粱涨到27.5倍，洋纱涨到17倍，纺花13.5倍，黄金和牛皮12倍多，布9—11倍多；一切东西都已涨价，最低的物价，如火柴（由于这一部门资本竞争及过剩的结果）也涨到5倍，然而单独煤的价格几乎没有任何增加。假如金价的上涨低于粮食、洋纱和纺花价格上涨的指数，这是说明着金矿和银行在掌握黄金政策上的失算——造成黄金的外流；同时布匹的物价指数低于花纱价格的指数，这是意味着织布业的困难；那么煤价指数低于任何物价指数，尤其是低于布价、金价和粮价上升的指数，这就毫无疑问地表示着煤矿业的亏本。从这里也就可以明白地看出：一年以来，尽管国家企业曾经用尽了一切力量不惜支出极高的代价坚持着主观的压制物价的政策，然而总的发展的趋势，尤其是今天的结果，却正在指证着：私人资本曾经用尽了自己的各种可能的办法，坚持着自己的方向，实现了自己的目的：冲破了各种限制，促进了物价的高涨。再看下面的情形：

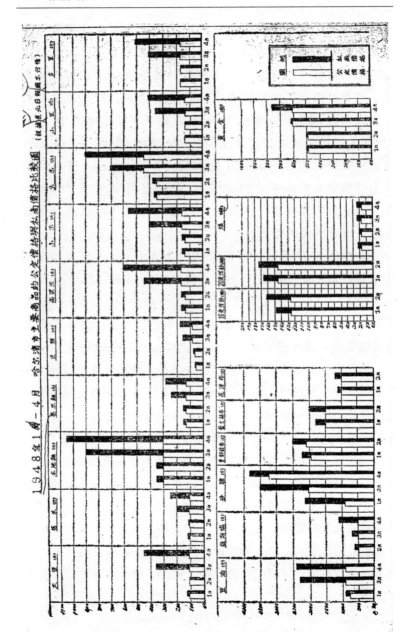

因为我这里缺少去年全年在这方面的统计材料，所以只能顺便地引出今年的图表，但是就是从这里也还可以看到：尤其在最近两个多月以来，私商的价格超出公定价格达到了这样惊人的程度：豆饼1倍多，包米及包米面1倍到1.5倍；大豆2.5到3.5倍；高粱米接近2.8倍到4.4倍；小米2.5倍到4.1倍；大米4.6倍；豆油和本土面2.5倍左右；小豆不到3倍；吉豆差不多4倍；只有煤和花纱布的两种价格的差额没有那样悬殊，但是也还有相当不小的差价；黄金和砂糖，虽然最后的结果表示出差额不算太大（61.96万元∶76万元）；然而私商价格对于涨价起了推动甚至带头作用，这一点却表现得非常明显；结果使砂糖的市价从1月份的1750元公定价格涨到4月份的3200元一斤①，黄金从2月份的49万元涨到4月份的76万元一两。从这里也就可以看到：国家企业的亏损变成了私人资本的收益，物价的上涨造成了黑市商人的牟利！国家企业底生产品价格如不很快实行一个根本的改变，那么将来发展的结果就有使我们完全丧失物价的领导权的危险性。

这里似乎发生一个矛盾：假如不把实际体现于该一定量商品之中的接收以前所投下的（固定资本＋流动资本）或不变资本包括在价格之中，那么我们就将永远无法更新，代置或补偿已在生产过程中所实际消耗了的资本的那个部分，而在一定期限之内，我们就将遇到一个新的难题：由于没有生产手段而无法进行生产，或者由于原有的生产手段的效能降低而产量减少。但是假如我们真竟把这一部分资本包括在价格之中，那么这种生产品的价格就将一定显出相当的高涨；这不又和我们"压低物价借以

---

① 根据的是贸易局4月中旬物价表的数字。私商价格4月的为5000元，5月下旬公定价格改写5000元，但5月的私商价格就又增长到6500元。

促进生产力的大量发展"的政策不相适应了吗？

我想实际情形并不完全这样。因为第一，就生产手段生产部门的今天应该而未被计算于生产品的价格之中的那一部分不变资本的总价值来说，固然是个相当不小的数目，然而就其应被分别计入于每一单个生产品的价格之中的部分来说，那还并不是一个太大的数目。[①] 因此，纵然在那种生产品的单价中加上这一部分，对于该生产品的价格也并不会发生怎样太大的影响。

第二，一般地说来生产手段生产部门的生产品在市场上的零售价格和批发价格之间，比其他部门存在着较大的距离；商业利润高于工业利润；生活手段生产部门的利润高于生产手段生产部门的利润；这就表示着：把生产手段部门生产品的批发价格提高到生产价格的程度只不过是把国营企业的利润提高到社会平均利润的水准；固然在一定期间，它将在某些个别的生产部门之间引

---

① （表1）　　　伪满时北满三矿成本中各项费用比例比较表　　（1941 年度）

项目	鹤岗（%）	和龙（%）	蛟河（%）
经费	26.73	26.10	16.17
工钱	34.94	88.09	41.63
用品	19.49	26.03	15.09
电力	3.03	2.58	5.39
制修	2.74	—	5.82
折旧	10.66	2.70	2.72
损失	1.17	1.63	11.02
赏金	7.27	5.37	1.61
掘进费	1.80	0.43	—
杂收入	（+）7.82	（+）2.94	（-）0.55
成本	100.00%	100.00%	100.00%
	12.341 元	12.876 元	7.130 元

注：根据资料如下：

1. 《抚顺炭矿统计年报》（1942 年）。

2. 《满炭社业统计年报》（1941 年）。

起物价关系的重新调整与变动；然而最后的结果它将只能带来利润分配上的变化，在总的社会需给关系不变的条件之下，它不但不会引起一般物价指数的上涨，而且经过利润的平均化的过程还能促进工业的正常发展。

（表 2） 1939 年上期辽阳纺织会社棉布、棉线、生产费构成表

品名 项目	每百码细布		每捆棉线	
	金额（元）	百分比（%）	金额（元）	百分比（%）
生产成本	41620	100.00	357.66	100.00
原料费	38500	92.50	324.20	90.64
直接费	2555	6.14	23.89	6.68
工人关系费	998	2.40	9.67	2.70
动力费	204	0.49	6.03	1.69
暖房给温费	106	0.25	1.00	28
工厂消耗品	057	0.14	1.59	0.45
浆糊费	540	1.30	—	—
织机用品	318	0.76	—	—
打包用品	123	0.30	2.25	0.63
运搬费	016	0.04	16	0.04
照明费	020	0.05	24	0.07
机器补修费	116	0.28	2.43	0.68
工作品修缮费	018	0.04	08	0.02
直接职员薪金	033	0.09	44	0.12
间接费	300	0.72	2.77	0.78
董事报酬	012	0.03	11	0.03
间接职员薪金	156	0.38	1.48	0.41
办公室费	047	0.11	45	0.13
旅费	017	0.04	16	0.05
利息	039	0.09	37	0.10
杂费	029	0.07	20	0.06
折旧费	265	0.64	6.80	1.90

根据资料：1941 年满洲纺织业现地条件调查报告，满铁调查部。

根据关于哈尔滨市私人工业利润的几种不完全的统计材料①看来，利润率最低的是 6.35%，最高的是 72.99%，一般的是 48%——

---

① **哈尔滨市私人工业利润统计表**

1. 哈尔滨市铁工业的成本和利润的统计表

厂名	支出资本（元）	收入（元）	利润额（元）	剩余价值率	利润率%		备考
					对总资本	对支出资本	引自《金融物价》第4期
大兴泰铸造厂	806400	1200000	393600	179.72%	—	48.81%	1947年6月27日调查
永木铁工厂	1228234	2000000	771766	405.13%	23.88%	62.83%	1947年7月调查
总计	2034634	3200000					
平均	1017317	1600000	582683	292.42%		57.27%	

2. 各种机器制造业的利润统计表

类别	成本总额（元）	利润额（元）	剩余价值率（%）	利润率（%）	备考
电力织布机	104050	45950	79.78	43.97	《哈市经济》第9期（1948年4月9日）
人力织布机	63900	80700	100.80	48.04	
毛衣机	375110	23890	99.91	6.35	（）中的数字是包括油碾和榨油两种行业的资本总额的；因为这两种行业的利润额不详，所以这里的总计和平均两项都未把这两行业的数字计算在内
洋袜机	48650	11350	29.32	23.33	
压麻机	602775	197225	73.24	32.72	
草袋机	529038	170962	62.38	32.32	
纺织机	21739	3261	23.73	15.00	
制棉机	559900	291100	224.10	51.99	
油碾	508800	—	—	—	
榨油	253100	—	—	—	
洋火机	2138784	1561216	153.89	72.99	
胶皮鞋机	1833369	766631	48.90	41.82	
总计	6278315（7040215）	3102265	—	—	
平均	627832（586685）	310229	89.60	49.41	

62%；而全体平均起来，则是 53.79%。生产手段部门利润率的高低是决定于生活手段部门需要大小及其利润率的高低的！例如洋火机制造业的利润率所以达到 72.99%，主要地是由于火柴业（因为利润率特别高的缘故），曾有一个时期变成了各种资本为了追求利润而进行竞投的部门；纺织机制造业的利润所以达到 43.97%—48.04%—51.99%，主要地是因为在北满发展纺织业需要的增大。

根据关于哈尔滨市私人商业利润的几种不完全的调查统计材料①。利润率最低的是10%—20%（只限于书籍文具等个别部

3. 六〇炮加工业的成本和利润的统计表

项目 厂名	成 本				利 润	
	费工 （元）	开销金额 （元）	撞针料费 （元）	合计 （元）	利润额 （元）	利润率 （%）
协和	55000	43092.50	500	43592.50	11407.50	26.47
锁泰	55000	40700.00	500	41200.00	13800.00	33.90
仁昌	55000	37625.50	500	38125.50	16874.50	44.85
总计	165000	121418.00	1500	122918.00	42082.00	
平均	55000	404726.60	500	40973.00	14027.00	34.23

附注：本表是根据《哈市经济》调查第9期的舒天的统计表及其计算法从成本中扣除其"卖钱税"的3%而加到利润中去；这样重新计算出来的。

原注：作炮筒差不多完全用旋工，本表即依旋工开锁数计算成本。

① 　　　　　　　　哈尔滨私人商业利润统计表

1. 松花江第一百货商场各种商业利润

业别	利润率（%）	备考
鞋帽业	15—30	一、这是从《金融物价》第七、八两期抽出
食品业	20—35	的数字。
服装业	20—30—100	
西药部	200—400—600	
书籍文具店	10—20	二、这些数字都是根据1947年调查的材料。
五金业	20—35	
华洋杂货	20—30	
钟表贵金属	50—60	
布皮	20—35	
平均	41.66—105	

门）次低的是 20%—30%—35%（食品、杂货、布匹和五金部门）；中等的是 50%—60%；较高的是 100%（服装业中最高的），115%（大众合作社），193.55%（纺织合作社），200%（西药部）；最高的是 400%—600%（同上西药部）；虽然这些部门的资本周转率及其计算标准可能并不一致，因之这里的某些个别部门的利润率可能与实际情况有些出入；然而这依然并不妨碍我们在大体上据以推断：商业利润中最低的还是高于工业利润中最低的，形成 10∶6.35；至于最高的那就更加不能成比较了；在这里它竟形成了 600∶72.99 的比例。

　　根据以上的情况，总结起来，统计中的私人工业部门的平均利润率是 53.79%，而统计中的私人商业部门的平均利润率是 88.88%，结果商业部门的平均利润率超过工业部门的平均利

2. 大众合作社（第一商场内）利润调查表（1947 年）

期间 项目	3 月 16 日— 5 月 31 日	6 月 1 日— 6 月 30 日	7 月 1 日— 8 月 22 日	累计
资本金（元）	2382000	10654000	8403000	21439000
营业开支（元）	746317	352952	367945	1572874
利润额（元）	2759250	2632.799	3401185	8793234
利润率　对营业开支（%）	369.71	745.93	324.30	559.05
对资本金（%）	115.00	24.00	40.00	41.00
备考	东北银行总行资料室《金融物价》第 7 期			

3. 东传家区纺织合作社的利润调查表（1947 年下半年）

　　1. 经手费（元）6092395.70　　　　5. 纯益（元）11470.317.00

　　2. 代理利益（元）1601015.00　　　　6. 纯益率 193.55%

　　3. 商品预值（元）9703000.00　　　《哈市经济》创刊号（1948 年 1 月 29 日）

　　4. 营业经费（元）5926093.00

润率35.09%[①],但是不论私人商业部门,或者私人工业部门的

4. 商场、市场、早市、营业状况（单位元）

区别	行业	资本金	交易额	负担	利润			备考
					利润额	利润率		
						对交易额%	对资本额%	
商场	军用品	6000000	3000000	40000	75000	25	12.5	负担内包含：地号3千，会费5千，暖气费5千，电话费2千，杂费5千，税金2万，计4万元
市场	〃	4000000	4000000	14400	80000	20	20.0	
早市	〃	252000	350000	10000	52500	15	20.8	
商场	皮货	1000000	500000	97000	10000	20	10.0	税金3千，会费6百，开办费8百，杂费1万
市场	〃	500000	500000	17400	75000	15	15.0	地号3千，暖气费5千，电灯费4千，自治会费5千，杂费1万，军鞋1万，税金3万，（3万元一人薪金）
早市	〃	400000	560000	10000	84000	15	21.0	
市场	摊贩	300000	300000	14400	60000	20	20.0	
早市	〃	275000	385000	10000	57750	15	21.0	税金6千，会费6百，开办费8百，杂费1万
市场	大筐	40000	200000	14400	60000	30	150.0	税金3千，会费6百，开办费8百，杂费1万
早市	〃	30000	200000	10000	60000	30	200.0	税金3千
市场	行商	30000	180000	14400	54000	30	180.0	税金3千，会费6百，开办费8百，杂费1万
早市	〃	30000	180000	10000	54000	30	180.0	税金3千，会费6百，开办费8百，杂费1万
总计		12857000	—	—	812255	—	63.19	

1.《哈市经济》第5期《承德市场调查报告》。　2. 调查时期：1947年11月27日—12月10日。

利润率，都大大地超过国家企业的利润，这是可以肯定的。这种倾向如果长期使它自然发展下去，无论对于国民经济的发展或是对于支援战争任务的完成，都会带来极端不利的结果！因此无论如何，必须有个根本解决：首先实行严格的成本核算，然后根据精确核算的结果，并以社会的平均利润率为基准确定合理的物价，在物价的规定中保证各种企业部门之间的利润的合理的分配。我相信只要依靠价格政策来确保某些工业部门的利润达到应有的提高，促成商业利润适当地降低，来实现工业利润和商业利润，国家企业利润和私人利润的平均化，以保证物资的生产和供给的增加，那就一定会有利于真正的压低物价目标的达成。

也有这样的可能：在开始时期，某些部门生产品的价格会要因之上涨，然而，第一，它却绝不会因而引起一个全面的并且无底的上涨；一旦新的价格关系被普遍地建立起来，这种上涨就会到达自然的限度；第二，也并不妨碍，为了限制某些部门物价的上涨，我们还可以采取这样办法：在一定有关系的企业部门之间签订按照成本费的交换协定，对一定机关或生产部门实行赊账或折扣的办法；或在一定期间降低某种生产品的价格；但在这个限度之内政府也就应于必要时实行津贴或贷款制度。

---

①　这样得出的平均利润率，它的正确性当然是有限度的，然而作为一个参考数字，倒也并不减少它的意义。其计算根据如下：

私人工业利润			私人商业利润	
支出资本（元）	利润额（元）	利润率	第一表	41.66%—105%
第一表　1017317	582683	57.27%	第二表	41.00%
第二表　627832	310229	49.41%	第三表	193.55%
第三表　40973	14027	34.23%	第四表	63.19%
总计　1686122	906939	53.79%……（A）	以上：单纯算术的平均88.88%……（B）	

∴ B－A＝35.09%

问题不在于根据成本核算确定合理的物价政策是否反会带来物价的波动？问题只是在于应该怎样把成本核算制度和经营企业化及生产合理化的方针结合起来，使全部资本都能发挥最高的效能；加速生产和循环过程到最大限度，同时还要减低生产手段的消耗到最小限度；在保持同一效能的条件之下尽可能地减低可变资本，这样来相对地提高资本的有机构成——使一定的劳动力能在同一条件之下吸聚或转移更多的不变资本价值于新的生产品之中！问题只是在于应该怎样改变现有的劳动力的配备状态：在保持流动资本总额不变的条件之下尽可能缩小用以购买保存价值的劳动力的部分，而扩大用以购买创造价值的劳动力的部分（降低非生产人员的比例），消灭生产过程中的不合理的现象，把一切生产手段和劳动力完全结合起来，使全部生产过程紧密地衔接起来；使生产力的所有因素都能紧张地运转起来：一方面不断地改进技术设备及其组织以增进生产手段的效能，一方面不断地提高工人的阶级觉悟，劳动热情及其熟练与紧张程度并且加强他们劳动效能；用一句话说：就是应该怎样促进生产力的迅速发展：减低成本，增加产量，提高质量而且降低价格！

为了适应目前阶段的经济建设发展的需要，为了从根本上解决一系列的经济政策上的具有决定性的问题，为了彻底克服新民主主义经济体制下的不合理的现象，我建议：在国家企业中，确立正确的成本核算的制度，并且把基于正确的成本核算而算出的盈亏作为今后检查工作的主要标准之一：一切生产部门之间的商业往还都应以这样核算出来的统一价格为根据。

1948 年 5 月

（原载 1948 年 8 月《东北经济》第 5 期）

论编制物价指数的新方法——综合公式

一 综合物价指数公式的基本特点

物价指数公式应该从经济内容出发，而不应该从教学形式出发；不是物价指数的数学形式决定着指数所应反映的经济内容，而是指数所应反映的经济内容决定着编制物价指数所应采取的数学形式；不是把各种物价变动比率的数学平均数和货币购买力的真实变动程度两者对立起来，而是使这种物价变动比率的平均数，能够符合于货币购买力的真实变动程度。综合物价指数公式下同于一般物价指数的编制方法的基本特点如下：

一般指数编制方法的第一个缺点是：它只要求选择一部分商品作为全部商品的固定的"代表"，并用所选定商品的价格变动，作为反映或测度市场上全部物价变动的尺度。可是，我们知道市场上的物价变动，往往是既不决定于这少数"商品代表"价格的变动，也不限于这少数"商品代表"价格变动的范围。随着市场情况的变化，一个价格变动比较急剧、对于物价变动具有决定作用、或者反映价格变动比较灵敏的商品，往往还会表现成为相反的情势。随着社会经济的发展，许多旧有的商品或其一定规格品，会被抛出市场之外，而新的商品或另一种规格品，会不断地被投入市场，代替前者的地位。在这样一种变动的情况下，我们所选定的商品的价格，就会失去其作为"商品代表"的资格。这也就说明了为什么这种物价指数编制方法无法克服这样一种困难和矛盾：当在一定期间检讨物价指数的正确性时，总是发现品种选择的不够恰当，但又很难实现完全正确的选择，因为谁也不能创造出一种具有长期普遍代表性的商品，而只有综合公式才能克服这一根本缺陷，因为综合公式的第一个理论上的要求，就是：指数必须包括计算期市场上所流转着的全部商品，每期指数所包含的商品数目，是随各时期市场上实际流转着的商品种类的变动而变动，不是选择"商品代表"预先予以人为的固定，只有这样编制出来的物价指数，才能全面而正确地反映市场上物价变动的实际情况。

一般指数编制方法的第二个缺点是：根据历史上特定时期的商品交易额，计算出所选定的各项商品在总交易额中的比重，再把这个特定时期的比重，作为编制物价指数的固定不变的权数，作为测度选定商品的价格在反映整个物价变动的总指数中的影响程度的尺度。可是我们知道，任何时期的交易额，都是由价格和交易量这两个互相影响的可变因子决定的，它是不断地随着该商品的价格和交易量的变化而变化的。市场上的物价变化，不仅决定着交易量的变化，而且还在一定条件下决定于交易量的变化。因此，把一定时期的交易额作为固定不变的权数，不但不能反映或测度物价经常变化的情况以及各种物价变化在整个物价平均变动中的实际的影响，而且也根本无法说明物价变动的真正原因，更无法据以估计各种物价变动对整个经济生活的实际影响。只有综合公式才能克服这一缺陷，因为综合公式第二个理论上的要求，就是：指数必须根据计算期各种商品的实际交易量的统计数

字，并把这种交易量的统计数字作为计算各种物价的总平均指数
的因子，因为只有这样编制出来的物价指数，才能经常而正确地
反映市场上物价变动的实际情况。

二　采用综合公式的条件和步骤

采用综合公式来编制物价指数，是需要具备一定的条件的。
因为综合物价指数是从全社会的实际交易总额中来计算的，在这
个交易总额里，还要尽量详细地分开每种商品的个别价格和个别
成交量，因此采用综合公式编制物价指数，必须：第一，掌握每
种个别商品各时期的价格统计数字；第二，掌握每种个别商品各
时期的成交量统计数字。这些统计数字只有在建立了全面统计报
告制度的社会主义国家和新民主主义国家，才能经常掌握，因而
综合式物价指数也就只有社会主义国家和新民主主义国家才能编
制，资本主义国家是无法采用综合公式来编制物价指数的。

在东北目前统计工作的情况下，我们还没有具备采用综合公
式编制指数所应有的全部条件，因为我们经常所掌握的商品逐月
销售量和销售额的统计数字，还不够全面，而商品按规格的划
分，也不够详细，但是我们所已掌握的各地商品销售额数字，都
已占各地商品销售总额90%左右了。所以在我们现有条件之下，
基本上已经有了采用综合公式的可能。我们一方面正努力继续为
运用综合公式编制理想的物价指数创造条件，另一方面采取适合
于我们现有条件的方法和步骤，去贯彻综合公式的原则。我们所
采取的方法和步骤是：第一，经过编制包括主要商品集团的物价
指数扩张到包括全部商品集团的物价指数；第二，经过根据主要
规格品的物价调查和主要商品集团的全部交易额的统计来编制指
数的方法，逐渐过渡到根据全部规格品的交易量和交易额的统计

来编制指数的方法。

这里发生两个需要解决的问题：

（一）所谓品种范围的问题。这在数量上不应作硬性的规定，并且各个地区可以不必求其机械的一致，而应该根据一切可能条件贯彻综合公式的要求。在目前，凡是具有一定影响的主要品种，应该尽可能地全部包括在内，今后随着我们统计工作的开展，尤其是随着参加交换的商品范围的扩大，应该逐渐增加品种范围，一直发展到包括一切品种。应该知道：品种包括得越全面，指数就编制得越正确，我们采用综合公式编制指数的优点就在于包括品种比较全些；而其缺点也就在于还不够完全。

（二）所谓品种规格选择的问题。我的意见是：这是在目前我们对大部分商品只能按照商品集团进行统计情况下所必然发生、而且必须给以具体解决的问题。然而必须承认：用选定的规格品的价格，来计算整个商品集团的交易额，这只能作为在现有条件之下采用的一种变通的计算方法。我们除了在选择规格品时，规定几条足以保证不会因以使指数发生多大偏差的原则以外，还必须采取一切办法，健全我们关于商品交易量和交易额的统计工作，使之随着统计工作的进步和社会经济的发展，而逐步经过主要的商品集团的统计，进到全部规格品的精细的统计的阶段，并且随着统计工作的新的阶段的到来，而由目前指数的变通的编制方法，转变成为理想的编制方法。应该知道：交易量和交易额统计得越详细，指数就编制得越精确。我们采用综合公式编制物价指数的优点，就在于它不仅保证给我们一种根据一切商品的交易量和交易额来计算一切商品的最合乎实际的平均价格的可能，而且还给我们一种据以编制各类别各地区综合平均指数的可能。

最后，我们应该承认：我们采用综合公式所编制出的几期沈阳市国营和私营批发物价指数，以及全东北十个城市的私商物价

（七市批发，三市零售）指数，由于条件的限制和工作人员经验的不足，还存在着不少缺点。然而因为综合公式是一种新式的科学的方法，比其他方法所编制的指数，比较更能反映物价变动的实际情况，这点也是可以相信的。

（原载《统计工作》1951 年 2 月第 2 卷第 4 期）

关于统计与计划、业务的关系问题[*]

一　统计工作在新民主主义国家工作中的地位

新民主主义国家工作的特点，是以国民经济计划化为中心，实现整个国家工作的计划化。在资本主义社会里，个别企业是有计划的，但在整个社会范围内却是无政府的。在我们的社会里，一切政策都必须通过计划来实现。可是，为要把政策很好地体现在计划里，那就需要以全面的、正确的统计资料为依据。不然，计划很容易陷入错误，而业务也就被引入歧途。所以统计工作在新民主主义国家工作中有着特殊的地位。

新民上主义时期的历史任务，就是要在经济上无限地提高社会生产力，使我们能迅速地由落后的农业国变成先进的工业国；在政治上要普遍地提高工农群众的革命的阶级觉悟，使他们能够广泛地参加国家的监督和管理。在这里，统计工作既是我们依以促进社会生产力的迅速提高的有效手段，也是群众依以参加国家的民主监督和科举管理的必要工具。

　　* 东北统计局林里夫副局长在"东北第一届卫生计划统计会议"上的讲话。

我们的全部国家工作，基本上可以分为这样三个部门：统计、计划和业务。就工作发展的历史顺序来看，我们首先着手的是业务工作，其次是计划工作，最后是统计工作。这本是一个自然而必然的顺序。因为当我们刚一取得政权开始建设后，首先只能是把业务工作恢复起来；当业务工作进行到一定的程度，就感到了有加强计划性的必要；而当计划工作达到一定的阶段，就必然要感到统计工作的重要了。几年来的实际工作经验也在告诉我们：没有全面而精确的统计资料，就不可能有全面而精确的计划；没有全面而精确的计划，就很难有全面而正确的业务工作的指导。因之，如果按我们现在的工作顺序来说，这三部门工作的排列，就应该而且必须是：统计—计划—业务。这就是统计工作在我们新民主主义国家工作中应有的地位，这就是统计对计划和业务工作应有的关系，也就是我们对统计工作应有的新的观念。

二 统计工作对计划工作与业务工作的能动作用

一般的人，很容易把统计工作看作简单的、被动的工作，只是在业务工作做了以后，统计一番。但这只是了解了统计工作的性质和任务的一个方面。其实统计工作还有另外一个方面，而且是主要的一个方面。那就是：统计工作对计划决定和业务领导的能动作用。这主要表现在以下几点：

（1）预见到编制计划的需要，而及早布置统计工作，准备统计资料。这就是说，统计工作必须走在计划工作的前面，至少必须先走一步。例如，当布置1951年的统计工作时，就必须预见到编制1952年的计划时需要包括哪些指标。只有根据各个方面的预见来布置统计工作，才能经常满足编制计划，检查计划和指导业务的需要，而不致落在客观形势的发展和工作需要的后面。从这里也就应该达到一个结论：统计工作不应该局限于目前计划工作和业务工作的范围。自然在这里就可能遇到一系列的思想障碍；然而，统计工作者的任务，就在于善于根据自己的科学的预见，克服各种困难，布置自己的工作。

（2）要在检查计划的执行中检查计划本身，如果发现计划的错误，就及早建议纠正。

斯大林说过："编制计划不过是计划工作的开始。只有在编制计划以后，经过实地检查以后，在计划的执行、修正和精确化的过程中，真正的计划领导方才可以说是开展起来。"又说："正确的领导就在于布置工作之后善于组织检查。"统计工作的基本任务之一就在于：不仅根据计划去检查执行的结果有无偏差，并且还在于检查计划本身有无错误。

一般地说来，如果我们的工作计划没有完成，这就不是由于在计划执行中发生了错误或偏差，那就是由于计划本身发生了错误或缺陷；但是不管是由于哪种原因，我们都需要根据统计数字来给以及时的检查，并建议针对其具体的原因给以及时的纠正。因为假如不是这样，就必然要使我们陷入愈演愈深的错误当中，尤其是假如在计划本身就发生着错误的情况下。因为，假如计划定得超出客观条件和主观能力的限度，而不给以及时的纠正，那就会引导业务工作走向冒险主义的方向；假如计划定得低于客观条件和主观能力的限度，而不给以及时的纠正，那就会引导业务工作走向保守主义的方向。就这个意义说来，统计工作不仅是保证计划完成的有效工具，而且也是保证正确地制定政策与贯彻政策的有力武器。

（3）要系统地发掘没有被利用的后备力量，研究利用它们的可能条件和方法，作为提高计划和改进业务工作的依据。这样不仅可以加强计划的战斗性，并且还可以加强计划实现的可能性。

（4）审查并公布各部门的总结数字，批评落后部门，表扬先进部门，这样来对计划的执行发挥监督、推动和保证的作用。就这一方面说，统计工作不仅是计划工作的依据，并且也是推动与改进业务工作的武器。

（5）经常掌握关于各部门人员、设备能力、工作发展的速度和水平、各种平均先进定额、各种经济部门和经济成分的比重等数字，对编制计划提供具有决定作用的意见。必须了解，统计工作预先就决定了计划工作的结果：统计工作的范围与质量，决定着计划工作的范围和质量。

为了完成上面所说的这些基本任务，为了发挥统计工作的这些能动作用，统计工作者第一必须具有高度的政策观点，不仅了解今天正在实行着的政策，并且还必须预见明天将要采取的政策。例如，中国现阶段的经济特点就是五种经济成分的同时存在和互相结合。我们的政策，是要使小商品生产者走向合作社的道路，使私人资本主义走向国家资本主义的道路，同时使国营企业不断地增加其在整个国民经济中的比重。为了检查政策执行的情况，就需要在制定或审定的统计表格中贯穿着按照五种经济成分的分类——尽管在一定期间或地点，某种经济成分的比重很小，也必须把它包括进去。过去卫生工作的统计表式，就是由于未能体会实现这一政策观点，所以才像王部长所正确地指出那样未能满足制定计划和指导业务上的需要。第二，必须具有发展的观点，不仅了解今天存在的现象（包括工作所已达到的水平），而且还应了解明天将要发生的现象。例如根据过去资本主义经济发展的史实以及现在东北的具体情况，一个国家在开始工业化的过程和由于工业化而来的人口集中的过程中，如果缺乏各种必要的卫生设施，职业病和传染病的发生和蔓延是很难避免的。为了不使历史上的盲目法则在我们的社会里重演，我们就必须提高警惕，对职业病和传染病采取加强防治的措施，因此也就必须及早进行这些方面的统计，以满足编制并检查防治计划的需要。第三，必须具有全面的观点，不仅了解一个地区、一个部门的工作情况及其发展变化，而且还应了解其他地区、其他部门甚至全国和全世界过去和现在的各种有关情况的发展和变化。例如制定生产总值、国民收入或者人口、卫生统计表格时，如果不从一开始就照顾到在空间上和时间上的可比较性，结果就会使统计数字降低了价值，无法成为决定政策的良好的依据。又例如今天苏联人民健康保证程度的指标之一，是每500人口有一个医生，他们的城市医院的病床平均利用日数是340日，经常掌握这类各种有关方面的统计数字，就可以作为我们制定卫生工作若干年内发展目标的参考。我们国内各个地区各种医院的工作的统计表，如医师授诊率，病床周转率，医院的总致命率和各科的致命率等，也都可以而且应该加以搜集，并进行比较研究，作为检查我们医务工作的发展速度和水平的依据。

三　推动统计工作的关键

一年多的经验证明：凡是业务领导方面重视统计工作，利用统计工作作为领导业务的科学武器，因而把它当作自己的工作任务之一去进行的，统计工作就能满足业务领导上的需要，就能很好地为计划工作服务。一年多的经验也证明：凡是统计工作能够满足业务领导与编制计划的需要，真正成为业务领导上的有力助手的，统计工作也就更能得到业务领导方面的重视，也就越加变成工作体系中绝对不可缺少的有机构成部分。一年多来的经验也在证明：凡是业务领导方面和它的统计机构建立起这样正确的关系的，那就不但在统计工作上，而且在业务工作上，也都获得了很大的成绩。

一年多的经验也从相反的一方面证明：凡是业务领导方面忽视统计工作，不根据统计数字来系统地检查工作、编制计划的，那就不但统计工作没有成就，不能满足计划和业务上的需要，就是业务本身也要陷于混乱和被动。这两者是互为因果的：业务领导方面越不重视统计工作，统计工作就越不能发挥应有的作用；统计工作越不发挥作用，就越不被重视，这就形成了一种"恶性的循环"，其结果就必然是使统计工作陷入无能为力的状态，而业务工作也就不能不陷入无计划的状态之中！

去年一年，由于我们的作为国家工作的统计工作才刚开始，曾经不得不首先集中力量于统计工作的"基本建设"——"长期投资"的工作，不得不首先集中力量来为统计工作创造先决条件；例如统一全东北的统计表格，建立统一的统计机构，为统计机构训练和培养统计干部，介绍统计理论和方法，建立必要的统计报告制度等等。因而在满足编制计划和解决业务领导方针的需要上，就不能不暴露出严重的弱点和缺陷。今年我们必须集中力量克服这种弱点和缺陷。

但是究竟怎样克服呢？我认为应该从两方面着手：在统计工作方面，应该有意识地为满足业务方面的需要而斗争。为实现这一目标，就必须完成下列三个中心任务：

（1）贯彻统一的科学的表报制度。各级统计机构必须经常严格地检查各级填报单位是否遵守东北人民政府颁布的东北区统计报告暂行规程，是否根据东北统计局制定或审定的各种表式及其说明与规定按期填报指定的机关。这是使我们经常能够掌握所需要的全面而正确的统计数字的先决条件和必要步骤。

（2）争取统计数字的正确和及时。因为只有"正确"才能有用，而只有"及时"才能对工作发生指导作用，在这两个条件中如果缺少了任何一个条件，都会不能或至少不能充分地满足业务方面的需要。

（3）根据统计数字进行各种必要的研究和分析。因为我们掌握全面而正确的数字的唯一目的，就在于从那些数字中来审查我们整个国家工作的各个部门经常发展的水平和速度，总结工作进展或落后的原因，发现未被利用的后备力量，并且据以决定今后业务的领导方针和计划。而单纯的数字的罗列，并不应该是我们的统计工作的最后结果。

但是，为要完成这些中心任务，在业务领导方面，还应该继续为完成统计工作的"基本建设"——"长期投资"而努力。这就是说，还应该继续为统计工作创造下列的条件：

（1）健全统计机构，尤其是基层统计机构。要配备在数量上足够、在质量上胜任的统计人员；并且经常检查本部门统计工作的情况，帮助它解决困难和克服缺点。

（2）建立业务、计划和统计各部门间的正常关系，要保证业务部门经常按期向统计部门提交规定的统计表报；并对自己的数字负完全责任，同时根据统计部门的数字来检查和总结工作、编制计划。

（3）建立并统一会计和业务的原始登记制度，使它们能够适合统计上的分类和综合的需要。

只有结合统计部门和业务领导这两方面的努力，只有实现统计工作和业务领导的这样的结合，才能实现统计为计划与业务服务的要求。可是，只有提高这两方面的政策观点和计划观点，才能实现这两方面的密切结合。因此，推进统计工作的关键，实现业务领导对统计工作的重视与统计工作更好地写计划、业务服务的关键，就在于提高政策观点和计划观点。

总结起来，我们可以说：只有高度的政策观点才能产生高度的计划要求，才能产生对统计的高度重视。

卫生部对统计和计划工作，是一贯地重视的，因此取得了一定的成绩。这表现在"1950 年度东北卫生工作的基本总结与 1951 年度东北卫生工作的主要任务"的文件中，也表现在这次会议的召开和刚才王部长的讲话中。但是由于计划和统计工作对于我们所有的工作部门，都是一种新的工作，所以，一般地说来我们还存在着一些缺陷，正像王部长所指出的一样。我希望在这次会议上能够把过去的工作总结一下，并且在这次会议以后，开始一个新的转变。我相信，在卫生部行政领导方面的重视与帮助之下，在全体同志的努力之下，一定可以完成这一任务。我预祝会议的成功。

1951 年 4 月 17 日

（原载 1951 年 5 月《统计工作》第 3 卷第 1 期）

我们的社会统计工作的基本特点

我们的统计工作，有着在本质上区别于资产阶级统计工作的特点，这些特点主要地表现在统计工作的科学性、群众性、组织性和纪律性上。

现在让我分别地来讲讲这几个特点：

（1）统计工作的科学性

在资本主义社会里，由于资本主义制度是少数人剥削多数人的制度，它只有依靠欺骗和压迫才能维持统治；所以任何科学工作都会受到资产阶级的利害关系的影响；当真理的利益和阶级的利益发生矛盾的时候，受到牺牲的总必然是真理的利益；在这种情形之下，作为认识社会的工具和反映现实的武器的统计也就不能不和其他科学一样失去了它的科学性质。因为自从资产阶级取得政权以来，"成为问题的已经不再是：究竟这种理论是真理还是那种理论是真理；问题只在于：它们对于资本是有利的还是有害的？是方便的还是不方便的？是在政治上有危险的还是没有危险的？"（马克思《资本论》第二版序言）

在我们的社会里，情形就完全颠倒过来，由于革命的利益和真理的利益完全一致，所以我们要求统计工作充分地发挥它的真正的科学性质，充分地表现它的作为认识社会的工具和反映现实的武器的作用。

因之，我们对统计工作提出的第一个具体要求就是：统计数字必须能够客观地表现所观察的对象。为要实现这一要求，就必须为统计数字的正确性而斗争。因为统计是我们编制计划和决定政策的科学根据，是我们用以管理和监督国家的有力助手。如果统计数字发生错误，它就不能提供给我们一个关于国民经济计划和国家工作的现实情况客观的反映，其结果，不是使那种统计数字本身失去其存在的意义，就是使我们自己跟随着那种的统计数字走向错误的道路上去，这就要对革命运动带来不可预测的损害。

我们对统计工作提出的第二个具体要求就是：统计数字必须能够全面地表现所观察的对象。为了实现这一要求，就必须为统计数字的全面性而斗争。因为统计是我们用以掌握一系列关系于现代国家的基本情况的武器，是我们用以进行经济分析的工具；如果统计数字残缺不全，它就不能提供给我们一个关于客观现实或社会实践的全面的反映，也就不能够给我们一个关于所观察的对象的完全正确的概念。因为统计工作是这样一种性质的工作：在它所需观察的范围以内，任何一项数字的残缺，就都会造成总的数字的偏差；而任何一项总的数字的偏差，就必然要造成一系列数字的错误。

我们对统计工作提出的第三个具体要求就是：统计数字必须能够深刻地表现所观察的对象的本质的特征。列宁说过："统计不是不可考稽的数字的罗列。它应当用数字表现出已经完全显现或正显现在生活中被研究的对象的各种社会类型。"（《列宁全集》第18卷，第240页）经过所观察的对象的数量的关系，表现它们的质量的关系；根据数量上的差异区别质量上的不同；在统计数字的背后识别出阶级矛盾和阶级斗争的基本标志；这就是无产阶级统计的基本特征之一，为了实现这一要求，就必须从一开始就采取基于科学的分类和综合的需要而设计出来的统一的统计表式。列宁对资产阶级的统计曾经作过这样的批评："现代的统计正处在最大的危机之中！现代的统计，不断地，经常地苦恼于最近的某种——我想称为的——'统计的白痴病'：在树木的荫蔽之下森林消逝了，在如山的数字的荫蔽之下，各种现象的经济类型——那些只有经过多方面并且被合理地组成的分类表和综合表才能表现出来的类型消逝了。"（引自列宁：《俄国农业问题》一书中论地方自治局统计的诸任务）因为统计工作是这样一种性质的工作，任何统计数字如果不是按照一定的科学分类和综合方法的要求而填报上来的，那就必然要变成：不是现象的罗列，就是事物本质的歪曲的反映。

我们对统计工作提出的第四个具体要求就是：统计数字必须能够不断地表现所观察的对象的发展和变化。列宁说过："统计应当描述被精密分析过的社会经济关系。"（《列宁全集》第3卷，第443页）因为这些社会经济关系都是在不断地发展变化的过程之中的；所以为了检查计划的执行情况和政策实施的结果，尤其是为要像斯大林所说的"善于利用发生在我们建设工作中的各种经济结构之间的斗争"（见《斯大林选集》第7卷，第309页），就必须经常地、不断地把复杂的社会生活的各方面用数字表现出来，把一切发生着的经济过程加以数字的表现和分析，而且为了这一经常的表现和分析，就还必须随着各个方面和各个过程的性质和形态的改变而及时地改变统计分类和综合的方法。因为统计是这样一种性质的工作：如果不是经常而及时地表现出客观事物的发展和变化，那么，它就永远无法全面而正确地表现所观察的对象的本质及其规律性，它就无法成为我们进行各种必要的经济分析的可靠的依据。

总之，正确、全面、深刻，而且经常地表现所观察的事物的本质的特征及其发展的规律性，这就是我们的统计工作的科学性；也就是我们的统计工作必须努力达到的目标。

（2）统计工作的群众性

在资本主义的社会里，统计是为私人资本服务的，是私人资本为追逐利润而斗争的特殊武器；因而，统计工作及其机构一般地只被局限于私人企业或资本家集团的需要和可能的狭窄的限界以内。

在我们的社会里，统计是为劳动人民服务的，统计是劳动人民为解放事业而斗争的特殊武器；因而，统计工作及其机构将愈益社会化并且将愈益表现出其全民的性质。

过去，在为夺取政权而斗争的阶段中，统计曾经表现过作为依以估计敌我力量对比的重要手段的作用，一切革命的群众曾经不得不集中力量于在斗争中经常根据全面而正确的统计资料注视着敌我力量对比的变化，并且据以决定我们的战略和策略，因而曾经不得不致力于有关于阶级斗争及敌我力量对比的统计数字的搜集和研究。

现在，在我们为巩固与发展人民民主专政而斗争的阶段中，由于我们的主要任务是击退帝国主义的侵略，肃清反革命的残余势力，完成土地改革、恢复、发展与"开始按照社会主义的原则改造"国民经济，统计就应该表现作为"管理国家的有力助手"，表现作为"组织千百万人生活上最深刻的经济基础"的方法及"导向社会主义的门径"（引号里的都是借用列宁的用语）的作用。所以一切革命的群众都应该有意识地集中力量于经常根据全面的正确的统计数字检查和监督着我们在新的条件之下阶级斗争的进展情况，注视着敌我力量对比的变化并且据以审查我们的政策决定和执行，因而也就应该致力于足以反映全部国家工作的执行情况及其结果的统计数字的搜集和研究。统计是人民政府用以管理国家的新的科学方法，也是劳动群众依以监督国家工作的民主工具。

将来，在我们为完成走向社会主义的转变而斗争的阶段中，统计就应该表演作为消灭资本主义的剥削和防止资本主义复辟的武器的作用；一切革命的群众都应该认真地集中力量于经常根据全面的正确的统计数字检查和监督"不仅在政治上，而且在日常经济生活中战胜那些人民公敌、富人及其食客（即资产阶级知识分子），其次是骗子、懒汉和流氓"（列宁的话，引自《怎样组织比赛?》《列宁文选》中文版，第2卷，第327页）的政策的执行及其结果，因而也就应该"对生产品的生产和分配，经常实行极周到的国家统计和监督"。（列宁的话，引自《苏维埃政权的当前任务》，同上书，第407页）

因为"为过渡到社会主义所必需的统计和监督，只能是由群众来实行的。只有由工农群众自愿而诚意地，带着满腔革命热情来共同进行这种对富人，对骗子，对懒汉，对流氓实行的监督和统计，才能克服可恶的资本主义社会的这些余孽……"

"工人和农民们，劳动者和被剥削者们……大家亲自来统计和监督生产品的生产和分配吧！这就是，而且只有这才是达到社会主义的道路，才是社会主义的保障，才是战胜一切剥削者和一切贫穷困苦的保障！"（《怎样组织比赛?》，同上书，第326—327页）

由于"统计和监督，在推翻资产阶级后第二天就成为社会主义革命的根本问题"，由于"资产阶级，尤其是小资产阶级的一切习惯和传统也是反对国家监督，而要求'神圣私有财产制'和'神圣'私有企业的不可侵犯性"的，所以，"为全民的统计和监督而斗争"（列宁的口号，见《苏维埃政权的当前任务》，同上书）便有了头等的实践的意义，而成为在这一阶段中的行动的口号！

也正因为这个缘故，所以列宁说："力求……把由国家实行统计和监督的思想灌注到群众的意识之中，……这便是具有全世界历史意义的伟大的斗争，这便是社会主义自觉势力反对资本主义无政府主义自发势力的斗争。"（《苏维埃政权的当前任务》，同上书，第407页）

也正因为这个缘故，所以列宁说："统计和监督要十分简易，使每个诚实、精明、能干的工人和农民都能胜任，而为要组织这样的统计和监督，就必须唤起工农自己的，即从他们中间产生的组织人才，就必须唤起他们在组织成绩方面实行比赛。"（《怎样组织比赛？》，同上书，第610页）

总之，革命运动愈益向前发展，统计工作就愈益成为推进革命运动的重要武器，也就愈益要求广大的群众积极地自觉地运用这一武器，为了实现这一要求，我们就必须一方面使统计工作适应群众的文化程度，另一方面把群众提高到统计工作的科学的要求和水平上来。列宁说："在资本主义的社会里，统计是'官老爷们'或褊狭的专家们所处理的对象；但我们则必须把统计带给群众，使它群众化，以便使群众自己能够学会怎样理解与观察，学会应该怎样工作和做多少工作，学会怎样休息和可以休息多少时间，这样也就使各个公社的经济工作总结的比较，成为大家注意和研究的对象。"（《列宁全集》第22卷，第456页）"把统计工作带给群众"，使群众参加统计工作，换句话说，就是实现统计工作的群众化和社会化，这不仅应该成为我们的工作方法，并且也应该成为我们的工作方向。所谓我们的统计工作的第二个特点，统计工作的群众性就是这样。

（3）统计工作的组织性

在资本主义的社会里，由于社会生产的无政府状态，资本家或资本家集团之间的竞争，以及维护营业秘密的法律的存在，统计工作只能被个别地、散漫地进行着。集中统一的具有强制力的国家规模的统计机构是无法建立的。

在我们的社会里，由于社会政治制度发生了根本的变化，不但"全面的、完整的、包括一切的统计和监督"（列宁的用语），将逐渐成为迫切的必要，并且自上而下地建立职权独立的全国规模的遍布一切工作部门的集中统一的统计工作的组织体系，也已日益增加了可能性。

列宁在研究帝俄时代的工厂统计以后，达到了这样的一个经验的总结："没有任何中央机关来指导，正确地和同一形式地搜集和审查资料"（《俄国资本主义底发展》中文版，第413页），是不能提供足以反映真实情况的全面而正确的统计数字的。所以在1918年，当十月革命刚一胜利，列宁就决定成立中央统计局，签署了经过人民委员会批准的《关于国家统计的决定》，并且把"发展全面统计的正常组织和推广统计知识"定为中央统计局的中心任务之一。为了帮助中央统计局更迅速地实现这一任务，还批准了《关于地方统计机关的决定》和《关于中央统计局附属统计委员会的决定》，这样就很快地在全国设立起了直属中央统计局的各省县的统计局，不仅奠定了遍布全国的新型的统计机构的组织基础并且还建立了新型的统计工作制度。列宁深深地知道，如果没有遍布全国的具有独立职权的统计机构的垂直系统，如果没有体现集中统一的领导原则的统计工作制度，便根本无法保证按照国家的统一计划和要求，在规定的同一期间从全国各地一切工作部门搜集到编制计划、决定政策和指导工作所需要的各种全面而正确的统计资料，同时也就根本无法发挥统计对计划、对政策和一切国家工作的检查和监督的职能，因而也就无法实现它的作为"管理国家的有力助手"的作用。

也正是为了这个缘故，统计机构及其体制在苏联已经变成了国家机构及其工作制度中的重要的组成部分，在苏联的"斯大林宪法"（关于国家组织的根本法）第十四条中明文规定着组织国民经济计算的统一体制的职权，应由苏维埃联邦最高政权机关和国家管理机关行使。在苏联，组织集中统一的国家统计的组织体制已经不仅变成了国家工作的重要任务，并且已用法律的形式被宣布成为全体人民的共同意志以及苏联政府的最高职权。

目前中国虽然由于处在新民主主义的发展阶段，还不可能建立起像苏联那样高度的集中统一的统计机构及其工作制度，然而新民主主义制度本身就不仅向我们提出要求，而且也向我们提供保证：无论是为了实现国民经济计划化的方针或是为了推行国营企业的经济核算的制度，我们都是应该和可能逐步建立并推广适当的集中统一的国家的统计机构的体制的。

新民主主义的社会制度是一种高度的民主制度，列宁在总结巴黎公社的经验时曾经这样写道："在这里就是'数量变为质量'：这样高度的民主制，是以越出资产阶级社会的范围，开始按照社会主义的原则改造这个社会为附带条件的。如果一切人都参加国家管理，那么资本主义便不能再支持了。"（见《国家与革命》，《列宁文选》第 2 卷中文版，第 264 页）

"既然无产阶级的政治统治已经建立，已有保障，则实行统计和监督——如果这些办法是……以最高国家政权机关的资格来实行——即，到处实行普遍的，包括一切的统计和监督，实行对劳动量和生产品的分配的统计和监督，这便是社会主义改造的实质之所在。"（列宁：《怎样组织比赛?》，《列宁文选》第 2 卷中文版，第 309 页）

我们的统计工作的组织性，主要地表现在如下的几个方面：

第一，建立集中统一的国家统计机构。

1950 年 4 月 10 日，在中国的统计工作历史上是个具有决定性的转变关头。东北人民政府《关于加强统计工作的决定》，为中国的统计工作的划时代的转变打了一次先锋，并为东北区的统计工作开辟了一个新的纪元，在那以前，我们也曾有过许多统计机构和人员从事统计工作；然而，真正按照列宁和斯大林的精神，有意识地向着建立苏联式的集中统一的职权独立的遍布一切工作部门的国家统计机构的方向去努力，这还是历史上的第一次。因为，那个文件不但已经明确地规定了成立东北及各省市的统计机构，东北统计局的职权以及它在统计工作方面对各省市、各部局、各机关、各企业的指导关系，并且还为实现集中统一的国家统计工作计划及为实行集中统一的国家统计报告的双轨制度打下了初步基础，这样也就提示了展开新型统计工作所应遵循的途径。

第二，建立集中统一的国家统计工作计划。

在资本主义的社会里，由于统计工作的私人性质和资本主义社会制度的限制，既不可能建立一种普及一切工作领域的统计工作的组织体制，也就不可能在统一的指导下"正确地和同一形式地搜集和审查资料"，所以就整个社会范围看来，统计工作是各自为政地，缺乏统一计划地散漫而零乱地进行着的。我们的统计工作，必须是从一开始就在全面的统一的计划指导之下进行的。

列宁说过："在从前只是凭着一般的推测和近似的资料谋求解决的一系列关系着现代国家的经济情况及其发展的根本问题，今天如果不根据统一的提纲去搜集全国各地的大量资料并由统计专家加以整理，便难期问题的解决。"（《列宁全集》第 16 卷，

第 1291 页）

所以，在苏联，每年由中央统计局制定全国的统计工作计划，其中规定各级国家统计机构和各级业务部门（包括机关和企业）必须在各个时期完成的统计工作的内容、使用的表式、填报的程序（包括逐级填报的日期，份数及送交的机关等）和呈递方法等，全国的一切统计机构和业务部门必须遵照执行，这个计划本身就是政府命令。

在我们今天的主观和客观条件之下，要完全实现这样高度的集中和统一而又普及于一切工作部门的统计工作的计划性，显然还不可能。然而，新民主主义制度本身就不仅向我们提出要求，而且也向我们提供保证：无论是从消极方面为了节省统计工作上的人力和财力的浪费，减轻各级政府和人民的负担，或是从积极方面为了提高统计工作的质量和效能，并满足国家的科学管理和民主监督的需要，我们都是应该和可能逐步实现并提高统计工作的计划性的。

1950 年 4 月 13 日东北人民政府关于《禁止滥发统计表格》及《由东北统计局统一审查与制定统计表式》的决定，就标志着走向结束统计工作的无政府状态而开始实现统计工作的计划性的方向的划时代的转变。因为统一统计表式，正是为实现统计工作的计划性创造先决条件和奠定基础的工作。

第三，建立集中统一的国家统计报告制度。

这是为要确保统计机构能在集中统一的指导原则之下进行工作的必要条件，也是为要实现统计工作的计划性的组织保证。这是展开新型的统计工作的重要措施。1950 年 10 月 13 日东北人民政府颁布的"东北区统计报告暂行规程"就标志着东北区内统计工作的组织性的发展已经达到了新的阶段，它明确地规定了我们统计机构内部的相互关系和工作方法，它清楚的区别了我们的统计工作体制和资本主义的统计工作体制的不同。1951 年 3 月 22 日东北人民政府关于试行统计报告双轨制的决定使我们的统计工作的组织性有了更进一步的发展。因为它更具体地规定了实现各省市统计机构的任务和职权及其与上下级统计机构的关系的条件和方法。现在我们正在拟议中的对各市县统计科的工作任务的指示，对于促进我们的统计工作的组织性的提高与加强，无疑地也将成为一个新的必要的步骤。

由于我们的主观和客观条件的限制，在这三个方面（即无论在建立机构上，在建立计划上，或在建立制度上）目前都还存在着严重的缺点；然而，总的趋势应该没有疑问：加强与提高统计工作的组织性，不但应该成为我们依以推进工作的方法，而且也应该成为我们努力的方向。

（4）最后，统计工作的纪律性

在资本主义的社会里，统计工作是少数专门家的职业，或是少数官吏们的例行公事，在那里，真正的统计工作的纪律性，是不会存在也不会产生的。

但在我们的社会里，统计工作已经逐渐成为国家工作和群众工作，为了保证统计工作任务的完成，为了保证统计工作制度的贯彻，为了保证统计机构的健全发展，为了保证统计人员的政治质量与工作能力的提高，尤其是为了保证统计工作效能的增强，不但需要而且也愈益可能提高统计工作的纪律性。

因为"统计工作是这样一种性质的工作：无论它的总的锁链中的任何一个环节受到挫折，不在规定期间完成任务，或者完成得不好，那么，整个工作就要遭受损害。"（斯大林语）随着统计工作经验积累和干部质量的提高，人们将会愈益体验到统计工作纪律的重要。

列宁从建立新式的统计机构的初期，就特别尖锐地把统计工作的纪律性提到一切负责干部的面前。例如，在1902年5月，为了推动人口、工农业和国民教育的全国普查工作，发给各省委、莫斯科和彼得堡市委、各省市革命委员会及西伯利亚革命委员会的电文中他曾这样写道："对于苏维埃共和国的社会主义建设来说，调查资料将具有头等的和指导的意义：……对于建设苏维埃共和国具有头等意义的当前的调查工作，如有不用全力来协助的犯错误的人，不论他的工作岗位怎样，都应诉之于革命的法庭。"（《列宁文集》第34卷，第296—397页）

在1902年9月12日发出的第466号电报中，他还曾特别指示："我再以249号、379号和416号电报命令你们，并且希望你们采取一切办法，加强调查工作，请你们作好使一切调查能普及全省的工作，请你们用革命的部署扫除已经遭遇到的一切障碍；请你们保证省统计局以所需用的工作人员、房屋和费用；请你们建立相互间的联系；省苏维埃的一切机关和组织必须对省统计局及其代表给予积极的援助，请你们和省统计局根据中央统计局的指示，制定一个为顺利整理调查资料而创造条件的计划。庞大的有全国重要性的事业，一天也不应停滞。因此你省必须按期调查完毕！我请你们注意：假如有不尽全力进行调查工作或不好好进行工作的情形，工农政府将首先向你们追究责任！"（《伊尔库茨克省统计局资料》第9分册，1922年版，第5页）

1922年9月25日列宁还曾这样写道："据我个人的意见，在一天以内进行一次关于莫斯科市的所有工作干部和一般工作人员的调查，是绝对需要的……应该使一切从苏维埃政权和托拉斯领取薪金的人员，把自己的资料写在调查表上……如果谁填写得不清楚，就不付给谁薪金。同时应该很快地把它收集起来（对迟交的和不好好执行的人处以罚金）……"（《列宁文集》第35卷，第362页）

只有具有高度的革命的阶级觉悟，才能产生高度的革命的工作要求；只有对统计工作的阶级实质，其终极目的及其科学的指导作用有高度的认识，才能产生对统计工作的迫切需要；只有对这种迫切需要有了高度的认识，才能对那些不根据上级指示和决定进行统计工作的现象，感到不能容忍而且认为必须给以适当的纪律制裁！

斯大林在联共（布）第十六次代表大会上也曾经提出过有关统计纪律的指示："中央统计局应该得出不为任何偏见所左右的客观的资料。因为企图追求适合某种偏见的数字，这就是刑事上的犯罪！"（《斯大林全集》第7卷，第329—330页）

前面已经说过，苏联的以统计为中心并在统计指导之下的国家的计算制度，已经被列入"斯大林宪法"（第十四条）中；因此凡是违反国家计算制度的，都作为犯法来处理。

在苏联，对统计工作的决定、指示及其制度如果不切实遵守，对统计工作和统计数字如果不认真负责任，都被看作玩忽纪律。

在中国目前的情况下，由于主观和客观条件的不足，我们虽然还不能对我们的统计机构提出这样高的要求；但是，作为统计工作的干部，我们必须时时刻刻把统计工作的纪律观念放在心里，无论是在组织上或在工作中，都要根据具体情况规定出适当的纪律，作为完成我们日益增加的统计工作任务的必要保证！建立苏联式的列宁和斯大林式的统计工作纪律，应该成为我们今后在统计工作的实践中必须给以解决的问题。

总结起来，我们可以说：我们的统计工作是一种为了劳动群众而又依靠群众来进行的真正的科学工作。因此，我们必须经常有意识地为提高统计工作的科学性和群众性而斗争；同时也正是因为我们的统计工作是一种真正科学性和广泛群众性的工作，所以也就特别需要我们不断地有意识地为加强统计工作的组织性和纪律性而斗争。这也就是我们的统计工作区别于资产阶级的统计工作的主要特征。

（原载 1951 年 10 月 8 日上海《新闻日报》）

政治经济学讲义[*]

一 政治经济学的对象与方法

（一）什么是政治经济学

要确定一种科学与其他科学的不同，首先要弄清其研究对象之间的差异。所以，要了解什么是政治经济学，必须首先确认它所研究的对象。

那么，政治经济学究竟是研究什么的呢？如果用一句话来回答，就是：政治经济学是研究生产关系发生、发展和变化的法则的科学。

列宁认为：政治经济学是"从发展中研究社会生产关系和分配关系的科学"。（《评亚·波格丹诺夫〈经济学简明教程〉》，1898 年）

马克思主义政治经济学就是研究历史过程中一定社会的生产关系发生、发展、衰亡的科学。

斯大林说："政治经济学的对象是人们的生产关系，即经济

---

[*] 作者 1953—1954 年期间于中共中央东北局党校的讲课稿。

关系……"（《苏联社会主义经济问题》）

但是，什么是生产关系呢？要弄清这个问题，首先要知道什么是生产，其次要知道什么是生产力。

（1）什么是生产

劳动者利用劳动工具，加工于劳动对象，创造满足人类需要的生产品，谓之生产。生产必须是劳动连续进行的过程。生产从开始到终结需要一个过程——利用工具加工于对象的过程。

这个过程，也即劳动过程，它包含三个基本因子（或条件）：

①劳动力或劳动者；

②劳动工具或劳动手段（有时又被称为"劳动资料"）；

③劳动对象。

劳动对象又分为两种：一是天然对象：原始森林、河海中的鱼类资源等，属未经劳动加工的天然对象；二是经过初步加工后的对象：如纺织用的棉纱、炼钢用的铁、被砍伐下的树木等。

如果不从过程，而从生产的结果来看，劳动对象、劳动手段，可称之为生产手段。所以，马克思说："如果整个过程从其结果的角度，从产品的角度加以考察，那么劳动手段和劳动对象表现为生产手段，劳动本身则表现为生产劳动。"（《资本论》第1卷）

在生产过程中，劳动力是一种主观的能动的因子，生产手段是客观的被动因子。生产过程就是主观因子与客观因子结合的过程。劳动力与生产手段的结合过程，就是人类为满足自己的需要，利用、改造自然以及占有自然的过程。

（2）什么是生产力

生产力就是由于劳动力与生产手段的结合而产生的力量，由于人有目的的利用自然、改造自然、占有自然而创造出的力量。

在生产过程中，由于把生产的三个因子结合在一起，才使这三个因子转变成了现实的生产力。也就是说，只有劳动力与生产手段相结合，这三个生产力的可能因子，才能成为生产力的真实的组成部分；只有经生产过程互相发生关系，这三个生产力的可能的因子才能成为现实的因子。如果不把三个因子结合起来，这三个因子仅是生产力的可能因子，而不是现实的力量。

第一，单有劳动力，没有生产手段，劳动力不能凭空创造出生产品。换言之，单有主观能动因子，不能创造出生产品，也不能创造出生产力。

第二，单有生产工具，没有劳动力也不能创造出任何生产品。也就是说只有客观被动因子，没有主观能动因子，不能创造出生产品，也不能产生生产力。

马克思在《资本论》中说："机器不在劳动过程中服务就没有用。不仅如此，它还会由于自然界物质变换的破坏作用而解体。铁会生锈、木会腐朽。纱不用来织或编，会成为废棉。活的劳动能把它们从睡眠中唤醒，使它们从仅仅是可能的使用价值，变为现实的和起作用的使用价值。"由此可知，只有活的劳动才能创造出生产工具，并利用工具加工于自然、加工于对象，才能创造出产品。因此，劳动力是生产力的主观能动的因子。

利用生产工具是人类的生产活动区别于其他动物的"劳动"的标尺与特点。虽然利用工具在动物中是常常可以看到的现象，但制造工具、掌握工具则是人类劳动的特征。生产工具也是生产力中具有决定作用的因子之一。

第三，仅有劳动工具与劳动力，没有劳动对象，还是不能创造出人类生活所必需的产品。只有在劳动过程中，把这三个因子结合起来，才能生产出能够满足人类需要的生活资料与生产资料。

可以说：这三个因子是在生产过程中结合起来的统一体，任何一方的存在都以其他两个因子的存在为前提。这是因为：

劳动对象离开了准备对它进行加工的劳动，离开了传导劳动的工具，则不成其为劳动对象。空气当它在氧气制造厂，也即当这种东西进入生产过程，和其他两因子结合起来才称之为劳动对象。因此，劳动对象只有与劳动力、生产工具结合起来，才称之为劳动对象。

劳动工具是作为劳动加工于对象的传导体。离开了劳动者与劳动对象，就不能称之为劳动工具，也即失去其作为劳动工具的条件。

劳动离开了工具与对象就不能称其为劳动。马克思说："劳动本身即是生产的劳动。"（《资本论》第 1 卷）

不从过程来看的劳动，还不能称为生产的劳动，不创造生产品的劳动，也不能称之为生产的劳动。三个因子在生产过程中结合在一起，才能称之为生产的三个因子，才能变成生产力。

下面进一步对什么是劳动对象与劳动手段进行说明。

马克思的研究表明：一种使用价值或生产品被称为劳动手段或劳动对象，取决于它在生产过程中的职能。一台机器在制造的过程中，它仅是一个劳动对象，但当它被制成以后，把它加入生产过程，把它作为加工于对象的手段，才称之为劳动手段。一头牛用于拉车时它是生产工具，而正在饲养过程中的牛，它是劳动对象。乳牛既是劳动对象，又是劳动工具。所以，看它是劳动对象还是劳动工具，要看它在生产过程中的职能与作用。

就长期历史过程来看，生产工具是起决定作用的因子：

①人是制造工具的动物，没有工具人们就不能进行生产，也就不可能有人类社会的存在。

②社会的生产过程是人类利用自然、改造自然、占有自然的

过程。利用、改造、占有自然的程度取决于人类使用何种工具，所以工具是表示生产力高低的标尺，劳动工具效能越高，标志着人类占有自然的能力越大。

但是决不能由此就否定劳动对象在生产力发展中所起的一定作用，有人认为构成生产力的只是两个因子，不应包括劳动对象，这种说法是错误的。

首先：

①人类生产的第一个行为（把用四肢当作工具采集天然果实除外）是占有劳动工具，而这劳动工具的拥有，又决定于劳动的对象。比如：捕鱼用的工具是渔网和渔船，而其他的活动（如：狩猎）就用不到渔网和渔船。为什么采用这种工具却不采用另一种工具，是由劳动对象来决定的。所以，劳动工具本身决定于被加工的劳动对象。

②劳动工具在被生产出来的过程中是劳动对象。人类生产的第一个行为是制造劳动工具，这劳动工具本身就是劳动对象。没有这个劳动对象就不能创造出劳动工具。因此，离开劳动对象就想象不出劳动工具的来源。

③劳动工具只有在生产过程中，只有和另外两个因子结合起来，才能创造出产品，而离开这三个因子的结合，就不能称之为劳动工具。闲置不用的机器，就等同于废铁或朽木。

其次：

①如果劳动对象对生产力不发生任何作用，帝国主义为什么为争夺世界原料市场而斗争？

列宁在《帝国主义是资本主义的最高阶段》中这样写道：

"资本主义越发达，原料越缺乏，竞争和追逐全世界原料来源的斗争越尖锐，那么，占据殖民地的斗争也就越激烈。"

"对于金融资本来说，不仅已经发现的原料来源，而且可能发现的原料来源，都是有意义的，……矿藏的勘探，加工和利用各种原料的新方法等等，也是如此。"

否认劳动对象的作用，也就否认了列宁所论述的观点。

②从事实来看，如果劳动对象对生产力不发生任何作用，用同样的生产工具和同样的劳动力，为什么在不同丰度的矿山中，生产量会不同呢？如：鞍钢有贫矿与富矿，用同样数量与质量的工具，从两种矿山会得到两种不同产量。

③如果劳动对象不发生作用，为什么我们为了增加农业产量，除采用先进的技术外，还要改良种子？为什么要饲养荷兰牛，以提高牛奶产量？为什么要用宁夏的"美利奴羊"来改良畜种呢？

一位同志曾在某刊物上发表文章说：认为生产力包括劳动对象是没有根据的。他还举例说明：苏联在五年计划实现过程中生产力得到迅速的发展，但并未见劳动对象起了什么变化？……

我认为，他的这种说法是错误的，他忽略了苏联在五年计划过程中曾不断勘探发现新的资源，不断扩大劳动对象的应用。共产主义建设包括把以前的劳动对象变成非劳动对象，并使之成为劳动工具（如：土库曼大运河）。认为生产力不包括劳动对象，就不能解释目前的经济现象，这种理论是与实践相脱离的。

马克思在《哥达纲领批判》一书里批判过"劳动是一切财富的源泉"的观点，并在《资本论》中指出："因此，劳动并不是它所生产的使用价值即物质财富的唯一源泉。正像威廉·配第所说，劳动是财富之父，土地是其母。"事实上，劳动离开劳动工具与劳动对象就不能成为生产劳动，也不能创造出任何财富，劳动只有同劳动对象与劳动工具结合起来，才能创造出使用价值，才能成为财富的源泉。

但仅强调劳动工具的作用，否认劳动力的作用也会发生错误。关于这个问题，有些人认为恩格斯在《家庭、私有制和国家的起源》一书中提出原始社会生产关系一方面为生产力发展所决定，另一方面为性的纽带所支配的观点是错误的，是二元论的观点。他们认为马克思与恩格斯在此问题上是矛盾的。

我认为恩格斯的观点是正确的。因为生活资料与生产资料的生产仅是生产的一方面；而劳动力本身的生产则为生产的另一方面，是绝不可缺少的一个方面。认为恩格斯说法错误的人，他们没有看见人本身的生产的重要意义。没有劳动力的生产，没有劳动力的后代，也就没有人种的繁衍，社会就不可能存在，也就没有生产力可言。原始社会的生产力非常低下，人的体力在那时有很大的作用。在大机器生产中，人的体力的使用差异不大，而在用石块等粗劣工具进行生产时，体力的作用就极为重要。在体力与脑力的不断增强，在劳动力的繁衍方面，家庭和性的纽带起了很大的作用。这就是唯物史观。

事实上，马克思在研究资本主义社会以前生产的诸形态时就已经发现：生产力越低下，生产范围就越狭窄，社会关系也就越表现为性的纽带所支配。也就是说，在那个时代，社会生产是以性的纽带为基础进行的，而血统关系是当时社会中起支配作用的关系。马克思在《德意志意识形态》中写道："一开始就纳入历史发展过程的第三种关系就是：每日都在重新生产自己生命的人们开始生产另外一些人，即增殖。这就是夫妻之间的关系，父母和子女之间的关系，也就是家庭。"

而恩格斯在《家庭、私有制和国家的起源》1884 年第一版序言中是这样说的："以下几章乃是遗言的执行。不是别人，正是卡尔·马克思曾准备跟他的——在某种限度内可以说是我们两人的——唯物的历史研究的结果联系起来说明摩尔根的研究成果，而且只有这样才能阐明这些成果的全部意义。……但是生产本身又有两种。一方面是生活资料即食物、衣服、住房以及必需的工具的生产；另一方面是人类自身的生产，即种的繁衍。一定历史时代和一定地区内的人们生活于其下的社会制度，受着两种生产的制约：一方面受劳动发展阶段的制约，另一方面受家庭发展阶段的制约。劳动越不发展，劳动产品的数量、社会的财富越受限制，社会制度就越在较大程度上受血统关系的支配。然而，在以血统关系为基础的这种社会结构中，劳动生产率日益发展起来；……"

由此可见，马克思与恩格斯两个人的观点是完全一致的。

人类在性的纽带基础上的共同体创造出了生产力并促进了它的发展，产生了分工与交换，促进了原始社会的崩溃。这就是主观能动因子的决定作用。当然，生产力的客观因子生产手段的积累也是以后发展的基础，然而不能把人的作用抹杀。

自动化的工厂也是人创造的，它首先是人类生产技术的积累。高度科学技术与理论是由人类实践中得来的东西，体现了人类在技术、知识发展中的主导作用。马克思在《资本论》中说过："我们要考察的是专属于人的劳动。蜘蛛的活动与织工的活动相似，蜜蜂建筑蜂房的本领使人间的许多建筑师感到惭愧。但是，一个最蹩脚的建筑师从一开始就比最灵巧的蜜蜂高明的地方，是在建筑工程开始前就有了蓝图。"

人的活动是有意识指导的活动，越是生产效能发展，越是需要更高的科学与技术。否认这个就是否认主观能动因子的作用。

（3）什么是生产关系

人类在它的社会生产中所结成的独立的、不依他们的个人意志而存在的，适应于生产力一定发展阶段的社会诸关系就是生产关系。

一切生产关系的总和就形成社会的经济结构。

也就是说：人们要维持自己的生存，就必须进行物质生活手段的生产与生产手段的生产。为了进行上述生产，人们就必须结成一定的关系，这一定的关系是由生产力发展的一定阶段所决定的。这一定阶段的生产关系所采取的一定的形态，是独立于人们意志之外不受人们意志所制约的，有什么样的生产力就有什么样的生产关系。

斯大林明确、具体地在《苏联社会主义经济问题》中指出："生产关系即经济关系。"这其中包括：①生产手段的所有制形式；②由此产生的各种不同的社会集团在生产中的地位以及它们的相互关系；③完全以生产关系为转移的产品分配形式。

结论是：人们要进行社会生产，首先要结成一定的相互关系；决定全部生产关系的出发点就是生产手段归谁所有的问题；随着对生产手段占有形式的不同，就产生了生产过程中人与人之间关系的不同，也就决定了生产品分配形式的不同。人类社会的各个不同历史阶段都有不同的生产关系，由于生产手段占有形式的差异，就产生不同的相互关系。

（4）为什么生产关系是政治经济学的研究对象

人类为了维持生存和发展就必须进行物质生活手段与生产手段的生产，人们必须以一定方式结成一定的社会关系。为了生产就必须把劳动力与生产手段结合起来，这种结合的方式就叫做生产方式。

生产方式是劳动力与生产手段结合的方式。这种方式在各个历史时代是不同的，也就是说，这种方式是不断变化的，而这种变化是由生产关系的变化所决定的。所以，研究生产方式的变化规律就要从生产关系的变化中去寻找答案，这是政治经济学以生产关系为研究对象的根本原因。

原始社会劳动力与生产手段采取直接结合的方式。劳动者作为全体社会成员之一，为了满足社会全体成员的需要，直接利用社会所有的生产手段进行生产，劳动者与生产手段直接结合。

奴隶社会是奴隶主握有生产手段，而奴隶是会说话的工具；劳动者成为奴隶主所占有的生产手段之一；生产过程中的三个基本因子为奴隶主所占有。因而奴隶主用强迫的方式，用皮鞭将劳动者与生产手段结合起来，这种结合是建立在强迫劳动的基础上。

封建制度的生产方式是封建主掌握了主要的生产手段，但劳动者没有这样的生产手段，通过地租的形态把劳动力与生产手段结合起来。

资本主义的生产方式是用工资把劳动力与生产手段结合起来。

社会主义是劳动者全体，也就是整个社会握有生产手段，使劳动力与生产手段直接结合起来。

什么东西决定了一定历史阶段的生产方式？它决定于生产手段的所有权掌握在谁的手里。生产手段一旦成为全社会的财产，就采取劳动力与生产手段直接结合形态；在生产手段掌握在某一阶级手里，而参加生产过程的劳动者与生产手段分离的情况下，生产手段与劳动者结合的方式必然产生剥削与被剥削的关系。

为什么原始社会崩溃后，一定会产生奴隶制社会呢？原因是原始社会末期生产力发展除满足人类需要外，尚有一些剩余生产品，但数量相当低微，这点剩余非常勉强，榨取形式就不能不采取最直接的强迫的方式，否则，剩余产品很不容易实现。

封建社会初期，比奴隶社会前进了一步，产生了农奴制榨取方式；封建社会的剥削方式决定于劳动者与生产手段的分离，因为生产手段掌握在封建主手里。劳动者生产的剩余生产品，除了维持自己家族生活以外尚有剩余，才能产生封建的生产方式，劳动者与封建主处于不平等的地位，存在封建义务与人格依附，强制劳动还是榨取剩余劳动的方法。

封建制度内，生产力的进一步发展就给资本主义创造了条件，劳动者以自由人等价交换的工资形态与生产手段结合起来，当时的社会生产品尚不能满足全社会的需要，还必须维持剥削与被剥削的关系。

一定的生产方式决定一定的生产关系；一定的生产关系又适应于一定生产力发展的水平；所以生产关系成为政治经济学的研究对象。人们在生产中不仅影响着自然，而且彼此互相影响着，并建立起一定的关系。要研究社会经济生活的发展规律就必须研究人们在生产过程中所发生的关系。

有人说政治经济学的研究对象是研究生产方式。根据马、恩、列、斯的观点，研究生产方式发生、发展、变化的法则，一定要研究生产关系。要研究生产手段归谁所有，为谁支配，首先要从生产关系去寻求解答，不等于说这样就不研究生产方式，但它的真正研究对象还是生产过程中人与人之间的关系。所以说：政治经济学是研究生产关系发生、发展和变化的法则的科学。

生产方式是生产力与生产关系的统一。研究生产关系而不研究生产力，就把生产力与生产关系抽象化了；生产力与生产关系是不能分离的，离开生产力就没有生产关系。

在阶级社会里，劳动力与生产手段的结合，是以劳动者与生产手段的分离为前提，劳动者并非生产手段的所有者；劳动力与生产手段的不同结合方式说明了不同的生产关系。

经济结构是一切生产关系的总和。一种是在同一生产方式下各种生产关系的总和；另一种是在各种不同生产方式下的各种生产关系的总和。例如，在一种社会里有奴隶制的残余、有封建的方式、还有资本主义的因子。研究新民主主义社会的经济结构，就不能不研究其中各种不同的生产关系。

（5）什么是狭义的政治经济学和广义的政治经济学

狭义政治经济学在17世纪末叶就已发生在两三个天才者头脑中，如果从重农主义的积极理论来看，则是18世纪的产物，与法国启蒙学家有着密切的联系。狭义政治经济学是资产阶级政治经济学，是17、18世纪资产阶级革命时期的产物，在他们看来，这种科学不是那个时代生产关系的表现与反映，而是永久理性的反映与表现。

对广义政治经济学，恩格斯在《反杜林论》中说："政治经济学，从最广的意义上说，是研究人类社会中支配物质生活资料的生产与交换的各种法则（规律）的科学。"

各个时代的经济法则有它的共同性；但人类生产、分配、交换的条件，以及支配它的法则，在各个不同的时代、不同的国家又有它的不同。

政治经济学是历史的科学，它研究历史中不断变化发展的法则。首先它研究各个不同历史阶段生产、交换所依据的不同的法则，它的法则又有普遍性，通过研究各种不同的法则可以抽象出某一方面的普遍的法则。

资产阶级政治经济学家只研究资本主义的发生、发展，未研究它的没落。马克思所著的《资本论》是广义政治经济学，因为它研究揭露资本主义发生、发展与灭亡的规律。

（二）为什么要学习政治经济学

1. 政治经济学在马克思主义理论体系中的地位

马克思主义的理论体系是由三部分构成的：哲学、政治经济学、科学社会主义。

　　首先马克思主义的哲学是唯物主义的，马克思的唯物主义区别于 18 世纪唯物主义的基本特征是：马克思加深并发展了哲学唯物主义，使它成为完备的唯物主义哲学，把唯物主义对自然界的认识推广到对人类社会的认识，把一般唯物论变成在社会科学中的唯物论。他一方面批判地继承了费尔巴哈的唯物论与黑格尔的辩证法，另外一方面把辩证法唯物论运用在社会发展法则的研究中。之所以如此，主要由于他对政治经济学的研究，马克思在《政治经济学批判》序言中这样写道："我在巴黎开始政治经济学的研究。因为基佐先生驱逐令的结果，移至布鲁塞尔，在那里继续进行研究。我所得到的，并且一经得到就用于指导我的研究工作的总结果，可以简要地表述如下：人们在自己生活的社会生产中彼此间发生一定的、必然的、不以他们本身意志为转移的关系，即与他们当时物质生产力发展程度相适合的生产关系。这些生产关系的总和构成社会的经济结构，即法律的、政治的上层建筑所藉以树立起来，并有一定的社会意识形态与其相适应的那个现实基础。物质生活的生产方式决定着社会生活、政治生活以及一般精神生活的过程。"

　　其次是政治经济学对社会主义理论的作用。在十六七世纪就已有理想社会状态的描写，在 18 世纪就已有了共产主义的学说（摩莱里等），平等的要求已不限于政治权利，而且扩展到个人的社会地位，应该废止的不仅是阶级特权，而是阶级差异本身。

　　接着三大空想家出现。初期的社会主义是空想的社会主义，他们咒骂过资本主义，梦想消灭它。空想社会主义不能指出资本主义剥削的实质，因而也找不到解决问题的力量和道路。

　　马克思主义政治经济学的任务是证明资本主义的灾害——危机是资本主义崩溃的预兆，从将要崩溃的经济运动里来发现使社会进步的因子，发现构成实现将来社会主义生产关系的条件；同时马克思主义政治经济学也为唯物史观提供了根据；使社会主义从空想变成了科学。

这就是马克思主义政治经济学在他的学说中的地位。所以：学习马克思主义不懂得马克思主义政治经济学是不能得到透彻理解的。

2. 政治经济学的阶级性

政治经济学是认识社会发展规律的科学，是马克思理论体系的基础。我们要改造社会就要认识社会发展的规律。

（1）资产阶级认识经济法则的局限性

他们认识经济法则的局限性由以下原因来决定：

①阶级眼界、阶级视野的局限性

他们站在资产阶级的立场、观点看问题，受其阶级立场、观点的限制，不可能彻底了解经济法则。资产阶级是统治阶级、压迫阶级，他们认为自己是代表全社会的利益，他们把自己阶级的利益与要求看作是全社会的利益与要求，这就使他们没有办法了解全社会的情况，其学说只能狭隘地反映资产阶级的利益与要求。

②把资本主义生产方式看作是永恒不变的经济形态

他们认为从有人类社会就有这种生产方式，直到人类消灭那一天为止；他们不把资本主义生产方式看作是历史发展过程一定阶段的生产方式，而认为是永恒不变的经济形态；这就使其不能全面了解社会的经济法则。

③把自己发现的经济法则——关于生产与交换的法则看作是永恒的自然法则

他们只以为从资本主义生产方式中抽取出的经济法则就是永恒的自然法则，而认识不到在各个不同历史阶段、各种不同生产方式下的经济法则有它们各自不同的特殊性。

资产阶级眼界的局限性决定了他们在科学法则方面的片面性，他们的阶级利益决定了他们经济科学研究的最高限度，达到一定发展阶段就不可能再向前进一步，因为他们开始阻碍经济科学的研究了。

当科学发展和科学法则的研究与资产阶级利益一致的时候，资产阶级就支持这种科学的发展与经济法则的研究。在未取得政权以前，资产阶级在发展科学与取得经济利益方面都是一致的，因而使各种科学都能够在一定程度内发展起来。然而，当科学发展和经济法则研究与资产阶级利益发生冲突时，他们就反对、阻碍科学发展和经济法则的研究。这就是当资产阶级取得政权以后，新的阶级矛盾尖锐化的时候，资产阶级就停止其科学发展与经济法则的研究的原因。

英国古典经济学派的学说产生于阶级斗争尚未发展的时期，它的最后一个伟大的代表者李嘉图朴素地承认阶级利害关系的对立。他承认利润与工资对立，利润与地租对立等等，他还有意识地以这些对立为研究的出发点，但从这点出发，资产阶级经济学就到达它所不能超越的界限。真正经济法则的揭示必须以阶级对立为出发点来研究，当阶级矛盾未发展的时期，资产阶级允许这样的研究。

1830 年经济危机发生了，英、法资产阶级已经夺取了政权，从那时起无论从实际上还是从理论上看，阶级斗争都是越来越激烈了，资产阶级经济学的丧钟就敲响了。这时他们的理论就不在乎某一原则是否真理，而是看那一原则对资产阶级有利或有害。有危险、超利益的研究没有了，代替它的是领津贴的攻击，是辩护论者歪曲良心的邪说。古典学派对资本主义政治经济学的研究刚开了个头，就停止了研究，因为阶级的利益不允许他们对真理作进一步探讨。

（2）马克思主义政治经济学区别于资产阶级政治经济学的特征

①马克思主义政治经济学的革命性

马克思的政治经济学从开始就批判资产阶级经济学，否定资产阶级经济学，在批判资产阶级经济学的基础上进行研究。马克思写了《政治经济学批判》，以此批判为开端，否定资产阶级政治经济学，建立无产阶级政治经济学。资产阶级政治经济学是反映资本主义制度发生发展的科学，仅在一定的历史阶段有进步意义，但它不把经济法则，不把自发生产交换法则看作一定历史阶段一定形态的法则，而把它看作永久的自然法则，把它看作是由人的自然性和人性决定的，这就成为反历史、反革命的理论。

马克思主义政治经济学自始以对资本主义生产方式进行社会主义的批判为己任，为了完成这一任务，一方面不能不超出资产阶级政治经济学的狭隘界限，另一方面不能不批判由资产阶级政治经济学家的狭隘观点而产生的一系列的理论上的错误，这也就是马克思主义政治经济学是广义政治经济学的原因。为了全面了解，并从发展过程来研究资本主义生产关系的发展法则，不得不超出资产阶级范畴，去了解资本主义以前的社会形态，去研究社会主义形态。

马克思主义政治经济学的革命性，就是对资产阶级政治经济学的否定。

②马克思主义政治经济学的科学性

它把资产阶级政治经济学的研究成果，批判地吸收过来进行研究，马克思主义政治经济学是对资产阶级政治经济学科学成果的继续和发展。亚当·斯密和大卫·李嘉图考察资本主义经济制度，奠定了劳动价值论的基础，马克思继续了他们的事业。

在 1830 年，李嘉图学派为剩余价值的难题所挫。这个学派解决不了的问题，其后继者庸俗经济学当然更不能解决。使李嘉图学派受挫的有以下两点：

A. 劳动为价值的尺度；但在活的劳动与资本相交换时，这活的劳动和对象化的劳动比较起来是价值较小的；一定量活劳动的价值即工资，与同是活劳动所生产的或代表的同一量活劳动的生产物的价值相比较常常是更小的。这个问题以这样方式提出来当然是无法解决的。马克思曾妥善地提出这个问题，并予以解决。他认为具有价值的不是劳动，劳动只是创造价值的活动，劳动本身没有特殊的价值。作为商品被买卖的，不是劳动而是劳动力。劳动力一旦成为商品，其价值也就取决于这种被当作一种社会生产物的商品里所体现着的物化劳动，其价值也等于这种商品生产和再生产所必要的社会的劳动。因此，劳动力依据这种价值买卖，并不与经济学上的价值法则相矛盾。

B. 根据李嘉图的价值法则，如有两个等量的资本，使用等量的活劳动，且对那等量的劳动给付等量的代价，则在其他情况不变的限度内，它们就会在同一时间产生相同价值的生产物，产生等额的剩余价值或利润；但若是使用不等量的活劳动，则不能由此等量资本产生等额的剩余价值或利润。然而实际情况与此相反，即等额的各资本，不论其所使用的活的劳动有多少，事实上总会在同一时间内产生等额的平均利润，在这里又和价值法则矛盾了。李嘉图自己已经认识到这个矛盾，但他的学派没有解决这个矛盾的力量。马克思在《政治经济学批判》的草稿中已经把这一问题解决了，那就是剩余价值率与利润率不同，资本家互相竞争，占有别人一部分剩余价值，利润平均化了。从现象上看，是不等的可变资本与相同的剩余价值（假象），这是利润分配的法则，利润平均化的结果。这就是马克思主义政治经济学的严整性和科学性。

（三）怎样学习政治经济学

（1）要从马克思主义的辩证唯物主义观点出发，而不是用形而上学和主观主义的方法来学习

特别要注意下述两个问题：

①关于生产力的问题

劳动生产力广义地讲叫做生产力（生产诸力），又被称为物质生产力。生产力包含：机械生产力、自然生产力、社会生产力、劳动生产力。

机械生产力是用机器代替人的劳动的程度来衡量的。

如果生产机械所花费的劳动与应用机械所节省的劳动恰好相等，那么很明白，在这场合，单有劳动的换位，一件商品生产所必要的劳动总额不减少，劳动生产力也不会增加；但生产机械所花费的劳动一般要少于机械应用所替代的劳动，当生产机械所花费的劳动，从而由机械转移到生产物的价值的部分，比劳动者使用旧工具在劳动对象上附加的价值小的时候（这个差额总是存在的），机械生产力可用机械代替人类劳动力的程度来衡量。

"劳动的自然生产力即劳动在无机界发现的生产力，和劳动的社会生产力一样，表现为资本的生产力。"（《资本论》第4卷）

自然生产力是生产力和一种自然力的利用结合在一起所产生的，能使资本家产生超额利润的生产力，资本家利用自然力来增加剩余价值。

社会生产力：与各个互相分开的劳动日的总和比较，等量的结合的劳动日，可以生产较大量的使用价值，从而减少生产一定量使用价值所必要的劳动时间，这种生产力是由协作本身产

生的。

在协作情况下，生产力的增加，"或是因为劳动的机械能力的提高、或是因为劳动的空间作用范围的扩大、或是因为生产场所的空间与生产规模相比较已经缩小、或是因为在紧急时期短期内动用了大量的劳动、或是因为刺激了个人的竞争心，提升了他们的精神状态、或是因为许多人的同种作业具有连续性与多样性、或是因为同时进行不同的操作、或是因为共同使用生产资料而达到了节约、或是因为个人劳动得以取得社会平均劳动的性质，无论在何种情形上，结合劳动日的特别的生产力，都是劳动的社会生产力或社会劳动的生产力。"（《资本论》第 1 卷）

②不要用形而上学和主观主义的思想方法学习政治经济学。

要排除否定发展的思想方法，劳动对象并不等于自然环境，并非引入于生产过程的天然条件才能成为劳动对象。在生产过程中劳动工具与劳动对象不是永久不变的。

（2）要坚持从马克思、恩格斯自己的观点出发来学习政治经济学，而不要根据否定或歪曲马克思主义的观点来学习政治经济学

（3）应按照列宁、斯大林对马克思、恩格斯的敬仰和尊重，及他们对马克思主义理论的科学态度来学习马克思主义

列宁 1895 年在《弗里德里希·恩格斯》一文中这样写道："马克思、恩格斯是唯物主义者，他们用唯物主义观点观察世界和人类，看到自然界中的一切现象，都有物质原因作基础，同样，人类社会的发展也是由物质力量即生产力的发展所决定的。人们在生产人类必需的产品时彼此所发生的关系，是以生产力的发展为转移的。……1870 年恩格斯移居伦敦，直到 1883 年马克思逝世时为止，他们两人始终过着充满紧张工作的共同的精神生活。这种共同精神生活的成果，在马克思方面是现代最伟大的政

治经济学著作《资本论》，在恩格斯方面，是许多大大小小的作品。马克思分析了资本主义经济的复杂现象。恩格斯在非常通俗的、往往是论战性的著作中，根据唯物史观和马克思的经济理论阐明了最一般的科学问题，以及过去和现在的各种现象。"

（4）要理论联系实际

首先，要学好政治经济学，只有正确的了解才能正确地运用，不是在于词句，而是在于了解精神实质。

其次，要正确了解马克思主义，还必须批判那些不正确的观点。

（四）解答几个问题

（1）生产的三个因子是不是生产力的三个因子？生产与生产力有无区别？

生产是三个因子的结合，三者不结合就无所谓生产。生产必须是连续的过程，生产过程与劳动过程有区别，生产过程是劳动过程加终止过程，基本上两者是一致的（有同一性，也有差异性）。三个因子结合的过程是劳动过程，也是生产过程。总的说，是人的活的劳动利用劳动工具在劳动对象上引起预先企图的变化的过程。这个过程在生产品里消灭，它所生产的产品就是使用价值，就是经过形态变化后的、与人的欲望相适应的生产品，即由不适合人类要求的使用价值变成适合于人类要求的使用价值。完成了这一目的的过程就是生产过程。

劳动工具是劳动与劳动对象结合的传导体，把劳动转移、凝结到劳动对象上去，使劳动对象变成适合我们要求的使用价值。因此生产过程就是三个基本因子结合的过程，缺少任何一个，就无所谓生产和生产过程。生产力就是生产过程中由于三个因子结合而产生的力量。假如说生产、生产过程离不开三个因子，那么生产力也离不开三个因子结合的过程，离开它们根本就不能产生什么力量。

（2）为什么要特别研究生产过程的三个基本因子？为什么批判在生产力中抛弃劳动对象的观点？

因为这是马克思用来分析生产过程的理论的出发点。不了解它就无法了解以后的说法与叙述，不承认、不了解劳动对象对生产力的作用就无法了解马克思《资本论》的全部理论。

例1：马克思在《资本论》第1卷中，讲述了这样一个过程：初期的工厂手工业与行会师傅的作坊的区别，开始是工人数量的增多，劳动规模扩大，并提供了较大量的产品，从而引起生产关系的质的变化，作坊是封建关系，工厂手工业是资本主义生产关系。两者的不同起初只是工人数量的增加，由于工人数量的增加，可变资本就增加，资本的不变部分也必须增加，共同生产的规模要扩大，原料尤其要增加，而且要比工人人数快得多地增加。由于分工，劳动生产力提高了，一定劳动量在一定时间内消耗的原料数量也就按比例增加。

原料即劳动对象。

例2：马克思在《资本论》第3卷中，讲述了这样一种状况："1861—1864年，美国南北战争。原料恐慌（棉花缺乏和昂贵），生产过程中断。"

今天也有停工待料的现象，就是因为劳动对象短缺而造成生产的中断与停滞。由此可见，生产力由两个因子构成的说法是错误的。政治经济学是研究生产关系的，生产关系又以生产力为条件，所以对生产力的内容不了解清楚，就无法了解马克思的政治经济学。

例3：马克思在《资本论》第1卷中指出："撇开社会生产的不同发展程度不说，劳动生产率是与自然条件相联系的。这些自然条件都可以归结为人本身的自然（如人种等）和人周围的自然。外界自然条件在经济上可以分为两大类：生活资料的自然富源，如土壤的肥力、渔产丰富的水等等；劳动资料的自然富源，如奔腾的瀑布、可以航行的河流、森林、金属、煤炭等等。在生产不发达的初期，生活资料的自然富源具有决定性的意义，在较高的发展阶段，劳动资料的自然富源具有决定性的意义。"马克思在讲到商品交换之初时，这样说道："产品交换是在不同的家庭、氏族、公社互相接触的地方产生的……不同的原始共同体，在各自不同的自然环境中，找到不同的生产资料和生活资料。因此，他们的生产方式、生活方式和产品也就各不相同。这种自然的差别在公社互相接触时引起了产品的互相交换，从而使这些产品逐渐变成了商品。"

上述"自然条件"、"自然环境"等，是人类赖以生存的基础，也是劳动对象的源泉。

在生产力的三个因子问题上，有人否定劳动对象，有人否定人。事实上，三个因子的作用要依时间、地点具体分析。许多人说，恩格斯关于原始社会的社会制度是由两种生产决定的说法是与斯大林的说法不一致的。其实：

①人们要维持社会的生存与发展就必须进行生命的生产与再生产；为了进行人类生命的再生产就必须进行物质生活手段的再生产；为了生产生活手段又必须生产生产手段。

②为了进行生活手段与生产手段的生产，就必须利用和占有再生产物质的条件。其中，劳动者是生产的主观条件，生产手段是生产的客观条件，这二者都是生产不可缺少的条件。人的再生产的意义是很大的。斯大林在《辩证唯物主义与历史唯物主义》中说："人口的增长，居民密度的高低，当然也包含在社会物质生活条件这一概念中，因为人是生产物质生活条件中的必要成

分，没有一定的最低限度的人口，便不能有任何社会物质生活。"否定人本身再生产的家族形态的作用显然是不对的。

③自然形成的社会集团、家族、种族或氏族共同体，这是再生产物质生活资料的前提。

④以两性关系为基础形成的氏族共同体，不仅是家族形态、主观能动因子的生产方式，同时是社会发展的劳动形态，并且也是原始社会的社会形态，氏族共同体是人类再生产方式与物质生产方式二者的统一体，它是以两性为基础的，它们都是社会再生产条件，缺少哪一部分都不行，否定这种观点而认为是二元论的观点，是愚蠢的，也是可笑的。

⑤随着劳动生产力的发展，原来以两性为基础的社会生产关系，渐渐变成以物质生活为基础的了。以前是家族形态决定生产关系，奴隶制出现后，是生产关系决定家族形态。这是辩证法的法则。为什么有人歪曲马克思的理论呢？一是对马克思、恩格斯尊重和信仰不够；二是对列宁、斯大林对马克思理论的发展重视与研究不够。

（3）斯大林的解释是否与马克思的说法相矛盾？

认为生产力不包括劳动对象的人说是根据斯大林的定义。实际上，斯大林在《辩证唯物主义与历史唯物主义》中说："生产物质资料时所使用的生产工具，以及有相当生产经验和劳动技能而发动着生产工具并实现着物质生产的人——这些要素总和起来，便构成社会的生产力。"而马克思讲的物质生产力或生产力包括社会生产力与自然生产力，社会生产力包括劳动生产力与机械生产力，其次是自然生产力。马克思所指出的生产力是指生产的各种力量，即包括社会的、自然的、劳动的生产力和机械生产力。马克思认为，劳动生产力大小取决于三个因子：①劳动力各人条件的差异；②自然条件的差异；③社会条件的差异。他在

《价值、价格与利润》中说："如果不谈不同人之间的不同自然条件和其所获得的工作技术，那么劳动生产的诸力就一定依靠于：第一，劳动的自然诸条件。例如：土地的肥沃程度、矿藏的丰富程度等等。第二，劳动的社会诸力的逐渐进步。这种进步是由以下各种因子引起的，即：大规模的生产、资本的集中、劳动的结合、分工、机器、生产方法的改进，化学及其他自然力量的运用，靠利用交通运输工具而达到的时间和空间的缩短，以及其他各种发明，科学就是靠这些发明来驱使自然力为劳动服务，并且劳动的社会性质或协作性质也是由于这些发明而得以发展起来。劳动生产力越高，消耗在一定量产品上的劳动量就越少。"

衡量劳动生产力的标准，一是在劳动力、劳动对象、劳动时间相同的情况下，考察生产出的产品数量的多少，生产力高产品就多，生产力低产品就少，体现出劳动工具对生产力的影响；其次，在各种条件相同情况下，计算消耗在一定数量产品上的劳动量的多少，劳动量少生产力就高，劳动量多生产力就低，体现出劳动者技能对生产力的影响；但如果其他条件相同而劳动对象不同，也会带来产量的不同，体现出劳动对象对生产力的影响。从这里可以看出，生产力的高低取决于上述三个因子。

斯大林所说的"劳动与工具的决定作用"是指劳动的社会的生产力。马克思所指的生产力也是起决定作用的社会生产力而不是自然生产力。

在《资本论》第3卷中讲到自然生产力时说："当前这个工厂主所以能够取得超额利润……应该归功于什么呢？首先应该归功于一种自然力，瀑布是自然存在的，它不同于把水转化为蒸汽的煤。煤本身是劳动的产物，所以具有价值。必须由一个等价物来支付，需要一定的费用。瀑布却是一种自然的生产要素，它的产生不需要任何劳动。"

利用自然生产力要以社会生产力为条件，使生产力提高，社会生产力是个重要条件，先决条件。当社会生产力没有发达到一定程度，风力是无法利用的。自然力的利用是以社会生产力为前提，社会生产力不发达，自然力不一定成为自然生产力，它也就不能成为劳动对象。

显然，斯大林并未否定马克思的理论。实际上，在苏联的五年计划中还广泛地利用自然力（如：水力）发展了苏联的工业。

（4）关于生产力的概念和作用问题

①总括地说，人类为了取得必需的生活资料，就要使用劳动工具作用于劳动对象而获得预先企图的产品。这个取得的过程就是生产过程。在生产过程中三个因子结合就产生出力量，这种力量就是生产力。生产力的概念是非常广泛的，凡是以达到上一目的为前提所加入进来的力量都包括在这里面。这种生产力是生产诸力的总和，构成这种力量的因子都以物质形态存在，它就是马克思所常用的物质生产力或劳动生产力。

②生产力是由三个基本因子构成的，也可以说由三种主要力量构成的。一种是自然的力量，即在生产过程中自然所发挥的力量，这表现在劳动对象的作用上，为自然生产力；还有就是劳动者的力量和工具的力量；后两者具有社会的性质，所以叫做社会的生产力。但利用自然生产力要以社会生产力的发展水平为条件。

二　商品生产及货币——商品生产

（一）商品之二因子——使用价值与价值

1. 研究资本主义生产关系为什么要首先从商品分析开始

（1）资本主义生产关系是在商品的生产和交换关系发展到

一定阶段才出现的。也就是说，资本主义生产关系是以简单商品生产发展到一定阶段为其历史前提的。所以，要研究资本主义的发生必须首先研究简单商品生产和交换的法则，要研究生产和交换的法则必须从商品分析开始。

（2）商品生产是资本主义生产的一般支配形式。商品的生产和交换自从原始共产社会的末期就已经开始发生，并且逐渐地发展起来。但是，在人类社会以前的各个历史阶段中，商品生产并不占统治地位，商品生产还不是支配的形态。只有在资本主义社会里，商品生产才发展成为唯一的支配的形态。马克思在《资本论》第1卷中进行了这样的说明："资本主义生产方式占统治地位的社会财富，表现为庞大的商品堆积，单个的商品表现为这种财富的元素形式。因此，我们的研究就从分析商品开始。"

（3）在简单商品生产与交换关系中包含着资本主义的基本矛盾，也即矛盾之萌芽，为了研究资本主义生产关系的基本矛盾，就要从简单商品分析开始。

（4）在资本主义社会，生产者之间的生产关系表现成为物与物之间的关系、商品之间的关系、商品生产与商品交换的关系。要研究资本主义经济关系也即人与人之间的生产关系，首先必须从物开始，不了解商品与商品之间所包含的矛盾就不能了解资本主义生产关系内部的矛盾。

2. 什么是商品

商品首先是外界存在的一种物，一个客体。由于它的各种属性能够满足人类需要，不管是从幻想出发或是从胃口出发，反正它一定能够满足人类物质的或精神的需要。至于把它直接地还是间接地作为生存手段来满足这些需要，是无关紧要的。也即是说，商品是能够满足人类物质或精神需要的客体，它首先必须有满足人类需要的属性，这就是它的使用价值。

每一种有用物都可以从性质和数量的两个方面来观察，它是一种许多属性的集合体，并且可以用在各不相同的许多方面。换句话说，就是它可以有各种不同的用途或各种不同使用价值。

发现这些有用物的各种不同用途或使用价值，是历史的工作、历史的过程，是需要具备很多的前提条件的。但基本上还是以生产力发展的一定阶段和程度为前提的。例如：十五六世纪的铜匠生产铜的时候，从不知道铜可以制成用于电力系统的各种导线。

建立起用以衡量这些有用物或使用价值的数量的社会公认标准或尺度，也是历史的工作。这些标准或尺度是各不相同的，一部分由于所要衡量的东西的本身的性质的不同，一部分则是由于传统习惯的不同。例如：布或其他需要检测长度的物用尺子来量度、物的重量用天平或称来量度、液体或粮食用升来量度，这些都决定于各种要被量度的物的性质。但是布的长度的量度，在有的国家或地区用"码"，有的国家或地区用"尺"；有时，在同一国家或地区量度这种布用"尺"，量度另一种布用"码"。同样是进行粮食多少的量度，在同一国家或地区，在有一时期用升来量度它的体积，在另一时期用称来量度它的重量。这些都是决定于传统的习惯的。

一种商品的有用性使它具有了使用价值，所以使用价值是就一种商品的有用性来说的。这些使用价值是构成商品的第一个条件：商品的物质属性。商品只有在被消费或被使用的过程中才能实现其使用价值。商品的有用性由于受它自己的各种物理属性的限制，是不能离开商品本身而独立存在的。

使用价值的性质和数量是两个互相对立的范畴。两者并非同一的，但却经常处在不可分离的统一关系之中。当我们考虑到某物的使用价值或用途时，我们总是在考虑它的性质的同时也考虑到它的数量。

专门研究商品的使用价值的是商品学的任务。我们在这里所要了解的就是：使用价值是构成一切财富的实体，不管那种财富采取怎样的社会形态。但在我们现在所要研究的资本主义社会形态里，使用价值具有了一种特殊的形态，表现出一种特殊的属性：它是交换价值的物质储存所。

在资本主义社会形态里，生产的产品不是满足自己需要的使用价值，而是交换价值。

3. 交换价值

有使用价值的不一定是商品，商品是被当作交换价值生产出来的产品。

交换价值首先表现成为一种使用价值与其他使用价值互相交换的一种比例，表现成为在交换当中的一种数量关系。如果1件上衣和20码麻布之间发生着一种数量上的关系，它们在交换时的比例可能是：1件上衣＝20码麻布。但这种交换比例不是永远固定的。

当交换价值表现为随时间、地点而发生不断变化的这样一种关系时，在不同的时间、地点，上衣与麻布之间的交换比例可以发生变化。是什么决定着交换比例关系的变化呢？又是什么决定了两种不同的物在一定的比例关系下可以进行交换呢？

这种交换必须包含某些数量相等的东西，某种共同的等价的东西。从使用价值来看，两种不同的使用价值是没有办法比较的，上衣1件和麻布20码在质上是不同的，数量是不等的。但这里实际上包含着某种性质相同、数量相等的东西，某种必定能使二者之间建立起相等关系的共通物，这个共通物可以使上衣和麻布之间建立起一定的比例关系（这个比例关系在一定条件下发生变化，变化的背后有一种决定性的因子，是在交换关系背后隐藏着的一种价值实体）。

把使用形态抛开不管，上衣和麻布之间只剩下"1件等于20码"这种数量的比例，它是由一种相同的性质决定的，即生产的劳动性质相同，可以比较，并在两种不同的使用价值间建立起一种特殊的相等关系：生产使用价值时，上衣的生产者与麻布的生产者支出了相同的劳动量，并因此而建立起了可以互相交换的关系。这种一般人类的生产劳动，体现在商品里的一定的量就构成价值的实体。随着劳动支出数量的不同，其比例关系也因时、因地发生变化。

无论是20码麻布与1件上衣交换，还是40码麻布与1件上衣交换；麻布与上衣之间都建立了一定的比例、数量关系。如果1件上衣的价值是不变的，它和麻布之间交换的比例发生了变化。由此可以看出，这里包含了某种东西的表现形式、现象形态。这某种东西是什么呢？它就是"价值"。交换价值是价值的表现形式、价值的现象形态。

价值是商品所特有的社会属性。这是一种历史范畴，是在一定生产关系下才发生的一种属性。交换价值是商品的属性——价值的表现形式，它随着价值的变化而变化。什么东西决定了价值的变化呢？价值可以从实体来加以研究，即：价值是劳动创造出来的，是生产劳动形成的。价值在劳动过程中产生，并附着在商品之中。劳动在经过一定的过程和时间后，劳动量才得以体现，并创造出商品的一定价值量。创造价值实体的，就是劳动支出的数量。拿什么东西来衡量劳动支出数量的大小呢？拿劳动过程的延续时间，也即拿一定数量的单位时间来计算，如：几个星期、几天、几个小时。以时间为单位来计算，相等的时间产生相等的价值量。价值由劳动时间来决定，支出的劳动时间多，产生的价值量就大，支出的劳动时间少，产生的价值量就小。但价值是不能根据一个懒汉不熟练的、花费时间长的劳动来决定，也不是根据个别劳动者的劳动时间来决定，而是由社会必要劳动时间来决定的。

社会必要劳动时间是指在现有的全社会正常的（标准的）生产条件下，以全社会劳动熟练程度、劳动紧张程度的平均程度为依据，来计算生产某种商品所需要支出的劳动时间。不多也不少，恰好那样多的劳动时间决定了交换的比例，价值量是根据社会必要劳动时间来决定的。根据价值量的大小可以决定交换的比例关系，但社会必要劳动时间是会发生变化的，价值量也会随着它的变化而改变。劳动生产力的不同发展水平，决定了在一定条件下生产某种商品所需要支出的社会必要劳动时间，也即决定了价值量的大小。价值是随着生产力的变化而变化的。

劳动生产力发生变化是由什么决定的呢？马克思在《资本论》中写道："劳动生产力是由多种情况决定的，其中包括：工人的平均熟练程度、科学的发展水平、科学实践应用的程度、生产的社会机构或社会组织、生产手段之范围与性能，以及自然条件。"也就是说，劳动生产力高低决定于劳动的社会条件与自然条件。

马克思继续写道："例如：同一劳动量在丰收年体现为8蒲式耳小麦，但歉收年仅体现为4蒲式耳小麦。同一劳动量从富矿比从贫矿可采取到更多的矿产品。金刚石在地壳中是很稀少的，因而发现金刚石要花费很多的平均劳动时间，因此，很小一块金刚石就代表很多劳动。……如果发现富矿，同一劳动量就可以体现为更多的金刚石，而金刚石的价值就会降低，如能用不多的劳动把碳素变成金刚石，金刚石的价值就可能变成砖瓦一样的了。"

一般地说，劳动生产力越高，生产某种生产品所需要支出的劳动时间就越少，体现于（或凝结于）该产品里的劳动量就越小，该产品的价值量也就越小。相反，劳动生产力越低，体现在该产品中的必要劳动时间就越多，该产品的价值量也就越大。

首先，在生产力发展水平不变的情况下，商品中的价值量是正比例于体现在这种商品中的劳动量的。价值量随劳动量的变化而变化：劳动量增加，价值量增加；劳动量减少，价值量减小。劳动支出量的大小，决定了价值量的大小。

其次，商品中的价值量又是反比例于生产这种商品的生产力发展水平的。价值量随劳动生产力的变化而变化，但体现在这种商品里的价值量，发生了反比例的变化：劳动生产力越高，价值量越小；劳动生产力越低，价值量就越大。生产力的高低，决定了价值量的大小。

4. 使用价值和价值的矛盾

使用价值可以独立于价值而存在，未经过人类加工的各种天然生成物，以及大自然的其他产物也具有使用价值。如：各种矿物、天然草原、处女地、空气、水等等，这些有用的自然产物，只有使用价值却没有价值。各种非商品的生产品，仅为满足自己的需要而生产，不是为了交换目的而生产，它们也没有价值。

使用价值可以独立于社会，并构成社会一切财富的实体。它具有能满足人类某种需要的特性，是非历史范畴的，不但任何生产品都具有使用价值，而且所有对人有用的物（不论是自然生成的，还是劳动创造的）都具有使用价值。

使用价值具有商品的属性，它不是从使用价值本身发生出来的，是从商品交换、生产中发生出来的。商品交换与生产发生于原始社会末期。生产品是怎样变成商品的？首先是以价值否定使用价值为前提而出现的。为什么要以否定使用价值为前提呢？这种生产品要把自己当作商品去交换，首先必须否定自己作为生产品的使用价值，只有当生产者把它作为交换价值（而非使用价值）去生产的时候，才有可能与其他商品产生价值交换关系。如果生产者为了满足自己的需要而实现了它的使用价值（把它的使用价值消费掉了），它也就失去了成为商品的可能性。只有生产者首先否定了它的使用价值，把它当作交换价值，才能与其他商品产生交换关系。

价值不能离开使用价值而独立存在，只有依附于使用价值才能体现其价值量，如果某种生产品没有任何使用价值，就不能成为商品，它本身也就不能成为"价值的储存所"。对于没有任何人需要的生产品，创造该生产品的劳动是不会被社会承认的，它不是商品，也不存在"社会必要劳动时间"。一种生产品若要取得其自身的价值，就必须以具有使用价值（特别是对社会、对他人有使用价值）为前提，这就是价值与使用价值矛盾的统一。

以下解答几个与方法论有关的问题。

（1）本质与现象、形式与内容

①本质与现象

本质表现成为现象，本质用现象反映出来，现象是反映本质的东西。现象有两种反映本质的情况：一是真相，一是假象。真相是能正确表现本质的东西，假象表示非本质，是和本质不一致的东西。任何一种东西，都能表现出这样两个方面，科学的任务就在于通过现象去认识本质。

这是本质与现象的关系，尽管本质表现为假象与真相，而假象与真相又是不一致的，但无论如何，它们都是本质的规定性所决定的。

规律是运动中的本质东西的反映，认识本质就是为了认识规律，规律是本质的现象。马克思通过现象认识本质，找到社会发展的真正规律。

资产阶级经济学家把资本主义生产方式看作是永恒不变的经济形态，这是假象。马克思的研究表明，资本主义生产方式仅仅是历史发展过程一定阶段的生产方式，而不是永恒不变的经济形态，这才是真相。

商品一方面表现为使用价值，另一方面又表现为交换价值。这两个方面都是商品的假象，因为使用价值表现的是物质的属性，使用价值完全由商品的物质属性而发生。

交换价值表现成为两种商品（或两种有用物）之间的数量的关系，在交换当中表现出来这种关系完全是偶然的，是因时、因地不断发生变化的。交换价值反映既包括在这种价值又区别于这种价值的实体，商品的主要特征——使用价值与交换价值——仅是现象，要经过这个现象把握本质——价值。

从形式上看来是使用价值包含交换价值，交换价值包含价值；但本质是价值决定交换价值，使用价值仅是价值的储存所，价值本身必然要采取交换价值的形态。价值是实体，交换价值是现象，这个现象本身是由实体之中产生的。这种实体有其内在的必然性，实体本身就决定了其必然的表现形式。也可以说，价值是内容，交换价值是形式。

②形式与内容

形式是向着形式推移的内容，内容是向着内容推移的形式。这种形式反映一定的内容，由内容决定出来。形式本身代表一定的内容，内容也包含着形式，没有没内容的形式，也没有没形式的内容。

价值与交换价值的关系。价值是内容，交换价值是形式。价值只有通过交换价值才能宣布自己是一种价值，它不经过形式就不可能宣布其内容。只有通过两种商品交换当中的比例关系，才能确定这种商品包含了多少价值量。不通过交换价值，价值是不能表现为实现的，也不能确定究竟它能代表多少劳动量。但是交换价值又不完全与价值一致，因为它只是现象。一种价值可以有多种价值形态，一种价值可以不变，但它的交换价值可以变；一种价值本身可以变，但它的交换价值也可以不变；不变的价值也可以随着时间、地点、条件的不同，表现出多种多样的价值形态。

（2）简单商品生产与资本主义商品生产

价值是在一定的社会生产关系之中产生的。非商品生产是使用价值的生产。

简单商品生产是价值的生产，资本主义生产是剩余价值的生产。两种商品都是使用价值与价值的统一体，商品的价值属性，把它们从一般生产品中分离出来。这就是它们之间的同一性与差异性。

①简单商品生产

简单商品生产是自己握有生产手段，把自己的劳动与生产手段结合起来，创造出商品。自己的劳动、自己的劳动手段、自己的劳动对象，由这三者结合创造出商品。它没有剥削关系，也没有"必要劳动"与"剩余劳动"的区别。

但简单商品生产中包含着资本主义生产的一切矛盾的萌芽。

②资本主义商品生产

资本主义商品生产关系是生产手段归资本家占有，以劳动者与生产手段分离为前提，产生了"必要劳动"与"剩余劳动"的区别，存在着剥削关系。

这是资本主义商品生产与简单商品生产的区别。

（二）劳动的二重性

什么是劳动的二重性？创造商品的二重性劳动是什么样的劳

动？价值是怎样创造的？使用价值是什么样性质的劳动创造的？这些为理解马克思主义政治经济学提供了一把钥匙，因为分开劳动二重性后，才能知道价值是怎样创造的；更进一步，就能了解剩余价值是怎样创造的。弄清劳动的二重性问题，对理解马克思主义政治经济学起着决定性的作用。

1. 具体劳动

上衣是能满足人类特殊需要的使用价值。生产这种特殊的使用价值，首先要支出特殊种类的生产劳动。这种特殊种类的生产劳动，决定于特殊的劳动目的。特殊的工作方法、特殊的劳动对象、特殊的劳动工具，产生了特殊的劳动结果，带来一种特殊的产品。

这样就产生了一种使用价值。这种特殊的使用价值，是由于特殊的劳动的有用性创造出来的，这种劳动叫做有用的劳动。生产上衣与生产麻布的劳动，就是通过两种不同的有用劳动创造两种不同使用价值的劳动。两种劳动在性质上是不相同的，没有劳动上、性质上的不同，就不可能创造出两种不同的特殊的使用价值，因而也没有办法把两种生产品拿来互相交换。因为上衣与上衣相交换是没有任何意义的，两种生产品能交换，必须是使用价值不同。决定使用价值不同的是劳动的有用性不同，劳动的种类不同。只有这样特殊种类劳动的结果才能使商品交换成为可能。

社会分工是由于需要有不同使用价值的劳动产品才产生的。这种特殊的生产活动，这种特殊种类的有用劳动，就是为了满足社会的特殊需要，以特殊的目的占有自然特殊赋予的物质资料的一种活动，是不以一切社会形态为转移的人类生存的条件，是天赋的必然性。也正是人和自然界之间的这种物质交换，保证了人类的生存，没有这种交换就没有人类的生存。这种特殊的有用的劳动就是独立于一切社会形态的有用劳动，也即不管任何形态都需要有这种劳动。原始社会与奴隶社会、封建社会都需要这种劳动，这种特殊种类的劳动，即具体劳动，是创造使用价值的劳动。使用价值，不管社会形态如何，它总是满足社会需要的财富。创造这种财富的具体劳动，也是独立于一切社会形态的具体劳动。这个创造使用价值的具体劳动是任何社会都不可缺少的劳动。

2. 抽象劳动

但作为价值的创造者，创造价值的劳动，特别是创造剩余价值的劳动，同创造使用价值的劳动形式是有区别的，在形态和性质上都有区别。商品互相发生交换关系，使用价值是不能互相比较的，性质、数量不同，无法比较。能够互相比较的，是以同一性质为前提的，由社会必要劳动时间来决定的包含在商品中的价值量。通过价值量的比较，使两种商品在一定的比例关系上进行交换。

商品的共性是价值。任何商品体都是生产过程中由三个基本因子互相结合所创造出来的使用价值。也就是说，劳动对象、劳动工具两个客观因子，加上劳动力，进行生产的劳动（实现生产过程），客观因子与主观因子互相结合之后产生了一种使用价值。如果把构成商品体的使用价值的物质的因子放在一边，把商品的具体存在形态舍去，我们就会看到，形成商品体的仅剩下人类活的劳动。任何生产品都是人类劳动创造的。对任何一种商品来说，它都是由两种劳动创造的，具体形态去掉后，剩下的只是人类的抽象劳动。

对生产劳动本身加以区分，把生产上衣与麻布的劳动的具体形态抽象掉，只剩下同质的人类劳动力的支出。生产上衣或麻布，同样都需要劳动力的支出，即：一定的脑力、神经、筋肉、体力的支出。任何劳动都有支出，这是人类的同质劳动的共性。

这种同质劳动的支出，就创造出了包含在商品里的价值，就构成了价值的实体。同质的人类劳动凝结在商品中就形成了商品的价值。生产过程是劳动与劳动对象结合的过程，通过劳动把劳动对象转化成为满足人类需要的物质财富的过程。现将使用价值与创造它的具体劳动形态除外，剩下来的就是人类同一性质的抽象劳动，这就是价值实体，它决定了同其他商品之间进行互相比较和互相交换的比例关系。

价值实体决定了商品之间的交换比例。这就是在生产商品生产过程中人类劳动（同一性的）支出的时间（社会平均必要时间）。从这里可以看到，决定价值大小的是人类无差别的抽象劳动，价值是由人类抽象劳动（人类劳动的共同性）所创造的。

3. 简单劳动与复杂劳动

简单劳动是指，没有任何专长的普通人的肌体平均具有的简单劳动力的耗费。简单平均劳动虽然在不同的国家、不同的文化时代具有不同的性质，但在一定的社会里是一定的。计算社会必要劳动时间，一般以简单劳动来计算。

比较复杂的劳动不过是多倍的简单劳动，也就是说，少量的复杂劳动等于多量的简单劳动。

《资本论》第1卷中这样写道："一个商品可能是最复杂的劳动的产品，但是它的价值使它与简单劳动的产品相等，因而本身只表示一定量的简单劳动。各种劳动化为当作它们的计量单位的简单劳动的不同比例，是在生产者背后由社会过程决定的，因而在他们看来，似乎是由习惯确定的。为了简便起见，我们以后把各种劳动力直接当作简单劳动力，这样就省去了化简的麻烦。"

4. 具体劳动与抽象劳动的矛盾

创造使用价值的劳动是具体劳动，被价值所代表的劳动是人类一般劳动和创造生产手段的过去的劳动的结合。

形成价值实体的劳动是人类无差别的抽象劳动；价值是使用价值所代表的劳动量；使用价值在交换中只能看作是性质上不同的东西，无法相互比较。商品交换的前提，是两种商品中的某种共同的东西能够互相比较，并构成一定的比例关系，这就是在交换当中只有数量上的不同的人类无差别的抽象劳动。

《资本论》第 1 卷中这样讲述："因此，就使用价值说，有意义的只是商品中包含的劳动的质；就价值量说，有意义的只是商品中包含的劳动的量，不过这种劳动已经化为没有质的区别的人类劳动。在前一种情况下，是怎样劳动，什么劳动的问题；在后一种情况下，是劳动多少，时间多长的问题。"

价值是体现在商品中抽象劳动的量，它随着劳动生产力的变化而变化。由于具体劳动与抽象劳动的同一性与差异性而造成了使用价值和价值。从这里，我们又看到了使用价值和价值的矛盾：假定劳动生产力不变、或降低、或提高，使用价值和价值相互间的关系也发生变化。

劳动生产力不变，生产每一个单位产品所需要的时间不变，随着使用价值量的增加，价值量也增加，按同一比例增加。

劳动生产力提高，生产每一个单位产品的时间缩减了，在同一劳动时间，使用价值量增加，总的价值量不变（因为在同一劳动时间仍产生同一价值量）。但随着生产单位产品的时间的缩减，包含在单位产品内的价值量也就减少了。

劳动生产力降低，生产每一个单位产品的时间增加了，在同一劳动时间，生产的使用价值量减少，总的价值量不变。但随着生产单位产品的时间的增加，单位产品内所包含的价值量增加了，因为生产单位产品的社会必要劳动时间增加了。

使用价值正比例于劳动生产力的变化而变化；价值却反比例

于劳动生产力的变化而变化；这是由劳动的二重性决定的价值变化的规律。

（三）价值形态或交换价值

1. 为什么研究价值形态

交换价值就是价值形态，是价值的现象形态与表现形式。为什么要研究价值形态呢？是为了研究货币的起源。

马克思所完成的资产阶级政治经济学家从未尝试过的工作之一，就是发现了货币的起源。他探索商品价值关系中所表现出的复杂现象的本质，探索商品是怎样从最单纯、最可感觉的形态，发展为不可感觉的迷人视觉的形态，消灭了它所表现出的神秘性。他研究了价值从最简单的形式发展到最高级的形式的全部过程，从而追溯到货币的起源，把货币的本质暴露出来。

什么是商品？商品是使用价值与价值的矛盾统一体。一方面商品是一种有用东西，另一方面，商品又是价值的储存所。一种是商品的自然的形态，物质的存在形态，具有物理或化学的各种属性；另一种是商品的价值形态，商品的社会形态，具有商品的社会属性。

2. 价值形态（交换价值与价值之关系）

交换价值是价值的现象形态与表现形式，交换价值和价值有它的同一性和差异性。

（1）同一性

交换价值是价值的表现形式，交换价值必然和价值一致，也就是说，现象形态必然反映它的本质，形式必然代表它的内容，交换价值必然表现它的价值，即表现包含在商品里的价值。交换价值的大小，决定于（包含在）商品里的价值量的大小，包含多少必然表现为多少，价值量大，交换价值量也大，价值量小，在交换当中所表现的价值量也小，这就是价值和交换价值相同的一方面。

（2）差异性

交换价值是价值的相对表现形态。它和价值又是有区别的，不一定完全一致，交换价值常常游离于价值，以价值为中心经常变动，它们的游离与变化，①决定于价值的变化；②决定于供求关系。

3. 价值形态之发展

（1）简单的、偶然的价值形态

①价值交换关系的两极

一种商品用区别于它本身的另一种商品来表现它的价值，用另一种商品作为它的等价形态，所以是简单的偶然的价值形态，这是一种基本的价值形态，是任何一种价值形态的基础。又可以说是一种原始的价值形态，第一种价值形态。

20 码麻布 = 1 件上衣

一定量商品 = 一定量别种商品

x 量商品 A = y 量商品 B

公式中，等号两边表示出价值交换关系的两极：20 码麻布是相对价值形态，1 件上衣是一个等价形态。等号两边代表着不同的意义。但表面上看，两种商品所有者都是用自己的商品去换取对方商品作为使用价值，以对方商品为自己价值的表现形式。

研究这个关系必须把两极分清，应该明白两极所代表的意义。相对价值形态是寻求表现的一种形态，20 码麻布要用 1 件上衣来表现自己的价值，1 件上衣就表现为 20 码麻布的价值形态。麻布追求表现自己价值的形态，它是主动的，而上衣处于表现别人价值的形态，它是被动的。20 码麻布表现为商品的职能，1 件上衣则表现为货币的职能，这是（类似）一种货币的萌芽状态。

在等号两边，两种商品的职能必须被区别开。从这两极可以看出，表现不同职能的商品的作用不同。购买商品要得到的是该商品的使用价值，购买商品所支付的等价物代表的是该等价物自身的交换价值。从两极可以看出，使用价值与价值的内在矛盾，现在表现为两极上的商品之间的矛盾，表现为价值形态两极的矛盾，是相对价值形态与等价形态的矛盾，相对价值形态表现为一定量的使用价值，而等价形态是一定使用价值所包含的价值量。当人们购买商品时，首先注意到的是商品的使用价值，并根据需要决定买什么、买多少；购买商品还必须支付一定的代价。20码麻布表示的是使用价值，购买它所需要的交换价值必须等于20码麻布里所包含的价值量，这个价值量的大小，决定于生产20码麻布所付出的社会必要劳动时间的多少。1件上衣表现为20码麻布的价值量，只有在这两极上的商品价值相等时才能进行交换。20码麻布代表的是使用价值，1件上衣代表的是交换价值，价值形态的两极表现出明显不同的意义。

②相对价值形态

等号左边的相对价值形态，是寻求表现自己价值的商品，它本身有一个固定的大小、有一个固定的价值量，欲在市场寻求能够表现自己价值的东西——上衣，但是要取决于1件上衣里所包含的价值量。相对价值形态可以用等价形态表现出来，在不同条件下又会发生各种不同的变化：

A. 假定生产20码麻布所需要的社会必要劳动时间发生变化，但生产1件上衣所需要的社会必要劳动时间不变，20码麻布与1件上衣之间的交换比例就要发生变化。

原来两者相等：20码麻布＝1件上衣。现在：

a. 假定生产麻布的劳动生产力降低了，以前需要一天的社会必要劳动时间，现在需要两天了。那么，包含在麻布（20 码）内的价值量增加了一倍。

在这种情况下：20 码麻布 = 2 件上衣。

b. 假如生产麻布的劳动生产力提高了，以前需要一天的社会必要劳动时间，现在需要半天了。那么，包含在麻布（20 码）内的价值量减少了一半。

在这种情况下：20 码麻布 = 1/2 件上衣。

从这里可以看到，随着被表现的商品价值的变化，它的交换价值也发生变化；同时，可以看到商品 A 的相对价值变化正比例于它自己价值的涨落。相对价值形态的价值发生变化，等价物价值不变，两个比例要发生变化。

B. 假定生产作为等价形态的商品 B（也就是上衣）的社会必要劳动时间增加一倍，1 件上衣价值量比原有价值量增加一倍，20 码麻布和 1 件上衣互相交换的比例也就发生变化。如生产 20 码麻布用去的社会必要劳动时间是一天，而生产 1 件上衣用去的社会必要劳动时间由原来的一天增加到了两天。20 码麻布与 1 件上衣之间的交换比例会发生变化。

在这样的情况下：20 码麻布 = 1/2 件上衣。

另外，如劳动生产力提高，生产 1 件上衣的社会必要劳动时间缩减为半日，而生产 20 码麻布的社会必要劳动时间不变，则比例也会发生变化，20 码麻布的价值则表现为 2 件上衣。

在这样的情况下：20 码麻布 = 2 件上衣。

由此可见 20 码麻布的相对价值反比例于 1 件上衣价值的涨落。

C. 假定生产两种商品所需要的社会必要劳动时间向同一方向、同一比例发生变化，则交换比例不变：麻布 20 码，增加一倍等于 40 码；1 件上衣，增加一倍等于 2 件上衣。价值发生了变化而交换价值未变。

D. 假定生产两种商品所需要的社会必要劳动时间向同一方向、不同比例发生变化，这种变化的比例和规律完全可以从上述三种情况推知。

从上述情况可以看出：价值与交换价值不是在任何情况下都是一致的，交换价值虽然反映价值的变化，但不是在任何情况下都能如实反映的。

价值要经过价值形态表现出来，也只能经过价值形态把自己相对表现出来。相对价值与价值也不完全一致。即使商品的价值不变，它的相对价值也可能变化；即使商品的价值发生变化，它的相对价值也可能不变。20 码麻布的价值不变，其相对价值也可以变化；反之，其价值发生变化，但其相对价值也可以不变。

E. 价值与相对价值的数量同时发生变化，变化方向不同，比例不同，没有一定之规。

价值只能表现在相对价值之中，为什么叫做相对价值形态，就是用其他商品来表现自己的价值量。只有这样，交换价值才能相对地被表现出来。

交换价值表现为交换当中的比例关系，它是随着两个条件的变化而变化的：

a. 随着相对价值形态（麻布）价值的变化而变化；

b. 随着等价形态（上衣）价值的变化而变化。

③等价形态

1 件上衣作为 20 码麻布的等价形态，表现的是价值的一种特殊形态。因为麻布所包含的价值量不能用麻布本身表现出来，只能用和它具有同等价值量的其他商品表现出来，以其他具有等量价值的商品作为自己的价值形态或自己价值的表现形式。这样，1 件上衣就获得了可以直接同麻布交换的等价形态的地位。1 件上衣成为 20 码麻布的等价形态，麻布的价值量也就反映在上衣身上了。

20 码麻布的价值用上衣来表示，在数量上，要看生产 1 件上衣所消耗的社会必要劳动时间的多少，并随其变化而变化。

A. 等价形态的第一个特征

使用价值变成它的对立物——价值的表现形态。

在上衣价值不变的情况下，用几件上衣来交换 20 码麻布，决定于生产 1 件上衣所消耗的社会必要劳动时间，也就是说，要看 1 件上衣里包含多少价值量。根据 1 件上衣里所包含的价值量，可以计算出需要多少件上衣才能与 20 码麻布的价值量相等。这是价值之间的相互关系，不是使用价值之间的相互关系。不是使用价值决定了用 1 件或 2 件上衣去交换 20 码麻布，而是由上衣里所包含的价值量的多少决定了交换的比例。对于麻布来说，1 件或 2 件上衣仅仅是价值的一种存在形态，是 20 码麻布宣布自己价值的一种形态。

从此可以看到，等价形态的第一个特征是使用价值变成了价值的现象形态。在这里，并不是交换价值决定价值，而是价值本身决定了价值，因为商品本身没法表现与自己相等，表现自己与自己相等是没有意义的。20 码麻布没办法表现 20 码麻布的价值量，因为自己表现不出来自己的价值，既不能表现自己作为价值实体的价值量，也不能表现自己作为使用价值的物质形态的价值量。它必须用其他商品的使用价值的一定量来表现自己的价值，也就是以其他商品的物质存在形态作为自己的价值形态，用其他商品的自然形态作为自己的等价形态。

用天平称一种物的重量，必须用其他重量已知的物作参照，或者说，用另外的尺度来衡量；如果用一种未知重量的物自己来测定自己的重量，显然是不可能的。同理，一个商品的价值量必须用另外一种形式才能表现出来。交换价值是价值的表现形式，也是商品的社会关系。

价值具有社会实体的属性，它不是商品关系，而是社会关系；它决定了交换价值，是因为它本身具有的社会实体的属性的缘故。价值（商品价值）是这个社会实体的结晶。价值只有经过交换关系才能宣布其价值。

我们从使用价值分析到交换价值，又分析了价值，是为了经过现象来看它的本质。显然，并不是由交换价值之中产生价值；相反地，是因为商品本身具有社会实体的属性，价值才表现成为一种交换价值。交换价值为什么是价值的表现形态呢？交换价值表现为价值，又区别于价值；在某些方面，它又不能完全无遗地表现出来。交换价值作为价值的表现形式，只能以相对价值的形式表现出来。价值发生变化，交换价值可以不变；价值不变，交换价值也可以变。交换价值表现为相对价值，和实际价值尚有区别；等价价值所表现的价值，只能是相对价值。

B. 等价形态的第二个特征

具体劳动成为它的对立面即抽象人类劳动的表现形式。

1 件上衣宣布自己作为 20 码麻布的等价形态，具体劳动表现为人类抽象劳动的媒介物。麻布和上衣都是具体劳动的产物，但它们之间互相交换的不是具体劳动，不是织布者与裁缝两个人的劳动的比较。两种劳动因质的不同没办法在量上相比较，更没办法在两者中间画等号，没办法使生产 1 件上衣的劳动作为生产 20 码麻布的劳动的等价形态。所以，使两者能够相互比较的是抽象劳动，二者的抽象劳动是同质的劳动；因为这种抽象劳动的支出数量是相等的。也只有这样，才能使 1 件上衣与 20 码麻布互相比较，使上衣成为麻布价值的表现形式。这种生产上衣的具体劳动的形态，就变成了抽象劳动的实现形态。只有当裁缝的具体劳动之中的抽象劳动与生产麻布的具体劳动之中的抽象劳动性质相同、数量相等的时候，才能使生产上衣的具体劳动成为生产麻布的抽象劳动的等价形态。

C. 等价形态的第三个特征

私人劳动变为它的对立面的形态——社会劳动的形态。

生产麻布与上衣的具体劳动能够作为无差别的人类劳动，是直接依据于人类无差别的抽象劳动，使这种无差别的抽象劳动与其他具体劳动互相并列一致。这是一些私人劳动，之所以与其他劳动并列相等，是因为这里边包含着直接的社会劳动的性质。能使具体劳动能够互相交换，也就是因为具体劳动所创造的使用价值，具有满足社会需要的一种属性，只有对社会成为使用价值的东西，才能成为商品；商品只有经过交换关系，把它交给它需要的人，才能实现其使用价值；不论任何商品都要首先否定其自身的使用价值。这种变成为商品的生产品，是私人劳动的结果，但它所包含的价值量只有通过交换才能被承认，交换又必须按照商品中所包含的社会必要劳动量的一定比例来进行。显然，生产商品的私人劳动已经采取了社会劳动的形态。

④简单价值形态的总考察

在简单价值形态中，总的说明了价值获得了其独立的表现形态。

商品是使用价值与价值的矛盾统一体，在商品里包含着二重性，一方面是有用的东西，一方面是价值的储存所。商品的二重性又表现了两种形态，一是自然的物质的形态，一是价值形态。在交换中能够构成一定的比例与交换关系的，不是商品的自然形态而是它的价值形态。一个生产品，一旦有了价值形态，它就有了二重性，就成为了商品。

简单的偶然的价值形态中，一种商品进行交换并宣布自己为商品，成为使用价值与价值的矛盾统一体。不过，当时生产品并不是为了交换而生产的，在物、物交换，没有价值概念的时候，不能说那是一种价值形态（两个朋友互赠纪念品是不能叫做商品交换的），只有价值量的交换才是商品交换。商品的内在矛盾表现为两种商品的外部对立：一个极端，表现为使用价值；另一个极端是它的等价形态，表现为交换价值。等号左边是要求表现自己价值的生产品，等号右边就成为相对价值形态上商品的等价形态，上衣就成为了麻布价值量的表现形式。

⑤简单价值形态的缺陷

只用一种商品来表现自己的价值，是简单的、偶然的，也是个别的价值形态，决定于许多偶然的关系和条件。

第一，必须是两个商品的所有者互相需要其对方产品的使用价值。如果麻布的所有者要换上衣，而上衣的所有者不要麻布就不能形成交换关系。

第二，假定两者都需要对方的东西，但两者之间的比例关系相差悬殊（价值量不相等），两种商品本身又都无法拆开，在一定条件下就无法交换，因为交换的比例关系不明确。交换价值不一定代表价值，简单价值形态中的商品交换也不一定是两种商品价值量相等的关系，它仅是生产品变成商品的原始形态。上述1件上衣的作用虽然能够区别于一般的商品，等价物已经处于货币的萌芽状态，但这只是货币的起源形式，是商品变成货币的最原始形式。它本身还要经过一系列的变化才能成为真正的货币。

第三，价值形态的两极尚没有明显的区分出来，等号的两边可以互换，还不能把使用价值本身与价值形态区分出来。这样，尚不能明显地表现出价值的交换，尚不能明显地看出价值的质同、量等的关系，因为它只是对一种商品发生关系；但这种价值形态是走向更完美的价值形态的开始，从商品走向货币的开始，是货币产生的开始。

简单价值形态包含着任何商品都可以用的一种东西，即商品用以表现自己价值的一种方式，它是一般价值形态的原始基本形态。

简单价值形态用一种商品作为另外一种商品价值的表现形式；进一步发展，就可以使交换扩大到和其他多种商品的交换，那就是扩大的价值形态。

⑥几点说明

A. 商品的定义

第一种定义是：商品是使用价值与价值的矛盾统一体。这样定义没有问题。

第二种定义是：为交换的目的而生产的生产品。为了说明商品某些方面的特征，这样定义是有必要的；为了把商品与生产品加以区别，也是必要的。根据这样的定义往下推论：不是为了交换的目的而生产的东西，又拿去进行交换，是不是商品呢？

生产品的直接的物、物交换，一方面达到了价值相对表现的基本形态；但在另外一方面未能达到"x 商品 A = y 商品 B"这一形态，因为物品 A 与 B 在进行交换之前还不是商品。只是由于物、物交换的行为才使其变成了商品。

在最初生产使用价值 A 与 B 的时候，并不是把它们当作商品来生产；但当 A、B 成为生产者手中的多余产品后，两种使用价值的生产者再拿它们去进行交换——使其最终成为商品。

一种有用的东西走向获得交换价值的第一步，就是当这种使用价值对它的所有者成为一种非使用价值，并当它成为满足使用需要后的多余部分的时候，这种情形才会发生（交换关系才能发生）。如果说，某种多余生产品对其所有者有使用价值的话，它只有作为交换手段的使用价值（而不是被消费时的使用价值）。

它们变成商品，只是因为它们具有某种二重性的东西：既是有使用价值的生产品，同时又是其自身价值的储存所。因此，它们宣布自己为商品和具有商品之形态，只是因为它们本身所具有的两种形态：物理、自然的形态和价值形态。

各种劳动生产品，在一切社会形态中都是使用价值，但是只有在社会发展的一定历史时期，当消费在有用物生产上的劳动被表现成为它的客观的性质，也就是表现成为它的价值的时期，这种生产品才开始变成商品，并具有了基本的价值形态。劳动生产品，在历史上曾表现成为商品的原始形态，并随着价值形态的发展，这种生产品逐渐转变为后来的商品，即当为生产某生产品所支出的劳动量被表现成为价值的时候，这种生产品就变成了商品。简单价值形态表现为商品的早期形态，随着交换的发展，这种生产品才变成现在的商品。

生产品变成商品是因为其具有使用价值与价值。商品是有用对象和其价值的统一体。不但是为了交换目的而生产，就是为了满足自己需要而生产，但又拿去交换的生产品，都是商品。

但把用作交换手段的东西都叫做商品是不对的：

第一，用作交换手段的不一定都是商品，两种使用价值的交换就不是商品。

第二，如果用作交换手段的是货币，货币不是商品。

B. 关于价值形态

a. 在简单、偶然价值形态里表现的是不是商品交换？这种交换是不是使用价值的交换？

是价值交换，而不是使用价值的交换。

形成麻布与上衣的劳动都是抽象劳动，能够交换也是因为它，也就是说：价值存在。简单、偶然价值形态是使生产品变成商品的第一种形态。

b. 相对价值：经过商品 B 表现商品 A 的价值叫相对价值。x 商品 A＝y 商品 B，就表示出这种相对价值形态。

A 寻求表现自己价值的表现者 B，两个形态位置应肯定，一种商品是用别种商品表现自己，另一种商品是表现别人价值。A 的价值只能经 B 相对表现出来，A：B 的比值既随着生产商品 A、B 的社会必要劳动时间的变化而变化，又随供需关系的变化而变化。

y 量商品 B 表现的只是商品 A 的相对价值，不是绝对数量的表现。因为可能发生的许多变化，它所表现的价值，是 A 的价值的表现，但又可能不表现出 A 的实际价值。A 的本身价值不变，交换价值可以变。B 的价值量也可能发生变化，可以有各种不同的结果。如果 A、B 两者都向同一比例变化，交换价值就没有变化，没有表现出来价值量的变化。

价值的相对表现，不能将价值的变化关系完整无遗地表现出来。

c. 等价形态的特征：

第一，上衣是一种使用价值，成为麻布的价值表现，两者形成比例，必须有同一的价值；一种使用价值成为麻布的价值形态，因为它包含了与 20 码麻布相同的价值量；1 件上衣代表的不是使用价值而是价值量，它才能成为 20 码麻布的价值表现形式，它的使用价值只是表现自己的价值量。

第二，生产 1 件上衣的具体劳动，没有资格作为生产 20 码麻布抽象劳动的表现形态；1 件上衣成为 20 码麻布的等价形态，是因为包含在上衣的劳动中的抽象劳动与 20 码麻布的劳动量相等，生产 1 件上衣的具体劳动就成为它本身抽象劳动的表现形式；正因为这样，生产 1 件上衣的具体劳动才能成为 20 码麻布的价值表现形式；也正因为支出的劳动数量相等，上衣才成为了麻布的等价形态。

第三，私人劳动变成直接的社会劳动；生产上衣的劳动本来是私人劳动，是为了满足自己某种需要才生产上衣；上衣对生产者来说，是为满足别人需要而生产的，它是私人劳动的产物，但它带有社会的属性，为了满足社会需要而生产，就决定这种性质；这种劳动带有社会性，是社会劳动的一部分，因此才能成为交换价值，这种私人劳动也就成为社会劳动的表现形式；1 件上衣所以能够成为 20 码麻布的等价形态，因为它本身所包含的社会劳动数量相等，性质相同。

（2）扩大的价值形态

扩大的价值形态是以简单价值形态为基础发展起来的。在简单价值形态中，20 码麻布只用 1 件上衣作为其价值形态：

20 码麻布 = 1 件上衣

麻布（商品 A）的价值只是表现在等号右侧的另一种商品上，但是这后一个商品不论是哪一种，无论是上衣、茶叶、铁等等，都完全一样。随着同一商品和这种或那种不同的商品发生价值关系，也就产生了它的种种不同的简单价值表现。

现在，20 码麻布可以用等号右侧的许多种商品作为它的价值形态：

20 码麻布 = 1 件上衣

　　　　　= 1 磅茶叶

　　　　　= 半吨铁

　　　　　= 40 磅咖啡

　　　　　= 其他

①扩大的相对价值形态

扩大的相对价值形态，是第一次真实表现出来的价值，是无差别的人类抽象劳动的结晶。20码麻布能够和很多商品构成价值关系，把自己的价值表现在很多的商品体上。这样，就把不同种类劳动的产品平等地排列起来，不管各种不同劳动采取什么形态，都可以当作性质相同的人类无差别的劳动排列起来。根据此排列，价值不再是和一种商品发生社会关系，而是和整个商品世界发生社会关系。从这里可以看到，两个商品价值之间的偶然关系消逝了。过去，麻布的价值量只可以用一种不容易正确表现自己价值量的上衣来表现；但现在，这种交换关系可以自由选择了，同这种商品交换不成，还可以同另一种商品发生交换关系，受偶然条件的限制减少了。

显然，不是商品交换关系决定价值量的大小，而是商品价值量的大小规定了交换的比例，扩大的相对价值形态里表现出了这样一种变化。

第一特点：等价形态表现成为特殊的等价形态。等号右边的商品都在麻布的价值表现中充当等价物，形成了一系列特殊的等价形态。与简单价值形态的三个特征一样，体现在各种不同商品里的具体的有用的劳动，现在已经并列表现为无差别的一般人类劳动。作为无差别人类劳动的各种不同表现形式，茶、铁、咖啡等都是具体劳动的产品。在人类无差别劳动的表现形式中，不是具体劳动相等，而是具体劳动所包含的抽象劳动相等。茶、咖啡、铁等商品中所包含的抽象劳动在质的方面是相同的，在量的方面是相等的。

第二特点：这种等价形态随参加交换的商品种类的增加而扩大。如果20码麻布继续和其他种类商品发生交换关系，就更加扩大。从这种等价形态中，能够更明显地看出其中的价值关系，因为20码麻布不仅以1件上衣作为交换价值，而是以其他一系列商品作为其等价形态。

第三特点：私人劳动的社会性质更加明显。

②扩大的相对价值形态的缺点

a. 价值的相对表现是无限的、延长的、增加的，所以扩大的相对价值形态的表现是不完全的。因为，有一百种商品，就要以一百种商品为麻布的等价形态；每当出现一种新的商品，就提供了一种新的价值表现材料，特殊的等价形态的系列就要扩大；但无论怎么扩大它也是有限的、不完全的，不可能表示出与所有的商品发生的联系。

b. 价值的相对表现是一个个独立的、互相不联结的、种类不同的表现形式。等号右侧的商品执行货币职能，表现的是等号左侧商品的使用价值的价值；但它们自己作为使用价值的价值，在这里得不到表现。

c. 如果所有的商品在各种不同情况下的相对价值，可以用扩大的价值形态来表现，每个商品都可以有自己与众不同的价值形态表现。这样就使每一种商品的价值表现都构成一个无限的系列。每种商品都可以有上百种或更多的价值形态，这种等价形态之无限系列，是货币性质的，是表现货币职能的无限系列。

扩大的相对价值形态的缺点，反映在与它相适应的等价形态中。站在等价形态的每一种商品的自然形态只能是相对价值形态的特殊等价形态，只能表现特殊等价形态的作用，与无数的个别特殊等价形态并列，是有局限性的等价形态。它是价值的一个不完全的表现形式，也是价值不统一的表现形式。在不统一表现形式里，作为等价形态的各种商品发生互相排斥；为了要争得自己作为等价形态的独一无二的地位，就必须互相排斥、否定其他商品作为等价形态的地位。

这个扩大的相对价值形态中包含着，向更高级价值形态发展的因子，因为所有商品都是某一个特定商品的特殊等价形态；反过来，某一特定商品就成为所有商品的等价形态，一般的等价形态，这里就包含了这样的可能性。

随着等号右边的商品与等号左边的少数特殊商品发生交换的次数日益增多，交换次数最多的商品就有成为一般等价物的可能性。扩大的价值形态就会发展成为一般的价值形态。

（3）一般价值形态

1 磅茶 = 20 码麻布

1 件上衣 = 20 码麻布

2 两金 = 20 码麻布

其他 = 20 码麻布

40 磅咖啡 = 20 码麻布

半吨铁 = 20 码麻布

从上面公式可以看出，商品麻布已经表现为一般的价值形态。这个一般价值形态与简单的、扩大的价值形态有什么不同呢？

①价值形态的发展

从简单价值形态、扩大的价值形态到一般价值形态，一步步地表现出了价值与使用价值的区别。

a. 简单价值形态是使用价值与价值的内部矛盾，表现为商品之间的矛盾，包含在麻布里的价值量用 1 件上衣来表示，就使麻布在总公式里边表现成为一种具有使用价值的商品，1 件上衣就成为 20 码麻布价值量的表现形态。这就表现了两个商品之间的对立，使其中的一种商品变成了表现货币萌芽职能的商品；但这种价值形态，因为没有完全脱离使用价值的形态，表现为价值形态还不明显，表现使用价值与价值在性质上的区别也不明显，表现价值量之间的相等关系也不太可靠，因为它决定于许多偶然条件。

b. 扩大的价值形态比简单价值形态进了一步。它进一步把使用价值与价值的区别表现出来：所有商品都可以和一种商品发生比例关系，这个比例不是由使用价值决定的，而是由私人劳动之间含有的某种共同的东西决定的，即价值的量的一定比例关系决定的。但是这里有一个基本缺陷使其不能完全、正确地表现价值关系，使它一方面在这里缺乏一种通用的，包含一切商品的一般表现形态；另一方面还缺乏表现商品价值的共同尺度，还没有脱离物与物的直接交换关系，还不能把使用价值和价值加以区分，更明显地表现出来，还不能把价值和使用价值的区别本质地表现出来。

c. 从一般价值形态可以看到商品第一次被有效地带入价值的相等关系之中，更明显地把价值表现成为交换价值。经过这种价值形态，不仅把价值本身从使用价值之中区别出来，并且普遍地把价值从一切使用价值之中区别出来；因为现在把所有商品都放在了一个极端（等号左侧），作为相对价值形态，所有的商品都直接地表现出了其自身的价值，那就是所有商品的价值都表现在等价物（等号右侧）之中。等号右侧的商品成为了其他所有商品的等价物，这就使该商品失去了使用价值（在作为等价物时，否定了它自身的使用价值），发生了一种新的社会性的使用价值，即作为表现其他商品价值的商品，使它变成了一种具有货币性质的东西。由此，交换关系也发生了变化，从物、物直接交换变成了所有的物都要通过一般等价物进行交换。

②从一般价值形态到货币

物、物直接交换要受到许多偶然条件的限制。首先是使用价值与价值矛盾所造成的困难。要实现 20 码麻布的价值，首先 1 件上衣的使用价值要为麻布的生产者所需要；现在有了一般价值形态，这个困难就解决了，就可以经过一般价值形态来表现其价值。例如，10 磅茶为实现其价值，首先要和一般等价物发生交换关系，再通过一般等价物去交换其他任何商品。通过一般等价物可以表现任何商品的价值：通过 20 码麻布，各个商品所有者，都可以不发生困难地，把自身价值独立地表现出来；用它可以换到任何使用价值，购买任何商品，不发生时间、条件、地点的限制。

这样，使用价值与价值之间的对立，就表现为商品与货币之间的矛盾。在交换关系里，商品代表的是使用价值，货币代表的是包含在各种商品里的价值；其他商品失去了作为等价形态的资格，反之，作为一般等价物的商品又失去了其作为使用价值的资格。商品转变为货币，首先它排除了它自身的使用价值，而一旦实现了其使用价值，它也就丧失了作为一般等价物的可能。

随着一般价值形态的发展产生了货币形态。

因为一般价值形态还存在缺点，它本身还不能完全否定其使用价值，它的这种使用价值在交换中受到普遍的欢迎，它之所以能够成为一般价值形态正是以在交换中其使用价值被普遍欢迎为前提；但它的使用价值一经实现，它作为价值的独立表现形式就为其使用价值所否定；虽然它有货币职能，但它本身的使用价值又阻碍它实现其价值表现者的职能。

从一般价值形态发展为货币形态的过程中，各种商品在交换过程中进行着互相排斥的斗争，不得不让位于以后成为货币的一些特殊商品，如：铜、铁、金、银等，它们可以用小的重量来代表更大价值的商品；……最终，有一种商品在历史过程中夺得了这个特权地位，这就是金。

（4）货币形态

它们首先是人类抽象劳动创造的价值，又是具有使用价值的商品，货币地位被它们所占据，这样就有很多的优点。

①是价值最优良的表现形式，用最小的体积可以代表更多的价值量。

②金银货币不容易损耗，其他东西容易损耗，使用价值损耗了，价值也就不能准确地表示了。

③价值量的可分性。

金银作为货币必须以其使用价值为前提，但又必须以排除其使用价值为前提。

（四） 价值法则

1. 两种商品互相交换以价值相等为前提

价值量是人类抽象劳动的凝结，人类抽象劳动量是以生产某商品所需要的社会必要劳动时间为标准。相等劳动时间决定相等的价值量，并以此为基础进行交换。

2. 价格围绕价值波动，调整着各种生产品之间的比例关系

各种商品的价格在交换中常有比例关系的变化。假定商品价值：1件上衣与20尺麻布都是10小时劳动量生产出来的，劳动量是相等的。又假定供求关系发生变化，麻布的需要量低于供给量，价格就要低于其价值，主要因为全社会对某种商品的需要有一定的数量，超过这个数量价值就不能完全实现；反之，如果麻布的需要量超过供给量，价格就要高于其价值，这就是"物以稀为贵"的道理。在商品生产社会，价值和价格的变化自动地调节着各种商品的生产量；因为商品的出卖者都愿意多卖钱，不愿在价值量以下出售其产品；否则他们就会转而生产另外的产品。

3. 推动生产力的发展

社会局部生产力的提高可以使这部分商品的价值降低到社会

必要劳动时间以下，但商品价值是与社会必要劳动时间一致的，这部分商品可以按照高于其实际价值的价格出售，这样就会取得更多的利润。假如生产某产品所花费的劳动量高于社会必要劳动时间，但只能按低于其实际价值的价格出售，该生产部门就会因赔本被淘汰。因此，价格围绕价值的这种波动，刺激并改进生产，促进生产力的发展，任何商品生产者都受它支配，成为支配商品生产关系的客观法则。

这种客观法则不可能受人们主观意志所制约，因此也不能改造，它只能在一定限度内为人们所利用，并防止它的破坏作用。不认识它，人们就会盲目地受它支配；认识它并自觉地运用它，就能避免它的破坏作用。但法则本身没有盲目和自觉，法则没有阶级性，它本身是无所谓为谁服务的。

（五）商品的物神性

劳动生产品采取商品形态，就使人们在商品面前疑惑，认为商品有一种神秘的特殊的力量。这是由于生产品采取商品形态，并以价值量相等进行相互交换的缘故。价值量不过是社会必要劳动时间的凝结物，并不是商品本身有什么神秘性。通过不同使用价值之间的交换比例，我们看到了交换价值。交换价值是价值的表现形式，反映出的是商品本身价值的变化。

商品的"神秘性"，是因为它具有价值这一社会实体，这种价值形态掩盖了人与人之间的生产关系。价值不外是生产过程中各种不同生产者所支出的社会必要劳动时间的凝结物，采取了商品形态的缘故。商品生产过程中人与人之间的生产关系被物与物的关系掩盖了，因而曾被人们认为是一种具有神秘性的东西。

①商品之间的关系，实际是价值关系，价值关系是私人劳动的社会性关系（私人劳动是满足社会需要的），它必然经过交

换，交给其他要求使用价值的人。商品在进行相互交换时，不是根据个人的劳动时间，而是根据社会必要劳动量来决定价值。但生产者并不能确切地知道他的商品里所包含的劳动量是多少，生产这种商品所支出的总的劳动量是多少，每个商品应该得到多少交换价值；因为每个商品的生产都是盲目地进行的。另外，一共有多少人从事某种商品的生产，也是不知道的，这就是私人劳动与社会劳动的矛盾所造成的结果。

②价值关系反映的是物化在人类具体劳动中的抽象劳动之间的关系。不管有用劳动或生产活动怎样不同，它们都是人体机能的耗费，是人的脑、神经、肌肉、感官等的耗费；这种耗费持续的时间（或劳动量）决定了商品的价值量是多还是少。但在商品生产社会里，人们首先看到的是商品与商品之间的物的关系，看不到人和人之间的社会关系，这就是价值关系所表现出的神秘性。

③交换关系掩盖了生产关系。包含在商品里有多少价值，交换价值也就有多少。人们往往认为是交换价值决定价值；但交换价值的变动是受供求关系的影响，还是以价值为中心而变化呢？不够了解或不了解。因此，好像是交换关系决定生产关系，决定价值，决定了人与人之间的关系。

经过对商品的分析，透过商品的物神性，我们可以看到其本质，从商品与商品之间的关系（商品生产与交换关系），可以看到人和人之间的生产关系。

"使用物品成为商品，只是因为它们是彼此独立进行的私人劳动的产品。这种私人劳动的总和形成社会总劳动。由于生产者只有通过交换他们的劳动产品才能发生社会接触，因此，他们的私人劳动的特殊社会性质也只有在这种交换中才能表现出来。换句话说，私人劳动在事实上证实为社会总劳动的一部分，只是由于交换使劳动产品之间，从而使生产者之间发生了关系。因此在生产者面前，他们私人劳动的社会关系，不是表现为人们在自己劳动中的直接社会关系，而是表现为人与人之间的物的关系和物与物之间的社会关系。"（《资本论》第 1 卷）

三　商品生产及货币——货币

（一）货币或商品循环

为什么叫货币或商品循环呢？因为货币产生于商品循环，又媒介商品循环过程。货币作为商品价值的表现形态，是在商品循环过程中产生的，又在商品循环过程中起媒介作用的工具。一种商品变成货币不是它本身固有的职能，而是商品交换赋予了它货币的职能。它具有了货币的性质后才被叫做货币。

货币或商品循环过程是在下列形态变换中完成的。如果以字母 W 表示商品，以字母 G 表示货币，那么货币或商品的循环过程就可以表示为：

商品—货币—商品

W—G—W

从 W 到 G 是卖，把商品换成货币；从 G 到 W 是买，把货币换成商品；为买而卖，最后使价值相等但使用价值不同的商品完成了交换，货币媒介了这个过程。

货币的职能主要有：1. 价值尺度；2. 价格标准；3. 循环手段；4. 储藏手段；5. 支付手段；6. 世界货币。

1. 价值尺度

假定以金子作为货币商品，金子的第一个职能，是为商品世界提供一种价值表现的物质手段。把商品的价值表现成为同一名称的量，使其在质的方面相等、量的方面可以比较。把商品关系表现为同一名称的量的关系，这种表现商品价值的物质手段成为衡量存在于各种商品之中的价值的尺度。货币成为价值尺度必须具有以下两个条件：

第一，其本身是代表一定价值的东西；

第二，其本身是可以在数量上区分大小的。

只有这样才能使它与所有商品相比较。货币作为价值尺度，是商品内在的价值尺度即劳动时间的必然表现形式。

作为价值尺度的货币可以是观念的货币（或想象的货币）；要把这个观念货币变成一个真正用来衡量各种商品价值的尺度，使各种不同商品的价值作为不同的金量互相比较，还必须为这个尺度规定一定的单位，即把观念货币金子按其重量的计量单位进行分、两、钱等不同的划分；这些不同划分的计量单位的名称就是价格标准的名称；但价值尺度与价格标准又是货币的两种完全不同的职能：

①货币作为价值尺度就是要看物化在商品中的人类抽象劳动的量是多少，包含多少劳动时间；但作为价格标准要看商品中的物化劳动所对应的金子的重量是多少。

②货币作为价值尺度把商品的价值转变为价格，即把价值转变为想象中的金量，价格就是商品价值的货币表现，即用货币名称来表现商品的价值；但作为价格标准是用来计量商品价格所对应的金子的数量。

③货币作为价值尺度是把商品作为价值去计量；作为价格标准，是把金子的数量用一定的单位来计量。

④作为价值尺度，金子的价值是可以变的；而作为价格标准，金子的重量是不变的，不管它代表多少价值，是十两，总是十两，这是不能变的。

作为价格标准必须确定一个数量不变的单位，如单位不确定，代表一定社会劳动时间的单位就无法确定，就无法表现其作为货币的职能。

2. 价格标准

价值采取了货币形态以后，就产生了价格标准，价格就成为表现商品价值的形态。从商品采取了价格形态以后，价值尺度与价格标准就发展了一系列的职能。

货币名称和其本身所代表的物质实体名称逐渐分离，如：1镑成为想象中的货币，用来表现并衡量各种商品的价值量，并变成了价格标准的单位。

货币名称原来代表的是贵金属的重量单位，由于表现价值尺度与价格标准的职能，二者渐渐发生了距离，名称与重量不一致了。产生这种情况有它必然的原因：

①外国货币流入较不发达的民族，例如，在古罗马，银币与金币最初是作为外国商品流通的。这些外国货币的名称与当地重量名称是不同的。

②首先作为货币的不是贵金属，由于生产力的发展，非贵金属作为货币已不适应经济发展的情况，逐渐被较为贵重的金属所排挤（铜被银排挤，银被金排挤），失去了价值尺度的职能。例如："镑"原来是真正1磅重的银的货币名称；当金排挤了作为价值尺度的银时，"镑"这个名称就依照金和银的价值比例，可能用来称呼1/15磅的金。这样就产生了作为货币名称的"镑"与作为黄金实际重量的"磅"的差异。

③货币在流通中不断磨损，减少了原来的重量，但由于习惯仍可使用；最后由帝王的法律规定了货币的名称和它所代表的贵金属重量的关系。例如，1盎司金由官方分成若干等分，给予法定教名"镑"；这种等分成为真正的计量单位后，继续细分，并给予法定教名"先令"、"便士"等。显然，这里的货币名称已

经不代表贵金属金的实际重量，它们之间产生了差异；但金的重量仍旧是金属货币的标准；改变了的只是分法和名称。

因此，价格或商品价值在观念上转化成的金量，现在用与一定金量等值的货币名称或法定的计量名称来表现了。这样，商品就可以用自己的货币名称说明自己值多少，当需要用货币的数量来确定某商品的价值时，货币就充当计算货币。这里价值尺度与价格标准是起着计算价格的作用。

价格是物化在商品内的劳动量的货币名称，是商品价值的货币表现形态。随着价值量转化为价格，这种必然的关系就表现为商品同货币之间的交换比例。这种交换比例既可以表现商品的价值量，也可以（或高、或低地）偏离商品的价值量，实际上，在一定条件下，商品就是按这样的交换比例来进行出让的。可见价格和价值的不一致，或价格偏离价值的可能性，已经包含在价格形态本身中。但这不是这种形态的缺点，相反地却是这样一种生产方式下的适当形态。

价格形态不仅可能引起商品的价值量和它的货币表现之间的量的不一致，而且包藏着一个质的矛盾：虽然价格是商品价值的货币表现，但是价格可以完全不表现任何价值。有些东西本身并不是商品，如：良心、名誉等，但是也可以被它们的所有者出卖，以换取金钱，并通过它们的价格取得商品形态。因此，没有价值的东西在形态上可以具有价格。这种虚幻的价格表现，掩盖着真实的价值关系。

3. 循环手段

（1）商品形态的变化

货币及其职能是在商品循环中产生和发展的。货币为什么会成为商品循环的媒介工具？首先要看货币出现后，商品在循环过程中的形态变化。过去的商品之间是物、物交换，W—W；货币出现以后，W—W 就变化而形成 W—G—W；先是 20 码麻布出卖取得货币，然后用货币购买 1 件上衣；买卖行为分为对立的两极，两个阶段，两种过程，在时间、地点、条件上分离。

在 W—G—W 的循环里，第一阶段，货币表现为麻布的价值量，成为 20 码麻布的价值形态；反过来，在麻布的所有者购买上衣时，它又成为第二阶段购买上衣使用价值的交换价值即 1 件上衣的价值形态。从买卖过程来看，货币成为两种商品之间进行交换的手段；在这个过程里，商品经过货币的媒介，形态上起了变化。

①货币媒介商品形态变化的第一个阶段是 W—G 阶段。在整个循环里，这一形态变化比较困难，为自己的商品寻找买主并不容易。要把商品变成货币：

第一，必须是社会承认商品对社会具有使用价值，承认其私人劳动为社会劳动的一部分。

第二，必须是商品所有者所规定的商品价格等于社会承认的价值量，也就是说，所规定的价格必须等于社会必要劳动时间所规定的价值量。假如商品的价值超过了社会必要劳动时间的数量，这种商品就不能实现其原来的价值量。

在货币价值不变的情况下，如果 20 码麻布的价值与昨天的社会必要劳动时间数量一致，然而与今天的社会必要劳动时间数量不一致；今天，货币就不能按照 20 码麻布所要求的实际价值量去进行交换，在交换当中，就会发生差异。

"商品爱恋着货币，但真爱的道路殊不平坦"，从 W 到 G 的交换里存在着许多困难。麻布所有者换取货币的最终目的是换取上衣，为了换取上衣，首先要把麻布转化为货币，再用货币去换取上衣；如果麻布所有者手中的麻布没能转换成货币，就不能换取上衣，也就不能达到终极的目的。

20 码麻布为什么能与 2 镑货币交换呢？因为 20 码麻布与 2 镑货币形成了等价关系，20 码麻布的价值用观念上的货币名称 "2 镑" 表明了自己的价格；下一步，需要把这个关系在实际交换当中实现，即麻布的所有者出让自己手中的商品并得到 2 镑货币，而货币的所有者在支付自己手中的货币的同时得到 20 码麻布。当这一阶段完成后，麻布就由交换过程进入了消费过程；麻布的使用价值实现了，但它作为商品的存在也消逝了，它的商品的属性变成了卖者手中的 2 镑货币。

②商品循环进入第二阶段：G—W 阶段，这是商品循环的完成阶段。麻布所有者取得 20 码麻布价值的独立表现形式即取得了货币，实现了麻布的最后目的，并用其所实现的价值量 2 镑货币去购买 1 件上衣，这个阶段是比较容易的，因为货币是所有商品的等价形态。货币一方面代表被出卖的商品的价值，另一方面，就又代表准备购买的商品的使用价值，它的职能就是媒介这个交换关系；它既是实现 20 码麻布价值的手段，又是购买 1 件上衣的手段；在商品循环的第二阶段，2 镑货币又成为 1 件上衣价值的独立表现形式，成为与 1 件上衣进行交换的手段。当这个过程终结，上衣也退出了交换领域，而进入消费过程。

经过了 W—G—W 的一个循环，麻布换成了上衣，这里存在着三人、四极的关系。第一个人卖，第二个人买，构成了商品形态变化的第一阶段的两极；第一个人卖了又买，第三个人卖，构成了商品形态变化的第二阶段的两极；循环结束，货币留在了第三人手中。如果这第三人手中的货币再用于购买其他商品，就开始了另一个循环过程。商品循环一个接着一个，前一个循环的结束又是后一个循环的开始。

商品完成了交换过程就被消费掉了，但货币作为商品循环的手段永远停留在流通领域。每个商品的形态变化系列所构成的循环，同其他商品的循环不可分割地交错在一起。每个商品所有者都以实现自己商品的价值为前提，在整个经济活动中互相依存，又互相矛盾。如果其中有一个商品所有者不能完成其商品形态的变化，就使一系列商品都卖不出去。从这里看到，在简单商品生产时期就包含着危机的可能性；用货币媒介商品循环成为解决矛盾的手段；但货币本身又包含着新的矛盾，新的困难。

应当指出的是：简单商品生产还缺乏危机的条件；只是存在危机的可能性，而不是危机的现实性。

（2）货币流通

作为循环手段的货币怎样在商品循环过程中执行其职能呢？在商品循环中，商品一旦经过其形态变化后即离开交换过程，进入消费领域；而由新加入的商品继续进行新一轮循环，如此不断地新陈代谢。商品循环是从一个出发点到另一个出发点，即由交换价值通过货币媒介换取使用价值（使用价值的最终结果是被消费掉）；而货币流通总是远离其出发点，继续流通于商品循环之中。货币作为商品变形的媒介（即价值向使用价值转化的媒介），作为一定数量的商品价值的代表者，它反映着价值关系，反映着商品的运动和变化。

参加循环的商品量对应着一定的货币量，这些商品价格的总和与社会必要的货币流通量有着密切的关系；货币流通速度是影响着参加循环的货币流通量的多少的另一个重要因子；此外，生产用作货币的贵金属的社会必要劳动时间的变化也影响着参加商品循环的货币流通数量。

①商品循环与货币流通在性质上的区别

a. 商品循环是从一种商品转化为另一种商品，从同一价值的商品开始，又以同一价值的商品结束，这时，商品又回到其出发点；但货币流通是永远不能回到它的出发点的。

b. 商品循环是经过两个阶段：第一阶段是商品转化为货币，商品转化为货币以后就离开商品循环领域，进入消费过程；然后，开始了循环的第二个阶段，从货币转化为商品，转化后的商品又进入消费过程，而货币还继续辗转在商品循环之中。

c. 在商品循环过程中，商品的形态变化一旦完成，就进入了消费过程；而货币却不同，它继续辗转在商品循环之中，并媒介多种商品的交换。当第一种商品出售之后，得到的货币可以用来购买第二种商品；而在第二种商品与第三种商品的交换中，它又可以继续起媒介作用。这就是说，同一货币可以媒介许多商品的循环。这个质的区别，决定了它的量的特征，产生了货币流通量的问题。

②商品的运动和变化在货币流通量上的表现

媒介商品循环而停留在流通领域的货币量，究竟需要多少呢？

第一，决定于需要货币作为循环手段的商品的价格总额，也就是说，有多少商品需要在循环过程中实现其价值，就要有与这些商品价值总量相等的货币量加入流通。简单地说，就是循环着的商品价值的总和要等于流通着的货币量的总和，这是第一个法则。

第二，同一单位的货币可以媒介两种以上的商品交换。如，小麦所有者出卖了小麦取得 2 镑货币，又用 2 镑货币购买麻布，麻布所有者又用 2 镑货币购买《圣经》，《圣经》所有者实现了其《圣经》的价值，又去购买白兰地酒，白兰地酒的所有者实现了酒的价值，得到了 2 镑货币。如果 2 镑货币流通了四次，则参加循环的商品价格总额为 8 镑货币；如果同样时间内的货币流通次数更多，就可以用更少量的货币媒介更多数量商品的交换。所以，流通着的社会必要货币量的总和也决定于货币流通速度，这是第二个法则。

根据上述两个法则，计算社会必要的货币流通量的普遍适用的公式是：

$$\frac{循环着的一切商品的价格总额}{同一单位货币的平均流通速度} = 社会必要的货币流通量$$

循环着的一切商品的价格总额是由下面两个因子构成的：

a. 循环着的商品的数量；

b. 每一种商品的平均价格。

由此，得到下面公式：

某商品的平均价格 × 循环着的某商品的数量 = 循环着的某商品的价格总额

循环着的一切商品的价格总额是循环着的各种不同商品价格总额的累加。

所以，社会必要的货币流通量是由下面三个因子决定的：

a. 循环着的商品的数量；

b. 每一种商品的平均价格；

c. 同一单位货币的平均流通速度。

这是三个不稳定的，经常发生变化的因子。

随着劳动生产力的变化，生产每个商品所需要的社会必要劳动时间也发生变化，表现这些商品价值的货币量也就要发生变化。随着三个因子的变化，就使货币流通量发生各种不同的变化。

a. 假定商品价格不变：

首先，货币流通速度不变，循环着的商品数量的增加；或循环着的商品数量不变，货币流通速度的降低；可以使货币流通量增加。

其次，由于循环着的商品数量减少，或货币流通速度增加，可以使货币流通量减少。

b. 假定商品价格上涨：

首先，货币流通速度不变，而循环着的商品数量的减少，和价格上涨程度形成同一比例的情况下，货币流通量不变。

其次，循环着的商品数量不变，货币流通速度的增加与价格的上涨形成同一比例的情况下货币流通量也可不变。

另外，循环着的商品数量的减少比价格的上涨的比例还大，或货币流通速度比价格上涨的程度增加得更快的情况下，货币流通量可以减少。

c. 假定商品价格下落的情况下：

首先，货币流通速度不变，商品数量增加与价格下落维持同一比例；或货币流通速度的减低与价格的下落形成同一比例，货币流通量可以不变。

其次，货币流通速度不变，商品数量增加比价格跌落更快；或货币流通速度比价格减低更快的情况，货币流通量也可以增加。

这就是商品的运动和变化在货币流通量上的表现，即货币流通量随商品的运动和变化而变动的规律。

"各种因子的变动可以互相抵消，尽管这些因子不断变动，待实现的商品价格总额和加入流通的货币量可以依然不变。经过一段较长时期的考察，我们就会发现：在每一个国家中流通的货币量的平均水平比我们根据表面现象所预料的要稳定得多；除了周期地由生产危机和商业危机引起的，以及偶尔由货币价值本身的变动引起的强烈振动时期以外，流通的货币量偏离这一平均水平的程度，比我们根据表面现象所预料的要小得多。"（《资本论》第1卷）

③货币价值本身的变动对货币流通量的影响

在循环着的一切商品的价格总额与同一单位货币的平均流通速度不变的情况下，货币流通量则决定于生产贵金属货币的社会必要劳动时间；从而可以说，货币流通量在一定时期，一定市场上究竟需要多少，又决定于：

　　a. 货币所要表现的商品的价值量的大小；

　　b. 用来表示商品价格总和的货币本身具有多少价值量。

　　而资产阶级政治经济学家的错误理论说：

　　商品价格决定于货币量，而货币量又决定于这个国家现有的货币材料量。这种观点实际上是建筑在错误的假定的基础上的：

　　a. 商品在进行交换以前是没有价值的；

　　b. 货币本身没有价值，一切决定于商品与货币之间数量上的比例关系。

　　这样，他们就无法了解货币作为循环手段的职能，也无法说明铸币、纸币可以在市场上代替贵金属货币流通，贵金属货币可以作为储藏手段等问题。

　　（3）铸币、价值符号

　　在流通过程中，贵金属货币的使用价值量不断地磨损，逐渐使它的货币名称和它所代表的名义内容、物质存在、实际重量发生了偏离，名义与实际开始分离，最后使它成为一个观念上的等价形态；观念等价形态与现实等价形态发生偏离，它本身的重量减少，实际上就减少了它所代表的价值量。可是作为流通手段的货币，虽然与实际产生了偏离，也不会影响它执行货币的职能。货币作为观念的等价形态，可以媒介两种商品的交换；在交换当中，只不过用它作为媒介去换取其他商品，只要买到的使用价值与所出卖的商品的价值量相等，货币本身的价值就没有人关心。货币本身所具有的价值量对参与商品交换的双方来说都是无关紧要的。

　　①从贵金属货币到纸币

　　经济行为所造成的结果是：在商品循环过程中，贵金属由于不断磨损，失掉了原有价值量的一部分。但这并不影响它作为循环手段的职能，因为法律上为它作了规定，使货币的名义内容与实际内容发生的偏离合法化了，法律规定使它成为一种有效的形态。作为有效的货币，它穿上了国家的制服，这就是铸币。

作为金属铸币的存在，必须保持一定的质量与重量；但作为循环手段去执行货币的职能，它可以与政府规定的实际重量发生偏离，可以不代表规定的价值量。这种情况发展下去也就被习惯所承认，这样就使作为循环手段的货币有了在质与量上发生变化的可能性。原来是用贵金属制造的铸币，尽管由于磨损重量减少（失去了部分价值），由于其职能与铸币本身发生了偏离，仍被习惯所承认，渐渐只具有价值符号的象征意义；这就产生了贵金属铸币可以用其他东西（如辅币或纸币）来代替的可能性。

后来，铸币发生了质与量的变化，并逐渐被几乎没有什么重量的纸币所取代。纸币的产生，使货币起了性质上的变化。虽然纸币本身也具有一定的价值量，但具有同一价值量的纸币却可以代表不同的交换价值量。因为具有同样价值量的纸票，只因其票面额的不同，就代表了不同的交换价值量；所以绝不能以纸币本身的价值量作为交换的依据，它只是代表与相应的贵金属货币价值量等值的价值符号。货币已经完全从其价值实体脱离出来，这是它在执行循环手段职能过程中产生出来的变化。

作为价值符号的纸币，不仅将货币所具有的商品性质完全否定，而且将它原有的使用价值也完全否定，并纯粹表现为社会的职能。货币的特殊的社会的使用价值，就是作为循环手段。从此，作为循环手段的货币不仅否定了自己的原价值，也否定了自己作为价值实体的真实存在。

货币作为循环手段可以用价值符号来代替，但还不能完全离开原来作为货币商品的贵金属。如果完全失掉其贵金属货币的代表性，或其本身不再代表贵金属货币的价值量，则作为价值符号的辅币或纸币的货币职能就不存在，更谈不上执行货币的职能了。所以，虽然在一定条件下，以价值符号的面目出现的货币可以执行其作为循环手段的职能，但必须以其所代表的贵金属货币的存在为前提。

现在，可以给货币下一个完整的定义了。

②货币的定义

《资本论》第1卷中对货币的定义是这样的："作为价值尺度，并以其自体或代用物充做循环手段的商品就是货币。"

为什么马克思下此定义呢？因为作为价值尺度及循环手段的货币商品，其中包含着矛盾。作为价值尺度，其本身就应是有价值的东西；作为循环手段其本身可以是没有价值的东西。作为货币可以没有其原有的使用价值；作为商品它又必须具有使用价值与价值。矛盾的对立双方是互相排斥的，但又共处于一个统一体中。

如果金、银本身没有价值，就无法执行货币的职能；但当它们充当货币，执行循环手段职能时，又不一定有价值，这就是矛盾。在商品循环中，货币所包含的矛盾既来自货币本身职能的变化，又表现在货币本身职能的变化上。

4. 储藏手段

货币的储藏手段是一种在商品循环中产生的职能。

开始的商品交换是采取物、物交换的形态；这种形态存在着商品的内在的矛盾，表现为两种商品之间的对立；内在矛盾表现为外在的矛盾，这就使交换关系发生某种困难。

困难的解决是由于商品形态的变化，即商品交换关系从W—W变化为W—G—W。货币出现以后，商品的形态变化就经货币发生关系，货币把商品形态变化分解成为两个阶段：W—G，G—W，前一阶段是卖的过程，后一阶段是买的过程。货币作为循环手段，是在这种交换关系中产生的，意味着矛盾的解决。

但是，这种以货币作为循环手段的交换关系，同时包含着货币的另一个职能，这个新的职能与货币作为循环手段的职能相对立。那就是货币作为储藏手段的职能。

在商品形态变化过程中，W—G—W 过程被分为卖和买两个不同的阶段，即 W—G 和 G—W，首先是卖，然后是买，为买而卖。把同一交换过程分成了互相对立的两个阶段，即把为买而卖的全过程割裂为买和卖两个部分，这就产生了交换过程（循环过程）中断的可能性。

在 W—G—W 过程中，如果把商品形态第一阶段的变化与第二阶段的变化在时间上隔开，则在第一阶段的变化完成后，第二阶段尚未开始，此时的货币起着储藏手段的作用。货币储藏手段的职能是对货币循环手段职能的否定，使商品形态变化仅停留于第一阶段上；不断重复这样的行为，就不是为重新购买新的商品而出卖自己原有的商品，只是为了得到货币。当积累货币变成了交换的目的时，在 W—G 过程中，货币（G）就成为了商品交换的终点。

把三种商品运动形态加以比较：

a. 在物、物交换中，是两人、两极的 W—W 形态，是第一人手中的 x 量商品 A 与第二人手中的 y 量商品 B 的直接交换关系；

b. 在货币执行循环手段职能时，表现出三人、四极的 W—G—W 形态，是第一人与第三人手中的等值商品 W，以第二人手中的等值货币 G 为媒介进行交换的过程；

c. 在货币执行储藏手段职能时，商品的变化是两人、两极的 W—G 的形态，是第一人手中的商品 W 与第二人手中的等值货币 G 进行交换的过程，第一人通过交换得到了货币，货币 G 成为形态变化的最终目的。

在形态 b，货币表现为价值形态；但在形态 c 中，货币代表的是价值本身，不是价值形态；这就是货币作为循环手段与储藏手段时的不同。

这种储藏手段是怎样在商品循环过程中发生的呢？主要因为两种需要：

①促进商品循环正常发展的需要

为了使实际流通的货币量总是同流通领域的需求相适应，一个国家所保有的金银量必须大于执行货币职能所需要的数量。实现这个条件，靠的就是货币的储藏手段。

作为循环手段，必须要有一定数量的货币；超过这一定的数量的货币就成为多余的货币，退出循环过程、成为储藏手段。当又一时期货币量不足，则原来退出循环过程、成为储藏手段的货币，又重新加入循环过程。

所以，商品循环手段在一定条件下，可以成为货币储藏手段；又在一定条件下，作为储藏手段的货币又重新作为循环手段进入流通领域。这种货币流通量的变化，由以下两方面引起：

a. 由商品本身引起的变化。如果商品数量、价格、循环速度发生变化，都要引起货币流通量的变化；

b. 由货币本身引起变化。如果货币本身价值量的大小，及与辅币或纸币之间的比值发生变化，也会引起货币流通量的变化。

作为储藏手段的货币，它既是循环手段的否定，又是补充循环不足的补充力量，这是商品循环中必然发生的货币职能。这种职能起着保持货币社会必要流通量的作用。

②蓄积财富的需要

随着商品交换的发展，社会财富大量增加。财富的增加使货币的社会权力增大，因为货币是一切商品的等价形态，是一切商品的一般等价物，蓄积货币就等于蓄积一切商品，等于蓄积了社会财富。手中握有货币，就能把别人的使用价值变为自己的使用价值；所以，货币在自己手中越多，就表示对社会财富的支配权越大。商品所有者都敢将商品变为货币，都希望多卖少买，经常把货币保存在自己手中，使商品形态变化常常表现为最终目的；也就是说，通过自己生产的商品去集中社会财富。随着把积累货币变成致富手段的欲望的增长，循环手段就发展成为储藏手段。

5. 支付手段

货币的支付手段也是一种在商品循环中产生的职能。随着商品循环的发展，使商品的出让同商品价格的实现两者之间在时间上分离的关系也发展起来。这就是说，在商品形态变化的第一阶段中，商品被出卖了，但货币未能同时收回来。

实际上，随着商品循环的发展，许多种类的商品，因各种不同的原因，是不可能同时完成生产，并同时进行交换的。例如：

a. 各种商品的生产周期有长、有短；

b. 某些商品的生产受季节性的影响；

c. 有些商品本地生产、本地出售，但部分本地产品需运往外地出售，产生了时间、空间上的差异。

当同样的交易总是在同一些人之间反复进行时，商品的出售条件就按照商品的生产条件来进行调节。对某些商品来说，可能会在买者得到想要的商品后，再过一段时间才支付货款。但另外一些商品的出让，比如房屋的租赁：租房者总是在房租预付后的租赁期内，逐步地得到房屋的使用价值的。

于是，在商品生产与交换过程中产生了这样一种现象：在为买而卖的三人、四极的 W—G—W 商品循环过程中，在第一人手中的商品尚未出让（或已经出让），未能得到（或未能马上得到）第二人手中的货币之时，提前取得了第三人手中的商品。赊欠关系出现了。

商品循环过程在时间上被分开了，将卖的过程分为两个阶段。先是商品出让，过一段时间以后再付款，在此，货币执行支付手段的职能。在交换当中，买者与卖者变成债务者与债权者的关系；开始时，这个关系是交互的、颠倒的，以后形成一部分人经常是债权者，一部分经常是债务者；随着商品交换关系的发展，这种关系也凝固下来。

①支付手段与储藏手段的异同

相同点：货币作为支付手段与储藏手段都是被排斥于商品循环过程之外的。

不同点：货币的支付手段是储藏手段的否定，即对立物；因为在储藏手段中包含一种可能性，即作为循环手段与支付手段，本身就是对储藏手段的否定，同时还必须依存于储藏手段。商品购买者将货币储藏并积累一定时间后才能支付，否则可能不够数量。

②支付手段与循环手段的异同

相同点：二者皆参加商品循环过程。

不同点：货币作为循环手段是与商品循环同一过程；可是作为支付手段是退出商品循环一段时间后，又重新进入循环过程。当货币执行循环手段职能时的商品循环过程是，先卖后买；但当货币作为支付手段时，上述过程就变成了先买后卖；也就是说，原来在商品循环过程中的 W—G，G—W 两个阶段，现在变成了 G—W，W—G，而 G—W 中的 G 还是赊欠的，要等到后一阶段的 W—G 完成后，才能进行支付。

③支付手段的发展

信用货币是直接从货币作为支付手段的职能中产生的，由出售商品所得到的债券本身又因为债权的转移而进入流通。随着信用事业的扩大，货币作为支付手段的职能也在扩大，取得了它所特有的各种存在形态，并以这些形态占据了大规模交易的领域，而金属铸币、纸币等则被挤入到小额贸易领域内。

随着资本主义社会的发展，作为独立致富形态的货币储藏在逐渐地消失，而作为支付手段准备金形态的货币储藏却在不断地增长。

④支付手段对社会必要的货币流通量的影响

由于社会上的部分货币用于执行支付手段的职能，就使前述计算社会必要的货币流通量的普遍适用的公式发生了一些变化，根据实际情况修正后的公式是：

$$\frac{应被实现的商品价格总额 + 应被支付的商品价格总额 - 互抵债务的价格总额}{同一单位货币的平均流通速度}$$

　＝社会必要的货币流通量

货币作为循环手段只是价值符号；作为储藏手段又恢复其货币形态；作为支付手段有两种不同的形态，一般情况下可以用价值符号来支付，但在经济危机时就必须用真实的货币来支付。

6. 世界货币

世界货币的职能也是在商品循环中产生的。随着商品循环的发展，货币跃出了国内流通领域，失去了在这一领域内获得的价格标准、铸币、辅币、价值符号等地方形态。

作为世界货币，脱去了国家的制服，它必须有一个货币商品的资格，恢复其作为使用价值的形态，恢复其作为贵金属的金、银形态；只能根据其代表的价值量，即具有一定的品质与重量的贵金属，才可以在对外关系中执行其作为货币的职能。货币是价值与使用价值的矛盾统一体，作为货币它否定了自己的商品属性，但作为世界货币它必须恢复自己的商品属性。

世界货币一般用于支付、购买，是财富的绝对社会化身；但它最主要的作用是作为支付手段平衡国际贸易差额。

"每个国家，为了国内市场的流通，需要有准备金，为了世界市场的流通，也需要有准备金。因此，货币的储藏职能，一部分源于货币作为国内流通手段和国内支付手段的职能，一部分源于货币作为世界货币的职能。在后一种职能上，始终需要实在的货币商品，即真实的金、银。"（《资本论》第1卷）

除去某些例外，各国银行的准备金库内的金、银数量的变化，反映出市场上商品循环过程是否在正常进行。

（二）货币转化为资本

1. 资本的总公式

贸易是资本产生的历史前提，商品循环是资本的起点。商品循环产生了货币，而货币是资本的最初形态。

①作为货币的货币和作为资本的货币的区别

随着商品经济的发展，商品与货币的交换关系产生了两种不同的形态：

a. 商品循环的直接形态是 W—G—W，商品转化为货币，货币再转化为商品，为买而卖。

b. 商品与货币交换关系的另一形态是 G—W—G，货币转化为商品，商品再转化为货币，为卖而买。

在形态 a 中，表现的是商品循环过程，以卖开始，以买结束，起点、终点都是商品，G 是货币，是整个过程的媒介；但在形态 b 中，表现的是货币流通过程，以买开始，以卖结束，起点、终点都是货币，G 已经是资本，W 是整个过程的媒介。

在形态 a 中，货币最终转化为被当作使用价值的商品，被消费掉了；但在形态 b 这个相反形态中，买者支出货币，却是为了作为卖者收入货币。

在形态 a 中，第一人手中的商品换成了第三人手中的商品，而第二人手中的货币，经第一人之手转入第三人之手，商品循环结束；但在形态 b 中，第一人手中的货币仍然回到了第一人手中，即又回到了它的起点，货币流通继续按此方式进行。

在形态 a 中，整个循环与货币回流毫无关系；但在形态 b 中，如果没有货币回流，整个过程就会因中断而不能完成。

②G—W—G 过程的完整形态

在 G—W—G 形态中，货币又流回了它的起点。如果这个过程仅仅是把一些货币换成一件上衣，再用同一件上衣换回等量的货币，显然是毫无意义的。实际上，在为卖而买的整个过程中，回流的货币量总是大于当初预付的货币量，但这与贱买贵卖是没有什么关系的；价格上的差异，对这种流通形态来说，完全是偶然的。

因为回流的货币量总是大于当初投入的货币量，所以 G—W—G 过程的完整形态应该是 G—W—G′。其中 G′ = G + ΔG，即预付货币量再加上一个增殖额。这个增殖额或超过原价值的多出部分被叫做"剩余价值"。

在这个过程中，资本不断地交替采取货币形态和商品形态，改变着自己的量，从 G 到 G′，自行增殖。

"这种绝对的致富欲，这种价值追逐狂，是资本家和货币储藏者所共有的，不过货币储藏者是发狂的资本家，资本家是理智的货币储藏者。货币储藏者竭力把货币从流通中拯救出来，以谋求手中价值的无休止增殖，而精明的资本家不断地把货币投入流通，也达到了这个目的。"（《资本论》第 1 卷）

"因此，G—W—G′过程就是在流通领域内直接表现出来的资本的总公式。"（《资本论》第1卷）

③总公式的矛盾

资本总公式所表现出的流通形态，是与前述商品、价值、货币及流通的法则相矛盾的。

因为，不论就商品循环还是货币流通来说，都要求等价交换。等价的商品与货币的交换，是等价物的交换，任何人从交换中得到的价值都不可能大于他所投入的价值量，也就不会产生剩余价值。

进一步的研究表明：等价物交换不产生剩余价值，不等价物的交换也不产生剩余价值；货币流通、商品交换都不会产生剩余价值。

既然剩余价值不能从流通中产生，那么，是否有什么隐藏在流通背后不易被人察觉的东西呢？剩余价值是否会产生于流通之外的什么地方呢？

商品循环与货币流通体现了商品所有者之间的全部关系。而在流通之外，商品所有者只同他自己的商品发生关系。

如果麻布的所有者将麻布制成了上衣，那么，上衣的价值量就表现为麻布的价值加上麻布所有者生产上衣的劳动量的价值。从这里仍然看不到剩余价值的影子。可见，在流通领域以外，也不能使价值增殖。

因此，可以得到这样一个结论，即剩余价值不能从流通中产生，又不能不在流通中产生。它必须既在流通中又不在流通中产生。

那么，资本是如何增殖的呢？

2. 劳动力的买和卖

在 G—W—G′过程中，剩余价值的产生不可能发生在作为资本的货币本身，因为货币在与其他商品进行交换时，是等价的，不论是购买还是出售。

因此，所有的变化应该是发生在从 G 到 W 的第一阶段所购买的商品 W 上，发生在这商品 W 的使用价值上，而不是发生在它的价值上（因为相互交换的价值总是等量的）。

货币所有者从市场上找到了这样一种特殊的商品，这就是劳动力，或者说，是劳动者的劳动能力。货币所有者与劳动力的所有者在市场上相遇，作为关系平等的商品所有者进行交易，一个是买、一个是卖。

劳动力是如何成为商品的，又是如何进行买卖的呢？

①劳动者是劳动力的所有者

他能够把自己的劳动能力作为商品出卖，因为他是自己人身自由的所有者和自己劳动能力的所有者。但是这种买卖关系要能够继续下去，劳动力的所有者就只能把自己的劳动能力每次只出卖一部分，或每次只出卖一定的时间；因为，如果他把自己的劳动能力一次卖光，他就出卖了自己，就使自己从自由人变成为奴隶，从商品的所有者变成了商品。所以，他在出让自己劳动能力的同时，必须始终拥有对自己的劳动能力的所有权。

②劳动者除自己的劳动能力外一无所有

劳动者如果有自己劳动能力以外的商品出售，就必须占有一定的生产手段和必要的生活手段，以满足基本生产活动的进行。生产是需要一定时间的，而且不同产品的生产周期也不相同；生产出的产品在市场上销售，也需要用去一定的时间；在这段时间内劳动者每天都需要消费，要能够维持自己的生活。满足这样的条件，劳动者就没有必要去出卖自己的劳动力；否则，生产活动不能进行，就没有商品可以出售，劳动者就会失去生产、生活的手段；只有靠出卖劳动力为生。

③资本的产生

要想把货币转化为资本，就必须在商品市场上找到"自由"的工人。首先，他必须是自由人，可以自由出卖自己的劳动力；其次，他必须自由得一无所有。

货币的各种形态，不论是简单商品等价物，还是流通手段、支付手段、储藏手段、世界货币，都产生于商品经济尚不发达的历史时期，并不具备资本产生的历史条件。只有当生产手段和生活手段的所有者，从市场上找到能够出卖自己的劳动力的自由的工人时，资本才产生。

资本的产生，标志着一个社会生产新时代的开始。

④劳动力的价值和使用价值

同其他商品一样，作为商品的劳动力也具有价值和使用价值。劳动力的价值同样由生产这种特殊商品的社会必要劳动时间决定的，即由物化在他身上的一定量的社会平均劳动决定的；而劳动力的使用价值是在商品生产的过程中被消费掉的。

a. 劳动力的价值主要决定于维持劳动力的生存和再生产的费用、从事复杂劳动的教育及训练费用等。

b. 资本家在交换中得到的劳动力的使用价值，这种使用价值被消费的过程，就是商品的生产过程，同时也是剩余价值的生产过程。

四　资本及剩余价值

（一）劳动过程及价值增殖过程

1. 劳动过程

劳动过程就是生产力的三个因子结合的过程。但在资本主义社会中，劳动力这个生产力的主观能动的因子已经失去了生产、生活手段，自由得一无所有，无法与另外两个因子直接结合；因此，劳动力与生产力的另外两个因子的结合，必须通过商品交换过程，以货币为媒介来完成。

资本家必须用手中的货币将生产力的三个因子结合在一起，才能使商品生产过程得以维持。否则生产过程就无法进行。

在资本主义社会中，劳动过程就是资本家消费劳动力的过程，有下面两个特点：

（1）工人在资本家的监督下劳动

劳动力、劳动手段和原（材）料都是资本家用货币从市场上买来，资本家对它们非常爱惜。为了能用它们生产出更多的剩余价值，劳动过程在资本家的监视下进行，使：

①劳动过程正常进行；

②劳动手段的损耗减少到最低限度；

③避免原（材）料的浪费；

④尽可能地将劳动力的使用价值消费干净。

（2）产品是资本家的所有物

资本家消费劳动力的过程，就是商品生产的过程。生产出的产品就是资本家用货币购买的几件商品（劳动力、劳动手段、劳动对象）的使用价值消费后的产物，自然要归资本家所有。

2. 价值增殖过程

商品本身是使用价值和价值的统一；商品生产过程是劳动力的消费过程和新价值产生过程的统一。

资本家用手中的货币将生产的三个因子结合在一起以后，就开始了生产过程。在这个生产过程中：

①对于生产手段来说，被消耗掉的是它们的使用价值；但它

们的价值并没有被消费掉，而是转移到了生产出来的新产品中。

②对于劳动力这个生产力的主观因子却不是那样。当有目的的劳动把生产手段的价值转移到新产品上去的时候，劳动者每时每刻都在向新产品上追加新的价值。

③如果劳动者在通过劳动向产品上追加的新价值与自己的劳动力价值相等的时候就停下不干，那么，资本家所支出的货币与所得到的价值相等，价值就没有增殖；但如果劳动者在付出了与自己劳动力价值相等的劳动后继续劳动，这部分劳动所创造的价值才是由资本产生的价值增殖，是超出资本家预付资本的余额部分。

④劳动力一旦为资本家所购买，劳动力的使用价值就归资本家所有，对它的使用价值如何进行消费，就完全由资本家来决定；如果通过这一使用价值的消费，不能得到使价值增殖的结果，也就失去了当初购买的意义。

这里，劳动的全过程不过是再生产出附加于劳动对象上的劳动力的等价物以后再继续劳动下去。虽然资本家购买劳动力和其他一切商品都是以等价进行交换，但是等价交换却产生了不等价的结果。

（二）　不变资本及可变资本

劳动力的使用价值被资本家消费的结果，不但实现了劳动力自身的价值，而且生产出一个与劳动力本身的价值相比较要多出一些的价值，这个较多的价值就是剩余价值，是产品价值减去被消耗掉的产品形成因子价值后的余额。

劳动过程中，生产的三个因子在产品价值形成中起着不同的作用，说明了资本的不同组成部分在资本本身的价值增殖过程中的不同职能。

（1）不变资本

转化为劳动手段、劳动对象的那部分资本，在生产过程中并不改变自己的价值量，被称为不变资本。

（2）可变资本

用于购买劳动力的那部分资本，在生产过程中改变了自己的价值，除生产出劳动力自身价值的等价物以外，还增加了一个可变的余额（剩余价值）；所以被称为可变资本。

（3）必要劳动及剩余劳动

①用作不变资本的货币量所体现的是过去的劳动已经产生的价值，它的价值和使用价值是一致的。在生产过程中，它只是被不变地转移到新的生产品上。

②用作可变资本的价值量体现的是过去的劳动所物化在劳动力本身的价值量，它的价值和使用价值是不一致的。在生产过程中，工人的劳动在空间、时间上可分为两段，劳动力的使用价值也产生了两部分价值量；一部分是与资本家所购买的劳动力价值相等的部分，产生于必要劳动时间段；另一部分是剩余价值部分，产生于剩余劳动时间段。

③与剩余劳动时间段新增加的价值量的价值相等的生产品被称为剩余产品。

（三）剩余价值率及剩余价值量

（1）剩余价值率

资本家的预付资本 C 包括两个部分：购买劳动手段、劳动对象所支出的货币 c 和购买劳动力所支出的货币 v；其中 c 为不变资本，v 为可变资本；其数学表达式为：$C = c + v$；资本家一旦通过货币将生产的三个因子联系在一起，生产过程就开始了。

在生产过程结束时，得到的商品价值是：$C' = (c + v) + m$。

原来的资本 C，变成了 C′，其差额 m 就是价值的增殖部分，即由劳动力的使用价值创造出的剩余价值部分。

进一步研究，就会发现：

①剩余价值同直接产生它的那部分资本，即可变资本的比例关系；

②剩余价值同全部预付资本的比例关系。

对上述两个问题的研究都具有重要的意义，在这里，先讲第一个问题。

剩余价值产生于可变资本 v，可变资本的价值又等于被购买的劳动力的价值，而劳动力的使用价值被消费后资本家得到新的增殖后的价值 v＋m；这个增殖后的价值量由必要劳动时间及剩余劳动时间所产生的两部分价值量组成。必要劳动时间所产生的价值量就是资本家所支付的购买劳动力的可变资本量 v，而剩余劳动时间所产生的价值量就是剩余价值量 m。

显然，剩余价值的相对量就是剩余价值与可变资本的比值，也就是剩余劳动量与必要劳动量的比值，即：

$$剩余价值率 = \frac{m}{v} = \frac{剩余劳动量}{必要劳动量}$$

通过剩余价值率可以准确地表现出工人受资本家剥削的程度；比如，如果剩余价值率的比值为 1（也就是说，剩余价值率为 100%）的话，那么，工人就是每天有半天为自己劳动，而另外半天为资本家劳动。

（2）剩余价值量

假设劳动力的价值，即再生产或维持劳动者生存的必要劳动时间不变；知道了剩余价值率，也就知道了工人在一定时间内为资本家所提供的剩余价值量。

如果用 M 表示剩余价值量，用 V 表示可变资本总量，用

m/v表示平均剩余价值率，就得出：

$$M = \frac{m}{v} \times V$$

（3）绝对剩余价值

在生产手段不变的情况下，资本家靠延长劳动时间而生产出的剩余价值，被叫做绝对剩余价值。

（四）相对剩余价值

1. 相对剩余价值的概念

资本的目标就是榨取剩余价值，但劳动时间是不可能无限制地延长的；欲达到使资本不断增殖的目的，用提高劳动生产率的手段降低劳动力的价值，从而使必要劳动时间尽可能地缩短，是唯一的办法。

靠缩短必要劳动时间，增大剩余价值率的比值而生产出来的剩余价值，叫做相对剩余价值。

2. 相对剩余价值量的增加

要靠缩短必要劳动时间，延长剩余劳动时间，来增加剩余价值，必须依赖于劳动生产力水平的提高。引起相对剩余价值量增加的主要原因有：

①生产日常生活手段的一些产业部门的生产力水平提高，可以降低劳动力价值（缩短必要劳动时间）。

②为生产必要生活手段提供不变资本的物质因子的产业部门的生产力水平的提高，减少了必要生活手段生产部门的不变资本支出，可以降低劳动力价值。

在这里，那些既不提供必要生活手段，又不为制造必要生活手段提供不变资本的物质因子的产业部门生产力水平的变化，不会影响劳动力的价值。

相对剩余价值量的增加，是不以个人意志为转移的客观存在。当一个资本家设法使他的产品便宜时，他从没有想过要相对降低劳动力的价值，从而减少工人的必要劳动时间；但是，他最终促成了这样的结果，使剩余价值率提高。

每一个资本家，不管他的商品是否与必要生活手段的生产有关，天生就有通过提高生产力水平来使自己的商品便宜的动机。因为生产力水平的提高，可以降低他的产品的价值，使他在同样时间内得到更多的产品；这样，他可以按高于他的产品的实际价值、低于由社会必要劳动时间所确定的价值进行出售；既得到所期望的超额剩余价值，又使自己的商品在市场上具有竞争力。

个别资本家所做的，就是全体资本家在生产相对剩余价值时所做的。当新的生产手段被普遍采用，原来比较便宜的商品的个别价值与社会平均价值之间的差额消失的时候，超额剩余价值也就不存在了。

商品（包括劳动力）中的价值量是反比例于生产这种商品的生产力发展水平的；但相对剩余价值量与此相反，它与劳动生产力的发展成正比，它随生产力的提高而提高。

3. 资本主义生产的目的

在资本主义生产中，发展劳动生产力的目的，是为了缩短工人为补偿自己劳动力价值的必要劳动时间部分，同时延长工人无偿为资本家劳动的剩余劳动时间部分，最大限度地榨取工人，以增殖资本。

4. 协作和分工

（1）协作

初期的资本主义生产与封建的行会手工业生产相比，几乎没有什么区别，只是扩大了规模而已，即同一资本同时雇佣了较多的工人，从而可以生产出更多的产品。这种资本主义生产所产生的剩余价值量，只是单个工人生产出的剩余价值量的累加。这种情况，表面上看对剩余价值率并无影响，但即使生产手段不变，实际上还是产生了某些区别：

①共同使用生产资料，使其得到更有效的利用，并导致转移到单个产品上的这部分价值量减少，商品变得便宜，劳动力价值下降，剩余价值量增加。

②生产资料的节约，减少了不变资本的数量，改变了剩余价值量与全部预付资本量之间的比例关系。

③由协作和分工产生的生产力，是不费资本分文的社会劳动的自然力。

从共同使用生产手段，就产生了协作劳动；协作劳动不仅能够提高劳动者个人的生产能力，还创造了一种新的生产力，一种集体的力量，这种力量甚至能够完成单个劳动者所无法进行的工作；这种力量就是社会生产力（这是资本分别与若干劳动力所有者完成交易以后，在劳动力的使用价值被消费的过程中产生的，所以说"不费资本分文"）。

协作是最简单的共同劳动形式，但即使在资本主义最发达的情况下，协作也起着重大的作用；在复杂劳动过程中，只要有足够数量的工人，就可以把不同的操作分工给不同的人去完成，齐头并进，以缩短制造最终产品所必要的劳动时间；在紧急时期内，必须如期完成一定量的工作（如：剪羊毛或收获谷物等），这是由劳动过程的性质所决定的，在短期内投入的大量的劳动，不但可以解决时间紧迫的问题，还能够减少购买劳动力的开支。

通过协作可以扩大劳动的作用范围，如：筑堤、修路、开凿运河等。通过协作还可以缩小劳动的空间范围，节约非生产费用；这是由于协作产生的劳动者集结、不同劳动过程的靠拢等原因引起的。

为了实现协作劳动的目的，需要同时雇佣一定数量的工人；为此，必须事先积聚一定数量的货币。这一定量的货币应能够保证有足够量的被剥削的工人数量，以保证生产出足够量的剩余价值，使雇主能够摆脱体力劳动，成为真正的资本家。

协作劳动的进一步发展，随着资本家雇佣的工人数量的增加，监督、管理工人的职能就交给一些特种雇佣工人去进行。

工人一旦进入劳动过程，就并入了资本，不再属于自己。他们成为资本的一种特殊存在方式，只要把他们置于一定的条件之下，劳动的社会生产力就无需支付报酬而发挥出来。因为工人个人在出卖自己的劳动力之前不能发挥这种力量，所以劳动的社会生产力似乎是资本所具有的天然力量。

简单协作表明：

①资本主义生产的发展使劳动过程社会化成为必然的趋势；

②使劳动过程社会化，是资本通过提高生产力来增加对工人剥削的一种手段。

（2）分工

最早的分工出现于家庭内部，随后在氏族内部，是由于性别和年龄的不同，在纯生理基础上产生的分工。随着氏族公社的扩大，人口的增长，氏族间的冲突，分工的范围也扩大了。

那时的产品交换，是在不同的家庭、氏族互相接触的地方产生的。不同的氏族在各自不同的自然环境中可以找到不同的生活资料和生产资料，这种自然差别，引起了相互接触时的产品交换，从而使这些产品逐渐转化为商品。

商品交换没有造成不同生产领域间的差别，而是使不同的生产领域之间建立了联系，把它们变成了整个社会生产中互相依赖的部门。

①工场手工业的发展

社会化劳动过程的发展，劳动规模的扩大，使旧的封建行会手工业逐渐为新生的工场手工业所取代。从 16 世纪中到 18 世纪末，在真正的工场手工业时期，作为资本主义生产的特殊形态，以分工为基础的协作占据了统治地位。

工场手工业的发展使生产过程出现了以下两种基本形态：

a. 一种产品由许多不同的零部件组成，过去由不同的独立手工业者各自分别生产；现在，他们在同一资本的指挥下，集合在同一工场内；其中一部分工人按各自不同的分工，同时进行各零部件生产，另一部分工人则按分工专门进行装配等后续工作；

b. 一种产品结构简单，但生产过程由多种不同工序组成，过去由同一工人独立、依次进行各工序工作，直至完成；现在工人们按分工各自完成不同工序的工作。

在这里，生产过程分工及各个不同工序，是同手工业活动的局部操作完全一致的，仍然是手工业性质的。劳动者个人的力量、熟练程度、准确性等仍然是生产过程的基础，每个工人往往只适于从事一种局部操作，并终生从事这种操作。

这种分工是一种特殊的协作，它的许多优越性都是由协作的一般性质产生的，而不是由于协作这种特殊的形态产生的。

终生从事一种简单操作的工人所花费在这个工序上的时间，比循序完成全部生产操作的手工业者所耗费在同样工序上的时间要少。工场手工业集中了许多这样的局部操作工人，与独立手工业相比，生产力得到了提高。

劳动生产力的提高不仅取决于劳动者代代相传的技艺，还取决于他工具的完善程度；工场手工业的发展，使劳动工具简化、改进和多样化；为以后的机器生产创造了物质条件。

工场手工业的发展，要求在一定时间内，完成一定量的产品，并使劳动过程能够不间断地持续进行。比如，在工场手工业生产的第二种形态中，每一工序都是产品生产的一个特殊发展阶段，上一工序是下一工序的起点，并为下一工序提供原料。显然，各工序之间，从而各工序的工人之间，产生了一种直接的相互依赖，迫使每个工人在自己的工序上只消耗必要的劳动时间；产生了一种与简单协作完全不同的连续性、秩序性，特别是增加了劳动的强度；由于完成不同工序所需的时间不等，所以在不同工序之间的工人数量必然也不等，形成了一定的比例关系。这种关系，使负责同一工序的工人形成一个小组；整个生产过程由若干个不同的小组共同协作完成。

工场手工业的第一种形态，是由资本将许多各自独立的手工业者结合而成；这种形态的进一步发展，就产生了各自独立的工场手工业的结合，使生产规模继续扩大。

工场手工业时期，完成不同工序（或工种）的"局部工人"结合成为"总体工人"；这总体工人就是一部生产用的"机器"；其中的每个工人都是这部机器的一个"零件"。这些"零件"按其特长被用于不同的工序（或工种），并迫使他像真正的机器零件一样发挥作用。虽然在这时期发展了劳动力的等级制度，及相应的工资等级制度；但是在等级的旁边，工人被简单地分为熟练工人和非熟练工人；使他们的职能简化，并尽可能地降低其劳动力价值。

对于熟练工人来说，由于职能简化，学习费用比过去的手工业者还低；对于非熟练工人则完全不需要学习费用。无论在哪种情况下，劳动力的价值都减少了。与学习费用的减少或消失所引起的劳动力的相对贬值相对应的，是资本的更大的增殖。

②工场手工业的内部分工及外部分工

工场手工业的内部分工，是指在同一资本的指挥下，完成不同工序（或工种）的"局部工人"之间的分工；而工场手工业的外部分工，是指在不同资本指挥下的各种不同劳动部门之间的分工，即社会内部的分工。这两种分工具有本质的区别。

a. 对于工场手工业的内部分工来说，不同工序（或工种）的"局部工人"之间不存在商品交换关系，他们由同一资本结合在一起，作为"总体工人"共同完成某种商品的生产；但对于工场手工业的外部分工，或者说社会内部的分工来说，在不同资本指挥下的各种不同劳动部门，提供各不相同的产品，并通过商品之间的交换建立联系。

b. 在工场手工业的内部，严格控制不同工序（或工种）所需要的劳动力的比例关系，避免浪费；但在工场手工业的外部，或者说在社会的内部，资本在社会各劳动部门间的分配上，偶然性和随意性发挥着杂乱无章的作用，经常破坏掉正常的平衡。

c. 工场手工业的内部分工，是预有准备的、高度计划的结果；而工场手工业的外部分工，或者说社会的内部分工，是一种事后的调节，靠的是商品内在的自然必然性——价值法则。

"整个社会内的分工，不论是否以商品交换为媒介，是各种社会经济形态所共有的，而工场手工业分工却完全是资本主义生产方式的独特创造。"（《资本论》第 1 卷）

③工场手工业的资本主义性质

"工场手工业（或者说'以分工为基础的协作'），最初是自发形成的。……工场手工业分工通过手工业活动的分解，劳动工具的专门化，局部工人的形成以及局部工人在一个总机构中的分组和结合，造成了社会生产过程的质的划分和量的比例，从而创立了社会劳动的一定的组织，这样就同时发展了新的、社会的劳动生产力。……它生产了资本统治劳动的新条件。因此，一方面，它表现为社会经济发展过程中的历史性进步；另一方面，它

又是文明、精巧的剥削手段。"(《资本论》第 1 卷)

工场手工业作为资本主义生产的特殊形态，以榨取相对剩余价值为主要目的。但相对剩余价值的榨取遇到了某些阻力：

a. 熟练工人的数量仍占压倒优势，非熟练工人数量极其有限，虽然分工能够降低工人的学习费用，但较难的局部劳动仍然需要较长的学习时间；

b. 在某些特殊的生产操作中，迫切希望能对妇女、儿童进行剥削，但遇到了习惯及男工的反抗；

c. 资本的增殖仍然要依赖于工人的熟练及体力，不得不经常与工人的不服从行为作斗争。

5. 从机器的使用到大工业

由于工场手工业的分工，产生了机器。机器是榨取剩余价值的新的手段；因为机器的使用能够降低劳动力的价值，使商品变得便宜。

生产方式随生产力的发展而改变。这种变化，在工场手工业中，以劳动力的分工为起点；在大工业中，以现代机器代替过去的手工业工具为起点。

大工业把巨大的自然力和自然科学并入了生产过程。人类社会步入了又一个新时代。

①机器的定义

这里所说的机器，与工场手工业时期的各种简单（或复杂）的机械（或工具）有着本质的区别。现代机器由三个重要部分组成：动力机部分、传动机构部分、工作机部分。

a. 动力机部分可以是蒸汽机、电机或水力机等，为工作机提供动力；

b. 传动机构部分可以由飞轮、转轴、齿轮、蜗轮、蜗杆、滑轮、皮带等，以及其他各种附件组成，负责将动力机提供的动力按一定要求传给工作机；

c. 工作机负责完成机器的最终任务——按预定要求改变劳动对象；它一旦从传动机构获得动力，就立刻用自己的工具去完成过去工人用类似的工具所完成的操作。

②机器对生产的一般影响

人只有两只手，能够同时使用的工具数量有限；但机器就不同了，它可以同时使用更多数量的工具，从而能够代替更多的工人去工作。随着机器的应用，工人不再用手工工具去做工，而是用一个能够自行操纵工具的机器去做工。

机器的使用，使生产力得到了极大的提高。随着商品生产的发展，又产生了对更多机器的需求；产生了对能够完成更复杂工作的机器的需求；产生了对用来制造机器的机器的需求。生产发展的需求，伴随着科学技术的发展，更先进的机器被不断地投入生产过程。

机器的使用，使劳动对体力的需求减小；所以，妇女和儿童也可以进入劳动力市场。

③机器的价值向产品的转移

a. 生产机器所花费的劳动要少于使用机器所替代的劳动，机器才可能得到应用。

b. 机器同不变资本的其他组成部分一样，它不创造价值，但把它的自身价值转移到它所生产的产品上。

c. 机器总是全部地进入劳动过程，但它的价值始终只是部分地转移到生产品上。它转移到生产品上的价值量决不会大于因磨损而失去的平均价值量。

d. 机器作为过去的已经物化的劳动产品，大规模地、像自然力一样无偿地发生作用；它在生产中的作用越大，它的无偿作用范围也就越大。

对资本来说，只有在机器的价格和它所替代的劳动力价格之间存在差额，而且这个差额是对资本家有利的情况下，才会使用机器；否则，资本家会阻碍机器的应用。关于这个问题，在《资本论》第 1 卷中，有下面这样一段叙述：

"……直到禁止使用女工和童工以后，资本才采用机器。美国人发明了碎石机，但英国人不采用这种机器，因为从事这种劳动的'不幸者'的劳动只有很少一部分是有报酬的；所以，对资本家来说，机器会使生产成本昂贵。在英国，直到现在还有时不用马而用妇女在运河上拉纤等等，因为生产马和机器所需要的劳动是一个数学上的已知量，而维持过剩人口中的妇女的生活所需的劳动，却是微不足道的。因此，恰恰是在英国这个机器国家，比任何地方都更无耻地为卑鄙的目的而浪费人力。"

④机器生产对工人的直接影响

A. 资本对补充劳动力的占有

机器的使用，可以使那些肌肉无力或身体发育不成熟，而四肢较为灵活的人，即妇女和儿童，进入劳动力市场。

a. 使家庭全部成员都处于资本的直接统治之下；

b. 夺去了工人家庭的自由时间；

c. 夺去了儿童的快乐童年；

d. 使劳动力价值贬值，扩大了剥削范围，提高了剥削程度；

e. 改变了劳动力买卖时的对等关系，工人对妻子及未成年子女的出卖，使他变成了奴隶贩卖者；

f. 资本对儿童的剥削，使他们的身心受到摧残，造成了人为的智力荒废；

g. 机器使妇女、儿童以压倒多数进入了劳动队伍，遏制了在工场手工业时期一直进行着的，男工对资本专制的反抗。

B. 工作日的延长

机器能够提高劳动效率，缩短商品生产的必要劳动时间，在它起主导作用的工业领域内，成为把工作日延长到一切自然极限的有力手段。

a. 劳动手段的运动，开始离开工人而独立（如果排除操作工人的体力、意志等原因，它甚至可以不停顿地生产）；

b. 女工和童工比较温顺，使劳动对资本的反抗减弱；

c. 机器本身的有形损耗、无形损耗的特点，及其对生产成本的影响，使延长工作日的动机变得特别地强烈；

d. 工作日的延长使资本的增殖速度加快；

C. 劳动的强化。

资本手中的机器所造成的工作日的无限度延长，威胁到工人的生命和繁衍，激起了工人阶级的反抗，引起了社会的注意，从而产生了受法律限制的正常工作日。在正常工作日的基础上，劳动强化现象就起了主导作用。

a. 在机器的发展和机器工人本身经验积累的过程中，工作日的延长和劳动强度的增加，一直是齐头并进的；

b. 工作日的延长和劳动强度的增加终究要造成互相排斥；

c. 在强制限定正常工作日的基础上，资本的增殖只有靠继续提高生产力来实现；

d. 强制缩短工作日，促进了生产资料的节约，迫使工人提高劳动紧张程度，填满所有劳动时间的空隙；

e. 提高机器的运行速度、增加同一工人所看管的机器数量，都是资本为在同样时间内榨取更多剩余价值所使用的手段；

f. 资本家为了最大限度地减少资本的投入量，使工人在恶劣的工作环境及条件下工作，严重地危害了工人的健康与生命，使工人的平均寿命减少。

当法律的限制使工作日不但无法继续延长，而且开始缩短时，资本就力图用提高劳动强度的办法来补偿自己，使机器的每一步改进都成为对工人阶级进行榨取的新手段，但劳动强度的增加又必然导致劳动时间的再次缩短。在资本的驱使下，劳动强度的增加和工作日的缩短不断地交替进行着。

⑤工人和机器之间的斗争

随着工业的发展，工场手工业生产逐渐被现代的工厂化生产所取代。

过去，是工人利用工具，现在，是工人服侍机器；过去，劳动手段直接由工人控制，现在，工人必须跟随着劳动手段去运动。

机器劳动严重地损害了工人的健康，侵吞了工人的一切自由，甚至于连减轻劳动也变成了折磨工人的手段。

劳动手段变成了自动化的机器，机器在生产过程中，作为资本，或者说，作为支配和榨取剩余价值的死劳动而同工人对立。单个工人的局部技能，在科学面前，在巨大的自然力面前，在社会的群众性劳动面前，作为微不足道的附属品而消失了。

机器变成了工人的竞争者，它使劳动力贬值，使部分工人失业，成为过剩人口。通过机器进行的资本的自行增殖，与生存条件被破坏的工人数量成正比。

因此，随着机器的出现，就开始了工人与机器的对抗，有时甚至是暴烈的反抗。

⑥大工业及农业

机器生产的直接结果，是增加了剩余价值，同时增加了代表这些剩余价值的剩余产品量。剩余价值的一部分，是由资本家及其仆从进行消费的；随着这部分人财富的增加，不断产生出新的奢侈需求，及满足这些需求的新的生产手段。

另一方面，大工业造成的新的世界市场，会引起产品的不断精致及多样化；不但有更多的国外消费品与本国产品交换，而且有更多的国外原材料、半成品作为生产资料进入本国；世界市场的发展，使运输业对劳动力的需求增加，而运输业的发展又产生了对那些在远期才能见效的产品的需求（如：运河、船坞、铁路、桥梁等）；由于各种不同的需求，许多新生的产业部门在不断地出现。

最后，由于大工业领域内生产力的不断提高，越来越多的工人被用于非生产性劳动，形成了数量庞大的"仆役阶级"。

"机器刚刚为自己夺取活动范围的这个初创时期，由于借助机器生产出异常高的利润而具有决定性的重要意义。这些利润本身不仅形成加速积累的源泉，而且把不断新生的并正在寻找新的投资场所的很大一部分社会追加资本吸引到有利的生产领域。突飞猛进的初创时期的这种特殊利益，不断地在采用新机器的生产部门重现。但是，一旦工厂制度达到一定的广度和一定的成熟程度，特别是，一旦它自己的技术基础即机器本身也用机器来生产，一旦煤和铁的采掘、金属加工以及交通运输业都发生革命，总之，一旦与大工业相适应的一般生产条件形成起来，这种生产方式就获得一种弹力，一种突然地跳跃式的扩展能力，只有原料和销售市场才是它的限制。……另一方面，机器产品的便宜，和交通运输业的变革是夺取国外市场的武器。机器生产摧毁国外市场的手工业产品，迫使这些市场变成它的原料产地。……一种同机器生产中心相适应的新的国际分工产生了，它使地球的一部分成为主要从事农业生产的地区，以服务于另一部分主要从事工业生产的地区。这种革命是同农业中的各种变革联系在一起的。……工厂制度的巨大的跳跃式的扩展能力和它对世界市场的依赖，必然造成热病似的生产，并随之造成市场商品充斥，而当市场收缩时，就出现瘫痪状态。"（《资本论》第1卷）

资本主义生产方式的独特之处，是周期性的经济危机，工业生产按活跃、繁荣、生产过剩、危机、停滞的顺序，不断地转换。

周期性的经济危机，使工人在就业上从而在生活上遭遇的无保障状态，已经成为正常现象。在繁荣时期以外，资本家之间的激烈竞争，除争相采用改良的机器及新的生产方法外，为使自己的商品便宜，总是强制地压低工人的工资。

向大工业的过渡，是一个漫长的过程；在一些欧洲国家，有的开始得早些，有的开始得晚些，但基本情况是相似的。

A. 现代工厂手工业的发展

a. 消灭了以手工业和分工为基础的协作；

b. 同工场手工业时期相反，资本总是趋向于使用"廉价劳动力"，只要可行，妇女、儿童及非熟练工人会被优先使用；

c. 资本除了把工厂工人、手工工厂工人和手工业工人大规模地集结在一起，并直接地指挥他们，还通过许多无形的"线"调动着另一支散居在大城市和农村的家庭工人大军；

d. 在现代工场手工业中，妇女、少女、少男和儿童从事最繁重、最肮脏、报酬最低的工作，他们被剥夺了必不可少的正常劳动条件；

e. 这时期的家庭劳动是从事非机器生产的妇女、儿童的手工劳动，他们过着非人的生活。

B. 现代工场手工业及家庭劳动向大工业过渡

a. 靠对妇女、儿童及未成年劳动力的残酷剥削来增殖资本，使劳动力的再生产受到了威胁，也威胁到资本主义生产本身；

b. 面对不可逾越的自然法则，采用机器及把分散的家庭劳动迅速转变为工厂生产的时刻就来到了；

c. 向真正工厂化生产过渡的形态是错综复杂的，但这是大工业发展的必然趋势；

d. 这种自发的工业革命，由于工厂法（强制地规定了：工作日的长度、休息时间、上下班时间，实行儿童的换班制度，禁止使用一切未满一定年龄的儿童等）在所有使用妇女、未成年人、儿童的部门的推行而被人为地加速了；

e. 工厂的发展，使生产手段更大规模地集中起来，相应的工人也就在更大程度上被集结起来；

f. 工厂法的制定，是社会对生产过程的自发形态的第一次有意识、有计划的反应，是大工业的必然产物；

g. 工厂法（含有卫生及教育条款）开始在英国普遍实施，虽然在一定程度上受到了资本的抵制，但社会的进步是一种必然的趋势；

h. 现代工业的技术基础与其他生产方式的技术基础相比是革命的，它通过机器、化学过程，及其他科学方法，使工人的职能及劳动过程的社会结合不断地随着技术基础的发展而变革；

i. 工厂法对家庭劳动的规定，是对父权制的挑战，它瓦解了旧家庭制度的经济基础及与之相适应的家庭劳动，也瓦解了旧的家庭关系本身，使父母出卖未成年子女的劳动的现象（这种现象，正是资本主义剥削方式本身所产生的）得到遏制；

j. 然而，资本一旦在某些方面受到了限制，它就会疯狂地从其他地方把"损失"捞回来；

k. 大工业在使资本主义的生产关系不断成熟的同时，也使生产过程的矛盾和对抗成熟起来，新社会的形成因子已经包含在其中。

C. 农业的发展

a. 伴随着大工业的发展，机器在农业上的使用，在提高生产能力的同时，造成了劳动力过剩，从而减少了农村人口；

b. 雇佣农业工人代替了旧式农民；

c. 农业及手工业生产的原始家庭纽带被剪断；

d. 农业生产过程向资本主义的转化，与工场手工业一样，伴随着劳动者的巨大牺牲，劳动手段成为资本对农业工人进行奴役、剥削、压迫的工具，使他们贫困；

e. 城市工人的集中，使他们具有很强的反抗力量，但农村与城市不同，分散在广大土地上的农业工人的反抗力量较弱；

f. 在一定时期内，提高土地肥力的任何进步，同时也在破坏着土地的持久肥力；

g. 资本主义的发展，使生产的社会化与科学技术的发展结合在一起，但是，生产越发展，产生的破坏作用也越大，因为它同时破坏了财富的源泉——土地及工人。

（五）剩余价值的生产

1. 绝对剩余价值及相对剩余价值

（1）绝对剩余价值的生产

延长工作日，使之超出工人生产出自己劳动力价值的等价物的时间段，并由资本占有这超出部分所产生的价值（剩余价值），就是绝对剩余价值的生产。绝对剩余价值的生产是相对剩余价值生产的起点。

（2）相对剩余价值的生产

将工作日一开始就分为必要劳动、剩余劳动两个时间段；采用各种方法缩短必要劳动时间段，即缩短生产劳动力价值的等价物的时间段，以相对延长剩余劳动时间段；并由资本无偿占有剩余劳动时间段所生产出的价值，就是相对剩余价值的生产。相对剩余价值的生产，使生产的社会化与科学技术的发展结合在一起。

从表面上看，相对剩余价值是绝对的，因为它以工作日的绝对延长超出工人生产出自己劳动力价值的等价物的时间段为前提；绝对剩余价值是相对的，因为它以生产力发展到能够把工人生产出自己劳动力价值的等价物的时间段缩短为工作日的一个部分为前提。实际上，在资本主义生产方式已经充分发展的情况下，就可以看到绝对剩余价值及相对剩余价值的明显区别：

①如果劳动力按实际价值出卖，劳动生产力和劳动强度不变，剩余价值率只有通过延长工作日来提高；

②如果劳动力按实际价值出卖，工作日长度已定，剩余价值率就只有通过改变工作日的两个组成部分（必要劳动时间和剩余劳动时间）的比例来提高，这种提高靠的是劳动生产力的提高或劳动强度的增加。

2. 劳动力价格及剩余价值量的变化

劳动力的价值是由工人通常必需的生活手段的平均价值决定的。这些生活手段在形态上可能有不同，但在一定社会的一定时期内，它们的量是一定的；所以应该被看作是不变量。变化的是这些生活手段所包含的价值量。

撇开劳动力之间的各种差别，假定：商品按其价值出售，劳动力的价格不低于它的价值。可以看到，在这个假定下，劳动力的价格及剩余价值的相对量取决于三个因子：

①工作日的长度；

②劳动强度；

③劳动生产力。

这三个因子，可以有多种不同组合，其中最主要的有四种。

（1）工作日的长度及劳动强度不变，劳动生产力改变

在这样假定下，劳动力的价值及剩余价值由下述三个法则决定：

①不论劳动生产力如何改变，每个工作日的劳动都表现为价值相同的产品；

②劳动生产力提高，劳动力价值降低，剩余价值增加；劳动生产力降低，劳动力价值增加，剩余价值减少；

③剩余价值的增加或减少，是劳动力价值减少或增加的结果，而不是原因。

（2）工作日的长度及劳动生产力不变，劳动强度改变

劳动强度的提高，或者说，在单位时间内所消耗的劳动量的增加，体现为单位时间内产品数量的增加；单个产品的价值不变，但单位时间内价值产品总量增加。这是与劳动生产力提高的情况所不同的。

在这里，同一的工作日的价值产品可以是不同的，强度较大的工作日就体现为较多的价值产品。这个价值产品的两个部分，即劳动力的价格部分和剩余价值部分可以同时按照相同的或不同的程度增加。

在这种情况下，劳动力的价格可能会提高，但不一定超过它的价值；相反地，当劳动力的价格提高时，劳动力的价格还可能降低到劳动力的价值以下，使劳动力价格的提高不能补偿劳动力的加速损耗。

如果一切产业部门的劳动强度都同时、相等地得到提高，这提高了的强度就成为了社会正常的劳动强度，成为社会平均劳动强度。但是，平均劳动强度在不同的国家是不同的。一个国家的强度较大、时间较短的工作日，可以比另一个国家的强度较小、时间较长的工作日，表现出更多的货币额。

（3）劳动强度及劳动生产力不变，工作日的长度改变

①工作日的缩短，不会改变必要劳动时间，但会缩短剩余劳动时间，减少剩余价值；只有把劳动力价格压低到它的价值以

下，资本家才能避免"损失"。实际情况与假设相反，在工作日缩短前后，必然伴随着生产力的提高或劳动强度的增加，遭受损失的是工人。

②工作日延长，不会改变必要劳动时间，但会增加剩余劳动时间，增加剩余价值的绝对量；虽然劳动力价值的绝对量没有变化，但它的相对量降低了。在这里，劳动力价值相对量的变化，是剩余价值绝对量变化的结果。

随着工作日的延长，劳动力的价格尽管名义上不变，甚至有所提高，但是可能降低到它的价值以下。

劳动力的日价值是根据劳动的正常平均持续时间和劳动者的正常平均寿命来计算的。与工作日的延长密不可分的劳动力的更大损耗，在一定范围内，可以用增多的报酬来补偿，但超过这一定范围，损耗便以几何级数增长；这时，劳动力再生产和发挥作用的一切正常条件就都遭到了破坏。

（4）工作日的长度、劳动强度及劳动生产力同时改变

在这种情况下，可以有多种组合，其中两种重要的情况是：

①劳动强度不变，劳动生产力降低的同时工作日延长

例如：由于土壤肥力下降及农产品相应涨价所引起的劳动生产力降低，而农产品的价格对劳动力价值起着决定性的作用。在这种情况下，必要劳动时间增加；如果工作日不变，剩余劳动和剩余价值减少；如果工作日延长到一定程度，剩余劳动和剩余价值可以不变，但剩余劳动量和必要劳动量的比值下降了；如果工作日继续延长，可以使剩余劳动量和必要劳动量的比值不变，但剩余价值的绝对量却增加了；如果工作日继续延长，可以使剩余劳动量和必要劳动量的比值以及剩余价值的绝对量都增加。

②劳动强度和劳动生产力提高的同时工作日缩短

劳动强度和劳动生产力的提高，无疑会增加单位时间的生产

品总额，缩短必要劳动时间；而工作日的绝对最低界限正是这必要劳动时间段的长度。如果整个工作日都缩减到这个必要劳动时间段的长度，剩余劳动也就消失了，这在资本主义制度下是不可能的。

只有消灭了资本主义生产方式，才可以把工作日限制在必要劳动范围之内；

在这种情况下，必要劳动将会扩大自己的范围。一方面，因为工人的物质文化需求的不断增长；另一方面，过去作为剩余劳动的一部分，现在会列入必要劳动范围，作为社会准备基金和社会积累资金。除此之外，劳动生产力也会随着全社会的各种节约而提高。这种节约不仅是生产资料的节约，还包括一切无用劳动的免除。（资本主义生产方式迫使单个企业实行节约，但是它的无政府状态的竞争造成了社会生产资料和劳动力的最大浪费，还产生了许多就其本身来说是多余的职能。这些职能是资本主义制度下必不可少的。）

在劳动强度和劳动生产力不变的情况下，劳动成果在一切有劳动能力的社会成员中的分配越均匀，就使一个阶级对另一个阶级进行剥削的可能性越小；而单个工作日中必须用于物质生产的部分越少，就可以使个人从事自由活动、脑力活动和社会活动的时间越多。

3. 工资

（1）劳动力的价值或价格转化为工资

工资是劳动力的价值或价格的转化形态，但劳动力的价值或价格是如何转化为工资的呢？

前面已经讲过，同质的人类劳动凝结在商品中就形成了商品的价值。商品的价值是按照商品生产所消耗的社会必要劳动时间来计算的。作为商品的劳动力的价值也是如此。

劳动力的日价值是根据劳动者的正常平均寿命来计算的，与这个正常平均寿命相适应的是一定长度的工作日。这个一定长度的工作日，可以分为必要劳动（有酬劳动）与剩余劳动（无酬劳动）两个时间段，而必要劳动时间段的长度正是维持劳动力生活和再生产所必需的社会必要劳动时间。

资本家购买劳动力所支付的货币，即资本家支付给工人的工资，就是工人有酬劳动的价值的等价物。

资本家购买劳动力所支付的货币以工资形态出现，掩盖了必要劳动（有酬劳动）与剩余劳动（无酬劳动）的一切痕迹。

《资本论》第1卷中有这样一段讲述："在徭役劳动下，服徭役者为自己的劳动和为地主的强制劳动在空间上、时间上都是明显地分开的。在奴隶劳动下，连奴隶只是用来补偿他生活手段的价值的工作日部分，即他实际上为自己劳动的工作日部分，也表现为好像是为主人的劳动。相反地，在雇佣劳动下，甚至剩余劳动或无酬劳动也表现为有酬劳动。在奴隶劳动下，所有权关系掩盖了奴隶为自己的劳动；而在雇佣劳动下，货币关系掩盖了雇佣工人的无偿劳动。"

雇佣劳动下的工资法则，只是劳动力价格及剩余价值量的变化法则的形态改变。

（2）计时工资

前面已经讲过，劳动者只能把自己的劳动能力每次只出卖一部分，或每次只出卖一定的时间；劳动力可以按天、按周，或者按月出卖。所以，劳动力的日价值、周价值等的转化形态，在一定条件下，就表现为计时工资的形态。

计时工资的计量单位是：

$$一个劳动小时的价格 = \frac{劳动力的日价值}{一个工作日的工时数}$$

计时工资制的特点：

①有酬劳动与无酬劳动之间的联系被掩盖了，实际上：在劳动力的一个劳动小时中，一部分时间是有酬劳动，而另一部分是无酬劳动；

②即使工人没能做满维持自身生存所必要的劳动时间，资本家也能榨取到一定数量的剩余价值；

③工人得到的日劳动（或周劳动）的货币额，是按价值计算的名义工资，名义的日工资（或周工资）提高的同时，劳动力的价格可以不变或下降（在劳动强度提高，或工作日延长的情况下）；

④资本家可以破坏就业方面的任何规则，完全按照自己的方便、意愿和眼前利益，使最惊人的过度劳动同相对的或完全的失业互相交替；

⑤资本家在支付"正常的劳动价格"的借口下，把工作日延长到超过正常的限度，而不给工人任何相应的补偿。

⑥由于工人的反抗，法律不得不对工作日长度进行了限制，但这种限制无法改变竞争和危机所产生的就业不足现象。

"如果一个人完成一个半人或两个人的工作，那么即使市场上劳动力的供给不变，劳动的供给还是增加了。由此造成的工人之间的竞争，使资本家能够压低劳动力的价格，而劳动力价格的降低反过来又使他能够更加延长劳动时间。但是这种对异常的即超过社会平均水平的无酬劳动量的支配权，很快就会成为资本家本身之间的竞争手段。商品价值的一部分是由劳动力的使用价值产生的，但无酬劳动部分可以不计算在商品价格内，直接赠送给商品购买者，这是竞争促成的第一步。竞争完成的第二步是，把延长工作日所产生的异常剩余价值的一部分也不包括在商品的出售价格中。异常低廉的商品出售价格就是以这样的方式形成的，

最初是偶然的，以后就逐渐固定下来，并且从此成为劳动时间过长而工资极低的不变基础。"（《资本论》第 1 卷）

（3）计件工资

正如计时工资是劳动力价值的转化形态一样，计件工资是计时工资的转化形态。

计件工资容易被误认为是由生产者的工作效率决定的，实际上，工资形态的改变丝毫没有改变工资的本质。在这里，物化在每件产品中的劳动量，一部分是有酬劳动，而另一部分是无酬劳动；工人得到的计件工资只是物化在自己产品中的有酬劳动的价格。

计件工资的特点：

①计件工资是对劳动的质量和强度的控制，使资本家对劳动的监督的大部分成为多余，使包工制更容易实行，而包工头则成为资本家和工人之间的寄生者（或称为"中间盘剥者"）；

②在这里资本对工人的剥削是通过工人（资本家雇佣的包工头）对工人的剥削来实现的；

③工人的个人利益驱使他更紧张地发挥自己的劳动能力，而资本家就可以更容易地提高劳动强度、延长工作时间，结果是引起劳动力价格的下降；

④与计时工资不同，每个工人的收入会因其技能、体力、精力、耐力等的不同而产生很大的差别，一方面促进了工人个性的发展，另一方面促进了工人之间的竞争；

⑤计件工资有一种趋势，就是在把个别工资提高到平均水平以上的同时，把这个平均水平本身降低；

⑥当计件工资的平均水平本身已经难以降低的时候，资本家又会强行将计件工资改为计时工资；

⑦在受工厂法约束的地方，一般都采用计件工资，因为资本

家只能靠增加工人的劳动强度来增加剩余价值。

在实行计件工资情况下，产品质量主要由生产工人进行控制。只有生产出合格的产品，工人才能得到被完全支付的工资。

计件工资为资本家提供了一种确定的计算劳动强度的尺度。因为，生产任何一件商品都必须花费一定的时间，而由经验所确定的，物化在一定的商品量中的平均劳动时间，就是社会必要劳动时间。

（六）资本的积累过程

资本运动的第一阶段，在流通领域进行，将作为资本的货币转化为生产资料和劳动力；资本运动的第二阶段，是在生产领域进行，一旦生产过程结束，生产资料就转化为商品；资本运动的第三阶段，是在商品循环领域进行，生产出的商品必须被出售以实现其价值；最后，出售商品所得到的货币的大部分又重新转化为资本，如此周而复始地不断进行。这就是资本的流通过程。

资本在流通中不断地增殖，这个增殖过程也是资本积累的过程。

资本积累的首要条件，是资本家能够卖掉自己的商品，并把出售商品得到的货币的绝大部分再转化为资本。对这个过程的详细分析是在《资本论》第 2 卷中进行的。

剩余价值的第一个占有者，是直接从工人的生产过程中榨取剩余价值的资本家；但他并不是剩余价值的最后所有者。以后，他还必须同社会生产中执行其他职能的资本家、土地所有者等，共同瓜分剩余价值。剩余价值被分为各不相同的部分，并具有不同的、互相独立的神秘化形态，如利润、利息、商业利润、地租等。对剩余价值的这些转化形态的分析是在《资本论》第 3 卷中进行的。

在这里，一方面，假定资本家是按照商品的价值出售商品；另一方面，把资本家当作全部剩余价值的所有者；把积累看作是生产过程的一个因子，对它进行抽象的考察。

上述假定，正是积累过程中实际发生的情况。在这里，抛开其他更复杂的情况，对积累过程进行纯粹的分析，更有利于揭示资本积累的秘密。

1. 简单再生产

①人类要生存，就必须有消费；人类社会要消费，就必须进行不间断的生产。

②生产的必要条件也是再生产的必要条件，只有生产资料不断地得到足够数量的补充，才能保证再生产过程的正常进行。

③全部生产品的一部分用于生活消费，另一部分则并入新的生产过程，并在生产过程中被消费掉。

④在资本主义生产方式下，工人的劳动只是使价值增殖的手段。

⑤简单再生产只是生产过程在原来规模上的重复。

⑥生产过程是以购买一个时间段的劳动力的使用价值及必要的生产资料为开端的，一旦劳动力的使用期满，就必须重新购买，生产过程也就重新开始；实际上，工人只是在向资本家预付了自己的使用价值，并把劳动力的价值和剩余价值物化在商品上以后，才能得到以工资形态流回他手中的作为可变资本的货币。

⑦当工人在最近一段时间把一部分生产资料转化为产品的时候，他以前那段时间的一部分产品就转化为货币，资本家支付给工人的工资正是工人以前那段时间的劳动所物化在产品中的劳动力价值的等价物，这个工资不过是在将来一段时间内，当工人再次向资本家预付自己劳动力的使用价值的时候，作为维持和再生产他的劳动力的基金；这是可变资本的一种特殊的、历史的表现

形态，这种基金在一切社会生产制度下，都始终必须由劳动者本身来生产和再生产，劳动基金的这一表现形态丝毫没有改变这样一个事实，即资本家把工人自己的物化劳动预付给工人。

⑧从生产过程的不断更新来考察资本主义生产过程，就可以发现，可变资本并非从资本家的私人基金中预付的价值；可能资本家曾经依靠某种与别人的无酬劳动无关的原始积累而成为货币所有者，因而能够作为劳动力的购买者进入市场，然而经过若干年或经过若干个再生产周期，与原预付资本等值的货币额就会被资本家消费掉，这时，资本家手中的资本已经是这若干年（或若干个再生产周期）内未付等价物而占有的剩余价值量；因此，在经过了一定长度的简单再生产周期后，必然会使任何资本都转化为积累的资本或资本化的剩余价值，即被无偿占有的无酬劳动的货币形态；因此，资本主义的再生产过程，也是剩余价值的再增殖过程。

⑨要使货币转化为资本，首先必须要有这样的对立双方：一方是货币所有者，掌握着生产手段和生活手段，另一方是除了自己的劳动能力外一无所有的无产者；所以，劳动的客观条件与主观条件的分离，是资本主义生产过程的基础；在这个基础上，它不断地再生产出劳动力和生产手段的分离，即不断地再生产出资本剥削工人的条件，并使之永久化。

2. 扩大的再生产

把剩余价值再转化为资本，就是资本的积累。简单再生产只是生产过程在原来规模上的重复；而资本的积累的过程就是规模不断扩大的再生产过程。

马克思在《资本论》第 1 卷中，以单个资本家为例，对不断扩大的再生产过程进行了如下说明：

一个纱厂主，预付了 10000 英镑的资本，其中 4/5 用于棉花、机器等（8000 英镑），其余 1/5 用于工资（2000 英镑），并假定他每年生产棉纱 240000 磅，价值为 12000 英镑，剩余价值率为 100%。那么，剩余价值就包含在 40000 磅的棉纱中，占总产品的 1/6，价值 2000 英镑。

在其他条件不变的情况下，纱厂主把新增的这 2000 英镑货币转化为资本，用其中的 4/5 购买棉花、机器等（1600 英镑），1/5 购买新的劳动力（400 英镑），并将它们投入新的生产过程。于是，这 2000 英镑的资本又会为资本家带来 400 英镑的剩余价值。

当新增的这 400 英镑剩余价值也转化为追加资本后，又会为资本家带来 80 英镑新的剩余价值。

在每一个新生成的资本的旁边，原有的资本仍在继续增殖，不但继续再生产自己本身，而且产生新的剩余价值；这些新生的剩余价值又会不断地被作为新的追加资本投入生产过程。依此类推。

假设纱厂主最初的 10000 英镑预付资本是他正常的劳动所得。那么，对后来的那 2000 英镑追加资本来说，情况就完全不同了，它是资本化了的剩余价值，全部是由别人的无酬劳动产生的。

如果用这 2000 英镑追加资本的 1/5 所雇佣的人正是当初把它生产出来的人，那么，他这次从资本家那里得到的货币，也正是资本家上次从他这里无偿获取的剩余价值！而这次，他还得为资本家生产出下一次雇佣他时所需的货币量。这就是资本家阶级和工人阶级之间的交易。即使是用从前雇佣的工人的无酬劳动来雇佣新追加的工人，问题的实质也不会有丝毫的改变。

2000 英镑追加资本的另一部分，也许会转化为机器，而机器可能把这追加资本的生产者抛向街头，用几个儿童来代替。

不管怎样，工人阶级总是用自己这一年的剩余劳动为资本家创造出下一年雇佣追加劳动力的资本。

在这里，表现为等价物交换的最初行为，已经变得仅仅在表面上是交换。实际上：

①资本家用来购买劳动力的那部分资本本身，只是不付等价物而占有的工人过去的劳动产品的一部分。

②用来购买劳动力的那部分资本，不但必须由它的生产者（工人）在新的生产过程中再生产出来；而且在生产过程中，还要为资本家增加一个新的剩余价值额。

3. 资本的积累

不论在简单再生产情况下，还是在扩大的再生产情况下，最初的全部预付资本（不论来源如何），都转化为积累的资本（或资本化的剩余价值）。最初的全部预付资本与积累的资本相比总是一个接近消失的量（即数学上的无穷小量）。而与原预付资本等值的货币额，在经过若干年或经过若干个再生产周期后，已经被资本家消费掉了。

简单再生产，只是生产过程在原来规模上的重复，剩余价值只被看作是资本家的个人消费基金；扩大的再生产，是资本不断积累的过程，剩余价值只被看作积累基金；但剩余价值的实际使用，总是两种情况并存。其中的一部分（作为资本家的个人收入）被资本家消费掉，另一部分则作为积累的资本重新进入流通领域。

剩余价值的这两个部分，一个部分增大，另一个部分就会减小，完全是按照资本家的意志来决定。资本家作为人格化的资本，狂热地追求价值的增殖，肆无忌惮地迫使工人进行生产，从而发展了社会生产力，创造了社会的物质条件；而这样的物质条件，又成为一个更高级的、以每个人的全面自由发展为基本原则的社会形态的物质基础。

（1）积累的一般法则

①资本构成不变，劳动力的需求量随积累的增长而增长

资本的构成需要从以下两个方面去理解：

a. 从价值方面考察，投入生产过程的资本，由不变资本和可变资本两个部分组成；其中，生产资料的价值与劳动力价值（即工资总额）形成一定的比例；这种构成，被叫做资本的价值构成。

b. 从生产过程考察，投入生产过程的资本，由生产资料和活劳动组成；其中，生产资料的量和使用这些生产资料所必需的劳动量之间形成一定的比例；这种构成，被叫做资本的技术构成。

上述两个方面具有密切的相互关系，由资本技术构成决定并且反映技术构成变化的资本价值构成被叫做资本的有机构成。以下所说资本构成均指资本的有机构成。

某一生产部门的许许多多单个资本构成的平均，就是这个生产部门的总资本构成；一个国家的所有生产部门的资本构成的平均就是这个国家的社会总资本构成。

在资本构成不变的情况下，可变资本按一定的比例，随资本的增长而增长；资本增长越快，可变资本的增长也就越快（即对劳动力的需求量越大）。

资本年年增殖，其中的一部分剩余价值总要并入原资本。新的市场、新的投资领域不断地刺激着资本家的致富欲，只要他们改变一下剩余价值的分配中作为消费收入与积累部分的比例，资本的规模就会突然扩大。积累的需要能够超过劳动力数量的增长，并导致工人工资的提高。但工资的提高，丝毫不会改变工人受剥削的实质。这种暂时的不平衡很快又会达到新的平衡；况

且，资本主义积累的本性，绝不允许危及到资本主义生产的任何改变。

②在积累过程中，可变资本部分相对减少

资本主义生产发展到一定阶段，伴随着生产力的发展，积累就会加速；工人用于劳动的生产资料的量也会增加。其中，一些生产资料的增加是劳动生产力提高的结果，另一些生产资料的增加是劳动生产力提高的条件。

生产能力的提高，使生产过程中能够被有效利用的原料、辅料的量增大，在同样时间内，可以生产出更多的产品（包括生产资料和生活资料）。这是劳动生产力提高的结果。而投入生产部门的生产资料的数量的增加，又是劳动生产力提高的条件。

不论是条件还是结果，只要投入生产的生产资料的增长速度超过了劳动力增长的速度（即劳动的主观因子的量比它的客观因子的量相对减少），就表示劳动生产力的提高。

资本技术构成的这种变化，反映在资本价值构成上，就是：可变资本减少、不变资本增加。

例如：在 19 世纪（马克思生活的那个年代），投入纺纱业的资本中，不变资本占 7/8、可变资本占 1/8；在 18 世纪初，同样的资本投入中，不变资本与可变资本各占 1/2；但是，在马克思生活的那个年代，一定量的纺纱劳动所消耗的生产资料的数量要比 18 世纪初多出几百倍。原因很简单，由于生产力的发展，由社会必要劳动时间决定的生产资料的价值量，与生产资料的绝对数量相比，相对地减少了；尽管生产资料的价值量绝对地增长了，但并不是同它的数量成比例地增长。

因此，资本价值构成的增长速度要慢于资本技术构成的增长速度，但资本的价值构成总是随着它的技术构成的增长而增长。

资本构成的改变，使可变资本部分的相对量减少，但相对量的减少绝不妨碍它的绝对量的增加。如果按上例中的比例关系，假如原来的总资本为 8000 英镑，后来增加到 80000 英镑；那么，可变资本的绝对数量就从当初的 4000 英镑增加到 10000 英镑，增加了 1.5 倍。

在从手工业生产到资本主义生产的发展过程中，单个资本家手中积累了一定数量的资本，这种积累可以称为原始积累。这不是特殊资本主义生产的历史结果，而是它的历史基础。在这个基础上发展起来的资本主义生产，使剩余价值不断地转化为资本，使资本积累加速，从而使生产规模不断地扩大。随着生产力的不断提高，资本构成也就发生了改变，其可变部分相对减少。

资本家之间的竞争，不断地使资本较小的资本家破产，使更多的资本得以集中，生产的规模更加扩大，从而加快了资本构成的变化速度。

③相对过剩人口及产业后备军

随着资本主义的发展，资本构成的变化速度不断地加快。工人在为资本家增殖资本的同时，也不断地生产出使他们自己成为过剩人口的手段，这就是资本主义生产方式所特有的人口法则。过剩的工人人口，成为随时可供资本剥削的劳动力资源。

随着劳动生产力的增长，资本对劳动力的需求总是小于劳动力的供给。工人阶级中就业部分的过度劳动，扩大了过剩人口的队伍；竞争加在就业工人身上的巨大压力，又迫使他们过度劳动，并不得不听从资本的摆布。

工人在失业或半失业情况下都属于相对过剩人口。资本主义制度下不可避免的周期性的经济危机，使工业生产按活跃、繁荣、生产过剩、危机、停滞的顺序，不断地循环。作为产业后备军的相对过剩人口的数量也随之呈现周期性变化，特别在危机时期，这种变化就急剧地表现出来。

④资本主义积累的几个特点

a. 资本的数量越大，其增殖能力就越强；从而无产阶级的数量也越多，劳动生产力也越高，产业后备军的数量也越多，需要社会救济的贫民也就越多。

b. 劳动生产力的提高，使用更少的劳动力就可以推动更多的生产资料；但生产力越是提高，工人的就业压力也就越大，他们的生活就越没有保障；尽管生产资料的增长速度比劳动力的增长速度要快得多，但在资本主义制度下，却表现为过剩劳动力人口的不断增长。

c. 一切榨取剩余价值的方法，同时也是资本积累的方法；而积累的每一次扩大又转而成为发展这些榨取方法的新手段；不论工人工资的高低，他们的状况最终还是随着资本的积累而日趋恶化。

d. 相对过剩人口（或产业后备军）的数量同积累的规模的变化相比，总是趋向于保持一定的平衡状态。其结果：一边是财富的积累，另一边是受折磨、被奴役、贫困、无知、粗野和道德堕落的积累；一边是少数人的富有，另一边是多数人的贫穷。

（2）原始积累

在人类社会生产发展的一定历史阶段上，产生了商品交换，商品交换产生了货币，货币又转化为资本；经过了漫长的历史时期，从最初的手工业生产，到工厂手工业生产，又逐步过渡到应用现代机器的大工业生产。

商品及货币，并不是天生的资本。货币转化为资本，是必须具备一定条件的。首先，货币（代表着生产手段和生活手段）在少数人手中已经积累了一定的数量；其次，市场上必须存在这样的自由人，他自由得一无所有，只能靠出卖自己的劳动力为生。也就是说，资本的产生，是以生产手段与劳动者的分离为前提的。而资本主义生产方式一旦站稳脚跟，它就不仅要继续保持这种分离，而且还要继续不断地扩大这种分离。因此，资本的原始积累，不过是生产者和生产手段分离的历史过程。

资本主义生产方式，是在封建社会的生产方式基础上产生的，它使生产者从封建行会的束缚下解放出来，它战胜了封建势力及其令人愤恨的特权，它使生产的自由发展及人对人的自由剥削摆脱了封建行会的束缚；但资本主义生产不过是以新的剥削方式取代了旧的剥削方式。

资产阶级所借以兴起的手段，同以往剥削阶级一样的卑鄙无耻；他们对社会其他各阶层的剥夺过程是一部血与火的暴力历史。

"在原始积累的过程中，对正在形成的资本家阶级起过推动作用的一切变革，都是历史上划时代的事情。首要因子是：大量的人突然被强制地同自己的生存手段分离，被当作不受法律保护的无产者抛向劳动力市场。对农民的土地剥夺，形成了全部过程的基础。这种剥夺的历史，在不同的国家带有不同的色彩，按不同的顺序，在不同的历史时期，经过了各不相同的阶段。"（《资本论》第1卷）

"……但所有这些方法都是利用国家权力，也就是利用集中的、有组织的社会暴力，来大力促进封建生产方式向资本主义生产方式的转变过程，缩短过渡时间。暴力是每一个孕育着新社会的旧社会的助产婆。暴力本身就是一种经济力。"（《资本论》第1卷）

马克思在《资本论》中详细地讲述了那些具有划时代意义的资本原始积累的暴力过程。

对农村居民的剥夺和驱逐，不仅为工业资本造就了大量可供剥削的无产者及相应的生产、生活手段，同时也建立起资本的国内市场。

在资本主义以前就存在的高利贷资本和商业资本，随着封建制度的解体，也就转化为工业资本。

随着美洲金银产地被发现，许多欧洲国家先后到海外建立自己的殖民地，从而开始了一场世界性的掠夺。殖民制度大大地促进了贸易和航运的发展；掠夺到的财富源源不断地流入宗主国，并转化为资本。

资本的海外扩张，把资本主义生产方式带到了世界各地，为建立以后的世界市场奠定了基础。

资本的积累，除上述世界性掠夺之外，资产阶级政府对本国资本的扶持也起到了一定的作用，《资本论》第 1 卷中有如下一段讲述：

"单个的货币所有者或商品所有者要变成资本家，必须据有最低限度价值额。这在资本主义生产的不同发展阶段上是不同的。在一定的发展阶段上，在不同的生产部门内，也由于它们的特殊的技术条件而各不相同。还在资本主义生产初期，某些生产部门所需要的最低限额的资本就不是在单个人手中所能找到的。这种情况一方面引起国家对私人的补助，如柯尔培尔时代的法国和目前的德意志联邦就是这样。另一方面，促使对某些工商业部门的经营享有合法垄断权的公司的形成，这种公司就是现代股份公司的前驱。"

（3）资本循环

资本的积累是通过一个接一个的循环过程进行的，资本循环的总过程可以表述如下：

$$G—W\cdots P\cdots W'—G'—W_1\cdots P_1\cdots W_1{}'—G_1{}'—W_2\cdots$$

其中，"G"表示货币资本；"W"表示生产资本（又表示两类商品：生产资料、劳动力）；"G—W"表示资本在市场上购买生产资料和劳动力的过程（资本流通过程，货币资本转化为生产资本的过程）；"…"表示资本流通过程的中断（但资本循环在继续）；"P"表示生产资本增殖的过程（生产过程）；"W′"表示在商品生产过程结束时得到的价值增殖后的商品资本（或商品）；"G′"表示增殖后的资本；"W′—G′"表示商品生产过程结束后的商品出售过程（商品资本转化为货币的过程，是资本流通过程的继续）；……依此类推。

在资本循环过程中，需依次完成下列转化：

①货币资本 G 投入流通，转化为生产资本 W；

②流通中断，生产资本 W 进入了生产过程 P；

③生产过程 P 结束，得到了增殖后的商品 W′；

④增殖后的 W′作为商品资本进入流通，转化为增殖后的货币资本 G′；

⑤上一循环结束，再将货币资本 G′投入流通，开始新的循环过程；

⑥循环过程必须不断地重新开始，使生产过程 P 得以持续进行。

资本循环总过程中又包含着下列三种不同形态的循环：

①从 G 到 G′，是货币资本的前一个循环，从 G′到 $G_1′$ 是货币资本的后一个循环，依此类推；

②从 P 到 P_1，是生产资本的前一个循环，从 P_1 到 P_2 是生产资本的后一个循环，依此类推；

③从 W′到 $W_1′$，是商品资本的前一个循环，从 $W_1′$ 到 $W_2′$ 是商品资本的后一个循环，依此类推。

《资本论》第 2 卷中对资本循环进行了详细讨论，下面摘录两段：

"资本作为自行增殖的价值，不仅包含着阶级关系，包含着建立在劳动作为雇佣劳动而存在的基础上的一定的社会性质。它是一种运动，是一个经过各个不同阶段的循环过程，这个过程本身又包含循环过程的三种不同的形态。"

"资本的循环，只有不停顿地从一个阶段转入另一个阶段，才能正常进行。如果资本在第一阶段 G—W 停顿下来，货币资本就会凝结为贮藏货币；如果资本在生产阶段停顿下来，一方面生产资料就会搁置不用，另一方面劳动力就会处于失业状态；如果资本在最后阶段 W′—G′ 停顿下来，卖不出去而堆积起来的商品就会把流通的路阻塞。"

资本的循环过程是流通和生产的统一。在资本的三种不同形态的循环中，不论哪一个循环发生中断，再生产都无法继续进行。

（4）资本主义积累的历史趋势

资本主义生产的发展，经历了从工厂手工业到一般资本主义的转变，又从一般资本主义发展到垄断的资本主义。

"……对直接生产者的剥夺，是用最残酷无情的野蛮手段，在最下流、最龌龊、最卑鄙和最可恶的贪欲的驱使下完成的。靠自己劳动挣得的私有制，即以各独立劳动者直接与其生产资料相结合为基础的私有制，被资本主义私有制，即以剥削他人为基础，但形式上是以自由劳动为基础的私有制所排挤。

"一旦这一转化过程使旧社会在深度和广度上充分瓦解；一旦劳动者转化为无产者，其生产手段转化为资本家手中的资本；一旦资本主义生产方式站稳脚跟，劳动进一步社会化，土地和其他生产资料进一步转化为社会使用的公共生产手段，从而对私有者的进一步剥夺，就会采取新的形式。现在要剥夺的已经不再是独立经营的劳动者，而是剥削许多工人的资本家了。

"这种剥夺是通过资本主义生产本身的内在法则的作用，即通过资本的集中进行的。一个资本家打倒许多资本家。随着这种集中或少数资本家对多数资本家的剥夺，规模不断扩大的劳动过程的协作形式日益发展，科学日益被自觉地应用于技术方面，土地日益被有计划地利用，劳动手段日益转化为只能共同使用的劳动手段，一切生产资料因作为结合的社会劳动的生产资料使用而日益节省，各国人民日益被卷入世界市场，从而资本主义制度日益具有国际的性质。随着那些掠夺和垄断这一转化过程的全部利益的资本巨头不断减少，贫困、压迫、奴役、退化和剥削的程度不断加深，而日益壮大的、由资本主义生产过程本身的机构所训练、联合和组织起来的工人阶级的反抗也不断增长。资本的垄断成了与这种垄断一起，并在这种垄断之下繁盛起来的生产方式的桎梏。生产手段的集中和劳动的社会化，达到了同它们的资本主义外壳不能相容的地步。这个外壳就要炸毁了。资本主义私有制的丧钟就要敲响了。剥夺者就要被剥夺了。

"从资本主义生产方式产生的资本主义占有方式，从而资本主义的私有制，是对个人的、以自己劳动为基础的私有制的第一个否定。但资本主义生产由于自然过程的必然性，造成了对自身的否定。这是否定的否定。这种否定不是重新建立私有制，而是在资本主义时代的成就的基础上，也就是说，在协作和对土地及靠劳动本身生产出的生产手段的共同占有的基础上，重新建立的所有制。

"以个人自己劳动为基础的分散的私有制转化为资本主义私有制，同事实上已经以社会生产为基础的资本主义所有制转化为公有制比较起来，自然是一个长久得多、艰苦得多、困难得多的过程。前者是少数掠夺者剥夺人民群众，后者是人民群众剥夺少数掠夺者。"（《资本论》第 1 卷）

（七）资本主义积累的最终归宿

资本主义生产在历史上曾经起到过积极的作用，使生产力得到了极大的提高，《共产党宣言》中有这样的一段讲述："大工业建立了由美洲的发现所准备好的世界市场。世界市场使商业、航海业和陆路交通得到了巨大的发展。这种发展又反过来促进了工业的扩展，同时，随着工业、商业、航海业和铁路的扩展，资产阶级也在同一程度上得到发展，增加自己的资本，把中世纪遗留下来的一切阶级都排挤到后面去。"

但资本主义生产永远无法摆脱它本身固有的基本矛盾。

1. 资本主义生产的基本矛盾

资本主义生产本身存在着不可克服的三大基本矛盾：

①生产的社会化与占有的私人形态之间的矛盾，即：社会生产出的产品却被少数资本家所占有，只因他们占有生产手段；这是一切矛盾中的主要矛盾。

②个别企业中生产高度的计划性与全社会生产的无政府状态之间的矛盾，这是源于资本家私人占有生产手段的矛盾，是产生资本主义生产的周期性经济危机的根源。

③资本家阶级与工人阶级之间的对抗性矛盾，即：资本家阶级对工人阶级的剥削、压迫，与工人阶级反剥削反压迫的敌对关系。

马克思和恩格斯在《共产党宣言》中说："……资产阶级的关系已经太狭窄了，再容纳不了它本身所造成的财富了。——资产阶级用什么办法来克服这种危机呢？一方面不得不消灭大量生产力，另一方面夺取新的市场，更加彻底地利用旧的市场。这究竟是怎样的一种办法呢？这不过是资产阶级准备更全面更猛烈的危机的办法，不过是使防止危机的手段越来越少的办法。

"资产阶级用来推翻封建制度的武器，现在却对准资产阶级自己了。"

2. 工人阶级的觉醒

资产阶级在使生产力得到极大提高的同时，也造就出自己的"掘墓人"——无产阶级。无产者同资产者的斗争，伴随着大工业的发展，经历了从自发到自觉的漫长过程。《共产党宣言》中对这一过程进行了如下讲述：

"无产阶级经历了各个不同的发展阶段。它反对资产阶级的斗争是和它的存在同时开始的。

"最初是单个的工人，然后是某一工厂的工人，然后是某一地方的某一劳动部门的工人，同直接剥削他们的单个资产者作斗争。他们不仅仅攻击资产阶级的生产关系，而且攻击生产工具本身；他们毁坏那些来竞争的外国商品，捣毁机器，烧毁工厂，力图恢复已经失去的中世纪工人的地位。"

"但是，随着工业的发展，无产阶级不仅人数增加了，而且它结合成更大的集体，它的力量日益增长，它越来越感觉到自己的力量。机器使劳动的差别越来越小，使工资几乎到处都降到同样低的水平，因而无产阶级内部的利益和生活状况也越来越趋于一致。资产者彼此间日益加剧的竞争以及由此引起的商业危机，使工人的工资越来越不稳定；机器的日益迅速的和继续不断的改良，使工人的整个生活地位越来越没有保障；单个工人和单个资产者之间的冲突越来越具有两个阶级的冲突的性质。工人开始成立反对资产者的同盟；他们联合起来保卫自己的工资。他们甚至建立了经常性的团体，以便为可能发生的反抗准备食品。有些地方，斗争爆发为起义。

"工人有时也得到胜利，但这种胜利只是暂时的。他们斗争的真正成果并不是直接取得的成功，而是工人的越来越扩大的联合。这种联合由于大工业所造成的日益发达的交通工具而得到发展，这种交通工具把各地的工人彼此联系起来。只要有了这种联系，就能把许多性质相同的地方性的斗争汇合成全国性的斗争，汇合成阶级斗争。而一切阶级斗争都是政治斗争。中世纪的市民靠乡间小道需要几百年才能达到的联合，现代的无产者利用铁路只要几年就可以达到了。

"无产者组织成为阶级，从而组织成为政党这件事，不断地由于工人的自相竞争而受到破坏。但是，这种组织总是重新产生，并且一次比一次更强大，更坚固，更有力。它利用资产阶级内部的分裂，迫使他们用法律形式承认工人的个别利益。英国的'十小时工作日法案'就是一个例子。"

3. 从资本主义到社会主义的转变

资本主义经过了从工厂手工业到一般资本主义的转变，又经历了从一般资本主义到垄断资本主义的转变，垄断资本主义的继续发展，就到达了帝国主义阶段。帝国主义是"垂死的资本主义"。

从工厂手工业阶段到帝国主义阶段，资本主义的发展经过了漫长的历史时期，情况似乎发生了很大的变化。但是，只要资本主义生产方式还存在，它的基本矛盾也就始终存在，并不断引发各种对抗和冲突，直至资本主义制度的灭亡。

在资本主义生产的发展过程中，工人阶级的反抗一刻也没有停息，但几乎每一次都遭到了残酷的镇压。

20世纪初，由于垄断组织的出现和发展，生产进一步社会化，而生产手段却更加集中在少数垄断资本家手里。资本主义生产的无政府状态及竞争的不断加剧，无产阶级与资产阶级的矛盾、宗主国与殖民地半殖民地人民之间的矛盾，以及帝国主义国家之间的矛盾空前激化。

周期性经济危机引发了两次世界大战。帝国主义国家之间为重新划分势力范围的矛盾和斗争，削弱了它们的力量，造成了世界资本主义统治上的薄弱环节，为社会主义在一批经济文化比较落后的国家取得胜利创造了有利条件。

继苏联无产阶级于1917年建立了全世界第一个无产阶级专政的国家之后，我国的无产阶级也于1949年宣告了中华人民共和国——一个由劳动人民当家作主的新国家的成立。随着一大批社会主义国家的相继出现，世界上产生了资本主义与社会主义两大阵营。

这就是恩格斯在《社会主义从空想到科学的发展》中所说的："无产阶级革命，矛盾的解决：无产阶级将取得社会权利，并且利用这个权利把脱离资产阶级掌握的社会化生产资料变成公共财产。通过这个行动，无产阶级使生产资料摆脱了它们迄今具有的资本属性，给它们的社会性以充分发展的自由。从此，按照预定计划进行的社会生产就成为可能。"

无产阶级虽然夺取了政权，但是，在大工业尚未充分发展的国家建立社会主义公有制，要比在资本主义高度发达的基础上建立起无产阶级政权，并直接把少数资本家的私有财产转变为全民公有，困难得多。

五　社会主义政治经济学

（一）社会主义制度下经济法则的性质

1. 政治经济学法则和自然科学法则的相同点

政治经济学法则和自然科学法则有相同之点，即两者都是不以人的意志为转移的客观过程的反映。它不是决定于人们的主观意志，而是独立于人们主观意志之外的一种客观过程，是事物发展的客观规律性和必然性。

这种客观过程的规律性和必然性，人们能够认识它，也能够利用它，并且能够通过它去影响客观过程的发展。但是人们不能创造或消灭这种法则，也不能违反这种客观法则去影响客观过程（事物本身发展的客观过程），在这点上无论是自然科学法则或政治经济学法则都是一样的。

为了说明这一点，斯大林同志从许许多多例子中举出一个例子（实际上，这个例子也是恩格斯曾经举过的），他说："在上古时代，江河泛滥，洪水以及由此引起的房屋和庄稼的毁灭，曾经被认为是无法防止的灾害，人们无力加以制止。然而，随着时间的推移，随着人类知识的发展，当人们学会了修筑堤坝和水电站的时候，就能使社会防止在从前看来是无法防止的水灾。不但如此，人们还学会了制止自然的破坏力，可以说是学会了驾驭它们，使水力转而为社会造福，利用水来灌溉田地，取得动力。"（《苏联社会主义经济问题》）

经济法则在我们没有了解它以前，没有办法来防止它的破坏作用，因此也就没有办法利用这样的法则来为人类造福。但是当人们发现这个法则之后，就能利用这个法则来为社会谋福利，使社会生产力更迅速地发展起来。

在这一点上政治经济学法则和自然科学法则是相同的。人们能够认识它，利用它，但不能够创造它，也不能够消灭它；人们只能按着法则指定的方向和必然性去利用和影响客观过程。否认法则的客观必然性，就等于否认了科学，也等于否认了对事物发展规律预见的可能性，这就是主观唯心论的观点。如果否定法则被人们认识的可能性，这就是不可知论，是一种机械唯物论的观点，或者说是宿命论的观点。

2. 政治经济学法则和自然科学法则的不同点

政治经济学法则和自然科学法则也有不同点，主要有两点：

第一，政治经济学的法则不是长久不变的，至少这里的大多数是在一定历史时期内发生作用的，在那以后，旧的经济法则就要让位于在新经济条件下而产生出的新经济法则。这些新的经济法则并不是靠人们的主观意志创造出来的，不管人们赞成它或者反对它，它都要代替旧的经济法则去发生自己的作用；而自然科学的法则却是长期不变的，只要客观存在不发生变化，它就不发生变化。

第二，在自然科学中，发现和应用新的法则是或多或少顺利地进行的；与此相反，在经济学领域中，发现和应用那些触犯社会衰朽力量的利益的新法则，却要遇到这些力量极其强烈的反抗。因此，必然会产生出能够克服这种反抗的力量——社会力量；为了这些法则的实现，也必然会产生异常激烈的斗争。

这些就是政治经济学法则和自然科学法则的基本不同点。

3. 关于社会主义经济法则的几种错误的观点

上面已经看到，政治经济学法则和自然科学法则既有相同的地方，也有不同的地方。下面我们将对此作进一步的考察。

斯大林同志指出，关于在社会主义经济学中法则性质的错误观点基本上有两种：一种是主观唯心论的观点；一种是机械唯物论的观点。

（1）主观唯心论观点

主观唯心论观点的基本特点就是夸大主观意识的能动作用，否定客观经济法则的决定作用，或者说是否定经济法则的客观性质。主观唯心论观点反映在政治经济学法则上，主要有两种意见。

①第一种意见认为，社会主义经济法则区别于资本主义经济法则的本质特征是"社会主义经济法则是一种由人们创造出来的法则"，或者说，是"一种人为性质的法则"（即：社会主义

经济法则不是自发性质的法则）；而资本主义经济法则是一种自发性的法则。例如：苏联的列昂节夫在《论列宁斯大林创造社会主义政治经济学》、《斯大林：社会主义政治经济学的创造者》等书中，都反映出这种错误观点，他认为：社会主义政治经济学所研究的不是自发性质的客观法则，而是经过人民大众自觉创造出来的经济法则；指导这种法则创造的是布尔什维克党领导下的苏维埃国家。他还认为：在社会主义制度下经济规律是不发生作用的。

所有上述这些观点都是错误的，其错误产生的根本原因在哪里呢？

首先，斯大林同志在《社会主义经济问题》一书中指出："有人引证恩格斯的《反杜林论》，引证他如下的这个公式：随着资本主义的消灭和生产资料的公有化，人们将获得支配自己生产资料的权力，将获得解脱社会经济关系压迫的自由，而成为自己社会生活的'主人'。恩格斯把这种自由叫做'被认识了的必然性'。"他又接着证明说："可见恩格斯的这个公式决不是对于那些以为在社会主义制度下可以消灭现存经济法则和创造新经济法则的人们有利的。恰恰相反，这个公式不是要消灭经济法则，而是要认识它们和善于运用它们。"斯大林同志的这几句话，强有力地批驳了主观唯心论的观点。

其次，是斯大林肯定了关于法则自发性的公式，在斯大林的《辩证唯物主义与历史唯物主义》一书中有这样一段话：

"……新的生产力以及与其相适应的生产关系产生的过程，不是离开旧制度而单独发生，不是在旧制度消灭以后发生，而是在旧制度内部发生；不是由于人们有意自觉活动的结果，而是自发地，不自觉地，不依人们意志为转移地发生的。其所以是自发地和不依人们意志为转移地发生，是由于以下两个原因：

"第一个原因，就是人们不能自由选定这种或那种生产方式，……

"第二个原因，就是人们在改善这种或那种生产工具，这种或那种生产力要素时，不会觉悟到，不会了解到，也不会想到这些改善将会引起怎样的一种社会结果，而只是想到自己的日常利益，……"斯大林的这段话，是为经济法则的自发性所下的定义。

错误的另一个原因，是夸大了无产阶级国家的作用，只看到了无产阶级国家在社会主义建设中所发生的特殊作用，而没有看到无产阶级国家发生这种特殊作用的根据和依靠。斯大林同志说：

"有人援引苏维埃政权在建成社会主义方面的特殊作用，仿佛这种作用使苏维埃政权有可能去消灭现存的经济发展法则，并'制定'新的经济发展法则。这也是不对的。苏维埃政权的特殊作用，是由下列两种情况来决定的：第一，苏维埃政权不是以另一种剥削形式去代替一种剥削形式，如像以往革命中的情形那样，而是消灭了任何剥削；第二，由于国内缺乏任何现成的社会主义经济的萌芽，苏维埃政权当时必得在所谓'空地上'创造新的社会主义的经济形式。"（《苏联社会主义经济问题》）

为什么无产阶级国家在经济上的作用会超过以前历史时代任何国家的作用呢？这种力量的来源在哪里呢？因为，无产阶级国家本身是社会生产关系的代表者和组成部分，而社会生产关系是社会生产力的表现形式。这个生产关系是社会生产力发展到一定阶段的产物，决定于它所代表的社会生产力发展的程度，又决定于（或者比例于）无产阶级国家依靠并利用经济法则去适应社会生产力性质的程度。依靠这个法则的程度越高，越能充分地利用这个法则，因而，就能越快地提高它所代替的社会生产关系下的社会生产力的发展。如若不是这样就要违反这个法则，那就不但要在经济上失掉决定作用，而且在政治上也要失掉这种力量的来源。关于这个问题，列宁在《论粮食税》中指出：

"社会主义无产阶级面对着这样的经济现实，能采取什么样的政策呢？是从社会主义大工厂的生产中拿出小农所需要的全部产品来向小农交换粮食和原料吗？这是一个最理想的最正确的政策，这种政策我们已经开始实行了。但是，我们不可能，根本不可能拿出所需要的全部产品，而且也不可能很快就能拿出来，至少，在全国电气化第一批工程完成之前是拿不出来的。那么怎么办呢？或者是试图完全禁止、堵塞一切私人的非国营的交换的发展，即商业的发展，即资本主义的发展，而这种发展在有千百万小生产者存在条件下是不可避免的。一个政党要是试行这样的政策，那它就是愚蠢，就是自杀。其所以是愚蠢，因为这种政策在经济上行不通；其所以是自杀，因为试行这类政策的政党，必然会遭到失败。"

②第二种意见认为，社会主义经济法则区别于资本主义经济法则的本质特征是：资本主义经济法则是一种盲目的法则，而社会主义经济法则是一种自觉的经济法则。列昂节夫也有这种错误观点，他认为只有不受人们意志或意识约束的盲目的经济法则支配的，就是政治经济学法则研究的对象。把法则分成盲目的和自觉的法则，有两个基本错误：

第一，经济法则本身并没有盲目和自觉的区别。经济法则是客观事物自发过程的一种规律性，本来是独立于人们意志或意识而存在和发展的一种客观过程的规律性，因此把经济法则区别为盲目的和自觉的法则就等于把一种客观过程加给它一个主观意识。我们说这种客观经济法则在没被人认识的限度内，人在它的面前是盲目的，在没有认识法则以前，人就不能不受这种法则的支配，这种法则对社会就要发生盲目的强制的破坏作用。一旦这种法则在被人认识的限度内，人在这种法则面前就是自觉的，人们就有可能自觉地支配和利用这种法则。不论认识这些法则或者不认识这些法则，也不论利用这些法则或者不利用这些法则，这个法则本身并没有发生变化，其本身的客观性质没有任何改变。

社会上发生作用的各种力量，完全和自然力一样，在我们还没有认识它们的时候，它们就会发生盲目的强制的破坏作用；但是，在我们已经认识了它们，并掌握了它们活动的方向和结果的时候，我们就能够使它们越来越多地服从于我们的意志，并借着它们的帮助达到我们的目的。

什么是法则自觉的支配呢？这就是说，当人们认识到这些客观存在的法则之后，就可以自觉地运用这些法则来为人们谋福利；并对某些法则可能导致的破坏作用加以限制。人们可以利用这些法则，但是，人们永远不能消灭这些法则或创造出新的经济法则。

第二，错在把资本主义经济法则看作是盲目的经济法则；把社会主义经济法则看作是自觉的经济法则。

资本主义经济法则是否就是天然具有盲目性质的法则呢？社会主义的经济法则是否就是天然具有自觉性质的法则呢？从理论上来看，只要我们承认一切事物及其发展法则都能够被人类所认识，那么，我们就可以肯定任何经济法则都不具有使人永远对它盲目的一种性质；但另一方面，只要我们承认一切事物和它的发展法则都需要经过一定的过程才能被人完全掌握，那么我们就应该肯定：任何经济法则都不可能具有使人能够轻易自觉地掌握的性质。

从实践上来看，资本主义的经济法则，自从被马克思发现之后，就不再是一种盲目的法则了；可是另一方面，资本主义经济法则还没有被完全系统地把握以前，还不能说是已经完全变成了被认识了的必然性，还不能完全变成自觉的法则。因此，法则是随着客观过程的发展而发展的，我们所掌握的经济法则是客观过程规律性的反映。这种客观过程的规律性现在正在发展着（也就是说，社会主义经济法则也在继续发展着）。谁要说是一下子就可以把社会经济法则掌握完了，那就等于说，客观过程已不再发展了。

马克思虽然对于社会主义经济法则有了一些基本的概念，但是马克思并没有写出一部社会主义的政治经济学，因为在那个时期还没有社会主义生产关系发生，反映社会主义生产关系的那些经济法则还不可能被完备地掌握。列宁和斯大林又在揭示社会主义经济法则的道路上前进了一步，但是也都不可能把社会主义经济法则概括完全了。所以，把资本主义经济法则看作是盲目的经济法则，把社会主义经济法则看作是天然自觉的经济法则（而不是经过人们主观努力才能掌握的经济法则），就等于把资本主义的经济法则看作是不通过人们自由意志和自觉的行动而自行开辟道路的法则，另一方面等于把社会主义经济法则看作是反映着依人们意志和行动而实现的法则（受人们支配的法则）。事实上任何科学法则都具有一种独立于人们的主观意识或意志的客观必然性。社会主义经济法则也不例外，它独立于人们的主观意志或意识，反映着不以人们的主观意志或意识为转移的客观必然性，是不受人们意志或意识支配的一种经济法则。

资本主义经济法则和社会主义经济法则的区别，并不在于这两种法则究竟哪种法则能够或哪种法则不能够变成人们思维和行动或者能被人们正确掌握和自觉运用。与之相反，任何社会科学的法则都是只有通过人们主观意识、自由意志和自觉行动才能实现的。这是社会科学法则和自然科学法则之相同点。就这一点来说，资本主义的经济法则，也并不例外；换句话说，只有通过阶级斗争（即资产阶级战胜封建主的斗争）来实现。任何科学法则之所以能够具有客观的必然性，就是因为它不管人们对它自觉或者盲目，不管人们对它赞成或者反对，它都一定要坚持其自己的发展方向。

任何自然科学法则的正确运用，所以能够成为主观意志的自由，就是因为它能够严格地遵守自然科学法则所指示的客观必然性，以及这种客观必然性规定的发展方向。人们也只有在认识，并且自觉地接受经济法则支配的条件下，才能自由地支配经济法则。

资本主义经济法则，所以表现成为社会生产关系对生产者盲目的支配，主要是在生产的社会性质和占有的私人形态的矛盾基础上发展起来的，是竞争和生产的无政府状态的必然性所决定的，这不是人们对法则的盲目所引起的。

社会主义经济法则之所以表现为社会生产关系受生产者自觉的支配，主要是由于生产的社会性质和占有的私人形态的矛盾已获得解决，社会生产关系已适合于社会生产力性质，并在此基础上发展起来，是国民经济有计划发展的必然性所决定的。这里还是经济法则决定人们的自觉，而不是人们的自觉引起的经济法则的变化；正如在资本主义制度下，任何人都不能违反或超越竞争和无政府生产法则去利用法则一样。

为什么某些经济学家竟然否定和忽视了这种社会主义经济法则对人们的意志或意识的决定作用呢？斯大林同志说："苏维埃政权的巨大成就使他们惊讶，苏维埃制度异乎寻常的成功冲昏了他们的头脑，他们就以为苏维埃政权是'无所不能'的，是'什么都不在乎'的，它能消灭科学法则，能制定新的法则。"（《苏联社会主义经济问题》）

（2）机械唯物论的观点

机械唯物论的观点承认客观法则的决定作用，但是否定了人们主观意识的能动性，否定了这种能动性对客观过程的影响。换句话说，就是它仅仅肯定了客观过程发展的必然性，但否定了自由意志的作用。

斯大林同志在《苏联社会主义经济问题》一书中说：

"有人说，经济法则具有自发性质，这些法则所发生的作用是不可防止的，社会在它们面前是无能力的。这样说是不对的。这是把法则偶像化，是让自己去做法则的奴隶。已经证明：社会在法则面前并不是无能为力的，社会认识了经济法则以后，依靠它们，就能限制它们发生作用的范围，利用它们来为社会谋福利，并'驾驭'它们，正如在自然力及其法则方面的情形一样，正如上面所举的江河泛滥的例子一样。"

"有人说，我国国民经济有计划的（按比例的）发展的必然性，使苏维埃政权有可能来消灭现存的经济法则和创造新的经济法则。这是完全不对的。不能把我们的各个年度计划和五年计划跟国民经济有计划、按比例发展的客观经济法则混为一谈。国民经济有计划发展的法则，是作为资本主义制度下竞争和生产无政府状态的法则的对立物而产生的。它是当竞争和生产无政府状态的法则失去效力以后，在生产资料公有化的基础上产生的。它之所以发生了作用，是因为只有在国民经济有计划发展的经济法则的基础上，社会主义的国民经济才能进行。这就是说，国民经济有计划发展的法则，使我们的计划机关有可能去正确地计划社会生产。但是，不能把可能同现实混为一谈。这是两种不同的东西。要把这种可能变为现实就必须研究这个经济法则，必须掌握它，必须学会以完备的知识去应用它，必须制定出能完全反映这个法则的要求的计划。不能说，我们的各个年度计划和五年计划都完全反映出这个经济法则的要求。"

这里需要把两件事情弄清楚：

①经济法则具有客观性质。

②经济法则具有客观性质，并不等于这些法则所发生的作用是不可防止的，也不能说社会在它们面前是无能为力的，正如自然力和自然法则的作用一样。

这也就决定了我们学习社会主义政治经济学，正确地把握社会主义政治经济学的理论，对于我们社会主义建设的实现，具有决定性的作用。

（二）社会主义政治经济学的研究对象

什么是社会主义政治经济学的研究对象呢？这个研究对象和资本主义政治经济学的研究对象是一样的，一切政治经济学的研究对象都是研究社会生产关系，也就是经济关系。斯大林同志说："政治经济学的对象是人们的生产关系，即经济关系。这里包括：甲、生产资料的所有制形式；乙、由此产生的不同社会集团在生产中的地位以及它们的相互关系，或如马克思所说的'互相交换自己的活动'；丙、完全以生产关系为转移的产品分配形式。这一切共同构成政治经济学的对象。"（《苏联社会主义经济问题》）

要了解社会主义政治经济学的研究对象，首先就必须了解这三个基本内容，以下将分别讲述：

1. 生产手段（生产资料）的所有制形式

政治经济学研究的第一种对象，是生产手段所有制的形式。

什么是社会主义生产手段所有制形式？社会主义生产手段所有制形式，是在资本主义高度发展的社会里，无产阶级取得政权后，把一切已经被资本主义集中了的社会化生产手段收归国有——社会所有，假如在农业里和工业里一样都是高度集中了的社会化，这种情况下的社会所有制形式，可以从一开始就转变为全民所有制的形式（对于工业或农业是完全一样的）。但是在资本主义没有高度发展的社会里，生产手段还没有全部被资本家集中，仅仅是工业上的生产手段被资本家所集中，而在农业上还是小农经济占优势，生产手段仍分散在个体农民手里，生产手段没有完全集中化。在这样的国家里，由于资本主义经济还没有达到高度发展阶段，无产阶级在取得政权以后，首先要把资本主义集中了的工业收归社会所有；而在农业方面则需要经过过渡形态，逐步实现农业生产手段的集中化（主要是通过合作社、互助组的形式，把个体农民组织起来）。在两种不同生产手段集中化、社会化的过程中，也就产生了两种不同的所有制形式，一种是全民所有制，另一种是集体所有制，现在的苏联就是这样情形。

在苏联的全民所有制形式下，生产手段是全社会的公有财产，包括：工业的全部、土地、国营农场和拖拉机站；在全民所有制形式下，生产品也归全社会所有。在苏联的集体所有制形式下，主要生产手段为国家和社会所有，如：土地、拖拉机等；但是，还有归集体所有的次要生产手段，如：集体农庄、合作社、简单农具、家畜、房子、肥料等；在集体所有制形式下，生产品归集体农庄和集体农民所有；这就是集体所有制形式和全民所有制形式的不同之点。

政治经济学的研究对象之一，就是这种生产手段所有制的发生、发展和向更高形式的转变。

2. 不同社会集团在生产中的地位及其相互关系

政治经济学研究的第二种对象，是由生产手段的所有制形式产生的不同社会集团在生产中的地位及其相互关系。

在社会主义制度下，各种不同社会集团在生产中的地位及其相互关系，也是从生产手段所有制形式产生的，或者说，以生产手段所有制为基础而产生的。在这个基础上产生的社会集团，首先分成两种：一种是属于全民所有制的社会集团，一种是属于集体所有制的社会集团；两种集团内部相互关系不完全一样，两种集团外部相互关系也就不能完全一样。

（1）全民所有制形式下的社会集团内部生产关系

首先，我们看一下在全民所有制形式下的社会集团内部。要了解这种内部关系，必须首先看这种内部关系是怎样产生的。

社会主义全民所有制形式是在原来资本主义基础上产生的，是把已经集中了的生产手段收归国有后产生的。它和资本主义私有制的不同之点是：在资本主义生产关系下，生产手段是在私人资本家手中掌握，全社会被分割成为无数的私人资本主义企业，这些企业之间所发生的关系只能是外在的联系；而现在由资本家的私人生产手段转变成为全民（或全社会）所有，就把各企业之间的外部联系变成了内在联系，成为全社会有机整体的一个组成部分。

如果说，过去的每个资本家，在他自己工厂里，进行着有计划和有组织的生产，而全社会却处在无政府生产状态之下；现在则变成了，以全社会为单位来进行有计划、有组织的生产，这种情形下，国家的职能也就发生了变化。如果在资本主义社会里，国家是表现为超出社会之上的纯粹的上层建筑，现在国家就变成了组织和领导全社会进行生产的一个管理机构与组织机构了。正如列宁在《国家与革命》中所说的："整个社会将成为一个管理处，成为一个劳动平等、报酬平等的工厂。"国家就是这种新的生产关系的代表者。

当然，在开始变化时，并不等于这国家已经变成了全社会的一个劳动平等、报酬平等的管理处，也不等于把旧国家的上层建筑职能完全消灭了；但是，国家的职能还是发生了变化，开始发生新的职能，由超出社会之上，变成了社会的组织部门。

在资本主义社会里，组织、管理生产的是资本家和经理；而现在由国家来统一领导和组织社会主义的企业，国家变成了生产关系当中的主要部分。在资本主义社会里，我们看到个别企业进行有计划、有组织的生产，而全社会是处于无政府状态的；由于全社会掌握在资本家集团手中，企业互相之间是发生利害冲突和相互竞争的外在联系。现在我们看到，在社会主义企业里，在一个统一的社会领导之下，各个部门的分工不同，但互相间外在的联系变成了内部关系，商品生产、商品交换关系，在这个内部关系中被消灭了；同时，为了各自利害关系的互相间的竞争与矛盾也被消灭了，代替竞争的是各企业之间的生产友谊竞赛，为了一个共同目的，为完成全社会总的生产计划而竞赛；不再是资本家们追求各自利润的相互竞争，而是为了满足全社会的需要而生产。

国家怎样来实现对全社会企业的组织和领导呢？这种组织和领导是通过三个不同的部门来进行的：第一，是计划机构；第二，是统计机构；第三，是企业经营管理机构（计划执行机构）。

①计划机构

计划机构主要根据现有的生产条件，根据当前全社会的需要来确定社会统一的生产计划，通过这个计划把全社会生产的一切部门变成一个互相配合、互相联系、互相依存的有机整体，通过这个计划来领导全面的经济建设。

②统计机构

首先，统计机构要为计划机构提供编制计划的依据。统计机构需向计划机构反映的情况有两种：一种是目前生产力的发展水准，增加生产最大限度的可能条件；另一种就是通过统计工作反映全社会对各种产品需要的数量，也就是各生产部门需要生产的产品的种类及数量。这些情况，被作为计划机构编制计划的根据。

其次，统计机构在计划决定以后，还要监督计划的执行、检查计划的执行、发现计划执行中的优、缺点，提出改进计划编制和执行的意见，并提交计划机构和企业经营管理机构。

③企业经营管理机构

企业经营管理机构就是要通过劳动力的组织、社会能力的运用和生产手段的调度，来执行并实现全社会统一的经济计划；同时在生产过程中创造出计划所规定的、满足社会需要的生产品。另外，在分配过程里，也是按全社会统一的计划，把生产品分配到消费者的手中。

这就是全民所有制形式下的内部生产关系。

（2）集体所有制形式下的社会集团内部生产关系

集体所有制形式下的内部生产关系，是以集体所有制为基础建立起来的集体生产集团（在苏联就是集体农庄）内部的关系。现在，苏联的一个集体农庄就是一个生产单位，集体农庄财产归集体农庄的农民共有。所有农庄的集体农民，都是集体生产的组织者和管理者，他们通过全体大会选举出集体农庄的经营管理机构、生产组织与领导机构；并通过这些机构提出生产计划，进行计划的执行、监督，集体领导计划的实施，根据规定的一定的方法来分配生产品。

（3）全民所有制和集体所有制两种集团之间的关系

全民所有制和集体所有制两种集团之间发生什么样的关系？

国家是全民所有制的代表，供给集体农庄土地、机械等主要生产手段。正因为这些主要的生产手段掌握在国家手里，集体农庄才成为社会主义的组成部分。

集体农庄生产出来的产品，首先拿出一部分作为任务交给国家；另外还得拿出一部分交给拖拉机站，作为维持费用；第三部分是在确定生产计划时和国家签订的交换合同所规定的预购产品部分，作为国家的计划预购，根据国家规定的价格把集体农庄一定量生产品卖给国家，国家支付合同上的价格，这是经过商品形态和国家进行交换的关系；第四部分是在国家需要更多收购农产品时，按着低于自由市场但高于合同的价格，通过协议进行交换；最后一部分就是拿到自由市场上出卖的部分，价格按市场具体情况而定。

这就是社会主义政治经济学研究的第二种对象。

3. 分配形式

政治经济学研究的第三种对象，是生产品的分配形式。

生产品的分配形式怎样？生产品的分配形式完全是以生产关系为转移的。它决定于对生产手段的所有关系，决定于各个集团在生产中的地位及其相互关系。总的说来，不管全民所有或集体所有，主要生产手段都是全社会所有，基本分配原则是一样的。

首先，把社会生产出来的生产品，按下面几个部分进行分配：

第一，补充在生产中被消费掉的生产手段的部分和补充生活消费的部分；

第二，全社会的生产品必须为扩大再生产提出一个追加部分；

第三，提出用于预防自然灾害的准备及其他意外灾害的保险基金；

第四，扣除非生产性的一般行政费用，如：军事、外交等，这一部分随着社会的发展会越来越减少了（也就是说：如世界革命成功，军事费用与外交费用就没有了，管理机构的费用在共产主义社会也要消灭了）；

第五，扣除满足公共需要的费用，如：办学、增加卫生设施等，这一部分随着社会的发展会越来越增加；

第六，提出扶养没有劳动能力的老弱病残等的费用；

最后，扣除以上提留后的部分，才是为个人所消费的部分。

这就是前面所讲的全民所有制和集体所有制的分配形式。前面六种，全民所有制与集体所有制是一样的，最后一种是不同的。其不同之处是：全民所有制的国营工厂和农场完全以工资形态来分配，再由个人通过商品形式取得自己需要的消费品；而集体农庄是按着劳动日的质量和数量来分割生产品，或者分配生产品的转变形态（货币）及部分食物。

所有制的形式为什么决定着各集团的地位及其相互关系？因为不同的生产手段所有权关系产生不同的社会制度，并决定着人们在生产活动中的相互关系。占有生产手段的人就有支配别人的权力，就能剥削那些没有生产手段的人。

在社会主义制度下，全体人民对生产手段的平等关系，就决定了劳动者在生产活动中的互助合作关系，也就决定了劳动者在分配上的平等关系。

生产手段的所有制形式不同，就决定了分配形式的不同。比如，在不同的阶级社会（奴隶社会、封建社会、资本主义社会）里，因支配与隶属关系的不同，其分配形式也各不相同。在社会主义制度下，因为存在着两种不同的所有制形式，也就决定了在分配形式上有所不同。

总之，社会主义政治经济学的研究对象仍然是社会生产关系，它包括：生产手段所有制的关系、社会生产各集团之间的关系、生产品分配的关系及其表现出的各种不同形态，即，研究这些关系的发生、发展和向着更高形态的变化。

（三）社会主义制度下的商品生产

1. 社会主义制度下的商品生产是社会生产力的性质所决定的

为什么苏联在无产阶级已经取得政权，并且把社会生产手段收归国家所有以后，还要保存商品生产呢？这主要有两个原因。

（1）社会主义制度建立在资本主义尚未高度发展的国家

一个原因，由于俄国是一个经济比较落后的国家，资本主义还没有完全高度发展。即，在一个小农经济和小商品生产仍然占优势的国家里，社会生产力，特别是生产手段的集中化、生产过程的社会化还没有达到可以把一切社会生产手段一下子都收归全社会所有，以便使国民经济的一切部门都变成社会主义的生产关系。也就是说，社会生产力还没有达到使社会主义成为国民经济唯一的经济结构的程度。当时俄国基本经济结构就是社会主义、资本主义、小商品生产、国家资本主义、合作经济五种经济结构。这五种经济结构，按各自的经济法则来发展。在这种情况下，要在各种不同的经济结构之间实行生产品社会主义直接交换制度，是不可能的。为了促进社会主义工业恢复和发展，就只有首先促进农业生产力的恢复和发展，因为要恢复和发展社会主义工业，首先需要粮食、经济作物和工业原料，社会主义工业越发展就越需要粮食和原料。但是提高农业生产力的唯一可行的、可以使农民容易接受的方法，就是允许商品交换关系的发展，允许商品生产关系的存在。因为每个生产者都是为自己的个人目的——获得交换价值，去生产社会需要的使用价值。如果孤立来看（单就一个社会主义国家来看）原因就在于此。如果从全世界联系上看，那就还有另外一个原因。

（2）在世界主要资本主义国家尚未建立社会主义制度

另一个原因，由于俄国是世界上首先实现社会主义革命胜利的国家，无产阶级的社会主义革命还没有在世界上主要资本主义国家中同时获得胜利，在这种情形下，不但在世界范围内，无法用社会主义的产品直接交换关系去代替社会主义国家和资本主义国家间的商品交换关系，并且在国内也没有办法用完全的社会主义生产关系、商品交换关系代替那种前社会主义甚至前资本主义生产关系、商品交换关系。换句话说，在这种情况下也就没有办法实现由资本主义到社会主义的全面的、直接的过渡。

也就是说，在这种情形下，在对外关系上，就是社会主义企业、社会主义国家也没有办法完全消灭商品交换或以商品形态进行的交换，因而也就没有办法消灭商品生产关系。在苏联社会主义制度下，在全民所有制条件下，为了进行对外贸易，苏联还不能不生产部分商品。

所以，在上述情况下，在对内关系上也就没有办法利用其他生产力已完全高度发展的国家的技术和经济的力量。也就是说，没有办法利用全世界社会主义工业的总力量，来实现农业直接的社会主义改造，促进农业中的小商品生产关系直接转变为社会主义的生产关系；也就是说，世界革命没有成功之前，或全世界主要资本主义国家无产阶级革命成功之前，没有办法实现提高生产力来直接改造小农经济，使它直接走向社会主义，在它不能直接变成社会主义的条件下，小商品生产的存在就是不可避免的，小商品交换关系也就不可避免。只有，而且也只有当其他国家的无产阶级取得政权、建立国家，并用其更高的技术、更高的生产力来进行援助的情况下，他们才可以实现从小农经济到社会主义生产关系的直接转变。但在这种条件不具备的情况下，只有经过缓慢、逐渐的迂回过程，实行间接的过渡，这必然要用很长的时间。在这段时间内，必然要保存商品生产和商品关系，如果不是这样，它会停止经济发展。

斯大林在《苏联社会主义经济问题》中这样讲道：

"某些同志断定说，党在我国取得了政权并把生产资料收归国有以后，还保存商品生产，是做得不对的。他们认为，党在当时便应当消除商品生产。关于这点，他们引了恩格斯如下的话来证明：

"'一旦社会占有了生产资料，那么商品生产将被消除，而产品对生产者的统治也随之消除。'（见《反杜林论》）

"这些同志是大错特错了。

"我们来分析一下恩格斯的这个公式吧！恩格斯的这个公式不能认为是十分明确的，因为书中没有指出，究竟是社会占有一切生产资料，还是只占有一部分生产资料，即一切生产资料转归全民所有，还是仅仅一部分生产资料转归全民所有。这就是说，恩格斯的这个公式可以理解成这样，也可以理解成那样。在《反杜林论》的另一个地方，恩格斯讲到占有'一切生产资料'，讲到占有'生产资料的全部总和'。这就是说，恩格斯在他自己的公式中所指的，不是把生产资料的一部分收归国有，而是把一切生产资料收归国有，即不仅把工业中的生产资料，而且也把农业中的生产资料都转归全民所有。由此可见，恩格斯所指的是这样一些国家，在那里，不仅在工业中，而且也在农业中，资本主义和生产集中都是充分发达，以致可以剥夺全国的一切生产资料，并把它们转归全民所有。因而，恩格斯认为，在这样的国家中，在把一切生产资料公有化的同时，还应该消除商品生产。这当然是正确的。"

2. 利用经济法则去适应社会生产力的性质

为什么已取得国家政权的无产阶级不能一下子就把所有社会生产手段都掌握在自己手里，因而一下子就把社会主义变成社会唯一的经济结构呢？

　　这里讲到的经济结构，就是各种生产关系的总和，主要是没收已被资本主义所社会化和集中化了的生产手段，这是容易一下子就完成的。因为这是作为被剥夺者的多数人对那些作为剥夺者的少数人的剥夺，是资本主义的经济法则已经指出来的客观必然性，是客观经济法则所要求的行动，是生产力和生产关系矛盾发展到最后阶段的必然产物，是不可避免的矛盾的解决方法。

　　然而，没收那些分散在几千万或上万万中小私有者手中的生产手段，就不那样简单了。解决这一矛盾是不能简单地采用"没收"的方法的。因为这就意味着同样受资本家阶级剥夺的少数劳动者对多数农民的剥夺，是违反经济法则的行为。那不仅在政治上，并且在经济上也都是引导社会走向倒退的。所以列宁说：不是对小生产者剥夺，而是对他们改造。

　　否则，在政治上，等于把无产阶级在反对阶级敌人的斗争中的可靠同盟者——农民，长久地驱赶到自己敌人的阵营中去；在经济上，对社会生产力和生产关系的发展也没有丝毫好处，因为社会主义的生产关系是只有在已经社会化了的生产条件基础上才能够发生。那不是在小商品生产基础上所能建立起来的生产关系，所以剥夺小生产者的生产工具对建成社会主义是没有帮助的，而且反倒有助于已经死亡了的资本主义生产关系的复活和发展。

　　实际上，只能把分散的生产手段集中起来。如果不是按照由小商品生产关系间接过渡到社会主义的法则，而是按照资本主义的经济法则，那结果必然是：不但分散的生产手段集中不完、集中不了，而且那些已经被集中了的，也只能被分散使用的生产手段，以后还会再被分散开来。因为只有以共同使用为前提的生产手段，才能够确保已被集中起来的生产手段和已被社会化了的生产过程不被分散。实际上，分散的小商品生产经济恰好是资本主义自发经济的基础。

恩格斯在《共产主义原理》第十七条里这样讲："私人所有权的废止，能够一下子就实现吗？不，那是和要把今天所有的生产力一下子就提高到共产主义社会所必要的程度一样的想法。因此，必然要发生的无产阶级革命，将逐步地变革现在的社会。并且只有当生产手段的必要数量被创造出来的时候，私人所有权才能被废止。"

斯大林在《苏联社会主义经济问题》中说：

"也不能把另一种可怜的马克思主义者的意见当作回答，他们以为，也许应该夺取政权，并着手剥夺农村的中小生产者，把他们的生产资料公有化。马克思主义者也不能走这条荒谬和犯罪的道路，因为这样的道路会摧毁无产阶级革命胜利的可能性，会把农民长久地抛到无产阶级的敌人的阵营里去。"

很显然，这在政治上是一种"左"倾机会主义的立场。它从"左"的立场上帮助资产阶级反对无产阶级巩固政权的斗争，阻碍无产阶级革命的最终胜利。

这在理论上是一种主观唯心论的观点，因为它过分强调社会生产关系—生产过程中人和人的社会关系对社会生产力的能动作用，它企图在生产力还没有发展到那个水平、那个阶段的条件下，就要改变生产关系，它不了解没有生产力（客观的物质条件——生产技术的和社会条件的）发展的一定高度，没有集中化的生产手段和社会化的生产过程，社会主义生产关系是没有办法建立的。因为这种观点把人的主观意志对经济法则的能动作用，夸大成为人对经济法则的决定作用；但实际上，等于否定经济法则的客观性质，等于否定经济法则的客观必然性。

3. 无产阶级在经济落后国家夺取政权的必要性

为什么当无产阶级夺取政权的有利条件已经具备，无产阶级不能等到资本主义已经发展到把一切生产手段都集中起来的程度才去夺取国家政权呢？

这是因为，如果那样做，在政治上等于使无产阶级和农民长期地忍受资本家的剥削、压迫和奴役，就等于取消革命或拒绝革命的胜利，这是一种右倾机会主义的立场。因为它从右的立场上来帮助资产阶级反对无产阶级的革命——为夺取政权、实现无产阶级专政的斗争。

在理论上它等于否定生产关系对于生产力发展的能动作用，等于否定人的自由意志对经济法则——客观必然性的能动作用，等于宣告人在经济法则面前是无能为力的，等于承认人的主观努力不能加速或延缓法则的发展。这是一种机械唯物论的观点。

正因为这样，所以斯大林同志在《苏联社会主义经济问题》中说："当然，不能把某些可怜的马克思主义者的意见当作回答，他们认为，在这样的条件下，应该拒绝夺取政权，只有等到资本主义使千百万中小生产者破产、把他们变为雇农，并把农业生产资料集中起来以后，才可以提出无产阶级夺取政权和一切生产资料公有化的问题。显然，马克思主义者是不能选择这样的'出路'的，如果他们不愿意使自己丢尽脸皮的话。"

生产关系的改变为生产力的发展创造了无限的可能，社会主义生产关系是在资本主义生产关系下发展出来的生产力所要求的，适合于生产力发展的新形式。

4. 无产阶级取得政权后的正确政策

如果无产阶级已经取得了政权，可以实行生产手段（不是全部，而是部分）公有化，那么，无产阶级的正确政策应该是怎样的呢？

这可以总结为以下四点：

①剥夺已被社会化、集中化了的生产手段，并把它们转变为

全民所有，在此基础上建立并发展社会主义的大企业（实现国家的社会主义工业化）。在这个限度内，绝对缩小商品生产的范围。

②通过各种过渡生产关系：通过合作社把小商品生产者组织起来，通过国家资本主义把私人资本主义逐步转变成为社会主义的经济结构；也就是说，实现社会对小商品生产者及对私人工商业者的社会主义改造。

③用一切方法促进工业的发展（这是尤其重要的），为集体化的农业建立现代化、大规模生产的技术基础；不但不能剥夺集体农庄，相反地还要加紧供给它们以最好的生产手段（如：农业机械等）。

④要在一定时期内，一定限度内，保存商品生产，进行商品交换；通过逐步扩大国家和合作社的商业，逐步地限制和消灭私人商业；使各种不同的经济成分，或不同的经济结构向着实现国家社会主义的统一方向，向着把一切经济结构统一为社会主义单一（同一）的生产关系的方向发展（在这个限度内消灭商品生产）。

为什么要采取这样的政策呢？这也就是我们过渡时期的总路线。主要因为：

第一，为了发展工业，尤其是为了要实现社会主义工业化，就必须提高粮食和原料作物的生产力。在小农经济占优势的情况下，必须提高小农的生产力。

第二，为了要提高小农的生产力，就需要有两种方法。第一种最好的方法，是把小农经济变成合作经济。另一种方法，是在农民还不能马上接受合作化道路的时候，小农经济也还需要发展，为了促进小农经济的发展，必须允许商品交换关系的发展；这就意味着资本主义的发展。既然我们还没有力量实现由小农生产直接过渡到社会主义，所以，资本主义（它是小生产和交换的自然的产物）在某种范围内便不可避免。

第三，为了利用、限制，并最终消灭私人资本主义，就必须把私人资本主义引导到国家资本主义轨道上去。为了利用私人资本主义，促进社会生产力的发展，以利于社会主义物质条件的创造或准备，就必须防止或者限制私人资本主义的破坏作用，例如：竞争、无政府生产、危机以及一切盗窃公物行为和一切逃避国家计划与监督的不法行为等不利于社会主义的方面。

这就需要创造和利用政治上和经济上的条件，通过镇压和收买互相结合的方法来把私人资本主义引导到国家资本主义轨道上来。这在经济法则上是不是允许呢？

实际上，凡是有一般自由贸易和资本主义成分的地方，在某种形式和某种程度上就有国家资本主义，国家资本主义在一定的范围内是不可避免的；因此，要把国家资本主义作为私人资本主义和社会主义的中间环节，作为提高生产力的手段和促进方法。

国家资本主义，是无产阶级国家能够加以限制和利用的资本主义，是在国家计划和监督之下的资本主义，是可以有组织地向社会主义过渡的资本主义，也是引导私人资本主义过渡到社会主义的可靠的途径。

列宁在《论粮食税》中说：

"和社会主义比较，资本主义是祸害。但和中世纪制度、和小生产、和小生产者散漫性联系着的官僚主义比较，资本主义则是幸福。既然我们还不能实现由资本主义到社会主义的直接过渡，作为小生产和交换的自发产物的资本主义，在一定范围内就是不可避免的，所以我们应该利用资本主义（特别是要把它引导到国家资本主义的轨道上去），把它作为小生产和社会主义的中间环节，作为提高生产能力的手段、途径、方法和方式来加以利用。"

第四，为了限制资本主义的发展，并促进小商品生产经济的振兴，同时加速其向社会主义大生产过渡，就必须把小商品生产者引导到劳动集体化或者合作化的轨道上去。

限制资本主义的发展并促进小商品生产经济的振兴，这也是利用经济法则的一条法则。

恩格斯在1886年1月20—23日致奥古斯特·倍倍尔的信中说："……至于在向完全的共产主义经济过渡时，我们必须大规模地采用合作生产作为中间环节，这一点马克思和我从来没有怀疑过。但事情必须这样来处理，使社会（即首先是国家）保持对生产手段的所有权，这样合作社的特殊利益就不可能压过全社会的整个利益。"

这就是说，要经过劳动合作化，劳动集体化的生产关系，一方面促进小农经济发展生产力；另一方面又促进小农经济向着社会主义经济形态过渡，逐渐把生产手段的所有权掌握在社会手里。

列宁在《论粮食税》中说：

"既然粮食税意味着能自由出卖剩下的（纳税以后的）余粮，那么我们就必须竭力设法把资本主义的这种发展（因为出卖自由、贸易自由就是资本主义的发展）引上合作制资本主义的轨道……

"……合作制包括成千上万，甚至千百万个小业主。……由小业主合作社向社会主义过渡，是由小生产向大生产过渡，就是说，是比较复杂的过渡，但它在成功时，却能包括更广大的居民群众，却能把旧的关系，社会主义以前的，甚至资本主义以前的即最顽强反抗一切'革新'的那些关系的更为深固的根拔掉。租让制政策施行成功，就会使我们获得为数不多、但却具有现代先进资本主义水平的模范的——和我们的比较——大企业；经过几十年以后，这些企业就会完全归我们所有。合作制政策施行成功，就会使我们把小经济发展起来，并使小经济在相当期间内，在自愿结合的基础上过渡到大生产。"

列宁在《论合作制》中说：

"在私人资本主义下，合作企业与资本主义企业不同，前者是集体企业，后者是私人企业。在国家资本主义下，合作企业与国家资本主义企业不同，因为合作企业既是私人企业又是集体企业。在我国现存制度下，合作企业与私人资本主义企业不同，因为合作企业是集体企业，但它与社会主义企业没有区别，如果它们占用的土地和使用的生产资料是属于国家的即工人阶级的。"

这就是说，这种合作社经济形态，在资本主义社会中，就是合作社的资本主义，是在资本主义制度下已发生了的生产关系；但在社会主义制度下，把这种生产关系作为一种小农经济、小商品生产过渡到社会主义的一种形态来利用，使生产迅速发展，使其生产关系改变，并逐渐地变成社会主义的生产关系。

合作社企业并不等同于社会主义企业，但在1923年苏联的国家资本主义已经发展到一定的程度，社会主义的生产关系已普遍的发展起来了，在这种情况下，合作社就改变了性质，就变成为社会主义企业的另外一种形态了。

所以，从这些理论根据看来，正确的经济政策是根据经济法则的客观必然性决定出来的，是按着经济法则的客观必然性所指示的方向来决定的。如果按照经济法则决定经济政策，就会使社会生产迅速发展；但如果违反经济法则决定经济政策，这个政策就没有办法实现，就一定要失败和破产。

从这里，可以看到经济法则的自发趋势：小商品生产经济会自发产生出资本主义，资本主义会自发地发展成为帝国主义；但是，在另一方面，在社会主义制度下，小商品生产经过一定的过渡形态（在资本主义社会中没有出现过的那种过渡形态），变成合作社资本主义，再用合作社资本主义这样的生产关系，把它引导到社会主义的道路上去；私人资本主义通过国家资本主义的道路也可以被引导到社会主义道路上去。

这样，就可以利用小商品经济和资本主义经济来发展社会主义的生产力和社会主义的生产关系；就可以使小商品生产和资本主义生产不但不会发展成为帝国主义，而是经过这样的过渡，转变成为社会主义生产关系。这就是社会对法则的能动作用。

认识了法则，就可以运用法则，也就可以控制法则，可以支配法则，可以防止法则的破坏作用，可以把法则引导到有利于社会发展的方向，利用法则为社会谋福利。这就是既依靠法则，又支配法则的典型例子，这就是辩证法、唯物论解决问题的方法。

第五，为什么说商品生产并不在任何条件下都必然要引导到资本主义道路上去呢？

这是因为只有在下面的三个条件下，商品生产才能转变为资本主义生产：

①生产手段的私有制；

②劳动力变成商品的必然性；

③自由贸易和自由市场的存在。

在奴隶社会和封建社会里，因为缺乏条件②（即劳动力变成商品的必然性），简单商品生产就不会转变为资本主义商品生产。即使有些人蓄积了一定量的货币，但是没有可供自由买卖的劳动力，在这种情况下，商品生产就不会转变为资本主义的商品生产。

在社会主义条件下，使这三个条件越来越趋向消灭，首先是消灭生产手段的私人所有制（这是必须一步一步消灭的）。消灭了生产手段的私有制，劳动力变成商品的可能性就失掉了，同时使直接生产者都变成生产手段的所有者。在社会主义生产关系下做工的工人都是生产手段的所有者，集体农庄的农民都变成了集体农庄生产手段的所有者（集体所有者），这样就失去了出卖劳动力的必要性，也就消灭了劳动力作为商品的必然性。随着生产关系的发展和改变，劳动生产品的性质也就发生了改变，自由贸易和自由市场也就逐渐缩小，以致最后被消灭。因为在社会主义生产关系中，我们可以看到，生产活动是为了满足社会的需要，是劳动者阶级利用自己掌握的生产手段来为全社会生产，并把生产出的产品交给国家、交给全社会，并由全社会进行统一的分配。在这种情况下，商品生产已经消灭，商品交换关系也已经不存在。也就是说，在这三个条件完全被消灭了的情况下，商品生产肯定不能发展成为资本主义的商品生产；不仅商品生产不能发展成为资本主义的商品生产，而且商品生产本身也趋于消灭。这是商品生产发展的必然性，是按经济法则可以使商品生产迅速达到的结果，是必然的趋势。

第六，为什么在苏联生产手段已经公有化，雇佣劳动制和剥削制度也已经消灭，统一的社会主义生产关系已经实现，但商品生产还不能消灭？

这主要因为同一的社会主义生产关系还没有实现，也就是说，同一的社会所有制还没有实现，还存在着两种不同的所有制。这两种不同的所有制之间的交换只能采取商品交换的形态，为了进行商品交换还需要有商品生产，这是在一个国家的范围内商品生产不能消灭的原因。在对外贸易上，在全世界所有国家还没有变成社会主义社会以前，在和商品生产社会进行交换时，还需要采取商品形态。但是，商品生产是逐渐缩小范围的，逐渐在苏联社会主义社会内来缩小范围，以致趋于消灭，这是社会主义经济法则决定的必然发展趋势，是客观的必然性。因为就在这两种所有制同时存在的情况下，我们可以看出商品生产、商品交换的范围越来越缩小。首先，在全民所有制情况下，在社会主义工业和国营农场里，我们可以看到生产手段全部归社会所有，生产品也是全社会所有的，全部生产品交给国家统一分配。就在这个领域中，基本上消灭了商品生产和商品交换。其次，在集体所有制（主要是合作社、集体农庄）情况下，我们可以看到，在集体农庄里，生产手段有两部分，主要部分（如土地、机械）归国家所有，其他次要部分归集体农庄所有，这部分生产手段是不采取商品形态的；生产品的全部是归集体农庄所有，但生产品的分配还是一定要分成几个部分：

一部分是作为义务交给国家，这部分起初直接作为再生产部分，或者说是作为扩大再生产的准备基金的一部分。

另一部分是分配给集体农民，作为直接的生活手段。这部分是生产品的直接分配，不经过市场，也不采取商品交换的形态。

剩下的几个部分，一部分按照一定价格卖给国家；一部分拿到集体农庄市场去卖；另外，农民之间还可以把发给他们的食物进行自愿的调剂（采取商品形态进行调剂）；可是这种商品形态是越来越相对的、绝对的减少了。

当两种所有制变成一种所有制时，这种对内的商品生产就可以完全消灭，就可以变成和国营农场的情况一样。因为，这时所有的生产手段都是全体人民的，全部的生产品都由社会统一分配。在这种情况下，商品生产、商品交换将被完全消灭。

第七，为什么在《资本论》中讲的生产范畴在社会主义生产关系下不能适用呢？

这里指的范畴有如下几种：商品、劳动力、资本、剩余价值、利润、平均利润率。这些范畴反映着资本主义的发展法则。在社会主义生产关系下，随着资本主义生产关系的消灭，反映资本主义生产关系的范畴就要消灭。

①商品

社会主义制度下，在一定时期、一定限度内，仍然保存商品生产、商品交换关系；但劳动力不再是商品，商品的范畴已经发生了变化。可是，只要是商品，包含在商品里面的矛盾就依然存在。

②劳动力

劳动力作为商品，在社会主义制度下是不可能的，也是没有必要的，因为劳动力的所有者也就是生产手段的所有者，他们利用自己的生产手段和自己的劳动力来为自己生产满足自己需要的生产品。在这种情况下，劳动力的买卖关系已经不存在了。由于劳动力已经不是商品，劳动力的价值与使用价值的矛盾也就不存在了；劳动者的工资也变成了用以领取自己劳动产品的一定量的证书。关于这一点，列宁说："生产资料已经不是个人的私有财产，它已归整个社会所有。社会的每个成员都完成社会所必需的某一部分劳动，并从社会方面领得一张证书，证明他完成了多少劳动量。……"（《国家与革命》）

③资本

资本这个范畴，在我们讲资本主义政治经济学的时候知道，资本是自我增殖的价值，是剥削剩余价值的手段。而在社会主义生产关系下，大家都是平等地位的生产手段的所有者，都是为社会生产产品的，在生产过程中并没有什么剩余价值产生；同时我们也知道，资本所以能够自我增殖，是以可出卖的劳动力的存在为前提，现在的劳动力既然已经不能成为商品，靠剥削剩余价值实现资本的自我增殖也就成为不可能。由此可见，资本就不能成为社会主义政治经济学的范畴。

④剩余价值

在讲资本主义政治经济学时，我们已经知道剩余价值是资本创造出来的。但在社会主义社会里，靠资本剥削剩余价值的这种手段已经不存在了，剩余价值自然也不存在了。同时，劳动者既然是为自己劳动，那么劳动日也就不能够分为必要劳动时间、剩余劳动时间了；生产品也就不能够分为必要劳动产品、剩余劳动产品了；全部生产品都是必要的。所以剩余价值在社会主义政治经济学的范畴内是根本不存在的。

⑤利润、平均利润率

什么是利润呢？在讲资本主义政治经济学时，已经讲到利润是剩余价值的神秘化形态。因为在社会主义政治经济学里剩余价值的范畴不存在，于是那个被神秘化了的形态也就不存在了；所以，平均利润率也就不存在了。

在资本主义的分配过程中，新增殖价值的一部分（必要劳动产生的价值），是用于支付工人工资的部分；而另一部分（剩余劳动产生的价值），在扣除了用于资本家自己消费的数额以后，被作为追加资本，与原预付资本一起进入流通过程。

在社会主义制度下，生产过程的性质发生了变化，商品生产过程是劳动过程和价值增殖过程的统一。在社会主义生产关系下，生产是为了满足全社会的需要，生产出的是使用价值；而劳动过程和生产过程的二重性就消失了；同时，分配过程也发生了变化。在社会主义制度下，既然资本的范畴消灭了，资本循环的过程也就不存在了。

但是，这里存在着这样一个问题：在商品生产还没有完全消灭的期间，适用于商品生产的经济法则还不能够消灭，反映商品生产的那些经济范畴也还不能够消灭。这些范畴将要随着商品生产、商品交换关系的消灭而失去作用，让位给社会主义的生产过程和分配过程的法则，让位给社会主义生产关系的法则。

第八，简单商品生产、资本主义商品生产和社会主义商品生产的同一性和差异。

只要是商品，那么，包含在商品里面的几种矛盾都是共同的。也就是说，只要是商品，就必须是由抽象劳动和具体劳动创造出来的使用价值和价值的统一体。这里就存在着劳动的私的形态和社会形态的矛盾。

在集体所有制生产关系下，集体农庄的产品归集体所有。生产是为了满足农庄自己的需要，而不是直接为满足全社会的需要，并将产品交给社会直接去分配。产品还是要通过实现其价值才能实现其使用价值。

在全民所有制生产关系下，国营企业生产的产品拿去交换的时候，也还是根据价值进行交换，这里还是包含着价值法则的矛盾的。虽然这种商品性质和资本主义商品性质不同，和简单商品性质也不同，其矛盾还是基本上相同的。

现在我们就来看看这几种商品的差异性：

①简单商品是一种使用价值和价值的统一。

②资本主义的商品，虽然在使用价值和价值的统一这点上与简单商品相同，可是在它的价值里面包含着不同的因素（资本主义商品的价值中包含着的是资本价值和剩余价值）；如果说价值是由直接生产者创造出来的，这里面不包括剥削别人的关系，但是资本主义的价值就包含着剥削别人的关系；如果说简单商品生产存在着价值和使用价值的矛盾，在资本主义商品生产里面，则交映着资本和剩余价值的矛盾（进一步说资本本身还分为可变资本与不变资本）。

③社会主义商品虽然也是使用价值和价值的矛盾统一体，但与简单商品有所区别；如果对简单商品来说，价值是其主导方面，那么对社会主义商品来说，使用价值就是其主导方面；如果对简单商品来说，使用价值是价值的存在形式，那么对社会主义商品来说，价值是使用价值的存在形式，通过价值这个形态来实现其使用价值。

简单商品生产以生产价值为目的，资本主义生产以生产剩余价值为目的，而社会主义生产则以生产使用价值为目的。

简单商品生产进一步发展就转变为资本主义商品生产，而资本主义商品生产进一步发展就转变为社会主义商品生产。

在社会主义社会，首先否定了剩余价值的生产，进一步又否定了价值的生产（即否定了商品形态），到了完全否定价值时，生产就不再为交换而生产。到那时，全社会的生产就是为满足人们需要的使用价值的生产，使用价值就否定了价值。

（四）社会主义制度下的价值法则

1. 苏联社会主义制度下的价值法则

在苏联社会主义制度下价值法则是不是存在？是不是发生作用？

关于这个问题，斯大林回答："是存在的，是发生作用的。在有商品和商品生产的地方，也就不能没有价值法则。"（《苏联社会主义经济问题》）

恩格斯说：价值法则就是商品的根本法则。

什么是价值法则呢？价值法则基本分为两条：

第一，就是决定商品价值量的法则。决定这种价值量的是什么？就是生产一定商品的社会平均必要劳动时间。

第二，决定商品价格的法则。因为价值必须表现在价格上，价格是经常围绕着价值，以价值为中心上下波动。这种价格以价值为中心，围绕着价值上下的波动是什么？那就以下列三条来说明：

①假定需要量等于供给量，在这种情况下，商品价格就等于价值；

②假如需要量大于供给量，价格就要高于价值；

③假定需要量小于供给量，价格就要低于价值。

价值法则就是这样两条法则。第二条法则是实现价值的一种形态，商品的价值量通过价格在市场上体现出来，所以价格是实现价值的形态。

价格的变化反映下面两种情况的一种，或两种情况的总和：

第一种情况，就是价格变化反映的商品，或货币中价值的变化。因为商品的价值变化如果由商品本身的变化引起，那么，反映在价格上也会表现出变化。如果商品本身没有变化，而货币价值发生了变化，商品价格也会表现出变化。所以价格变化在这种情况下，反映着商品价值的变化，或者货币价值的变化，甚至是两者同时都发生了变化。这种情况，在讲商品资本主义政治经济学时已经讲过。

价格的变化反映着生产一定商品的社会劳动生产力的变化。也就是说，反映着生产这种商品所需要的社会必要劳动量的变化（或：社会平均必要劳动时间的变化）。

第二种情况，价格变化反映社会对商品的需要量和供给量发生了变化：

①社会对商品的需要量没有变化，而商品供给量发生了变化，或增加，或减少；

②全社会生产的商品总量没有变化而需要量变化，或增加，或减少。

在情况①中，价格随商品供给量的增加（或减少）而下降（或提高）。

在情况②中，价格随商品需要量的增加（或减少）而提高（或下降）。

但不管价格怎样变，从全社会来看，就每一种商品价格变动的各个阶段的平均水平来看，一切商品的价格总和必然等于一切商品价值的总和，等于生产这全部商品的社会必要劳动时间的总和。

商品交换都是以等量劳动交换等量劳动为前提；或者说，以等量劳动的生产品交换等量劳动的生产品为前提。价值法则就是以等量劳动的生产品进行相互交换的法则，这个法则只要有生产品交换关系存在时就发生作用。

显然，现在苏联还存在着商品生产和商品交换关系，价值法则仍然在发生着作用。

2. 苏联社会主义制度下价值法则的作用及范围

价值法则在苏联发生什么样的作用？范围有多少？

在"社会主义制度下的商品生产"中已经讲过，随着社会生产规模的扩大，随着小生产向社会化大生产的过渡，随着五种经济结构向着统一和同一的社会经济结构的转变，商品生产范围就会绝对缩小，或者说，商品生产关系、商品生产的基础就会绝对缩小。随着商品生产的范围、商品生产关系、商品生产基础的绝对缩小，支配商品生产的价值法则以及它的作用范围也就会缩小。

但是，在苏联现在的社会主义制度下，商品生产还会长期存在，价值法则在一定的范围内仍起作用。

首先，在商品交换范围内，价值法则具有一定的调节作用。所谓调节，就是价格首先决定于价值，决定于生产这种商品的社会必要劳动时间；生产这种商品的必要劳动时间增多，价格就可能提高；生产这种商品的社会必要劳动时间减少，价格也有可能降低。

其次，价格决定于商品必要供给量的变化。假定商品价值本身没有变化，就是说，生产这种商品的社会必要劳动时间没有变化，但是社会的需要量增加，商品的价格就会上升；反之，如果社会的需要量减少，供给量增多，商品的价格就会降低。

在商品循环范围里，价值法则的这种调节作用依然存在，并通过价格高低的变化，去调节商品的社会必要供给量；就这层意义上来说，在这种商品生产的范围里，不能不产生这样的影响（一定限度的影响）。那么，价值法则对社会主义制度下的商品生产所能产生的影响表现在哪些方面呢？

（1）价值法则对社会主义商品生产的积极作用

①价格的波动能够为生产部门提供商品的生产计划、财务计划及其执行是否正确的信息。也就是说，它能够帮助生产部门了解产品的品种、规格、质量及数量是否能满足消费者的需要，是否能满足社会的需要等情况。

如果一种产品被生产出来，但拿到消费者面前却卖不出去；可能会有很多具体的原因：或者是由于这种产品本身不适合消费者的需要，或者是这种产品的规格不适合消费者的需要；或者是由于这种产品的质量很差不适合消费者的需要；或者是该产品的生产数量多于社会的需要量。产品卖不出去，就使得生产这种产品的部门回头检查一下自己的生产计划做得是否正确，在执行当中是否出了偏差。

例如，在1950—1951年期间，我们机械管理局的一些工厂，生产的自行车数量，超过了计划很多，销路也不好；检查结果，是因为有些自行车的规格不合乎消费者的需要，有些自行车的质量很差，完全卖不出去。

这就是说，通过市场、通过交换关系，可以看到商品在市场上，买者对它的价值所能够支付的实际价格，看到生产计划本身有无缺陷，同时也能帮助检查财务计划的执行结果（成本计划、利润计划，或者价格规定，是否符合客观实际）。

②价值法则能够促进社会生产力水平的不断提高。价格波动能够为生产部门提供有用信息，促进生产部门检查并修改计划，使其更加符合客观实际情况；促进生产部门不断为降低成本、为节约生产资料的消费、为提高生产品的质量、为降低生产品的价值和价格、为增加国民收入，也就是说为企业增加利润、为加速社会主义积累、为社会主义资金积累而斗争。

③利用价值法则可以把小商品生产者和私人资本主义引向有利于社会主义的发展方向。也就是说，通过一定的经济政策，或者通过在商品交换过程中的价格政策，可以把小商品生产者和私人资本家引向有利于社会主义的发展方向。这或者是（通过价格调整，影响他们的生产计划）使他们多生产一些国家和人民所需要的生产品；或者是使他们自愿参加合作化的劳动组织，把这些小商品生产者和私人资本主义放在国家的计划和监督之下。

④利用价值法则，通过"各取所值"（即按劳取酬）的分配原则，促进实现"各尽所能"的生产要求。这就是过渡时期，利用价值法则提高劳动者的劳动热情，使他们的个人的物质利益和社会的利益结合起来的办法。

在从资本主义过渡到共产主义的过渡阶段，还不能不保留着一些资本主义社会的遗迹（或资本主义社会的"斑痕"）。而价值法则、等价交换原则、等量劳动交换等量劳动、等量劳动产品交换等量劳动产品，这样一个从资本主义社会中遗留下来的原则（并非共产主义的理想），正是资本主义的生产关系的遗迹。

但是在过渡时期，还不能不利用这样的经济法则来促进社会生产力的发展，使生产力水平的发展尽可能快地达到可以实现共产主义的程度；也就是为实现"各尽所能，各取所需"的分配方式创造必要的条件。

在上述情况下，价值法则还是有它的积极作用的。

（2）社会主义制度下价值法则的作用范围

在苏联社会主义制度下，价值法则能否像在资本主义制度下一样，发生无限广阔的作用呢？回答是：不能的。

斯大林同志说："这一切是不是说价值法则在我国也像在资本主义制度下一样有广阔的发生作用的场所，价值法则在我国是生产的调节者呢？不，不是这个意思。事实上，在我国的经济制度下，价值法则的作用是被严格地限制在一定范围内的。前面已经说过，在我国的经济制度下，商品生产的活动是限制在一定范围内的。关于价值法则发生作用的范围，也必须这样说。无疑地，在城市和农村中，生产资料私有制的不存在和生产资料的公有化，不能不限制价值法则发生作用的范围及其对生产的影响程度。"（《苏联社会主义经济问题》）

为什么说，在社会主义制度下，价值法则被限制在一定范围内呢？

第一个根本原因，社会分成两大生产部门：一个是生产生产手段的部门，一个是生产生活手段或者是消费手段的部门。在社会主义制度下，商品生产范围已经缩小到生产生活手段的部门；而生产生产手段的部门所生产的产品已经基本上不是商品，在那个领域里已经基本消灭了商品生产。

如果说，在生产生产手段的那个领域中还有残余的商品生产，只是因为参与对外贸易的那些生产品还属于商品。为了对外贸易，为了和国外商品进行交换而生产的这一部分生产品是作为商品生产的。

另外，作为商品生产的还有在生产资料中占比例非常小的一部分，是为集体农庄生产的一些次要的、简单的劳动工具。

在生活手段的生产中，集体农庄的农民，生产的粮食的一部分是为了自己消费，不属于商品生产；这部分，是由集体农庄直接作为个人的消费手段进行分配的。把自己劳动产品的一部分作为个人消费手段的，也不属于商品生产。所以，在生活手段的生产当中也还有一部分不是商品生产。这样一来，商品生产的范围就缩小了，价值法则所支配的范围也就缩小了，已被限制在一定范围之内。

第二个根本原因，在社会主义制度下，无论是生产生产手段的部门，还是生产生活手段的部门都已经转归全社会所有。所以整个国民经济就是按着统一的社会主义计划来进行的。国民经济有计划按比例发展的法则，就代替价值法则发生作用。由于生产关系发生了改变，无论是生产手段的生产或者生活手段的生产，无论是工业品的生产，或是农业品的生产，都是按着国家统一的计划来进行的；并且被当作商品进行交换的生产品的价值，以及它们的价格也都是根据计划，一开始就决定好了的。所以在生产过程中，价值法则是不发生调节作用的。

因为有一部分生产品是被当作商品进行生产、交换的，所以在商品交换及商品循环领域中，会受到供求关系的影响（引起价格波动）。虽然在商品循环领域，价值法则能够发生调节作用，又会间接影响到生产过程；但是它不能够对生产计划发生决定作用，它不能够像在资本主义社会那样，使资本和劳动随着商品市场价格的变动，从一个部门向另一个部门自由地转移。

也就是说，尽管市场需要超过供给，可能使某种商品的价格提高到其价值以上（为了调节需要和供给关系，可以把商品价格提高到价值以上）；但是不会因为价格的提高就影响到其他生产部门，把它们的生产手段和劳动力向着价格提高的生产部门，或者说，向着市场上有利可图那个生产部门集中（或转移）。这就是说，改变生产计划是不可能的。

所以，在社会主义制度下，价值法则不但在生产过程中不发生调节作用；而且对生产手段及劳动力的分配，对生产计划的决定，都不发生调节作用。这是因为在社会主义制度下和在资本主义制度下，生产的目的和生产品的性质不同。

在资本主义制度下，生产的目的是为了创造剩余价值，为了获得更高的利润；所以，一旦某种产品能够为资本家带来更多的剩余价值，能够给资本家带来更高的利润，资本就会向着那种产品转移。

在社会主义制度下，生产的目的是为了满足全社会各方面的需要，不是为了生产剩余价值。所以，尽管由于市场上供需关系的变动，可能使某些产品的价格提高到其价值以上，还是不能对生产发生直接的影响。假如，某种生产品的价格降低到其价值以下，可是全社会都需要这种生产品，那么，只能够促进生产部门降低生产成本，降低生产品的价值，提高劳动生产率的水平；但那也是不会影响或改变生产计划的。这是因为，在社会主义制度下，虽然生产品的一部分采取了商品形态，但实际是为了满足社会需要的生产品。这种商品虽然也有价值，但是这个价值不是它的主要方面，出卖商品的主要目的不在于获得更多的价值，而在于通过价值的形态来把生产品分配到消费者手里。所以，斯大林同志说："我国的商品生产是与资本主义制度下的商品生产根本不同的。"（《苏联社会主义经济问题》）

3. 价值法则仅仅是生产发展一定历史阶段的产物

价值法则是不是在一切历史发展时期都能适用的法则呢？

结论是：价值法则只是支配商品生产和商品交换关系的法则，它必然伴随着商品交换关系的发展而发生、发展和灭亡。

纵观商品生产、商品交换关系的发生、发展和灭亡的历史进程，在原始共产社会这个没有生产品交换关系的时期，价值法则没有出现；在社会主义社会中，当商品交换关系已经完全被消灭的时候，这个法则的作用就会完全消失；不论在任何历史时期中，在非商品生产和非商品交换领域中，价值法则也都不能发生支配作用，例如：在自给自足的经济关系中，价值法则就不能够发生支配作用。

所以，斯大林同志说："正如价值法则一样，价值是与商品生产的存在相关联的一种历史范畴。商品生产一消失，价值连同它的各种形式以及价值法则，也都要随之消失。"（《苏联社会主义经济问题》）

所以说，价值法则产生于生产发展的一定历史阶段中，而且仅仅在有商品生产和商品交换关系的地方发生作用。这种作用在社会主义生产关系下，随着商品生产、商品交换范围的缩小和消灭，也会逐渐缩小，直至消灭。

（五）社会主义的基本经济法则

不同的经济法则产生于生产发展的不同历史阶段：

①价值法则是商品生产的基本法则。尽管在社会主义制度下，商品生产在一定的范围内仍然存在，价值法则在一定的范围内仍起作用；但价值法则既不是资本主义生产的基本法则，更不是社会主义生产的基本法则。商品生产产生于资本主义以前很久，价值法则在资本主义制度下有着广阔的作用范围，对促进资本主义生产曾经起到过很大的推动作用。

②剩余价值法则（即资本增殖的法则）是资本主义生产的

基本法则。斯大林在《苏联社会主义经济问题》中说："现代资本主义基本经济法则的主要特点和要求，可以大致表述如下：用剥削本国大多数居民并使他们破产和贫困的办法，用奴役和不断掠夺其他国家人们，特别是落后国家人们的办法，以及用旨在保证最高利润的战争和国民经济军事化的办法，来保证最大限度的资本主义利润。"

在生产发展的不同历史阶段中，可能会有各种不同的经济法则并存，但基本经济法则是唯一的，它决定了社会生产的目的。那么，社会主义的基本经济法则是什么呢？

1. 社会主义基本经济法则的主要特点和要求

斯大林同志在《苏联社会主义经济问题》中说："社会主义经济法则的主要特点和要求，可以大致表述如下：用在高度技术基础上使社会主义生产不断增长和不断完善的办法，来保证最大限度地满足整个社会经常增长的物质和文化的需要。"而斯大林所说的"保证最大限度地满足整个社会经常增长的物质和文化的需要"，正是社会主义的生产目的；斯大林所说的"在高度技术基础上使社会生产不断增长和不断完善的办法"，就是达到这一目的的手段。

为什么说社会主义基本经济法则的主要特点和主要要求是这些呢？根据是什么呢？

（1）根据一

①社会主义生产方式的特点，是生产手段为社会全体成员共同所有；

②社会全体成员共同参加生产；

③生产品由社会全体成员共同分配。

根据这些特点，生产的直接目的就不能不是最大限度地满足整个社会全体成员的不断增长着的物质和文化的需要；而实现这一个直接目的的手段，也就不能不是在高度技术基础上使社会生产品不断增长和不断完善。

（2）根据二

①在社会主义生产方式下，生产力和生产关系的对抗性的矛盾已经消灭了。

②生产关系和生产力的矛盾已变成非对抗性的矛盾，不会发生在资本主义生产方式下的冲突和危机。

这样，就保证了生产能够在高度的技术基础上不断增长和不断完善，而不是像在资本主义制度下那样的周期性停止（或间断）；使生产能够最大限度地满足全社会经常增长着的物质、文化需要。

（3）根据三

社会主义生产方式的基本矛盾，同时也是社会主义生产发展的动力；这就是生产和消费之间的矛盾，或供给和需要之间的矛盾。

生产是满足消费的手段，而消费是生产的目的。这里所讲的手段和目的之间的矛盾，主要表现在生产越是在高度技术基础上不断增长和不断完善，就越能够在一方面最大限度地满足整个社会物质和文化的需要；另一方面，也就越能够促进整个社会的物质和文化需要的经常增长。生产力越是提高，消费力也越是提高，供给越是增加，需要也就越是增加。手段因目的而发展，目的也就因手段而发展。米高扬在一个报告中说："需求的增加推进了生产，生产的发展又决定了需要量的提高，创造了需要。"米高扬同志讲到，"贸易是要为最大限度满足社会需要而服务，但是这同时贸易也要用苏维埃居民向前进的精神积极影响需求；它应该培养消费者的口味，向居民介绍、宣传采用新的最有营养和最健康的食品，宣传食品的质量好、美观，这可以使劳动人民能够买到更好的日常生活品，和使生活更加美满的工业品。"这就使生产越发展，越能够最大限度地满足人们的需要，人们的需要也会越来越提高；而生产力的发展永远落在消费者的需要以下。在这种情况下，生产需要无限增加，无限发展，这就是社会主义的生产力和生产关系的矛盾所表现的形式，也就是社会主义经济法则促进生产力发展的动力。

2. 国民经济有计划按比例发展的法则

（1）问题一

为什么说，国民经济有计划、按比例发展的法则并非社会主义的基本经济法则？因为：

①任何社会的生产必须有它的一个直接目的；但是，国民经济有计划按比例发展法则本身并没有指出社会主义经济所据以发展的直接目的，并没有规定出社会主义经济必须经常据以发展的那种比例及其客观的界限。

②社会主义基本经济法则体现了社会主义生产的目的，而国民经济有计划按比例发展法则仅仅是社会主义生产目的藉以实现的一个法则。恰恰像在资本主义制度下，资本为实现剩余价值不断增殖的目的，需要使企业的生产有计划的按比例进行一样；在社会主义制度下，为能满足全社会不断增长的物质、文化需求，在整个国民经济领域中都必须实现有计划、按比例的发展。

斯大林在《苏联社会主义经济问题》中是这样说的：

"有人说，社会主义的基本经济法则是国民经济有计划的、按比例的发展的法则。这是不对的。如果不知道国民经济有计划的发展是为着什么任务而进行，或者任务不明确，那么，国民经济有计划的发展，以及多多少少真实地反映这一法则的国民经济计划，是不能自行产生任何效果的。国民经济有计划发展的法则，只是在具有国民经济的计划发展所要实现的任务时，才能产生应有的效果。国民经济有计划发展的法则本身并不能提供这个任务。国民经济计划尤其不能提供这个任务。这个任务是包含在社会主义的基本经济法则中，即表现于这一法则的上述要求内。因此，国民经济有计划发展的法则的作用，只是在它以社会主义基本经济法则为依据时，才能充分发挥起来。"

虽然国民经济有计划、按比例发展的法则不是社会主义的基本经济法则，但它是社会主义经济所特有的法则。

下面我们就看一看在社会主义制度下，国民经济有计划、按比例发展法则发生的必然性，然后再看一看这个法则发生的可能性。

马克思说："一切规模较大的直接社会劳动或共同劳动，都或多或少地需要指挥，以协调个人的活动，并执行生产总体的运动——不同于这一总体的独立器官的运动——所产生的各种一般职能。一个单独的提琴手是自己指挥自己，一个乐队就需要一个乐队指挥。"（《资本论》第1卷）

在社会主义制度下的社会化大生产中，如果没有一个总的机构来指导国民经济有计划、按比例的发展关系，参与社会生产的各个部门之间，不但没有办法互相配合，互相适应，互相联系，没有办法提高生产效能，而且还会发生其他难以预料的矛盾和不可解决的困难。

在资本主义制度下，由于生产的社会性质和占有的私人形态之间的矛盾，必然表现为：在个别企业里生产的高度计划性和整个社会范围内生产的无政府状态的矛盾。社会化大生产，要求全社会的生产按比例均衡发展。但在资本主义生产关系下，一方面，在企业内部必须按比例均衡发展；另一方面，又不可能使全社会各生产部门之间按比例均衡发展。因此，社会生产就不能不在自然法则的支配下盲目地进行，并不断爆发周期性的经济危机。

资本主义生产关系下的这种矛盾，在社会主义生产关系下可以得到完全的解决。在社会主义生产关系下，国民经济有计划按比例的发展不仅是必要的，而且是可能的。这主要是由于：

①无产阶级已经把生产手段收归全社会所有，使整个国民经济形成了一个相互联系的有机整体，每一个生产部门、每一个生产过程，都是整体中的一个环节。在这种情况下，必须要有一个国家的计划机关来指导千百万人民，进行统一的生产和分配；如果没有计划，不但社会主义生产不能正常发展，还会导致整个国民经济的崩溃。所以，社会主义生产的有计划、按比例发展法则不但是客观存在的，而且是绝对必要的。

②随着生产手段私有制的废除，资本主义的各种生产关系的消灭，资本主义特有矛盾的解决；在资本主义制度下的竞争和无政府生产的法则失去了效用；同时，随着生产手段公有制的发生，随着社会主义生产关系的发展，国民经济有计划按比例的发展法则也就有了获得其发生作用的广阔场所。

在社会主义制度下，社会主义的经济法则取代了资本主义的经济法则；但原来的法则并不是被消灭，而是由于在生产发展的特定历史阶段失去它的效力，退出了舞台，让位于新的法则。这些新的经济法则并不是由人们的意志创造出来，而是在新的经济条件的基础上产生的；是作为资本主义制度下竞争和生产无政府状态法则的对立物而产生的；它是当竞争和生产无政府状态的法则失去效力以后，在生产手段公有化的基础上产生的；它之所以发生作用，是因为只有在国民经济有计划发展的前提下，社会主义生产才能够正常进行。

（2）问题二

如何实现社会主义国民经济有计划、按比例发展呢？

斯大林在《社会主义经济问题》中说："至于说到国民经济的计划化，那么，它只有遵守下列两个条件时，才能得到良好的结果。这两个条件是：（甲）它正确地反映国民经济有计划发展的法则的要求，（乙）它在各方面适合社会主义基本经济法则的要求。"

现在我们把斯大林说的这两个条件分析一下：

第一，它必须正确地反映国民经济有计划发展法则的要求。这就是说，必须把国民经济有计划、按比例发展的可能性变为现实性。

斯大林在《苏联社会主义经济问题》中说："国民经济有计划发展法则，使我们的计划机关有可能去正确地计划社会生产。但是，不能把可能同现实混为一谈。"

法则的客观性，仅仅为编制计划的机关制定正确的生产计划提供了可能性，但可能性并不等于现实性。

国民经济计划有两种：一种是能正确反映国民经济有计划发展法则的，这个计划是正确的，能够全部实现；另一种计划不能反映国民经济按比例发展法则，是错误的计划，就无法实现，在执行中会发生很多不可能解决的困难，最后，不得不宣布计划破产。

怎样来判断这个计划正确或不正确呢？在执行中如果证明它是按比例发展的，那么，这个计划就是反映了客观法则。如果在执行当中发现国民经济各部门间发生了矛盾，不能相互衔接，这样的计划就是没有反映国民经济有计划按比例发展的法则。但是，假如国民经济计划没有很好地正确反映有计划、按比例发展法则的时候，就会造成很多严重的问题。比如：鞍钢曾经作了一个前后不能衔接的计划，经过苏联专家审查后才得以修正，否则会造成很大的损失。这就说明，计划若没有按着国民经济发展的客观法则制定时，就会发生问题。又比如：1949年我们的电力生产过剩了，1950年我们的煤炭生产又多了，造成了浪费。从以上几种情况看来，在我们没有认识这个法则，没有自觉地适应这个法则的限度，我们就没有办法来利用这个法则提供给我们的可能性，不但不能提高生产能力，相反地，还会成为我们过重的负担，并造成巨大的损失。

第二，它必须在各方面都适合社会主义基本经济法则的要求。这就是说，国民经济计划必须正确地体现社会主义基本经济法则的要求。为了最大限度地满足社会日益增长的物质和文化的需要，就必须最大限度地发展社会主义生产力，使它在高度技术的基础上不断增长与不断完善，就必须使国民经济计划一方面根据社会平均需要的水平，另一方面根据社会平均需要实现的可能性来制定，换句话说，就是以不低于（也不能过高于）各生产部门的平均可实现定额为标准来制定和执行。

因为，如果计划产品数量高于当时的社会生产力水平能够达到的最大可能限度，就会使计划在实施中发生困难，以致无法完成计划；如果计划产品数量低于当时的社会生产力水平能够达到的一般限度，就会造成生产能力的浪费。这样，既不符合最大限度地满足社会需要的要求，也不符合按比例发展法则的要求。

比如：在过去有些基本建设工作中，因条件不具备而中途停止，造成浪费，就是国民经济没有按比例发展的结果。假如计划定得低于生产力最大限度，也同样会使计划在执行中发生困难，这样既不符合最大限度促进生产力的发展，以便最大限度地满足社会需要的目的，并且也不符合按比例发展法则的要求。

又比如：1951年，我们工业部门的计划产品数量，比实际生产能力低得多，但是在执行中超过了计划，也不知超过了多少；结果，根据计划应该统一分配的物资已经按比例分配好了，但超过计划部分的产品无法再进行分配。这就没有按照最大限度促进生产力发展和最大限度满足需要的法则办事，违反了国民经济按比例发展法则的要求。

其实，不论是从理论上看，还是从实践中看，要使国民经济有计划、按比例发展的可能性变成现实性，必须使经济计划能够符合于社会主义基本经济法则的要求；也就是：最大限度地发展社会生产力，在高度技术的基础上，使社会生产不断增长与不断完善，满足社会不断增长的物质和精神的需要。只有根据这样一个法则的要求去制定国民经济计划，并且使计划在各方面都能够适合国民经济发展的要求，才能使国民经济有计划、按比例发展成为现实，使社会主义的经济法则成为我们可以自觉支配的法则。

3. 社会主义的经济核算制

社会主义的经济核算制并非社会主义的基本经济法则。因为：

①社会主义的经济核算制也没有指出社会主义经济发展的直接目的。

②社会主义的经济核算制也仅仅是社会主义生产目的藉以实现的法则之一。恰如在资本主义制度下，各企业内部的生产有计划、按比例地进行，离不开经济核算一样；在社会主义制度下，为保证整个国民经济有计划、按比例的发展，也必须进行经济核算。

产品的价值是由凝结在其中的社会必要劳动时间来计算的，社会必要劳动时间的减少就意味着生产力的提高。

马克思在《政治经济学批判》中写道："一切节约归根到底都是时间的节约。正像单个人必须正确地分配自己的时间，才能以适当的比例获得知识或满足对他的活动所提出的各种要求，社会必须合理地分配自己的时间，才能实现符合社会全部需要的生产。因此，时间的节约，以及劳动时间在不同的生产部门之间有计划的分配，在共同生产的基础上仍然是首要的经济法则。这甚至在更加高得多的程度上成为法则。"

资本主义的生产目的，始终是以最小限度的预付资本来创造最大限度的剩余价值（或最大限度的剩余产品）。这种结果，不可能永远靠工人的过度劳动来获得；于是资本产生了这样的倾向：力求以尽量少的费用完成尽可能多的商品的生产。资本主义经济核算制的原则，就是用最少的资本创造最多的剩余价值或利润。

适应着不同的生产目的就会有不同的经济核算制的原则。社会主义生产的直接目的就是最大限度地提供满足社会需要的生产品。社会主义经济核算制的原则，就是用最少的消耗创造更多的社会需要的产品。

社会主义的经济核算制是不是一种客观的经济法则呢？回答是肯定的：社会主义经济核算制是适应社会主义基本经济法则要求的一种客观法则。

首先，这种法则的必然性，决定于包含在基本经济法则中的基本矛盾（生产和消费的矛盾、供给和需要的矛盾、手段和目的的矛盾）中。为最大限度地满足全社会需要，就要求：一方面，最大限度地发展社会主义生产；另一方面，最小限度地支出劳动。这就决定了要最大限度地节约、蓄积和改进生产的技术条件和社会条件。也正是就这个意义，斯大林说：

"……某些同志由此作出结论说，国民经济有计划发展的法则与国民经济的计划化，消灭着生产赢利的原则。这是完全不对的。情形正好相反。如果不从个别企业或个别生产部门的观点，不从一年的时间来考察赢利，而是从整个国民经济的观点，从比方十年到十五年的时间来考察赢利（这是唯一正确处理问题的方法），那么，个别企业或个别生产部门暂时的不牢固的赢利，就决不能与牢固的经久的高级赢利形式相比拟，这种高级赢利形式是国民经济有计划发展法则的作用及国民经济计划化所提供给我们的，因为它们使我们避免那种破坏国民经济并给社会带来巨大物质损害的周期性的经济危机，而保证我国的国民经济有高度的不断增长。"

其次，这种法则的必然性，是包含在国民经济有计划按比例发展法则之中的可能性和现实性的矛盾、客观性和主观性的矛盾，以及先进的和落后的技术定额之间的矛盾所决定的。为把国民经济有计划按比例发展的可能性变成现实性，为把客观经济法则变成人们自觉应用的法则，就必须经常促进落后的生产部门去适应先进部门的生产水平；使旧的、落后的平均技术定额不断地提高到新的、先进的平均定额的水平上；就需要不断地进行全面的、精细的经济核算。

所以，经济核算制又是一种适应国民经济有计划、按比例发展的要求的法则，是社会主义企业的科学的经营和管理方法。

社会主义生产目的的实现，必须依赖于经济核算制，并决定于经济核算制的法则被正确地应用于实践的可能性。

经济核算制不仅存在于社会主义制度下，也存在于资本主义制度下的个别企业内部。社会主义制度消除了资本主义制度下社会生产的无政府现象，为实现全社会范围内的经济核算制提供了可能。

首先，生产手段已经转归全社会所有。生产过程变成全体社会成员共同参加的劳动过程，生产品成为满足全体社会成员需要的生产品；全部劳动时间已变成了必要劳动的各个组成部分，变成了生产生产手段的劳动和生产生活手段的劳动，无论是生产满足现在需要的生产品的劳动或生产满足将来需要的生产品的劳动，都是社会必要劳动的组成部分。

其次，生产关系和生产力的对抗性矛盾被消灭了。现存的生产关系落后于生产力的矛盾为非对抗性矛盾，不至于引发社会冲突，最大限度地满足社会需要的法则代替了最大限度追求利润的法则而发生了作用；社会主义生产品的生产和分配的法则代替商品生产和分配的法则发生作用；有计划、按比例发展的法则已代替资本主义社会的无政府生产并引发周期性经济危机的法则而发生作用。所以，社会主义经济核算制这个客观法则就可以通过经济计划的决定和执行而促进社会主义生产目的的实现。

有人认为：经济核算制，只是适用于社会主义阶段的法则，到了共产主义阶段，这个法则就不发生作用了。他们把经济核算制和价值法则连在一起认识，以为到了共产主义社会，价值法则没有了，经济核算制也就不存在了。这种看法是错误的。

第一，节约时间，有计划地分配社会各生产部门的劳动时间，是社会化大生产的需要，社会主义制度为满足这种需要提供了可能，并使可能转变为现实。生产力越是发展，就越是离不开经济核算。

第二，经济核算制可以通常存在，并不随价值法则的改变而改变；因为，经济核算制是一种客观的法则，是社会主义基本经济法则和国民经济有计划、按比例发展的法则所要求的法则。在这种生产关系（各尽所能，按劳分配）没有改变以前，这种经济法则是会继续发生作用的，而且越到将来作用越会增大。

第三，用斯大林在《苏联社会主义经济问题》中的一段话来说明，就是："在共产主义的第二阶段上，用于生产产品的劳动量将不是以曲折迂回的方法，不是凭借价值及其各种形式来计算，如像在商品生产制度下的情形那样，而是直接以耗费在生产产品上的时间数量即钟点数量来计算的。至于说到劳动分配，那么各个生产部门间的劳动分配，将不依靠那时已失去效力的价值法则来调节，而是依靠社会对产品的需要量的增长来调节的。这将是这样一种社会，在那里，生产将由社会的需要来调节，而计算社会的需要，对于计划机关将具有头等重要的意义。"

最后，在共产主义的高级阶段，即在阶级已经消灭，国家已经消亡，劳动已经成为人类生活第一需要的"各尽所能，按需分配"阶段，社会生产将会是更大规模的生产；这样的更大规模的生产，就更离不开有计划、按比例发展，从而更离不开经济核算；但这种核算与"各尽所能，按劳分配"阶段的核算可能会有所不同。

（六）从社会主义到共产主义的过渡

1. 共产主义的阶段划分

根据马克思、恩格斯、列宁、斯大林的观点，从社会主义到共产主义的过渡，可以分为以下几个阶段：

①第一阶段，是商品的等价交换原则仍然存在的社会主义阶段，斯大林在《苏联社会主义经济问题》中称之为"共产主义的第一阶段"，马克思在《哥达纲领批判》中说：

"我们这里所说的是这样的共产主义社会，它不是在它自身基础上已经发展了的，恰好相反，是刚刚从资本主义社会中产生出来的，因此它在各方面，在经济、道德和精神方面都还带着它脱胎出来的那个旧社会的痕迹。所以，每一个生产者，在作了各项扣除之后，从社会方面正好领回他所给予社会的一切。他所给予社会的，就是他个人的劳动量。例如，社会劳动日是由所有的个人劳动小时构成的；每一个生产者的个人劳动时间就是社会劳动日中他所提供的部分，就是他在社会劳动日里的一份。他从社会方面领得一张证书，证明他提供了多少劳动（扣除他为社会基金而进行的劳动），而他凭这张证书从社会储存中领得和他所提供的劳动量相当的一份消费资料。他以一种形式给予社会的劳动量，又以另一种形式全部领回来。

"显然，这里通行的就是调节商品交换（就它是等价的交换而言）的同一原则。内容和形式都改变了，因为在改变了的环境下，除了自己的劳动，谁都不能提供其他任何东西，另一方面，除了个人的消费资料，没有任何东西可以成为个人的财产。至于消费资料在各个生产者中间的分配，那么，这里通行的是在商品等价物的交换中也通行的同一原则，即一种形式的一定量的劳动可以和另一种形式的同量劳动相交换。"

②第二阶段，是商品的等价交换原则已经消失的阶段，即前面已经讲过的，斯大林在《苏联社会主义经济问题》中所说的共产主义的第二阶段。

③高级阶段，是经过了以"各尽所能，按劳分配"为原则的上述两个阶段后，实现了"各尽所能，按需分配"的阶段。马克思在《哥达纲领批判》中说：

"在共产主义社会高级阶段上，在迫使人们奴隶般地服从分工的情形已经消失，从而脑力劳动和体力劳动的对立也随之消失之后；在劳动已经不仅仅是谋生的手段，而且本身成了生活的第一需要之后；在随着个人的全面发展生产力也增长起来，而集体财富的一切源泉都充分涌流之后，——只有在那个时候，才能完全超出资产阶级法权的狭隘眼界，社会才能在自己的旗帜上写上：各尽所能，按需分配！"

2. 过渡到共产主义的基本先决条件

要从社会主义过渡到共产主义至少必须实现哪几个先决条件？

斯大林在《苏联社会主义经济问题》中回答："为了准备在实际上而不是在宣言上过渡到共产主义，至少必须实现三个基本的先决条件。"

"第一，必须切实加以保证的，不是神话般的生产力的'合理组织'，而是全部社会生产的不断增长，而生产资料生产的增长要占优先地位。"

"第二，必须用实行起来有利于集体农庄、因而也有利于整个社会的逐渐过渡的办法，来把集体农庄所有制提高到全民所有制的水平，并且也用逐渐过渡的办法使产品交换制来代替商品流通，……"

"第三，必须使社会达到这样高度的文化水平，以至能保证社会一切成员全面发展他们的体力和智力，使社会成员都能获得足以成为社会发展中的积极活动分子的教育，能自由地选择职业，而不致由于现存的劳动分工而终身束缚于某一种职业。"

共产主义社会应该具有比资本主义高得多的生产力水平，要从社会主义社会过渡到共产主义社会，就必须有足够的物质准备。

不论是中国，还是苏联，都是在大工业尚未充分发展的国家建立起社会主义制度。要在生产力水平还非常低下的国家，实现共产主义的美好理想，距离还非常遥远；迅速地提高生产力水平，赶上和超过发达资本主义国家，是当务之急。而斯大林提出的三个基本先决条件正是针对这个问题的。

斯大林这三个基本先决条件的中心意思就是：

①要全力促进社会生产力的增长，其中，生产手段的增长必须占优先地位；

②通过生产力的持续发展，逐渐把集体农庄所有制转变成全民所有制；

③保证社会一切成员脑力和体力的全面发展，建立起一种人人平等的关系，消灭包括脑力劳动与体力劳动的本质差异在内的一切不平等。

（1）第一个基本先决条件

"第一，必须切实加以保证的，不是神话般的生产力的'合理组织'，而是全部社会生产的不断增长，而生产资料生产的增长要占优先地位。"

①什么是全部社会生产的不断增长？

生产必须具备的两个条件，一是客观条件，二是主观条件。客观条件是生产的客观因子，主观条件就是生产的主观因子。生产的客观条件或因子，就是生产手段，生产的主观条件或因子就是劳动力。社会生产的不断增长是指社会生产的这两个条件或两个因子的不断增长，也就是生产手段的不断增长和劳动力的不断增长。生产手段和劳动力的不断增长都表现在数量的增加与质量的提高。所谓"全部生产的不断增长"就是说全部生产手段与劳动力在数量上增加与质量上的提高。

②为什么生产手段（资料）生产的增长要占优先地位？

这主要有两个原因：

a. 生产手段的增长是劳动生产力增长的主要标志和客观的物质基础。

斯大林在《苏联社会主义经济问题》中说："生产资料生产的增长之所以必须占优先地位，不仅是因为这种生产应当保证自己的企业以及国民经济其他一切部门的企业所需要的装备，而且是因为没有这种生产就根本不可能实现扩大再生产。"

生产手段的生产必须占优先地位，是因为生产手段的增长，不仅可以保证本部门的企业有充分的装备，而且可以保证国民经济其他生产部门都有足够的装备。假如我们把社会生产大体上分为两大部门：即生产手段的生产与生活手段的生产两个部门。生产手段的生产部门不仅应该保证本部门扩大再生产的装备，而且也要保证生产生活手段的部门扩大再生产的装备。否则不但生产手段的生产部门不能扩大再生产，而且连生活手段的生产部门的扩大再生产也不能进行了。

b. 生产手段的增长是实现扩大再生产的前提。

因为，不论是生产手段的扩大再生产，还是生活手段的扩大再生产，都是以生产手段的扩大再生产为前提的。

在社会主义生产关系下，生产手段增长的规模和速度，决定着整个国民经济发展的规模与速度。生活手段的增长只能直接决定社会消费水平的提高，还不能直接决定劳动生产力的提高；但生产手段的增多，却能够直接决定社会生产品的增多。

在这里，必须分清：现在讲的是社会主义的法则而不是资本主义的法则。因为资本主义生产手段的增长，不一定决定社会生产力的增长，而且还往往产生"生产过剩"，导致经济危机。但是，社会主义制度下，生产手段生产的规模与速度的增长就决定了国民经济发展的规模与速度。

③为什么"生产手段生产的增长要占优先地位"是第一个先决条件？

主要因为，生产力的发展，尤其是生产手段的不断增长，达到一定程度后，必然使生产关系发生以下几种变化：

a. 使阶级的最后遗迹趋于消灭。由于生产过程的机械化、自动化与电气化，使城市与乡村、工业与农业的本质差异趋于消灭，也就使工人与农民之间的阶级差异趋于消灭。如果在农业里也实现了全部机械化、电气化，城市与乡村、工业与农业、工人与农民之间的差异就趋于消灭。

列宁在《无产阶级专政时代的政治和经济》中说：

"社会主义就是消灭阶级。为了消灭阶级，第一，就要推翻地主和资本家。这一部分任务我们已经完成了，但这只是一部分任务，而且不是最困难的那部分任务。为了消灭阶级，第二就要消灭工农间的差别，使所有的人都成为工作者。这不是一下子能够办到的。这是一个无比困难的任务，而且必然是一个长期的任务。这个任务不能用推翻哪个阶级的办法来解决。要解决这个任务，只有把整个社会经济在组织上加以改造，只有从个体的、单独的小商品经济过渡到公共的大经济。这样的过渡，必然非常长久的。采用急躁轻率的行政和立法手段，只会延缓这种过渡，给这种过渡造成困难。只有用那种使农民能大大改善以至根本改造全部农业技术的办法来帮助农民，才能加速这种过渡。"

现在的苏联，虽然阶级对立消灭了，但是两个集团（全民所有制与集体所有制）还是存在，这就是城乡之间的本质差别。为了尽快消灭城乡差别，必须竭尽全力地发展工、农业生产，特别要使生产手段的生产优先进行，并保证生产手段的生产不断地增长。

b. 生产过程不断机械化、自动化发展的结果，使体力劳动与脑力劳动的本质差别逐渐地趋于消灭。

在社会主义生产关系下，虽然体力劳动与脑力劳动的对立关系已经消灭，但其本质的差异还没有消灭，而生产过程中的机械化、电气化的结果就会使工人变成职员。比如：在所谓的无人工厂里，工人仅管理自动化机器生产出来的产品，变成供给原料、验收产品的工作人员；这样，体力劳动者就变成了脑力劳动者。

c. 为实现共产主义的原则创造条件，即：一方面创造出物质条件，另一方面创造出精神条件；并最终消灭资产阶级法权的残余。

所谓的物质条件可分为两个方面：技术条件与社会条件。技术条件主要表现在劳动过程的机械化、自动化、电气化；社会条件主要表现在农业的工业化，农民的工人化，以及工人职员化（成为管理人员或技术人员），体力劳动脑力化。这样，就使生产成为完全社会化的生产，而产品为全社会所共同占有。

所谓的精神条件，是指在社会主义生产关系条件下，使劳动的沉重负担变成了劳动者的愉快，变成了一种享受的手段。这是由于客观的物质条件使人们的思想意识发生了变化，使人们的劳动态度与劳动观念发生了变化。

如果说，在社会主义阶段，由于生产力还没有那样高，人们的劳动观念与劳动态度还没能发生本质的变化，但是，到了共产主义阶段，情况就不同了，劳动就会变成每一个人的爱好与习惯，按劳取酬的原则也就失去了意义。在这种精神条件下，根据劳动者自己的意志和爱好就能实现"各尽所能"的原则；另一方面，在这种物质条件下，社会生产品已经能够满足全社会的需要，可以达到根据个人的需要，而不是根据个人劳动的多少来分配社会生产品，实现了"按需分配"的原则。

从"各尽所能，按劳分配"到"各尽所能，按需分配"有着质的区别。前者仅是形式上的平等，是资本主义遗留下来的残余，即资产阶级法权的残余。这是因为，每个人按照自己的能力去劳动，可能会产生不等的结果：首先，由于脑力劳动与体力劳动差别的存在，技术劳动与普通劳动的收入就会有所不同；其次，同样的劳动还有体力、性别与年岁的差异，也会引起劳动者的收入不同；另外，由于劳动者的家庭人口差异等情况，同样的劳动及同样的工资并不能代表同样的生活水准。资产阶级法权的残余，必然导致劳动者之间贫富不等的差异。但到了共产主义社会的高级阶段，当劳动生产力的发展所创造出的生产品已经能够满足全体社会成员需要的时候，"按需分配"就成为可能。

这是把"生产手段生产的增长要占优先地位"作为第一个先决条件的主要原因。

（2）第二个基本先决条件

"第二，必须用实行起来有利于集体农庄、因而也有利于整个社会的逐渐过渡的办法，来把集体农庄所有制提高到全民所有制的水平，并且也用逐渐过渡的办法使产品交换制来代替商品流通……"

①为什么从社会主义过渡到共产主义必须"把集体农庄所有制提高到全民所有制的水平"？

A. 集体所有制阻碍生产力的进一步发展

集体所有制是生产力发展的较低级阶段的产物，与个体所有制相比，它是一种高级的所有制的形态。集体所有制，不论过去，还是现在，都是促进生产力发展的一种生产关系；可是，这种所有制，在生产力进一步发展的阶段，就会阻碍生产力的发展（即使在目前阶段，也已经显露出这种迹象）。

如果不把这种所有制提高到全民所有制上来，就不能实现第一个先决条件中的"全部社会生产的不断增长"。这是因为在集体农庄的所有制下，部分生产品是被当作商品进行生产与交换，不是直接为满足社会需要的目的而生产。这种商品，它首先是为了集体农庄自己的目的生产，并不直接交给社会进行统一分配。随着农业生产力的迅速发展，集体农庄生产品中的商品部分也会相应地增加。其中一些产品是没有包括在国民经济计划中的，也就不包括在国民经济统一分配的部分内。在自由市场上，一些商品往往会因找不到销路成为过剩产品，造成相当一部分浪费；而且，为了保存这些过剩产品还要花费一定的劳动。这就不仅不是促进社会生产力的发展，相反地，成为影响生产力发展的落后因素。

斯大林在《苏联社会主义经济问题》中说：

"因此，领导机关的任务在于及时地看出日益增长的矛盾，并及时地采取办法，使生产关系适合于生产力的增长，来克服这种矛盾。这首先是与集团的即集体农庄的所有制、商品流通这种经济现象有关的。当然，目前这些现象是在被我们有成效地利用来发展社会主义经济，而且它们也在给我国社会带来毫无疑问的利益。无疑地，它们在最近的将来也将带来利益。但同时这些现象已在开始阻碍我国生产力的强大发展，因为它们正在阻碍这种由国家计划化来完全包括全部国民经济，特别是包括农业的事业，如果看不出这点，那就是不可原谅的盲目了。不容置疑，越向前去，这些现象就会越加阻碍我国生产力的进一步增长。所以，任务就在于要逐渐把集体农庄所有制转为全民所有制，以及也是逐渐用产品交换制代替商品流通，这样来消灭这些矛盾。"

B. 集体所有制阻碍生产关系向着共产主义转变

斯大林在《苏联社会主义经济问题》中说："从社会主义过渡到共产主义，以及依照需要来分配产品的共产主义原则，是排斥任何商品交换的，因而也排斥把产品转化为商品（或把产品转化为价值）。"因为：

a. 商品生产和商品交换是以劳动的私人的或集体的形态为前提的，而不是以劳动的完全社会化形态为前提的。

b. 商品生产和商品交换是以价值的生产为目的，而不是以使用价值的生产为目的。

c. 商品生产和商品交换关系是建立在私人所有制或集体所有制的基础上，而不是建立在全社会所有制的基础上。

显然，商品循环范围的扩大，只会阻滞我们向共产主义前进。所以，斯大林在《苏联社会主义经济问题》中说：

"问题在于：这种产品的大部分，即集体农庄生产的剩余产品进入市场，从而列入商品循环系统中。正是这种情况，现在阻碍着把集体农庄所有制提高到全民所有制的水平。

"为了把集体农庄所有制提高到全民所有制的水平，必须将集体农庄生产的剩余产品从商品循环系统中排挤出去，把它们列入国家工业和集体农庄间的产品交换系统中。问题的实质就在这里。

"……但是应该一往直前、毫不犹豫地推行这种制度，一步一步地缩小商品循环的活动范围，而扩大产品交换的活动范围。

"这样的制度既缩小着商品循环的活动范围，又使社会主义易于过渡到共产主义。此外，它使我们有可能把集体农庄的基本财产、集体农庄生产的产品包括进全民计划化的总的系统中。

"为了在我国现今条件下把集体农庄所有制提高到全民所有制的水平，这将是实际的和有决定意义的办法。"

②要"把集体农庄所有制提高到全民所有制"必须采用怎样的办法？

A. 为什么不能用收归国有的直接没收的办法？

斯大林同志在《苏联社会主义经济问题》中指出：

"有些同志以为，应该干脆地把集体农庄的财产直接收归国有。应该依照从前处理资本主义财产的例子干脆把集体农庄财产收归国有，宣布它是全民的财产。这个建议是完全不正确的，是绝对不能采纳的。集体农庄的财产是社会主义的财产，所以我们无论如何不能像处理资本主义财产那样来处理它。无论如何不能因为集体农庄的财产不是全民的财产，就说集体农庄的财产不是社会主义的财产。

这些同志以为，把个别人或个别集团的财产转归国家所有，是唯一的或无论如何是最好的国有化形式。这是不对的。事实上转归国家所有，这并不是唯一的、甚至也不是最好的国有化形式，而是原始的国有化形式，正如恩格斯在《反杜林论》里关于这点所正确说过的那样。当国家还存在的时候，转归国家所有，无疑的是最容易理解的原始的国有化形式。但国家并不是永世长存的。随着社会主义的活动范围在世界大多数国家中的扩大，国家将日渐消亡，因而把个别人的财产和个别集团的财产转归国家所有的问题当然也就会消失。国家一定消亡，而社会是一定留存下来的。因此作为全民财产的继承人的，已经不是将要消亡的国家而是以中央经济领导机构为代表的社会本身。"

B. 为什么不能采取把生产手段卖给集体农庄的办法？

在苏联，有人建议把集中在拖拉机站的机械出卖给集体农庄所有。这种办法也是不能采取的。为什么呢？

一方面，这样的做法，等于扩大了商品循环范围，扩大了商品交换活动的领域，就等于把主要的生产手段投入到商品循环之中。这就扩大了商品生产与商品循环的范围，就等于向资本主义方向后退，就等于把生产手段的国家所有制转变为集体农庄所有制。这不是把集体所有制提高到全民所有制的水准上，而是把全民所有制降低到集体所有制上面来；结果就会阻碍社会生产力的发展，越来越远离共产主义，并可能导致资本主义的复活。现在，社会主义所以不能发展成资本主义，就是因为国家代表社会掌握社会的主要生产手段来缩小商品生产与交换的范围。苏联能够使个体农民通过集体农庄走上集体化的道路，主要是因为国家掌握了生产手段，也只有这样才能引导小农经济走向集体经济的道路，并逐渐向更高的经济形态过渡。

另一方面，假如把生产手段交给了集体农庄，就会对农村生产力的进一步发展造成困难。因为：随着大工业的发展，新技术不断地取代旧技术，农业机械也在不断地更新换代，这样就需要不断地购买新的农业机械；但在生产发展的现阶段，苏联的集体农庄还不具有那样的支付能力。正如斯大林同志在《苏联社会主义经济问题》中所指出的：

"要把几十万台车轮式的拖拉机作废，代之以履带式的拖拉机，把几万台陈旧了的联合机作废，代之以新的联合机，以及例如，为技术作物制造新的机器，这是什么意思呢？这就是说，要负担几十亿的支出，这些支出非经过六年到八年之后不能完全收回。即使我国的集体农庄是百万富翁，它们负担得了这样大的支出吗？不，负担不了，因为它们没有力量负担要在六年至八年之后才能完全收回的几十倍的费用。"

C. 正确的方法是：逐渐地以产品交换制代替商品交换的办法，把集体所有制提高到全民所有制的水平。

a. 在共产主义第一阶段，在一定范围内还必须保留商品生产与商品交换关系；这是社会主义制度下的商品生产，目的在于促进生产力的发展。

列宁说：

"应当把商品交换提到首要地位，把它作为新经济政策的主要杠杆。如果不在工业和农业之间实行系统的商品交换或产品交换，无产阶级和农民就不可能建立正常的关系，就不可能在从资本主义到社会主义的过渡时期建立十分巩固的工农联盟。"（《关于新经济政策的决议草案》）

列宁又说：

"这里我们碰到一个最棘手的问题。不言而喻，实物税意味着贸易自由。农民在完税之后，有权拿自己的余粮去自由进行交换。这种交换自由意味着资本主义的自由。我们公开说出这一点，并且着重指出这一点。我们绝不掩饰。如果我们想掩饰，那我们的情况就很不妙了。贸易自由就是资本主义自由，然而这是资本主义的一种新的形式。这就是说，我们在某种程度上重新建立资本主义。我们完全是公开这样做的。这就是国家资本主义。但在政权属于资本的社会里的国家资本主义和无产阶级国家里的国家资本主义是两个不同的概念。在资本主义国家里，所谓国家资本主义，就是资本主义得到国家的认可并受国家的监督，从而有利于资产阶级而不利于无产阶级。在无产阶级国家里，做法相同，但是这有利于工人阶级，目的是为了和依然很强大的资产阶级抗衡和斗争。"（《共产国际第三次代表大会文献》）

斯大林说：

"可见，我国的商品生产并不是通常的商品生产，而是特种的商品生产，是没有资本家参加的商品生产，这种商品生产基本上是与联合的社会主义生产者（国家、集体农庄、合作社）的商品有关的。它的活动范围限于个人消费品。显然，它决不能发展为资本主义生产，而且它注定了要和它的'货币经济'一起共同为发展和巩固社会主义生产的事业服务。"（《苏联社会主义经济问题》）

b. 在实现第一个先决条件的情况下，在社会生产力不断发展的前提下，将社会主义制度下的全民所有制工业与集体所有制农业之间的商品（工业品与农业品）交换逐步转变为直接的产品交换。

c. 在共产主义第二阶段，生产力已经得到了极大的发展，商品生产不存在了，价值法则也不起作用了，商品交换关系也就转变成为产品的直接交换关系；在这种情况下，集体所有制就提高到了全民所有制的水平。

（3）第三个基本先决条件

"第三，必须使社会达到这样高度的文化水平，以至能保证社会一切成员全面发展他们的体力和智力，使社会成员都能获得足以成为社会发展中的积极活动分子的教育，能自由地选择职业，而不致由于现存的劳动分工而终身束缚于某一种职业。"

①生产力发展和全社会文化水平提高之间的关系

共产主义社会是以生产的机械化、自动化、电气化、化学化，甚至于原子能化，这样的高度技术基础作为它的前提条件和作为它的结果的。随着生产的技术水平的提高，劳动者的技术水平也必须相应地提高。这就必须使社会的全体成员的科学文化水平得到高度的发展，保证社会一切成员都能够全面地发展他们的体力和智力。

劳动创造了人本身，人类在生产过程中，在改变自然的同时也改变着自己。在生产发展的过程中，劳动者不断地促进着生产手段的改进，并在改进生产手段的过程中，不断地提高自己，以适应新的生产手段和新的生产品的创造，这样也就使人本身在生理上、知识上发生了变化。

从生产方面来看，社会生产的增长，特别是社会生产手段的增长，就意味着生产手段在数量上的增加和质量上的提高，也意味着机械化、自动化、电气化、化学化，甚至于原子能化范围的扩大、程度的提高。这就要求劳动力在数量上增长，在质量上提高。所谓劳动力在数量上的增长，主要是指建设共产主义所需要的工程技术人才、工业指挥人才的增加；所谓在质量上提高，就是指体力上的增长和智力上的提高。因为越是操纵现代化机械，就越是需要具备使用、管理这些高度机械化、自动化设备的科学技术知识。

为满足生产力高度发展的需要就必须：一方面，通过社会文化的高度发展来实现变工人为职员、变农民为工人，把体力劳动者提高到脑力劳动者的水平；另一方面，把脑力劳动者提高到体力劳动者的水平；最终消灭体力劳动和脑力劳动本质的差别。

②全社会文化水平的提高是生产力和生产关系发展的需要

共产主义社会是以生产的高度社会化条件为它的前提和结果。社会化的生产要求科学化的管理（生产管理科学化是指全民参加社会生产的管理）。随着生产管理科学化要求的提高，随着生产管理社会化（或全民化）的实现，全体社会成员管理社会经济的知识和能力也必须相应地得到提高。

随着全体社会成员管理社会经济的知识和能力的提高，生产的社会化、管理的科学化水平就会更加提高。为了不断提高生产管理科学化的水平，并不断提高社会全体成员管理社会经济的知识和能力，使其能够适合于社会生产力和生产关系发展的需要，就必须使全体社会成员都能在体力和脑力等方面得到全面的发展。

全社会文化水平的提高包括这样两个部分：自然科学水平的提高、社会科学水平的提高。自然科学水平的提高，使劳动者得到了参与社会生产、生活所必不可少的基本技能，而社会科学水平的提高又可使劳动者具有参与现代化生产管理的能力。

列宁在《青年团的任务》中说：

"……很明显从资本主义社会培养出来的一代工作者所能完成的任务至多是消灭建筑在剥削上面的资本主义旧生活方式的基础。他们至多也只能建立这样一种社会制度，这种社会制度帮助无产阶级和劳动阶级保持自己的政权，奠定巩固的基础，至于在这个基础上进行建设，那就只有靠在新条件下，在人与人之间的剥削关系已不存在的情况下参加工作的一代人去担负。

"如果根据这一点来看青年的任务，就应当说，全体青年的任务，尤其是共产主义青年团及其他一切组织的任务，可以用一句话来表达：就是要学习。

"当然，这仅仅是'一句话'，还没有答复主要的和最本质的问题——学习什么和怎样学习。而这里的全部关键就在于：在改造资本主义旧社会的同时，将来要建设共产主义社会的新一代人的训练、培养和教育就不能再像从前那样了。青年的训练、培养和教育应当以旧社会遗留给我们的材料为出发点。我们只能利用旧社会遗留给我们的全部知识、组织和机关，在旧社会遗留下来的人力和物力的条件下建设共产主义。只有把青年的训练、组织和培养这一事业加以根本改造，我们才能做到：青年一代努力的结果将建立一个与旧社会完全不同的社会，即共产主义社会。因此，我们需要详细论述的问题，就是我们应当教给青年什么；真正想无愧于共产主义青年称号的青年应当怎样学习；以及应当如何培养青年，使他们能够彻底完成我们已经开始的事业。

"我应当指出，看来首先的和理所当然的回答是：青年团和所有想走向共产主义的青年都应该学习共产主义。

"但是'学习共产主义'这个回答未免太笼统了。为了学会共产主义，我们应该怎样呢？为了学到共产主义知识，我们应该从一般知识的总和中吸取哪些东西呢？这里我们可能遇到许多危险，如果把学习共产主义的任务提得不正确，或者对这一任务理解得太片面，往往就会出现危险。

"初看起来，总以为学习共产主义就是领会共产主义教科书、小册子和著作里所讲的一切知识。但是，给学习共产主义下这样的定义，就未免太草率、太不全面了。如果说，学习共产主义只限于领会共产主义著作、书本和小册子里的东西，那我们就很容易造就出一些共产主义的书呆子或吹牛家，而这往往会使我们受到损害，因为这种人虽然把共产主义书本和小册子上的东西读得烂熟，却不善于把所有这些知识融会贯通，也不会按共产主义的真正要求去行动。"

显然，人们只有用人类创造出来的全部知识宝藏来丰富自己的头脑时，才能够成为真正的共产主义者；只有具备共产主义的知识，并正确地将理论与实际联系在一起时，才能成为共产主义的建设者。要正确地运用共产主义的经济法则来掌握共产主义社会的发展方向，就必须具有共产主义科学的知识。而要掌握共产主义科学的知识，就要从人类全部的科学遗产中来吸取一切有用的结论，了解产生这些结论的依据，并自觉地排斥那些在人类尚处于愚昧无知的历史时期时所产生的一切文化糟粕。

③为什么要"使社会成员都能获得足以成为社会发展中的积极活动分子的教育，能自由地选择职业"

这主要是为彻底地消灭脑力劳动和体力劳动的本质差异创造必要条件。为了改变从旧社会继承下来的社会分工、劳动分工的状态，使人们从职业奴隶的状态下解放出来，使人们从沉重的劳动负担下解放出来，使劳动成为真正的愉快，成为生活的第一需要。

④如何实现第三个基本先决条件

斯大林同志在《苏联社会主义经济问题》中回答了这个问题：

"为了做到这一点究竟需要什么呢？

"如果认为用不着大大改变现今的劳动状况，便可以达到社会成员的这种强大的文化高涨，那就不正确了。为了做到这点，首先需要把每天的劳动时间至少缩短到 6 小时，然后再缩短到 5 小时。这是使社会成员有充分的自由时间来获得全面教育所必需的。其次，为了做到这点，需要实行普及义务的综合技术教育，这是使社会成员有可能自由选择职业而不致终身束缚于某一种职业所必需的。再次，为了做到这点，需要根本改善居住条件，把工人和职员的实际工资至少提高一倍。也许还要更多，办法是不仅直接提高货币工资，而且特别重要的，是继续不断地降低日用品价格。"

斯大林同志指出，只有实现上述的三个基本先决条件，才能实现由社会主义到共产主义的过渡。

3. 进入共产主义的高级阶段的条件

从社会主义过渡到共产主义有一个根本的不同，这就是：在社会主义社会中，生产和分配的原则是按着个人能力去劳动，按着劳动去供给这样一个原则；但是到了共产主义社会，就要实行按着个人能力去劳动，按着需要去供给的原则。为了实现这样的生产和分配原则，就需要创造一系列的条件。

这些条件，意味着生产力和生产关系更进一步的发展，意味着对社会主义生产力和社会主义生产关系的否定，也意味着社会生产力和生产关系向着共产主义的方向的转变。

①由社会主义到共产主义的过渡，实际上就是从社会主义到共产主义的一个转变时期。在这个转变时期内，需要进一步提高劳动生产力，为共产主义的最终实现创造物质条件。正因为这样，斯大林在他提出的三个基本先决条件中，将生产的不断增长和生产手段的增长占优先地位放在第一条。

②即使在一个社会主义国家范围内实现了斯大林提出的三个基本先决条件，还不能说是完成了从社会主义到共产主义的过渡。因为在世界范围内还存在着许许多多的资本主义国家，社会主义国家和资本主义国家之间的商品交换，还会继续存在。

③只有当所有的国家都已经成为社会主义国家，只有当全世界范围内都实现了斯大林提出的三个基本先决条件，并最终达到列宁所说的"阶级消灭、国家消亡"的阶段，人类社会才真正步入"共产主义的高级阶段"。

论决定我国过渡时期的各种生产底社会形态的基本经济法则

一　过渡时期和基本经济法则的含义

一切特定的社会制度的发生、发展和向着更高级的形态的转变，都决定于特定的生产方式①的发生、发展和向着更高级的形态的转变;一切特定的生产方式的发生、发展和向着更高级的形态的转变，都决定于特定的生产关系②的发生、发展和向着更高级的形态的转变。

---

① 生产方式是劳动过程的两个因子——劳动者和生产手段——所依以互相结合的种类和式样。它是以生产关系为基础，并随着生产关系的变化而变化的;例如:"为使一般资本关系发生，就要以社会的生产的一定阶段和形态为前提。就是说，超越旧的生产诸关系的限界，而促进它的向着资本关系转变的交通手段和生产手段及其需要必须在从来的生产方式的内部发生。不过，只要它发展到劳动往资本之下的形式的包摄能够发生的程度就行了。但是，以这种变化了的关系为基础，特殊地变化了的生产方式发展着。"(马克思:《直接的生产过程的诸结果》，《马克思恩格斯选集》第9卷（下），日文译本，第471页)

② "……生产关系的状况所回答的……是:生产手段（土地、森林、水源、矿山、原料、生产工具、生产建筑物、交通联络工具等等）为谁所有? 生产手段为谁支配? ……的问题。"(斯大林:《关于辩证唯物主义和历史唯物主义》)

对生产手段的所有权的关系，不但预先决定着生产的目的和达到目的的手段，而且还决定着劳动者和生产手段所依以互相结合的种类和样式。

　　过渡时期就是从一种特定的生产方式占统治地位的社会向着另一种特定的生产方式占统治地位的社会转变的时期，就是从一种适合于特定的生产关系的社会制度向着另一种适合于更高级的生产关系的社会制度转变的时期。

　　在人类社会的发展史中，我们已经并且正在经历着两种类型的过渡：第一种是以建立新的生产方式的社会的统治地位为起点，而以颠覆着的社会制度同时创造新的社会制度为终点的过渡。第二种是以颠覆旧的社会制度同时创造新的社会制度为起点，而以建立新的生产方式旧社会的统治地位为终点的过渡。不管这两种类型的过渡在性质和形态上有着怎样的差异，但是形成历史上的任何过渡时期的根本原因和基本特征都不外是：旧的死亡着的生产底社会形态①和新的正在生长着的生产底社会形态底

---

　　①　社会形态有广义的用法和狭义的用法两种。狭义的用法只限于社会的政治形态或国家的形态；广义的用法包括社会的经济形态和社会的政治形态。例如，马克思说：

　　"我所由以出发的，只是劳动生产物在今日社会内所依以表现的最单纯的社会形态，这就是商品。"（马克思：《评瓦格讷〈经济学教程〉》，《资本论》第 1 卷附录）

　　"……工资劳动，或工资劳动制就是资本主义的生产的必然的劳动的社会的形态，和这完全一样地作为自我增殖的价值的资本，就是劳动为要成为工资劳动的客观的劳动诸条件所不得不采取的必然的社会形态。"（马克思：《直接的生产过程的诸结果》，《马克思恩格斯选集》第 9 卷（下），日文译本，第 398 页）

　　"作为同一的诸范畴在不同的社会诸阶段所占据的不同的地位的例子，还有：作为资产阶级社会的最后的诸形态之一的股份公司；但是这就在当初，也还曾以被给与了独占权的大的特权的商业公司的形式出现着。"（马克思：《政治经济学批判序论》，《马克思恩格斯选集》日文译本，大月书店出版，补卷三，第 288 页）

　　正是根据着这样的观点，所以列宁说："……《资本论》……这本书是按唯物主义方法来对一个、且是最初时的社会形态作了科学分析的模范……"（《列宁文选》第 1 卷，第 100 页）

　　"分析物质社会关系（即不经过人们意识而形成的那种社会关系：人们在交换产品时彼此发生生产关系，而同时他们甚至没有意识到这里有社会生产关系存在着），立刻就可发见重复性和常规性，并把各国制度综合为一个基本概念，即社会形态。"（《列宁文选》第 1 卷，第 98 页）

同时并存和互相斗争。

斯大林说：

> 各种不同的社会形态在它的经济发展中，……服从自己
> 特有的经济法则，……各个社会形态……以自己特有的法则
> 互相分开着……①

所以当我们谈到某种基本经济法则时，一般地总是指着支配一定社会形态的、那种社会形态所特有的基本经济法则而说的。

究竟所谓某一种社会形态所特有的并且支配着某一种社会形态的基本经济法则是怎样的法则呢？只要严格地遵守斯大林的定义，就不能不肯定地回答：那就是决定某生产方式的发展的一切主要方面和一切主要过程，因而决定那种生产方式的本质或目的的经济法则。苏联科学院经济研究所编辑的《政治经济学教科书》这样写道：

> 不同的社会形态在其发展中……决定于自己特有的经济
> 法则，……各个社会形态……以每一生产方式所固有的特殊
> 经济法则互相分开……②

我们应该把这段话看做关于基本经济法则的斯大林的定义的一个很好的注释。

二　在过渡时期的我国经济的基本情况

目前在我国存在着如下的五种主要经济成分和三种基本经济法则：

（一）社会主义的经济成分：这是在生产手段的社会所有制

---

① 　斯大林：《苏联社会主义经济问题》。

② 　该书导言，着重点是引者加的。

的基础之上建立起来的全体社会成员的共同生产和共同分配的生产方式。它生产的直接目的就是：创造满足社会需要的生产品。这种生产方式，无疑地受着马克思和恩格斯所说的"满足社会需要的法则"，即，斯大林所说的"社会主义基本经济法则"的支配。

（二）资本主义的经济成分：这是在生产手段的资本家的所有制的基础之上建立起来的资本家阶级剥削无产阶级的剩余劳动的生产方式，它的生产的直接目的就是创造剩余价值。这种生产方式，无疑地受着马克思所说的"剩余价值的生产和增殖的法则"，即，斯大林所说的"最适合于资本主义的基本经济法则的概念的"法则的支配。

（三）单纯的商品生产的经济成分：这是在生产手段的直接生产者的个人所有制的基础之上建立起来的用自己的劳动去生产商品的生产方式。它的生产的直接目的就是：创造价值。这种生产方式，无疑地受着恩格斯所说的"商品生产的基本法则"——"价值法则"的支配。

（四）国家资本主义的经济成分：这是既包含资本主义又包含社会主义的两重性的生产关系，这是在生产手段的社会的所有制和资本家的所有制发生特殊的结合的基础上发展着的从资本主义走向社会主义的过渡性的生产方式。因之，这种生产的直接目的不能不既是为资本家生产剩余价值（在这种生产依然保持着资本主义的性质的限度内），又是为社会生产生产品（在这种生产已经渗入了社会主义的因素的限度内）；这种生产方式就不能不一方面既受资本主义的基本经济法则支配，另一方面又受社会主义的基本经济法则支配。

我们必须一方面肯定：

国家垄断资本主义就是社会主义最完满的物质准备，是

进入社会主义的入口……①

国家资本主义是集中化了的、监督化了的和社会主义化了的东西。②

然而在另一方面我们还必须认识：

> 在无产阶级专政条件下的国家资本主义，乃是存在有两个阶级的生产结构：其中一个阶级是……剥削阶级，另一个阶级是被剥削阶级，不管国家资本主义具有何种特殊形式，但按其本质来说，它终究还是资本主义性质的。③

> 国家资本主义，乃是我们能够加以限制，我们能够规定它的限界的一种资本主义。④

已经取得国家政权的无产阶级之所以在一定条件之下支持并参加国家资本主义，主要的目的就是为要促进社会生产力的迅速发展，为社会主义创造圆满的物质条件，以便最后转变资本主义的生产关系为社会主义的生产关系；换句话说，为要消减资本主义而去利用资本主义。这很明显的是社会主义的基本经济法则——满足社会及其成员的不断增长着的物质和文化的需要的法则——所决定的。资本家之所以在一定条件之下接受并参加国家资本主义，主要的目的就是为要获得高于一般私人资本主义的利润，或用其他方法不再能够或者极难能够得到的生产和实现剩余价值的条件，以便坚持资本主义的生产关系的存在和发展；换句话说，为要坚持对无产阶级的剥削而接受无产阶级的领导。很明

---

① 列宁：《灾祸临头和防止之法》。

② 列宁：《关于苏维埃当前任务的报告》，见《列宁全集》（俄文第四版）第27卷，第262—263页。

③ 斯大林：《在联共（布）第十四次代表大会上关于中央委员会政治工作的总结报告》，1925年12月。

④ 列宁：《俄国共产党（布）第十一次代表大会上中央委员会的政治报告》，1922年3月。

显地这是资本主义的基本经济法则——剩余价值的生产和增殖的法则——所决定的。

固然，资本家为了实现其追求剩余价值的目的也不能不创造使用价值，也不能不在这一前提之下满足社会的需要，也正如无产阶级为要实现其满足社会需要的目的而不得不在一定条件之下承认资本主义的存在，容许剩余价值的剥削；然而使用价值的生产并不是资本主义的生产的目的和本质，①也正和容许剩余价值的剥削并不是社会主义的生产的目的和本质一样。在这里存在着社会主义的基本经济法则和资本主义的基本经济法则的矛盾的统一的关系：矛盾的这两个方面互相排拒而又互相依存的关系，互相同一而又互相斗争的关系。②

（五）半社会主义的合作社的经济成分：这是既包含私有的又包含合作的两重性的生产关系。这是在生产手段的直接生产者

---

① "……成为循环 G—W—G 的客观的基础或主要的产物的价值的增殖，就变成他的主观的目的，并且正因为愈益增长的抽象的财富的占有，变成他的活动的唯一的动力，才使他作为资本家；也就是说，作为已被人格化了的并且已被赋予意识和意志了的资本去表演各种职能。使用价值，因此，必须永远不被看做资本家的真实的目的，并且也必须不把在任何单个交换行为上的利益，看做他的真实的目的，只有不息的，永无终点的制造利润的过程才是他所指望着的东西。"（马克思：《资本论》，恩格斯英文译本，第 1 卷，第 170—171 页）

"商品的价值，就其自身，对于资本家是没有关系的。他所关心的，只是包含在商品之中并且由于售卖而被实现的剩余价值。"（马克思：《资本论》，同上英译本，第 1 卷，第 351 页）

② "同一性、统一性、一致性、互相渗透、互相贯通、互相依赖（或依存）、互相联结或互相合作，这些不同的名词都是一个意思，说的是如下两种情形：第一，事物发展过程中的每一种矛盾的两个方面，各以它对立着的方面为自己存在的前提，双方共处于一个统一体中；第二，矛盾着的双方，依据一定的条件，各向着其相反的方面转化。"（《矛盾论》，《毛泽东选集》第 2 卷，第 793 页）

"列宁说：'对立的统一（一致、同一、合一），是有条件的、一时的、暂存的、相对的。相互排斥的对立的斗争则是绝对的，正如发展、运动是绝对的一样。'"（同上书，第 798 页）

的个人所有制的基础之上，实现劳动的集体化，并在劳动的集体化的基础之上实现生产手段的集体所有化的生产关系。这是在生产手段的个人所有制和集体所有制发生特殊结合的基础上发展着的用集体劳动代替个体劳动的、从单纯商品生产走向社会主义的生产品的生产的过渡性的生产方式。这是直接生产者把私有的生产手段集中起来，按照各尽所能的原则进行共同生产，按照所提供的土地及其他生产手段和劳动量的多寡进行共同分配，并且就在这一基础之上建立和发展生产手段的集体所有制，而在生产手段的集体所有制的基础之上逐步地实现"按照能力去劳动"和"按照劳动去分配"的社会主义的原则的生产方式。因之，这种生产的直接目的就不能不是：为商品的直接生产者创造价值（在这种生产依然是商品生产的限度内），为生产手段的较多的所有者创造剩余价值（在这种生产肯定社员的生产手段的私人所有权并根据入社的生产手段的数量和质量分配劳动生产品的限度内）①，和为集体劳动者创造满足社会的及个人的需要的生产品（在这种生产发展生产手段的集体所有制和按照社员所支出

---

　　① 虽然由于社会主义的经济因素的存在和发展，由于社会主义的基本经济法则的主导作用的扩大和加强，在半社会主义的生产合作社中不可能发生资本家和雇佣劳动者的阶级分化；然而由于小商品生产的经济因素的存在和发展，由于土地及其他生产手段的私人的所有权的存在，尤其是由于——作为这些条件的必然的结果——在一定限度之内根据土地及其他生产手段的私人的所有权占有别人的剩余劳动的生产品的分配关系的存在，而使半社会主义的生产合作社的一部分社员在数量上或质量上超越其他社员的那一部分土地及其他生产手段在生产过程中的职能和性质发生了——从"劳动者所使用的生产手段"向着"吸取他人劳动的手段"的——变化。

　　马克思说："在社会的一个部分占有生产手段的独占权的任何地方，劳动者不论是自由的或不自由的，都必须在维持他自己所必要的劳动时间以上加添一个额外的劳动时间，为了给生产手段的所有者生产生活手段……"（马克思：《资本论》第 1 卷，《劳动日》第二节，《对于剩余劳动的贪欲》，恩格斯英文译本，第 250 页）

的劳动的数量和质量分配劳动生产品的限度内）。因之，这种生产方式也就不能不既受单纯商品生产的基本经济法则的支配，又受资本主义的基本经济法则的支配，同时还受社会主义的基本经济法则的支配。

价值法则（价值的生产和实现的法则）在本质上就是"用等量劳动去交换等量劳动或用等量劳动的生产品去交换等量劳动的生产品"的法则。这是反映着单纯商品生产所特有的——劳动的社会性质和劳动的私人形态之间的——基本矛盾的法则。只要合作社没有改变其为"小商品生产者的合作社"的性质——合作社的社员在基本上依然为着价值并且根据价值进行生产和交换的限度内，它就不能不受这一法则的支配。

"当作劳动过程和价值形成过程，生产过程就是商品的生产过程；当作劳动过程和价值增殖过程，它就是资本主义的生产过程，商品生产的资本主义的形态。"（马克思：《资本论》第1卷，第一编，第五章《绝对的剩余价值的生产》，柏林，狄茨出版社1953年版，第206页）

"如果我们现在比较一下生产价值和创造剩余价值的两个过程，那么，我们就看到：这后者无非是超出一定点的前者的继续。在一方面，假如这个过程不被进行到超出用一个恰好的等值去代置资本家为了劳动力而支付的价值的时间点以外，那就单纯地是一个生产价值的过程；在另一方面，假如它被进行到超出那点以外，它就变成一个创造剩余价值的过程。"（马克思：《资本论》第1卷，《劳动过程》，恩格斯英文译本，第218页）

"资本并不是一种物品，而是通过各种物品的媒介而被建立起来的一种人们之间的社会关系。"（马克思：《资本论》第1卷，《近代的殖民理论》，恩格斯英文译本，第839页）

"……只有由于10镑剩余价值，那原来被投下的100镑才变成资本，并且当着这个剩余价值一发生，当着儿子、而且由于儿子一产生，父亲就被产生。……"（马克思：《资本论》第1卷，恩格斯英文译本，第172—173页）

"……这种在原来的价值以上的增量或超额，我叫做'剩余价值'。因此，原来被投下的价值，在循环中，不仅保存着原样，而且增加给自己一个剩余价值，或增殖着自己，正是这种运动使它转变成为资本。"（马克思：《资本论》，《货币向着资本的转化》第一节，同上英文译本，第168页）

剩余价值法则（剩余价值的生产和实现的法则）在本质上就是用死的劳动去交换活的劳动的法则，是用较小的价值去创造较大的价值的法则——即"占有他人的无酬劳动（或剩余劳动）的法则"。这是反映着资本主义生产所特有的——劳动的社会性质和占有的私人形态之间的——基本矛盾的法则。只要合作社依旧保存着土地及其他生产手段的私人所有权，并且因而也还保存着按照土地的数量和质量以及按照其他生产手段的价值去分配社会（集体）劳动的生产品的关系，那就不能不说：那个合作社也还为着土地和资本而进行生产并且也还根据着土地和资本进行着分配；并且也就在这个限度以内，还受着剩余价值法则的支配。因为这就意味着他人的剩余劳动或剩余价值的占有①：拥有较

---

①　一切劳动的生产品都是劳动所创造的，一切劳动生产品的价值都是由过去的死的劳动和现在的活的劳动所构成的；生产手段的价值在生产过程中，并不能创造或增加任何新的价值，只是由于劳动者增加新的价值或创造新的价值的活动而被保存并转移到新的生产品中去。所以社会主义的原则是：每个劳动者只应按照自己在生产过程中支出的劳动量的多少进行劳动生产品的分配。假如完全根据这一原则进行分配，各个合作社的社员就能够分别地分得完全适当于自己所提供的劳动量的劳动生产品。但是由于资本主义的原则在一定限度内依然发生着作用，也就是说，每个生产手段的所有者也还必须在一定限度之内按照自己在生产过程中所投入的土地及其他生产手段的价值的大小进行劳动生产品的分配；结果就使得在生产过程中投入的土地及其他生产手段所占的比率高于他的劳动支出量所占的比率的社员必然分得一个多于自己的劳动所创造的生产品的所谓土地及其他生产手段的"报酬"；而投入的土地及其他生产手段所占的比率低于他的劳动支出量所占的比率的社员就必然只好分得一个少于自己的劳动所创造的生产品的所谓劳动的"报酬"。因为前者（一部分社员所以能够在土地及其他生产手段的"报酬"的形式之下分得多于自己的劳动生产品的份额）正是以后者（另一部分社员在土地及其他生产手段的"报酬"和劳动的"报酬"的形式之下，只能分得少于自己的劳动生产品的份额）为前提的。这在实质上就是一种对他人的无酬劳动的占有。现在让我用数学公式来把这一分配关系表示出来：

1. 假定：$P = P_1 + P_2 + P_3 = $ 劳动生产品的总量

$P \cdot X\% = P \cdot X_1\% + P \cdot X_2\% + P \cdot X_3\% = $ 按土地及其他生产手段分配的劳动生产品的总量

多并且较好的土地的社员利用着他们的较多或较好的那一部分土地的所有权向一切其他社员征收一定限度的绝对地租和差额地租,[①]而拥有较多的其他的生产手段的社员利用着他们的较多的

$$P \cdot Y\% = P \cdot Y_1\% + P \cdot Y_2\% + P \cdot Y_3\% = 按劳动分配的劳动生产品的总量$$

2. 假定：$P \cdot Y\% = P$，结果就必然是：

一部分社员分得 $P \cdot Y_1\% = P_1$

一部分社员分得 $P \cdot Y_2\% = P_2$

一部分社员分得 $P \cdot Y_3\% = P_3$

3. 现在因为 $P \cdot Y\% = P - P \cdot X\%$，亦即，$P = P \cdot X\% + P \cdot Y\%$；所以，分配的结果就必然是：

一部分社员分得 $P \cdot X_1\% + P \cdot Y_1\% > P_1$

一部分社员分得 $P \cdot X_2\% + P \cdot Y_2\% = P_2$

一部分社员分得 $P \cdot X_3\% + P \cdot Y_3\% < P_3$

很显然地 $P \cdot X_1\% + P \cdot Y_1\% > P_1$ 是以 $P \cdot X_3\% + P \cdot Y_3\% < P_3$ 为前提的；而$(P \cdot X_1\% + P \cdot Y_1\%) - P_1 = P_3 - (P \cdot X_3\% + P \cdot Y_3\%) = M$（剩余价值）。

① 土地因为不是劳动的生产品，所以也就没有价值；它虽然是劳动过程的基本因子之一，然而却不是价值形成过程，因而更不是价值增殖过程的因子。

"在实践中……为了获得耕种土地的允许而在租金（Pachtgeld）的形态中支付给土地所有者的一切，自然都表现成为地租，不管这种贡纳的构成可以是什么，也不管它的源泉可以是什么，它和真实的地租有着这样一个共同点：地球的一块的所谓所有者的独占，使他可能去课征这样一种贡纳和赋课这样一种税收。"（马克思：《资本论》第 3 卷，《剩余利润向着地租的转化》绪论）

地租是"土地的私人的所有权的特殊的经济的表现"。（同上）

"不管地租的特殊的形态可以是什么，它的一切类型都有一个这样的共同点：地租的占有是土地的所有权实现自己于其中的经济的形态，地租是建立在土地的私人的所有权的存在，地球的某些部分被某些个人所有的条件之上的。"（马克思：《资本论》第 3 卷，恩格斯英文译本，第 743 页）

"土地所有权，并不创造转化为剩余利润的那一部分价值。"（马克思：《资本论》第 3 卷，中文译本下册，第 544 页）

"土地所有权不是这种剩余利润创造的原因，而是它转化为地租的原因。"（同上）

根据在数量上多于别人的那一部分土地的所有权而占有的别人的劳动的生产品，形成绝对地租；根据在质量上优于别人的那一部分土地的所有权而占有的别人的劳动的生产品，形成差额地租。

那一部分生产手段的所有权，向其他社员榨取一定限度的利润，① 也正是根据这种情况，所以列宁早就指出：

　　……合作制也是一种国家资本主义，……小商品生产者合作社（这里不是指工人合作社，而是指小农国家内占优势的、标本式的小商品生产者合作社而言）必然产生出小资产阶级资本主义关系，促成这种关系的发展，把小资本家提到首位，给他们以最大的利益。②

　　……在苏维埃政权之下，"合作制"资本主义与私人资本主义不同，它们是变形的国家资本主义……③

满足社会需要的法则，在本质上既是剩余价值法则的否定，也是价值法则的否定；在合作社中它是决定着生产手段的集体的所有制的发生、发展和向着更高级的形态转变的法则，因而也是促进并引导小商品生产者的合作社向着完全的社会主义的生产方式转变的法则。并且当着生产手段的私人的所有完全转变为社会的所有的时候，为私人的目的（为资本或剩余价值，为商品或价值）的生产就会逐步地完全让位给为社会的目的（为生产品或使用价值）的生产，而目前还在部分地实行着的按照土地及其他生产手段分配劳动生产品的原则就会完全被按照劳动分配生产品的原则所代替、半社会主义的合作社就会变成完全的社会主义的生产方式，也正是根据这种情形，所以列宁在 1923 年曾经这样写道：

---

　　① "剩余价值，因此，分成各种不同的部分。它的细分的部分落入各种不同的范畴的人们的手中，并且采取各种不同的互相独立的形态，例如利润，利息，商人的利润，地租，等等。"（马克思：《资本论》第 1 卷，《资本的蓄积》，恩格斯英文译本，第 619 页）

　　② 列宁：《论粮食税》。

　　③ 同上。

在我们现存制度下，合作企业和私人资本主义企业不同，因为合作企业是集体企业；但它和社会主义企业没有区别，因为它是建筑在属于国家，即属于工人阶级的土地上，是建筑在属于国家，即属于工人阶级的生产手段上。①

三　支配"一个社会经济的法则"不也是
支配"一个经济成分的法则"吗？

有的同志把支配着在社会中占统治地位的生产方式（即所谓"决定一个独立的划时代的经济"或"一个社会经济"）的法则从支配着一个特定的生产方式（即所谓"决定社会中某一经济成分"或"一个经济成分"）的法则中人为地割裂出来，只把前者称为基本经济法则，而把后者认为非基本经济法则、甚或称做"主要经济法则"——这在实际上就等于否定了特定的生产方式（一定的"经济成分"）受着特定的基本经济法则的支配。

他们忽视了：任何"决定一个独立的划时代的经济（也就是所谓决定'一个社会经济'）的一切主要方面与主要过程的法则"原来正无非是"决定社会中某一经济成分（换句话说，就是决定在社会中占统治地位的'一个经济成分'的）主要方面与主要过程的法则"。例如：在人类社会发展史上支配着原始公社的生产方式、奴隶制的生产方式、农奴制的生产方式、资本主义的生产方式和社会主义的生产方式的经济法则就都既是"决定一个独立的划时代的经济的一切主要方面与主要过程的法则"，又是"决定社会中某一经济成分的主要方面与主要过程的法则"。而且这些法则所以变成"决定一个独立的划时代的经

①　列宁：《论合作制》。

济"，所以变成支配"一个社会经济"的"一切主要方面与主要过程的法则"，从根本上说来还正是由于它们是"决定社会中某一经济成分（支配一定的社会生产方式）的主要方面与主要过程的法则"。

他们忽视了：虽然支配"一个经济成分"的法则并不必然在任何社会的历史的条件之下都是支配"一个社会经济"的法则；但是支配"一个社会经济"的法则却必然在任何社会的历史的条件之下都是支配"一个经济成分"的法则。例如，在过渡时期任何决定着特定的、新生的、但还没有取得支配"一个社会经济"的地位的生产方式的"发展的一切主要方面和一切主要过程"，因而决定着那种生产方式的实质或本质的基本经济法则就都是这样的。同样地那决定着特定的、已经失掉了"支配一个社会经济"的地位、但还坚持其独立的存在的生产方式的基本经济法则也都是这样的。

四　是支配"某一经济成分"的法则决定着那"一个经济成分"在社会经济中——是否成为支配的生产方式——的地位？还是"某一经济成分"在社会经济中的这种地位决定着支配这"一个经济成分"的法则的——是否具有基本经济法则的——性质？

基本经济法则的基本特点，就在于：它在一切主要方面决定着生产的特定的社会方式（"某一经济成分"）的发生、发展和没落（向着更高级的形态转变）的一切主要过程。生产的特定的社会方式所以在整个社会经济发展的历史过程中从一个不占统治地位的生产方式发展或转变成为占据统治地位的生产方式，然后再从这一个占据统治地位的生产方式没落成为一个失掉统治地位的生产方式；这一切都只是基本经济法则发生作用的结果，而决不是它的原因。可以说：基本经济法则是使"某一经济成分"（一定的生产方式）在一定的社会中的地位发生变化——使它占据"一个社会经济"中的支配的或隶属的地位，使它变成"一个社会经济"中的支配的或隶属的经济形态——的根本原因；但是决不能颠倒过来说："某一经济成分"（一定的生产方式）在"一个社会经济"中所占据的支配的或隶属的地位、它被变成"一个社会经济"中的支配的或隶属的经济形态，是使一定的经济法则在性质上发生变化——变成"基本经济法则"或"非基本经济法则"——的根本原因。换句话说：是基本经济法则决定着一定的生产方式（"某种经济成分"）变成在整个社会经济中的支配的或隶属的"经济成分"；并不是颠倒过来，一定的生产方式之被变成"一个社会经济"中的支配的或隶属的"经济成分"决定着同一经济法则的性质：是"基本的经济法则"还是"非基本的经济法则"？根据某些同志自己的例证，同一资本主义的生产方式在封建主义的社会里和在新民主主义的社会里就应该受"资本主义的主要经济法则"的支配，而在资本主义的社会里就应该受资本主义的基本经济法则的支配。同一的社会主义的生产方式，在社会主义的社会里就应该受社会主义的基本经济法则的支配，而在新民主主义的社会里就应该受社会主义的"主要经济法则"的支配。

假如这些同志能够允许我用抽象的理论的形式把他们的观点概括出来，那么，我们就可以达到这样的一个一般的公式：任何一种生产方式只有在它已经取得并且保持其对整个社会经济的支配地位的条件下，才受基本经济法则的支配；反之，就都受

"主要的经济法则"的支配。换句话说：基本经济法则只是支配着处在整个社会经济的统治地位的发展阶段之中的生产方式（"经济成分"）的法则。这在实际上也就等于说："主要的经济法则"是决定基本经济法则的发生、发展和削减的法则，而基本经济法则并不是决定特定的生产方式的"发展的一切主要方面和一切主要过程的法则"。

假如主张只有在社会中占统治地位的生产方式才有自己的基本经济法则的同志允许我把他们的观点运用到中国近代经济发展史的分析上来，那么，我们就不可避免地要达到这样的一个荒谬的结论：我国的同样的资本主义的生产方式或单纯的商品生产方式在封建社会中就应该以封建主义的基本经济法则"为其基本法则"；在半殖民地和半封建的社会中，就应该以现代资本主义的基本经济法则"为其基本法则"；而在新民主主义社会中，就应该以社会主义的基本经济法则"为其基本法"。①

这很显然地是和马克思、恩格斯及斯大林关于基本经济法则的概念不相一致。因为关于资本主义的基本经济法则，斯大林曾

---

① 不能否认："在一切社会形态之中，都有一定的生产，那种生产给与其他一切生产——因而，那种生产的诸关系也给与其他一切生产的诸关系——以顺序和影响。它是一个普遍的照明；其他一切种类的生产的色彩都湮没于其中，并且适应着各自的特殊性而被改变着色彩。它是一个特殊的以太，决定着出现于其中的一切存在的比重。"（马克思：《政治经济学批判序论》，《马克思恩格斯选集》，日文译本，补卷三，第286—287页）一切占传统治地位的生产诸关系，都能使其他一切生产诸关系在各种不同的程度内带有自己的色彩或性格（例如在封建社会里资本主义的生产关系不能不带有一定程度的封建性，在半殖民地半封建的社会里，资本主义的生产关系不能不带有一定程度的封建性和买办性等等）。并且支配一定生产关系的经济法则，在社会发展的不同的诸阶段中也占据"不同的地位"；然而，决定并反映一定生产方式的发展的一切主要方面和一切主要过程，因而决定一定生产方式的目的和本质的基本经济法则却绝不会因而发生任何性质上的变化。因为假如不然的话，我们就无法理解一定生产方式或社会的经济形态的发生、发展、变化的根本原因或内在根据了。

经这样说过：

> 最适合于资本主义的基本经济法则这个概念的，是剩余价值法则，即资本主义利润的产生和增殖的法则。这个法则真正预先决定资本主义生产的基本特点。①

> 资本主义的基本经济法则………它的特点何在呢？资本主义的基本经济法则是这样一种法则，它不是决定资本主义生产发展的某一个别方面或某些个别过程，而是决定资本主义生产发展的一切主要方面和一切主要过程，因而是决定资本主义生产的实质，决定资本主义生产的本质的。②

> 资本主义基本经济法则的意义也就在于：这个法则既然决定资本主义生产方式发展方面一切最重要的现象，既然决定资本主义的高涨和危机，它的胜利和失败，它的长处和短处，——它的矛盾发展的全部过程，——便使我们能够了解和说明这一切现象。③

毫无疑义地，在斯大林看来，基本经济法则就是决定一定的生产方式的发生、发展和没落的“全部过程”或“一切主要过程”的法则。

关于商品生产的基本经济法则，恩格斯曾经这样写道：

> ……马克思的价值法则，在经济法则适用的范围内，就是普遍地适用于单纯商品生产的整个期间、因而一直到它由于资本家的生产形态的发生而受到一个修正的时候的。……所以，马克思的价值法则，对于从转变生活品为商品的交换的开始一直到纪元后第十五世纪为止的这个继续着的一定期间，具有经

---

① 斯大林：《苏联社会主义经济问题》，着重点是引者加的。
② 同上。
③ 同上。

济上的普遍的适用性。但是商品交换是从一切有文字的历史以前的一个时期，即，在埃及从追溯到纪元前至少二千五百年甚或五千年，在巴比伦从追溯到四千年甚或六千年的时期开始的；因之，价值法则曾经支配了五千年甚至七千年的期间。①

……价值法则，就正是商品生产的基本法则（Grundgesetz）……②

需要特别加以附注的就是：恩格斯在这里所说的"商品生产"，和在别的地方所说的一样，是指单纯的商品生产③而说的。因为在他和马克思看来，虽然任何种类的商品生产都是价值的生产，都受价值法则的支配；然而，只有单纯的商品生产，才是单纯的价值的生产，才是只受价值法则支配的本来意义的商品生产。价值法则虽然一方面因为决定着一切种类"商品生产"的共同本质，而是一切商品生产所共有的"基本经济法则"；然而，另一方面却又因为它决定着单纯的商品生产方式区别于一切其他种类的生产方式的本质，而是单纯的商品生产方式所特有的"基本经济法则"。④

很明显地，尽管单纯商品生产无论在任何历史时期都不可能

① 恩格斯：《资本论》第3卷补遗，引自《马克思恩格斯全集》第14卷，日文译本，改造社出版，第336页。

② 恩格斯：《反对杜林》，社会主义，四，分配，引自《马克思恩格斯全集》第12卷，日文译本，改造社出版，第479页。

③ "商品生产，到以工资劳动为基础的时候，才以强力加于全社会，才发挥它的全部潜力。如说工资劳动的介入，使商品生产变为不纯粹，那就等于说，商品生产如果还是纯粹的，就不能发展。商品生产越是由它自身的内在的法则，发展为资本主义生产，商品生产的所有权法则，就同一程度，越是变为资本主义占有的法则。"（马克思：《资本论》第1卷，郭大力、王亚南译，人民出版社出版，第22章，第735页）

④ "不管资本主义的占有方式可以似乎怎样严重地打着商品生产的基本法则（fundamental laws 德文的原字是 ursprünglichen Gesetzen）的耳光，但是它并不是发生于这些法则的破坏，而是发生于它们的运用。"（马克思：《资本论》第1卷，恩格斯英文译本，第640页）

成为在社会上占统治地位的生产方式；然而我们却也绝对不能因而否认它有其自己所固有的①"基本（经济）法则"。

有的同志说：恩格斯所说的"基本法则"并不是斯大林所说的"基本法则"；我在这里回答说：斯大林所说的"基本法则"正是引用的恩格斯在《反对杜林》中所使用的原字（Grundgesetz）的俄文的译语（Основной закон）②，同时，斯大林所下的定义也正和恩格斯的原意完全一致。

有的同志可能这样反问：恩格斯不是也还说"价值法则……因而也是商品生产的最高形态的资本主义生产的基本法则"吗？同时价值法则不也正是一切商品生产所共有的经济法则吗？我在这里首先必须引用马克思的原话来作如下的回答：

> 资本主义的生产的直接目的，并不是商品的生产，而是剩余价值的生产，甚至是在它的发展了的形态中的利润的生产。③

> 资本主义的生产扬弃着商品生产的基础——个别地独立的生产及商品所有者的交换、等价物的交换。④

> 这儿，工资劳动是商品。不但这样，工资劳动还是作为商品的诸生产品的生产依以存在的基础。……因之，这个价值法则完全不支配资本家的生产。⑤

---

① "商品生产由它自身内在的法则，发展为资本主义的生产，同时，商品生产的所有法则，以同一程度，转化为资本主义的占有法则（Gesetze dor kapitalistischen Aneignung）。"（马克思：《资本论》第 1 卷，郭大力、王亚南译，人民出版社出版，第 22 章，第 490 页）

② 恩格斯：《反对杜林》俄文译本，国家政治书籍出版局 1952 年版，第 296 页。

③ 马克思：《剩余价值学说史》，《马克思恩格斯全集》第 9 卷，第 354 页（着重点是引者加的）。

④ 马克思：《直接的生产过程的诸结果》，《马克思恩格斯选集》第 9 卷（下），日文译本，第 447 页。

⑤ 马克思：《剩余价值学说史》第 2 卷，第一编，第一章《剩余价值和利润》，引自《马克思恩格斯全集》第 9 卷，第 155 页。

……所以价值的法则就是应该存在于像一点也不生产（或者只是部分地生产）商品的那样生产之中的，而不是应该存在于像其基础是作为商品的生产品的存在的那样的生产的基础之上的。价值法则本身，是和作为生产品的一般的形态的商品一样，被从资本家的生产中抽象了的。并且它正是对这样的商品不应该适用的。①

接着，我还必须引用斯大林和列宁的原话来作如下的回答：

（社会主义的）商品生产并不是通常的商品生产，而是特种的商品生产……这种商品生产基本上是与联合的社会主义生产者（国家、集体农庄、合作社）的商品有关的。②

国营企业的生产品——应该和农民所生产的粮食相交换的社会主义工厂的生产品——并不是在政治经济学的意义上的商品；至少并不是单纯地作为商品。③

价值法则在我国社会主义生产中，并没有调节的作用……④

在我国的经济制度下，价值法则的作用是被严格地限制在一定范围内的。⑤

总之，无论在资本主义的生产方式或社会主义的生产方式下，价值法则都不是决定生产的发展的一切主要方面和一切主要过程因而决定那种生产的实质或本质的法则；然而，我们却绝不能因而同样地认为在单纯的商品生产方式之下，它（价值法则）也并非决定生产的发展的一切主要方面（生产、交换、分配和

---

① 马克思：《剩余价值学说史》第 3 卷，第二章，《马克思恩格斯全集》第 11 卷，第 93—94 页。

② 斯大林：《苏联社会主义经济问题》。

③ 列宁语，引自拉皮都斯·奥斯特罗维强诺夫合著《政治经济学教程》第一册，乔本弘毅译，白杨社出版，第 141 页。

④ 斯大林：《苏联社会主义经济问题》。

⑤ 同上。

消费）和一切主要过程（发生、发展和向着更高级的形态转变的过程），因而决定那种生产的实质或本质、决定那种生产的目的和达到目的的手段的法则。① 因为马克思已经告诉过我们：

比较简单的范畴能够表现一个未发展的整体的支配的诸关系或者一个已经发展了的整体的从属的诸关系——其整体在发展成为被

---

① 单纯商品生产的直接目的就是价值的创造（形成）和实现。达到这一目的的手段就是商品生产和交换。价值法则的内容主要是：（一）社会必要劳动时间决定体现在商品之中的价值，（二）供给和需要的关系决定着商品的价格以价值为中心的运动。价值法则，就是决定单纯商品生产者的生产、交换、分配和消费关系的发生发展和向着更高级的形态转变的"基本的法则"（Grundgcsetz）或"源泉的法则"（das ursprüngliche Gesetz）。

"商品生产"就是"直接为着交换目的的生产。"（恩格斯：《家庭，私有财产和国家的起源》，见《马克思恩格斯全集》第12卷，日文译本，改造社出版，第807页）

"用他自己的劳动的生产品直接满足他的需要的任何人，的确创造使用价值，但是并不创造商品。"（马克思：《资本论》第1卷，《商品》，恩格斯英文译本，第48页）

"为要成为商品，生产品就必须通过交换而被转移到他作为使用价值而有用的人底手中。"（恩格斯：《资本论》第1卷，《商品》中注，引自马克思《资本论初版抄》日文译本，岩波文库出版，第33页）

"生产品采取商品的形态或被直接地为着交换的目的生产于其中的生产方式，就是资产阶级的生产的最一般的和最萌芽的形态。"（马克思：《资本论》第1卷，第一章，第四节，《商品的物神性》，英文译本，第94页）

"假如商品自己能够说话，那么，它们将会说：我们的使用价值可以是对人们有用的东西。它作为诸客体（objects）是对我们没有关系的。但是无论如何，那作为诸客体而属于我们的，就是我们的价值。我们的作为商品的自然的交换就在证明着它。在相互的眼睛中，我们无非是交换价值。现在请听一听那些商品怎样通过经济学家的口在说着：'价值'——（即交换价值）'是物（things）的所有（property），财富（riches）'——（即，使用价值）'是人的所有。价值，在这种意义中，就必然意味着交换；财富，却不是这样。''财富'（使用价值）'是人们的属性（attribute），价值是商品的属性。……'诸客体的使用价值独立于它们的物质的诸属性而属于它们，可是它们的价值却相反地作为诸客体而形成它们的一部分。……诸客体的使用价值不依藉着交换，而依藉着诸客体和人的直接关系被实现着，可是，在另一方面，它们的价值却只有依藉着交换，就是说只有依藉着社会的过程才能被实现……"（马克思：《资本论》第1卷，第一章，第四节《商品的物神性》，恩格斯英文译本，第95—96页，着重点是引者加的）

"每一种商品，都只能在循环过程中实现它的价值；它是否实现并在何种程度内实现它的价值，都决定于占优势的市场上的各种条件。"（马克思：《资本论》第3卷，《剩余利润向着地租的转化》绪论）

表现于具体的范畴的侧面以前，就已经在历史上存在着的诸关系。①

价值法则正是在单纯的商品生产方式之下"能够表现一个未被发展的整体的支配的诸关系"（——简单的商品生产的诸关系），而在资本主义的或社会主义的生产方式之下表现"一个已经发展了的整体的从属的诸关系"（——资本主义生产或社会主义生产的从属的诸关系）的"比较简单的范畴"。

正是因为这个缘故，所以马克思和恩格斯都把价值法则看做单纯商品生产的"本身的内在的法则"、"基本法则"或"原始的法则"（das ursprüngliche Gesetz）。②

也正因为这样，所以我们不能不承认：是一定的经济成分的法则决定着那个经济成分在一定的社会经济中能否取得统治的地位，能否变成支配的生产方式；并不是相反地那个经济成分在一定的社会经济中——是支配的或从属的生产方式——的地位决定着那个经济成分的法则是否具有基本经济法则的性质。

五　过渡时期的我国的各种生产关系是否中国所特有的生产关系？支配过渡时期的我国的各种生产关系的经济法则是否中国所特有的经济法则？

有的同志因为过分地强调过渡时期的中国经济的特殊性而发生了自觉地或不自觉地否定人类社会的发展的共同性和马克思列宁主义的政治经济学的理论范畴的普遍适用性的倾向。

在他们看来，尽管在我国已经有了社会主义的生产关系——生

---

① 马克思：《政治经济学批判序论》，《马克思恩格斯选集》，日文译本，大月书店出版，补卷三，第280页。

② 马克思：《资本论》第1卷，《剩余价值向着资本的转化》第一节；恩格斯：《反对杜林》第三编，《社会主义》中四、分配。

产的社会主义的"社会形态"①；然而，由于我国过渡时期的"特殊性"："过渡性和复杂性"，由于"我国目前还不是一个独立的社会形态"，由于我国目前还存在着各种非社会主义的生产关系，由于我们还未能使这些非社会主义的生产的社会形态完全转变成为社会主义的社会形态，所以就不能不拒绝承认：我国的社会主义的生产关系正在受着那决定社会主义的"社会形态生产发展的一切主要方面与主要过程的基本经济法则"——社会主义生产关系所固有的基本经济法则（满足社会需要的法则）的支配。因为根据他们自己的逻辑："我们目前的经济条件还不能形成一个基本经济法则"。

在他们看来，尽管资本主义的生产关系——"生产的资本主义的（社会）形态"② 目前在我国也还存在和发展着；但是，由于我国过渡时期的"特殊性"："过渡性和复杂性"，由于"我国目前还不是一个独立的社会形态"，由于我国存在着非资本主义的生产关系，由于这些非资本主义的"社会形态"没有可能

---

① "像人所共知地那样在俄国的公社所有制，似乎是很远以前就经过了它的黄金时代，……不能否定地把这种社会形态提高到更高级的形态——即俄国农民不经过资产阶级的分割地的所有制的这种中间阶段而把这种社会形态提高到这个更高级的形态——的可能性。"（恩格斯：《俄国的社会关系》，《马克思恩格斯选集》第 13 卷，上册，日文译本，大月书店出版，第 145—146 页）

② "在资产阶级的水平线以内，资本的分析，在本质上是重农主义者所进行的。这个功绩正是使他们成为近代经济学的本来的父亲的理由。第一，就是存在于劳动过程之中并且被分解成为各种客观的组成部分的资本的分析。人们不应非难重农主义者，说他们和他们的一切继承人一样，把这些客观的存在方式，例如工具原料等等，和它们被表现在资本主义的生产中的社会的条件分离开来去理解，简单地说来，在它们是一般的劳动过程的因子的形态上，独立于作为资本的它们的社会的形态去理解，并且因而把生产的资本主义的形态当作它的永久的自然形态。对于他们，生产的资产阶级的形态，必然地被表现成为它的自然的形态。他们把这种形态当作社会的生理的形态，即当代从生产本身的自然的必然性中产生的、独立于意志、政治等等的形态去理解，这件事曾经是他们的很大的功绩。那是物质的法则。重农主义者的错误只在于把一定的历史的社会阶级的物质的法则当作抽象的、同样地支配着一切社会形态的法则去理解的这一点上。"（马克思：《剩余价值学说史》第 1 卷，第一章，《马克思恩格斯全集》第 8 卷，日文译本，改造社出版，第 57—58 页）

被转变成为资本主义的"社会形态",所以也就不能不拒绝承认:我国的资本主义的生产关系还在受着那"决定"资本主义的"社会形态生产发展的一切主要方面与主要过程的基本经济法则"——资本主义生产关系所固有的基本经济法则(剩余价值法则)的支配。因为根据他们自己的逻辑:"我们目前的经济条件还不能形成一个基本经济法则!"

在他们看来,尽管"我国过渡时期经济,大致与俄国相同",同时也尽管我国的社会主义的、私人资本主义的、单纯商品生产的、国家资本主义的和合作社的生产关系在基本上也和任何其他具有同样生产关系的国家没有本质的不同;然而,在我国,由于"过渡时期经济的特殊性",它们就不能不受我国过渡时期所特有的经济法则的支配。

他们似乎没有理解列宁的如下的几段话:

> 俄国无产阶级的专政,由于俄国很落后和具有小资产阶级的性质,所以和先进国家比较起来,不免有一些特点;但俄国的基本力量及社会经济的基本形式也是和任何资本主义国家内的一样的;所以这些特点只能牵涉到非最主要之点。

> 这些社会经济的基本形式就是资本主义、小商品生产和共产主义。这些基本力量就是资产阶级、小资产阶级(特别农民)、无产阶级。

> 无产阶级专政时期的俄国经济,就表明着:在幅员广大的全国统一范围内按共产主义原则联合起来的劳动的初步形态与小商品生产和尚存在着的并在小商品生产的基础上复活着的资本主义之间的斗争。[①]

在这里,列宁已经给了我们一个肯定的指示:由于经济落后

---

① 列宁:《无产阶级专政时期的经济和政治》。

而在过渡时期的政治上和经济上引起的一系列的特殊性，完全不会影响到"社会经济的基本形式"的共同性；自然更也不会影响到同样的生产关系受着同样的基本经济法则支配的共同性。只要这些社会经济的基本形式都是"资本主义、小商品生产和共产主义"，那么，支配这些社会经济的基本形式的基本经济法则也就必然都是资本主义的、小商品生产的和共产主义的。而所谓在过渡时期的各种经济形态或劳动形态之间的斗争，也就只能是反映着这三种基本经济法则之间的发挥支配作用的斗争。一切其他过渡性的经济形态或劳动形态（如合作社和国家资本主义等），都不可避免地受着这三种（资本主义的、小商品生产的和共产主义的）基本经济法则的支配——虽然这些基本经济法则发生的支配作用的范围也会随着这些劳动形态在社会经济领域中所占的地位和比重的不同而各有差异。

不能否认：由于我国目前的经济比起当时俄国的还要落后和更要具有小资产阶级的性质，所以也就更加"不免有一些特点"。例如，我们在经济上的过渡形态可能更要多样些，过渡的期间可能更要延长些，甚至过渡的途径可能更要迂回曲折些。然而，能否因为我国经济有着这样一些"只能牵涉到非最主要之点"的"特殊性"而否定由马克思和恩格斯发现而为列宁和斯大林发展了的支配小商品生产关系、资本主义生产关系和社会主义生产关系的政治经济学的各种基本经济法则在过渡时期的中国经济中的支配作用呢？事实已经证明，这是不可能的。

"半社会主义的农业生产合作社"是在中国所特有的"经济法则"的支配之下的过渡时期我国所特有的生产关系吗？完全不是的。任何人都不能否认：

> ……走向完全社会主义化的过渡形式的合作社，包含有两方面的性质，即"私有的和合作的性质"，由于这种两方

面的性质，形成了社会主义的（这是领导的）与非社会主义的两种经济法则发生作用的场所。[1]

由于农业生产合作社这种两方面的性质，在分配方面"并不能实行完全的按劳分配制度，只是一部分收入按劳动的多少和好坏进行分配，而另一部分收入，实际上仍是按社员所有土地和其他生产资料的多少和好坏来分配"。这种分配，一方面是按社会主义的按劳分配原则进行的，同时又是按照生产资料的私人所有进行的，既有社会主义的分配原则，又有非社会主义的分配原则。在生产方面也就是一方面为生产资料集体所有者而生产，同时也为生产资料私有者生产一部分生产物。这就是半社会主义的农业生产合作社经济。[2]

很明显地无论任何人都难以否认：半社会主义的生产关系，就是既受社会主义的经济法则的支配又受资本主义的和商品生产的经济法则的支配的一种从小商品生产走向社会主义的过渡性的生产关系吧？可是社会主义的、资本主义的和商品生产的经济法则并不是中国所特有的经济法则呀！

然而，有的同志偏竟不是这样理解。他们认为：半社会主义的合作社，是中国所特有的生产关系；支配这种半社会主义的合作社的经济的法则，也是在任何马克思列宁主义政治经济学上都没有讲过的中国所特有的经济法则。

他们忽略了：恩格斯早在1894年就已经指出过了："生产手段的所有只能有两种形态：或者是个人所有，这一形态作为一切生产者共同的现象，无论在任何时候和任何地方都从未有过，而

---

① 王学文：《再谈我国过渡时期的经济法则问题》，《学习》1954年第11期，第39页。

② 同上（着重点是引者加上的）。

且它一天天地被工业的进步所排除着；或者是集体所有，这一形态的物质的和精神的前提已经被资本主义社会的发展本身所造成了。"①所以，"必须以无产阶级现有的一切办法来为生产手段的转为集体所有而斗争"。②"这不仅在基础已经打好了的工业方面是这样，就是在……农业方面也是这样……因为凡是个人所有存在的地方，集体所有就不可能。"③"当我们掌握了国家政权的时候，……我们对于小农的任务首先是在于：把它的私人的生产和私人的所有权变为合作社的生产和合作社的所有权，但绝不是使用强迫的手段，而是通过范例和提供社会帮助以达到这一目的。……"④作为从生产手段的个人所有制转变为生产手段的社会所有制的过渡性的生产关系的合作社，不但"在马克思主义派的法国社会主义者的土地纲领中看到实际的立脚点"⑤；而且，"差不多在二十年以前，丹麦的社会主义者曾经提出了类似的计划……这个或那个乡村或教区的农民——在丹麦有很多大的个体农场——应当把他们的土地集合成为一个为了共同的计算而被耕作的农场，并把收入按照所投入的土地、资金及所支出的劳动的比例分配。……如果我们把这一思想运用于分割地方面，那末我们就会发现：在分割地的集合之下，以及在对这整个集合起来的土地进行大规模耕作之下，过去所使用的诸劳动力的一部分就会变为多余的；大规模耕作的主要优越点之一就在于劳动的这种节约。使这些劳动力从事工作，可以用两种方

---

① 恩格斯：《法德农民问题》，人民出版社出版，第 12 页；其中有些和原文不一致的重要地方都按 1950 年莫斯科外国文书籍出版社出版的《马克思恩格斯选集》第 2 卷德文版原文加以修正，下同。

② 同上书，第 12—13 页。

③ 同上书，第 15 页。

④ 同上书，第 25 页。

⑤ 同上书，第 8 页。

法：或是从邻近的诸大农场中拨出土地给农民合作社，或是给他们以进行工业的副业的手段和便利，哪怕主要是为了他们自己的用途。在这两种情况下，他们都将处于较好的经济地位，并且这将同时保证着公共的社会的指导以必要的影响，以便逐渐把农民合作社转变为更高级的形式，并使整个合作社及其各个成员的权利和义务与整个社会其他各部分的权利和义务处于平等的地位。……可能我们这样便能够给这些合作社提供更多的利益：由国家银行接收他们的全部不动产抵押的债务并把利息大大减轻，从社会资金中抽拨补助金以帮助建立大规模经营（补助金不一定或者不只是限于金钱；而且可以是必需品：机器、人工肥料等等），还有其他的利益。"① "这里主要的问题是在于使农民明白地看到：要想挽救和保持他们的房屋和田地的所有权，便只有把它们变成合作社的所有权和合作社的生产；正是被个人占有所制约着的个体经济把农民导向灭亡；如果他们坚持自己的个体经济，那末他们就将不可避免地从房屋和农场被驱逐出去，大规模的资本主义将排挤他们陈旧的生产方式。"② "我们是坚决地站在小农方面的；我们将尽一切可能使他们的命运较好些，如果他们下决心的话，就使他们易于过渡到合作社；如果他们还下不了决心的话，就可以把他们关于分割地的考虑时间延长一些。我们之所以这样做，不仅是因为我们把以劳动为生的小农看作我们队伍的可能的补充，而且也是为了党的直接利益。我们能使之不真正转变为无产者而把他们仍然作为农民吸收到我们这方面来的农民人数愈多，社会变革的进行也就愈加迅速和愈加容

① 恩格斯：《法德农民问题》，人民出版社出版，第12页；其中有些和原文不一致的重要地方都按1950年莫斯科外国文书籍出版社出版的《马克思恩格斯选集》第2卷德文版原文加以修正，第25—27页。

② 同上书，第27页。

易。我们无须等待这一变革到资本主义生产到处都发展到极点的时候，到最后的小手工业者和最后的小农都变成大规模资本主义生产的牺牲品的时候。因此而不得不为了农民的利益从社会资金中付出的物质代价，从资本主义经济观点看来，也许是完全虚掷金钱，然而这却是一个极好的投资，因为在整个社会改革的费用上，它们可能给我们节省出一笔大过十倍的款项。"①

从这里也就可以看到：所谓"半社会主义的合作社"，既不是中国所特有的生产关系；决定"半社会主义的合作经济的法则"也并不是中国所特有的经济法则。相反地，在过渡时期我国所实行的农业的社会主义的改造还正是最严格地遵循着恩格斯所指示的途径进行的，还正是最严格地在马克思列宁主义政治经济学的理论指导之下进行的。

"个体经济"是在中国所特有的"经济法则"的支配之下的我国所特有的生产关系吗？完全不是的。

"个体经济"本来是和社会化或集体化经济对立的范畴，它是反映着"以个人本人的劳动为基础的分散的私有制"②的生产诸关系的经济学的范畴，也就是反映着"劳动者是他自己所运用的劳动手段的私人所有者"（例如：小手工业者和农民）的"小生产方式"③的经济范畴，自然，它也就不能不是既包括父

---

① 恩格斯：《法德农民问题》，人民出版社出版，第28—29页。

② 马克思：《资本论》第1卷，郭大力、王亚南译，人民出版社出版，第965页。

③ "劳动者在他的生产手段中的私人的所有权，是小经营——不论农业、手工业或这两者——的基础。并且，小经营还是社会的生产和劳动者自身的自由的个性的发展的一个不可缺少的条件。不错，这种小生产方式（petty mode of production）也存在于奴隶制的、农奴制的和其他隶属的状态之下，但是，只有在劳动者是他自己放进活动之中的他自己劳动的诸手段的——农民是他所耕种的土地的、小手工业者是他作为匠人（as virtuoso）所操纵的工具的——私人的所有者的地方，它才兴盛，它才解放出它的全部能力，它才达到它的适当的典型的形态。"（马克思：《资本家蓄积的历史的趋势》，《资本论》第1卷，恩格斯英文译本，第834—835页）

家长制的自给自足的生产方式又包括小商品生产方式的范畴。在一致于父家长制的自给自足的生产方式的限度内，"个体经济"就受自然经济法则的支配；在一致于单纯商品生产方式的限度内，"个体经济"就受价值法则的支配；而在一致于从父家长制的自给自足的生产方式向商品生产方式过渡的生产方式的限度内，"个体经济"就既受自然经济法则的支配又受价值法则的支配，乃是很明显的。①它依然受着马克思主义政治经济学的适当的基本经济法则的支配本是没有疑问的。

有的同志把两种不同性质的生产方式——父家长制的自然经济和小商品生产——捏合在一起，人为地使它们各自脱离它们自己所固有的基本经济法则的支配，硬说这是中国所特有的生产关系，并且人为地加给它们一个统一的（或同一的）它"自己的""经济法则"，这是不正确的。

---

① 列宁在 1918 年分析"存在于俄国的、构成各种社会的经济的形态的诸因素"时，把个体农民分为如下两种：

1. 父家长制的，即在相当的范围内自然的、自给自足的农民经济；

2. 小商品生产（这包括出卖他们的粮食的那些农民的大多数）。（列宁：《"左派"幼稚性和小资产阶级思想倾向》，《列宁选集》第 7 卷，英文译本，伦敦、劳伦斯和惠夏雨特有限公司出版，第 361 页）

在 1921 年，列宁分析当时存在于俄国的"五种不同的社会制度或经济制度"时还会这样说过：

"……我们发现它们是像下面这样的：第一，父家长制的经济，那就是，当农民只为他自己所需要的生产品而耕作的时候，或者当它处于一个游牧的或半游状态之中的时候，……第二，小商品生产，当货物被在市场上出卖的时候；……"（列宁：《关于粮食税的演说》，《列宁选集》第 9 卷，英文译本，第 159—160 页）

在一个小农民的国家中，小农民"制度"，一部分是父家长制的，一部分是小资产阶级的，占着优势，乃是不说自明的。（列宁：《论粮食税》，《列宁选集》第 9 卷，英文译本，第 179 页）

"在一个小农国家中，显然是小资产阶级自发势力占优势，而且它也不能不占优势：土地占有者的大多数，甚至是极大多数，系小商品生产者。"（列宁：《论粮食税》）

我们知道：父家长制的自然经济，虽然在社会发展的各个不同的历史阶段里由于受到当时的不同的占统治地位的生产方式的影响而在形态上多少有些变化；然而，在它基本上没有变成占统治地位的生产方式的组成部分的限度内，它就不能不在基本上依旧受着它所固有的基本经济法则支配。小商品生产，虽然不能形成一种独立的经济时代，然而它却是在从来的任何历史阶段中都能保持其独立存在的生产关系。并且不管在任何情况之下，它都只受它自己所固有的基本经济法则——价值法则——的支配。从这里也就可以看到："个体经济"既不是中国所特有的生产关系，支配固体经济的经济法则也并不是中国所特有的经济法则，也是很明显的。

六 某些同志的所谓"主要经济法则"和马克思主义政治经济学的基本经济法则有无本质的区别？

关于这个问题，我认为回答应该是肯定的。主要是：

（1）政治经济学上的基本经济法则是揭示或暴露着决定一种生产方式区别于别种生产方式的本质的特征的；但是所谓"主要经济法则"却是模糊或掩蔽着决定一种生产方式区别于其他生产方式的本质的特征的；这主要地表现在：

第一，所谓"主要经济法则"把各种不同类型的生产方式的质的区别解消成为量的差异。例如：

它把"技术基础"的不同的"高度"，作为决定各种生产方式的不同的本质的特征；这就必然要使过渡时期的社会主义的生产关系和资本主义的生产关系的本质的区别趋于消逝。因为就"生产力"所由以形成的客观条件——"技术基础"的"高度"看来，在实行新经济政策时期的苏联和目前的中国的社会主义的企业都很显然有许多是低于一些先进的资本主义国家的企业的，而国家资本主义的企业的技术设备也并不一定全都是高于私人资本主义的企业的。

在另一方面它又把"生产目的和基本动力"的形式上的不同，作为决定各种生产方式的本质的差异的特征；这就必然要使半社会主义的生产关系和社会主义的生产关系的、小商品生产关系和资本主义的生产关系的、甚至使一切生产关系的本质的区别趋于消逝。因为假如单从形式上来说在过渡时期我国合作社的"生产的目的与基本动力是保证满足集团与社会上增长的需要"；那么，这和苏联的集体农庄的"生产的目的与基本动力"又有什么本质的区别呢？假如单从形式上来说"个体经济"的"生产目的与动机，一部分为满足个体的需要，一部分为满足市场的需要"；那么，这和资本家的"生产的目的与动机"又有什么本质的区别呢？并且更根本地说来，假如这样形式主义地区分支配各种生产方式的"生产目的和动机"；那么，任何生产方式的不同的性质就都可能最后被还原成为以各种不同的形式（以各种生产品或商品的形式）直接或间接地"满足社会需要"的同一"目的和动机"。结果也就无可避免地要把一切生产方式的本质的区别都解消成为"满足人类需要"的单纯形式上的差异了。

第二，所谓"主要经济法则"把一种同一类型的生产方式的量的差异表现成为质的区别。有的同志虽然并不否认在过渡时期的我国的"国营经济"就是"社会主义经济成分"；然而，他却一贯地认为决定我国的国营经济的"发展的一切主要方面和主要过程"的法则是他的"主要经济法则"而不是斯大林所说的社会主义基本经济法则。主要的原因在于：他认为"国营经济是社会主义性质的经济"还并不是社会主义经济。他认为社会主义基本经济法则虽然由于在我国经济中已经有了"社会主义因素"，"由于我国社会主义经济成分的存在"而有了发挥"作用的场所"；然而"它还没有发展成为决定某种社会形态生产发展的一切主要方面与主要过程的基本经济法则"。他把我国和苏联的同样的社会主义的生产方式及同样的社会主义的基本经济法则在发展过程中的量的差异看做了质的区别。

许多同志似乎还不了解：恰像特定的生产方式在整个社会经济之中是否居于统治地位不能使它所固有的基本经济法则的性质发生变化一样，任何支配特定生产方式的基本经济法则在整个社会经济之中的作用范围的扩大或缩小，也决不能使那个基本经济法则的作用本身发生任何本质的变化。因为支配特定生产方式的基本经济法则决定于特定的生产方式所特有的内在的基本矛盾；只要这种生产方式所特有的内在的基本矛盾没有发生变化，那么，决定这种生产方式的发展的一切主要方面和一切主要过程、因而决定这种生产方式的本质的基本经济法则的性质——它对那种生产方式的支配作用——也就不会发生变化。

有些人认为：目前阶段的我国的"国营经济"，既不是建筑"在高度的技术基础之上"，也不是可能"最大限度地满足社会需要"的经济；因而决定我国的"国营经济"的"发展的一切主要方面和主要过程"，因而决定这种生产的本质的经济法则就不可能是像斯大林所说的那样的社会主义的基本经济法则。他们没有懂得：斯大林在社会主义的基本经济法则的定义中所说的"高度的技术基础"，首先应该被理解为资本主义所创造的"高度的技术基础"（因为这正是社会主义的生产方式和社会主义的基本经济法则所由以发生的物质基础之一），其次也还应被理解为社会主义所创造的"高度的技术基础"（因为这正是社会主义的生产方式和社会主义的基本经济法则所由以发展的物质基础之一）。所谓"高度"是只能被当作具有相对的和不断地变化着的并且随着"生产的不断增长和不断完善"而不断地提高的意义的范畴去理解，是只能被当作反映着生产力的随着社会需要的经常增长而不断地提高的状态的辩证法的范畴去理解，而不应被当作一种具有绝对的不变的意义，并把社会的生产力当作不变的静止状态去反映的形式逻辑的范畴去理解的。斯大林在社会主义的基本经济法则的定义中所说的"最大限度地满足社会……的需要"，是只应被理解为在一定社会的一定的发展阶段中的社会生产力的发展的一定水平之下进行的；所谓"最大限度"是只应被当作具有一定界限的并且不断地发展着的意义，被当作反映着"社会的……需要"随着社会的生产力的不断提高而不断地增长着的状态的辩证法的范畴去理解，而不应被当作一种具有绝对的无限大的意义，并把社会的需要当作不变的静止状态去反映的形式逻辑的范畴去理解的。

斯大林在社会主义的基本经济法则的定义中所说的"高度的技术基础"和"最大限度地满足社会的……需要"实际上只是作为社会主义的生产的发展的手段和目的而被表述的；他从来没有规定并且也没有企图规定过："技术基础"必须达到怎样的"高度"，"社会需要的满足"必须达到怎样的"最大限度"，工人阶级所掌握的国营企业才能被称为社会主义的生产方式，而决定这种生产方式的"发展的一切主要方面和一切主要过程"的法则，才能被称为社会主义的基本经济法则。相反地，他在自己的解释中，还曾作过这样的规定："最大限度地满足社会的经常增长着的物质的和文化的需要"，就是一切或任何社会主义的生产的相同的目的——不管它的技术基础处在怎样发展的阶段或具有怎样不同的"高度"；而"用在高度技术基础上使社会主义的生产不断增长和不断完善的办法"，就是一切或任何社会主义的生产为了达到目的的相同的手段——不管它所能保证的社会需要的满足在各个不同的社会的社会主义生产中或在同一社会的社会主义生产的各个不同的发展阶段中有着怎样不同的"最大限度"。

社会主义的基本经济法则所以是决定社会主义的生产的发展的客观的经济法则，主要地就是由于它是反映着不以人们的意志或意识为转移的客观过程的内在的矛盾的发展的规律性："在高度技术基础之上的"社会主义的生产愈益"不断增长和不断完善"，就越能保证社会需要得到最大限度的满足，同时也就愈益促进社会需要的不断增长，这结果也就不能不越使必须满足的社会需要的"最大限度"愈益无限地提高；而必须满足的社会需要的"最大限度"的提高，反过来又愈益促进社会生产的不断增长和不断完善，这结果也就不能不使原有的"技术基础"的"高度"愈益不断地提高。这样，也就不能不使生产和消费的矛盾表现成为生产的"技术基础"的"高度"的不断地提高和"社会需要"的必须满足的"最大限度"的不断地增长之间的矛盾。因为一方面消费不断地"创造着生产的冲动"，另一方面生产又不断地"生产着消费的冲动"。① 假如真的在什么时候人们竟能绝对地实现了"最大限度地满足社会的不断增长着的物质的和文化的需要"，或使生产的高度的技术基础达到了绝对的"高度"；那么，社会的生产就会要在什么时候失去了发展的动力——内在冲动，而社会就会停止发展了吧？所以把社会主义的生产的"技术基础"的"高度"看做固定的不变的绝对的"高度"和把"社会需要"的必须满足的"最大限度"看做固定的不变的无限大的"最大限度"，不但根本无法理解我国的"国营经济"或所谓"社会主义性质的经济"究竟是在怎样的经济法

---

① 马克思：《政治经济学批判序论》，《马克思恩格斯选集》，日文译本，补卷三，第266—267页。

则的决定之下发生的，并且也根本无法理解社会主义的基本经济法则究竟是在怎样的物质基础——经济条件上发展的。

（2）所谓"主要经济法则"和马克思主义政治经济学的基本经济法则的本质的区别还在于：政治经济学上的基本经济法则是揭示或暴露着那贯穿于特定的生产方式的发展的一切主要方面和一切主要过程的本质的特征的；但是所谓"主要经济法则"却是模糊或掩蔽着贯穿于特定的生产关系的发展的一切主要方面和一切主要过程的本质的特征的。例如：

所谓"主要经济法则"把决定资本主义的最高和最后阶段——向着更高级的生产的社会形态过渡的阶段——的生产发展的一切主要方面和一切主要过程的"现代资本主义的基本经济法则"，当作"决定资本主义生产的发展的一切主要方面和一切主要过程"的本质的特征的法则。

坚持这样的"经济法则"的同志似乎完全忘记了马克思的如下的观点：

剩余价值的生产和增殖，是资本主义生产方式绝对的法则。[1]

这个剩余价值的生产——和它的一部分被再转变为资本，或构成这个剩余价值的生产的不可缺少的部分的蓄积——就是资本主义生产的直接的目的和强制的动力。[2]

资本主义的生产过程，在本质上就是剩余价值的生产

---

① 马克思：《资本论》第 1 卷，《资本主义的蓄积的一般法则》，恩格斯英文译本，第 678 页。

② 马克思：《资本论》第 3 卷，第十五章《这个法则的内部诸矛盾的展开》，同前英文译本，第 285 页。

过程。①

这些同志似乎忘记了：利润，不但只是剩余价值所采取的具体的特殊的形态之一，并且还是剩余价值的"发展了的形态"和"神秘化了的形态"；这种形态随着资本主义生产方式的发展而不断地发展和变化。在资本主义发展的"较低的阶段"，由于一切商品基本上都能按照"价值价格"（Wertpreisen）②去交换，剩余价值曾经采取着和它本身直接一致的"特殊利润"③的形态；在这种情形之下，由于剩余价值通过了和自己本身直接相等的利润的形态而完全归生产它的资本家所占有；利润率正比例于剩余价值率的大小，人们也就容易直接看到剩余价值法则的决定作用。但是，当资本主义已经发展到了一定的高级阶段，由于资本家间的相互竞争的结果，平均利润率的形成，一切商品基本上都按照"生产价格"去交换，剩余价值就采取了不和自己本身直接一致的"平均利润"的形态；在这种情形之下，剩余价值的法则就通过了平均利润率的法则（相等的资本分配相等的利润的法则）而发挥作用。到了资本主义的发展的最高阶段，由于独占代替了自由竞争，一切商品都在基本上按照"独占价格"去交换，剩余价值也就采取了"最大限度利润"和"最小限度利润"的形态；在这种情形之下，最大限度利润率的法则（按照资本独占权的大小分配剩余价值的法则，或最大的资本分配最大的利润的法则）就代替着平均利润率的法则而成为实现剩余价值法则的支配的形式了。

---

①　马克思：《资本论》第 3 卷，第十五章《这个法则的内部诸矛盾的展开》，恩格斯英文译本，第 285 页。

②　参看马克思的《资本论》第 3 卷，第十章，郭大力、王亚南译，人民出版社出版，第 198 页。

③　同上书，第 183—184 页。

马克思的如下的几段话，不但没有推翻、而且相反地还更加坚强地证明着如下的观点："决定资本主义的发展的一切主要方面和主要过程"的法则，只能是"剩余价值的生产和增殖的法则"——"用无酬劳动占有无酬劳动的法则"或用最小限度的资本化了的剩余价值去"创造最大限度的剩余价值"的法则：

一、资本主义生产的全部努力，是占有尽可能大的剩余劳动。

二、……尽可能用一定量资本，去榨取最大可能量的劳动，并由再生产的不断的扩大和蓄积，由所得不断再转化为资本的过程，去进行这种榨取。

三、资本主义生产的目的，始终是以最小限度的预付资本，来创造最大限度的剩余价值或最大限度的剩余产品。①

有的同志似乎还没有了解："最大限度的利润"是反映着资本主义发展到了独占阶段的生产关系的特征的范畴；"最大限度利润的法则"是决定着处在独占阶段的资本主义生产发展的一切主要方面和一切主要过程，因而决定着它的本质的特征的"现代资本主义的基本经济法则"。他们似乎还不同意："最大限度的资本主义的利润"，只有"用剥削本国大多数居民并使他们破产和贫困的办法，用奴役和不断掠夺其他国家人民，特别是落后国家人民的办法，以及旨在保证最高利润的战争和国民经济军事化的办法"才能得到保证。有的同志曾经一直以为单纯依靠"提高技术基础"或改善生产手段的方法就可以达到"保证最大利润的目的"；在他们看来，"保证最大利润"的"手段与物质

———————

① 王学文：《再谈我国过渡时期的经济法则问题》，见《学习》1954年第11期，第38页（着重点是引者加的）。

前提"并不是以对生产手段的所有关系为基础的生产的社会关系的某些方面的变化，并不是以少数资本家集中并独占了全社会（包括本国和殖民地、附属国等等）的一切主要的生产手段为基础而形成的一系列的生产的社会关系的变化（资本家阶级把对本国工人阶级的剥削扩大到对殖民地附属国以及对其他国家的人民的奴役和对本国大多数居民的剥夺），而是"技术基础"的提高或生产手段的改善！

　　他们忘记了：改善生产手段，提高"技术基础"，即使在最有利于个别的资本家而不利于工人阶级的条件下（即使在全社会的劳动生产力不发生变化，工人阶级也不进行斗争，或纵然进行斗争也不能阻止劳动榨取程度的提高的条件下）也只能为个别的资本家"保证"额外剩余价值（Extramehrwert）或剩余利润（SurPlusprofit），然而，这还并不必然能够为某些资本家集团保证"最大利润"。因为改善生产手段，提高"技术基础"，只能直接意味着人对自然的生产关系的变化——劳动生产力的提高；然而并不直接意味着资本家阶级对工人阶级的生产关系的变化——剩余价值的榨取程度的提高；自然，更不直接意味着资本家阶级内部关系的变化——剩余价值的分配的原则和比例的变化。因为假如比例于社会的劳动生产力的提高，工人阶级的劳动条件也得到了相应的改善（例如：劳动日因而被缩短，或者劳动工资因而被增加），或者在我们现在的条件下，国家的税收得以因而被增加等等，这就并不必然意味着为资本家创造的剩余价值量或利润量的最大限度地增加。这在我们现在的社会条件下，在基本上就是一种正常的发展的趋势。——虽然对于剩余价值的榨取程度的限制，在目前的发展阶段还没有达到理想的程度。在另一方面，剩余价值的分配的原则和比例的变化——在剩余价值的分配过程中资本家或资本家集团之间的关系的变化，是以资本家阶级的成员之间对于社会的生产手段的所有关系的变化为其物质的前提的。在社会生产手段没有被少数资本家所集中和独占的限度内，在资本家阶级的内部的自由竞争的生产关系没有被改变以前，任何区别于平均利润或剩余利润的最大利润或最高利润都是不可能发生的。因为在这种情形之下，在资本家间的剩余价值的分配就不能不受平均利润率的法则的支配。这也正是在现在我国资本主义的生产关系中所经常重复的现象。——虽然平均利润率的法则的作用范围在我们现在的社会条件下也不能不随着资本主义的自由竞争的生产关系的逐步缩小而受到愈益增加的限制。

因之，改善生产手段、提高"技术基础"，究竟能否一般地成为增加剩余价值的榨取的手段，特殊地成为创造额外剩余价值的手段，这首先决定于无产阶级和资本家阶级之间的阶级斗争的结果，决定于国家政权的阶级性质。一般地说来，在资产阶级专政之下，由于无产阶级处在被压迫阶级的地位，所以任何生产手段的改善、"技术基础"的提高都会在基本上无可避免地被转变成为资本家阶级依以创造剩余价值的方法。然而在工人阶级所领导的政权之下，由于工人阶级基本上处在统治阶级的地位，所以任何生产手段的改善、"技术基础"的提高，都将在基本上无可避免地要被变成工人阶级依以改善劳动条件和增加国家的税收、因而促进社会主义的生产关系发展的方法。其次，改善生产手段、提高"技术基础"，究竟能否成为"保证最大利润"的"物质前提"，还决定于资本家阶级内部的关系，决定于资本家个人或资本家集团之间在剩余价值的生产和实现过程中——为了获得尽可能多的剩余价值——的斗争的结果，决定于资本家或资本家集团对整个社会的生产手段的所有关系的变化。一般地说来，只有在少数资本家集中和独占了世界（本国、殖民地、附属国和落后国）的一切主要生产手段的条件下，改善生产手段或提高"技术基础"，才在基本上无可避免地被转变成为"保证最大的利润"的"物质前提"。但是在任何其他条件下，尤其是在我国现在的条件下，在工人阶级领导着国家的政权、社会主义的企业集中着社会的主要生产手段的条件下，任何资本家都是无法单纯依藉生产手段的改善——"技术基础"的提高，而"保证最大的利润"的。

有的同志似乎还没有懂得：作为独占资本主义的时期所特有的政治经济学上新的范畴的"最大限度的利润"的基本特征是：（一）它不是任何拥有正常的社会的生产条件的资本家都能获得的（像平均利润那样的）利润，而是只有参加资本主义的独占组织的资本家才能获得的利润；它也不是只有暂时的期间由于提高自己的企业的劳动生产力到社会平均的劳动生产力的水平线以上而获得的（像剩余利润那样的）利润，它是只有依靠自己的企业的独占地位和权力，才能长期坚持下去的超出一切利润率水平线的利润。（二）它的基本内容是：资本主义的独占组织所直接榨取的剩余价值＋资本主义的独占组织所侵占的其他资本主义企业的剩余价值＋资本主义的独占组织所集中或兼并的破产了的资本家的资本价值＋资本主义的独占组织所攫取的小商品生产者的价值。（三）它反映着独占资本主义的如下的社会生产关系：A. 独占资本主义国家的资产阶级更残酷地剥削本国无产阶级的关系，B. 独占资本主义国家的资产阶级更直接地剥夺本国的小商品生产者——在这种生产方式还残存着的条件下——的关系，C. 独占资本主义国家的资产阶级奴役和掠夺殖民地、附属国及其他国家的人民的关系，D. 独占资本家集团更加速地兼并非独占资本家以及独占资本家集团之间互相倾轧的关系。在资本主义的生产关系上的这一切新的特点的发生，都是以少数资本家独占了资本主义世界的国内和国外的一切主要的生产手段为其物质基础或物质前提的。①

有的同志似乎还没有理解："最大限度利润"的科学含义，在基本上就是由于在平均利润和剩余利润以上地占有剩余价值而形成的"独占利润"；在社会总资本所创造的总剩余价值的分配过程中，一部分资本家所以能够占有最大部分（最大限度的利润）正是以其他一切资本家只能获得最小部分（最小限度的利润）为前提的。很明显地这并不是在资本主义的发展的任何历史阶段都共同具有的特征。只有在资本主义的生产关系已经发展到了帝国主义的阶段，只有在资本主义的几个基本特征已经向着对立的方面发展的阶段，那标志着价值法则和剩余价值法则向着自我否定的方向发展的"最大限度的利润的法则"，才能成为决定资本主义生产的发展的一切主要方面和一切主要过程的法则。

七　一个社会是否只能有一个基本经济法则？

关于这个问题，我的意见是：

在具有单一的生产方式（"经济成分"）的社会里，一个社会只能有一个基本经济法则；而在具有多种生产方式（"经济成分"）的社会里，一个社会就不能不有多种基本生产方式（"经济成分"）所固有的多种基本经济法则。

一切新的基本经济法则都是作为旧的基本经济法则的对立物和否定者而发生的；它通过发展新的生产方式并消灭旧的生产方式，为使自己变成支配整个社会的唯一的基本经济法则而

①　参看吉洪诺夫《现代资本主义基本经济法则》。

斗争。

由于任何代表独立的经济时代的社会的生产方式，都要求一种适应于自己的社会的政治制度；所以新的社会的生产方式的发生和发展总是要以颠覆旧有的社会的政治制度并创造新的社会的政治制度为其前提和结果的。

所以，新的社会的政治制度决定于新的社会的生产方式，而新的生产方式决定于新的基本经济法则。

在新的基本经济法则还未能实现其变新的生产方式为社会的唯一的生产方式的要求的限度内，这个社会就不能不表现成为所谓"多经济成分"的社会——即一种以上的生产的社会方式或生产的社会形态所固有的多种基本经济法则同时并存并且互相斗争的社会。

许多同志经常引用斯大林讲到的"社会形态不能有几个基本经济法则，它只能有某一个基本经济法则来作为基本法则"[1] 的那一段话，但是许多同志却忽视了：斯大林的这个命题原来正是针对着雅罗申柯的错误——正是为的批评"他认为"（决定社会主义的生产的社会形态的）"社会主义的基本经济法则可以不是一个，而是几个"[2] 的错误而提出来的。很明显地在这段话里，斯大林所说的只是任何一个生产的"社会形态"（例如社会主义的生产的"社会形态"，或资本主义的生产的"社会形态"，等等）都"只能有某一个基本经济法则作为基本法则"，而不是任何一个社会都不能有几个基本经济法则。

我们不应该把"社会形态"和"社会"这两个不同的概

---

① 斯大林：《苏联社会主义经济问题》。

② 同上。

念混为一谈。一个社会可以有一种以上的生产的社会形态，①自然，也就可以有一种以上的基本经济法则；但是一个生产的社会形态，却"只能有某一个基本经济法则作为基本法则"。

谁都知道：斯大林是和列宁一样地认为所谓从资本主义到社会主义的"过渡"在经济上的意义就是："在这制度中既有资本主义的，也有社会主义的成分、部分或因素"②的；并且，在1926年，斯大林还在说：

---

① "资产阶级的社会是最发展了的并且最多样的历史的生产组织。所以，表现它的诸关系的诸范畴，它的结构的理解，也就同时使洞悉已经没落了的一切社会形态的结构和生产诸关系成为可能。资产阶级的社会就是在这些社会形态的废墟之上，并用这些社会形态的诸要素建筑起来的，其中部分地还未被克服的遗物在资产阶级的社会中还保持着余生。"（马克思：《政治经济学批判序论》，引自《马克思恩格斯选集》，日文译本，补卷三，第284页）

"在实际上土地的公社所有制是我们在从印度到爱尔兰的一切印度、日耳曼系的诸民族之间，甚至在印度影响之下发展着的马来族——例如爪哇——之间都能在其低级的发展阶段发现的制度。在1603年，在新被征服的爱尔兰北部，合法地存在着的土地的公社所有制都被英国人宣称其土地没有所有者，并且因而被利用作为由国王去没收的借口；在印度，直到现在都还继续存在着很多类型的公社所有制。在德国，它曾经是普遍的存在，到现在都还有某种公社所有地处处以其残余形态，尤其在山地，往往以更明显的痕迹、公社的常常的分割的形态而被发现着。……在大俄罗斯（即俄国东部），它到今天还被保存着……这件事当在俄文中同一 МИР 的字一方面表示世界的意义，另一方面又表示'农民公社'的意义的时候，就表示得极其清楚。……各个公社相互之间这样完全的孤立——它在全国的确是平等的，但形成了和公共正相反对的利害——就是东方的专利主义的自然发生的基础，从印度到俄国，这种社会形态，在它支配着的地方，经常产生这种专制主义，经常在这种专制主义之中，发现了这种社会形态的补充。"（恩格斯：《俄国的社会关系》，《马克思恩格斯选集》第13卷（上），第142—143页）

很明显地，土地的公社的所有制是一种最古的生产的社会形态，它不但在封建主义的生产的社会形态之下（例如在俄国），而且还在资本主义的生产的社会形态之下（例如在德国）也能"以其残余的形态……被保存着"；而在这一限度之内，就不能不说一个社会是可能有一种以上的社会形态的。

② 列宁：《论粮食税》。

　　其实，现在我国所发生的，并不是单方面的资本主义恢复过程，而是双方面的资本主义发展和社会主义发展过程，是社会主义成分与资本主义成分斗争的矛盾过程，是社会主义成分克服资本主义成分的过程。①

然而，似乎并不是所有的人都能记得：正是斯大林本人，不但肯定了社会主义的（生产的）社会形态一贯地受着社会主义的基本经济法则支配，而且还曾特别再三明确地强调着"资本主义的基本经济法则……是决定资本主义的生产发展的一切主要方面和一切主要过程，因而是决定资本主义生产的实质、决定资本主义生产的本质的"法则。

　　很明显地斯大林是不曾认为决定苏联过渡时期的各种生产底社会形态或生产的社会方式的基本经济法则只能有一个（资本主义的，或者社会主义的）而不能有几个（例如，既有资本主义的又有社会主义的等等）的。因为过渡时期的基本特征本来就是：从"以某一种基本经济法则作为基本法则"的生产的社会形态向着以另"一种基本经济法则作为基本法则"的生产的社会形态转变。

　　毫无疑问地，在过渡时期的中国社会的特点，就是由于经济的落后，过去资本主义发展的不足，而使我们集中了各种生产方式或社会形态的过渡：不但从资本主义往社会主义的过渡，而且从小商品生产往社会主义的过渡，甚至从小商品生产往资本主义的过渡，以及从父家长制的自然经济往小商品生产过渡，等等。

　　毫无疑问地，由于各种不同的生产方式，只能受着各自所

---

① 斯大林：《论列宁主义的几个问题》。

固有的基本经济法则的支配；在我国过渡时期就不能不集中了在人类社会发展历史上曾经发生过的几乎所有的基本经济法则。

参加争论的许多同志的共同错误，主要地在于：（1）他们坚持任何一个社会都只能有一个基本经济法则，（2）否认各种不同的生产方式分别地受其各自所固有的不同的基本经济法则的支配。所不同的只是：有的同志企图用"主要经济法则"代替"基本经济法则"，而有的同志企图用社会主义的基本经济法则抹杀非社会主义的（例如资本主义的、单纯商品生产的）基本经济法则。然而由于争论的双方都无法克服如下的两种思想上的基本矛盾，而使问题一直不能得到正确的解决：

第一，一方面肯定：在过渡时期的我国有各种不同的"经济成分"（生产方式）同时并存；但另一方面却否定各种不同的"经济成分"（生产的社会形态）受着它们自己所固有的各种不同的基本经济法则的支配。

第二，一方面无法否认各种不同的基本经济法则都对各种不同的"经济成分"（生产的社会方式或社会形态）发生着支配的作用；但在另一方面却依然不敢承认在过渡时期的中国社会同时存在着支配各种不同的"经济成分"（生产的社会方式或社会形态）的各种不同的基本经济法则。

许多同志似乎还没有意识到：无论肯定过渡时期的社会形态"只能有一个基本经济法则"，或是肯定过渡时期社会形态"不能有任何一个基本经济法则"，都必然意味着：马克思主义政治经济学的基本经济法则的否定——都必然不但意味着"价值法则"的作为决定单纯的商品生产的社会形态的发展的一切主要方面和一切主要过程，因而决定单纯的商品生产的本质的基本经济法则的性质和恩格斯的定义的否定，不但意味着"剩余价值法则"的作为决定资本主义的生产的社会形态的发展的一切主要方面和一切主要过程，因而决定资本主义生产的本质的基本经济法则的性质和斯大林的定义的否定，而且还意味着社会主义的基本经济法则的作为决定社会主义的生产的"发展的一切主要方面和一切主要过程"，因而决定社会主义生产的本质的法则的否定。因为两者都同样地意味着：一定的生产方式（生产的社会形态）不受它所固有的一定的基本经济法则的支配，同一的生产方式（生产的社会形态）不受同一的基本经济法则的支配，而各种不同的生产方式（生产的社会形态）反倒要受同一的基本经济法则的支配。

那么，造成这一系列的思想混乱的根本的原因究竟是什么呢？我认为主要地在于：没有正确地理解斯大林所继承的马克思的用语——"社会形态"的科学含义。所以，我想在这里把马克思的观点系统地介绍出来，也许不会是多余的事吧？

在马克思看来，一切种类的生产，都是社会的生产；一切社会的生产，都具有适应社会发展的特定阶段的社会形态。所以，社会形态既是一种特定的社会生产区别于其他种类的社会生产的特征，也是划分社会生产的发展的不同的历史时代的依据。马克思曾经说过：

> ……当说到生产的时候，总是指在某种一定的社会发展阶段中的生产——社会的个人的生产而说的。[①]
>
> 一切生产都是个人在某种一定的社会形态的内部，并且

[①]　马克思：《政治经济学批判序论》，引自《马克思恩格斯选集》，日文译本，补卷三，第258页。

由于它的媒介所实行的自然的占有。①

但是究竟什么是所谓生产的社会形态呢？如果用一句话来回答，那就是适应历史的发展的特定的阶段的——适应社会生产力的发展的特定状态的、以特定的政治形态为其"公开的表现"的特定的经济形态；换句话说，就是一定的生产的方式及其"必然的关系"——"经济关系"。马克思说：

> ……如果不愿意失掉文明的果实，人们就不能不一当他们的交易（Commerce）的方式已经不再适应已被获得了的生产力的时候就改变从来的社会形态的一切……在这里，两次霹雳——1640年和1688年的革命发生了。一切旧的经济的状态、适应于它的社会的诸关系、曾经是旧社会的公开的表现的政治的状态，在英国完全被粉碎了。所以，人们生产、消费、交换于其下的经济的诸形态，就是过渡的，历史地被制约了的东西。和获得新的生产力一起，人们改变着它的生产方式；并且和改变生产方式一起，他们改变着那不过是一定的生产方式的必然的关系的一切经济的关系。②

在这里可能发生一个这样的问题：为什么马克思竟把社会的生产方式和生产关系看做社会形态呢？如果允许我作更进一步的分析，那么，我们就不难发现，所谓生产的社会形态的本来的含义是：人们为了进行社会的生产而不得不采取的"社会的联系和社会的关系"的一定的历史的"式样"，人们为了进行"共同活动和相互交换其活动"而"彼此发生社会的结合"所必然要

① 马克思：《政治经济学批判序论》，引自《马克思恩格斯选集》，日文译本，补卷三，第261页。

② 马克思：《一八四六年十二月廿八日"给安宁可夫的信"》，《马克思恩格斯选集》第1卷（下），日文译本，第265页。

采取的"适应的形态"。马克思曾经这样说过：

> 在生产中，人们……如果不用相当形式结合起来以便共同活动和相互交换其活动，那他们就不能生产。为要生产，人们就彼此发生一定的联系和关系，并且只有经过这些社会的联系和社会的关系，才存在着人们对于自然界的关系，才有生产。[1]

又说：

> 人们由于使其生产力发展，即，他们由于生活而进入一定的关系之中，并且这种关系的样式，随着这个生产力的变化、增大而必然地不得不变化。[2]

那么，究竟什么是所谓为了进行社会的生产而不得不采取的社会关系的"历史的式样"或者必须发生的社会结合所采取的"适当的形态"呢？如果允许我把马克思的意见概括起来作一回答，那就是：在社会生产力的发展的特定的阶段和状态的基础之上发生、发展和变化着的以特定的"社会秩序、家族、身份或阶级的一定组织"为其"公开表现"的"生产、交换、消费的一定形态"。马克思说：

> 社会——不论它的形态如何——究竟是什么呢？是人们的相互行为的产物。人们能够任意选择那种或这种社会形态吗？绝对不能。请设想一下人们的生产力的一定的状态！你将会有[3]交换[4]、消费的一定形态吧？请设想一下生

---

① 《马克思恩格斯全集》第5卷，第429页，引自斯大林《辩证唯物主义与历史唯物主义》。

② 马克思：《一八四六年十二月廿八日"给安宁可夫的信"》，《马克思恩格斯选集》第1卷（下），日文译本，第266页。

③ 按照上下文的意思以及马克思的基本观点，这里似乎漏掉了"生产"二字。

④ 原文是"Verkehrs（Commerce)"，《马克思恩格斯选集》日文译本译为"交通"，这里根据德文本原文改译为"交换"。

产、交换①、消费的一定发展阶段！你将会有一定的社会秩序、家族、身份或阶级的一定的组织，例如说，一定的资产阶级的社会吧？总之，这就是资产阶级的社会的公开的表现。②

那么，究竟什么是所谓适应于社会生产力的一定状态的"生产、交换③、消费的一定形态"呢？马克思说：

最清楚地表示着一个民族的生产诸力的发展程度的，就是分工发展到怎样的程度。④

无论在父家长制度之下，在卡斯特⑤制度之下，或在封建的行会制度之下，都是按照已被固定了的诸规定，在整个社会中实行着分工。……这些各种各样的分工的形态，任何一种，都变成了社会组织的基础。至于说到工场内的分工，那么，它在这些社会形态的一切中只不过是一个很小的发展。⑥

随着分工的发展的阶段有着各种各样的差异，所有权的形态也有各种各样的差异。就是说，它属于哪种分工的阶段，也是规定着对劳动材料、劳动工具和生产品的关系上

_____

①　原文是"Verkehrs"（Commerce），《马克思恩格斯选集》日文译本译为"交通"，这里根据德文本原文改译为"交换"。

②　马克思：《一八四六年十二月廿八日"给安宁可夫的信"》，《马克思恩格斯选集》第1卷（下），日文译本，第264页。

③　原文是"Verkehrs"（Commerce），《马克思恩格斯选集》日文译本译为"交通"，这里根据德文本原文改译为"交换"。

④　马克思：《费尔巴赫——德意志意识形态》第一篇——［A］意识形态一般、特别是德意志的，引自《马克思恩格斯选集》第1卷（上），日文译本，第16页。

⑤　Caste（印度的世袭的阶级）的音译。

⑥　马克思：《哲学的贫困》，《马克思恩格斯选集》第1卷（下），日文译本，第401页。

的、个人相互之间的关系的。①

不管生产的诸社会形态（Gesellschaftlischen Formender Produktion）怎样，劳动者和生产诸手段不变地保持为它们的因子（Ihre Faktoren）。但是，这两者在互相分离的状态中，只就可能性说来才是它们的因子。为要进行生产，它们就必须互相结合起来。它们的结合所由以完成的特殊的种类和方式，区别着社会结构的各种不同的经济的时代。②

把这些话总结起来我们可以看到：所谓"生产、交换、消费的一定形态"，因而所谓生产的社会形态在本质上不外是：适应社会生产诸力的发展的一定阶段和一定状态的"分工的形态"，"所有权的形态"，或"在对劳动材料、劳动工具和生产品的关系上的、个人相互之间的关系"（人们的生产的社会关系），或以这种生产的社会关系为基础的"劳动者和生产手段……的结合所由以完成的特殊的种类和方式"（生产的社会方式）。

也正因为这样，所以马克思不但把资本主义的生产关系或生产方式称作"生产的资本主义的社会形态"，而且还会一贯地反对"把一定的历史的社会阶段的物质的法则当作抽象的，同样地支配着一切社会形态的法则"。③

也正因为这样，所以苏联科学院经济研究所编辑的《政治经济学的教科书》这样写道：

政治经济学是历史的科学。它研究历史上一定社会形式

---

① 马克思：《费尔巴赫——德意志意识形态》，《马克思恩格斯选集》第 1 卷（上），日文译本，第 16 页。

② 马克思：《资本论》第 2 卷，第一编，第一章，柏林，狄茨出版社 1953 年版，德文本，第 34—35 页。

③ 马克思：《剩余价值学说史》第 1 卷，《马克思恩格斯全集》第 8 卷，日文译本。

的物质生产，研究各个生产方式所固有的经济法则。经济法则表现经济现象和经济过程的本质，表现它们之间内在的因果联系和依赖关系。每一种生产方式都有自己的基本经济法则。基本经济法则决定该生产方式的主要方面和它的本质。①

假如根据这个观点，来具体地分析目前的中国的各种社会经济结构，我们还能说在过渡时期的中国社会，也还只能有一种生产的社会形态，因而也还只能有一种基本经济法则吗？

八　"一个经济成分"是否只能受一种基本经济法则支配？

关于这个问题，我的意见是：

作为基本的经济形态，一个经济成分，只能受一种基本经济法则的支配。因为一般的所谓"基本的"经济形态，就是指着单一的生产关系而说的；而每一种单一的生产关系的发生、发展和向着更高级的形态的转变都是决定于它所固有的基本经济法则的，并且这种基本经济法则在每一种单一的生产关系中又是只能有一个的。因为假如不然，那就会"和基本经济法则的概念相矛盾"了。② 例如：社会主义的经济成分、资本主义的经济成分和小商品生产的经济成分就都分别地受着它们各自所固有的基本经济法则（例如，最大限度满足社会需要的法则，剩余价值的生产和增殖的法则和价值法则）的支配的。

作为过渡的经济形态，一个经济成分，就不能不受两种甚或两种以上的基本经济法则的支配。因为一般的所谓"过渡的"

① 苏联科学院经济研究所编辑：《政治经济学教科书》导言。
② 斯大林：《苏联社会主义经济问题》。

经济形态，就是指着从一种生产关系向另一种生产关系转变的经济形态，即其中既含有旧有的生产关系，又含有新生的生产关系的双重的生产的社会关系而说的。很明显地，这种过渡性的双重的生产关系的发生、发展和向着更高级的单一的生产关系转变不能不是决定于形成这种过渡的生产关系的各种基本生产关系本身所固有的基本经济法则——旧有的生产关系所固有的，和新生的生产关系所固有的基本经济法则——的。例如，在新民主主义社会制度下的国家资本主义或合作社就是这样的。

九　是否有多少经济成分就有多少基本经济法则呢？

根据以上的分析，我们已经可以看到：

第一，分别地决定目前我国的五种经济成分（社会主义的、私人资本主义的、小商品生产的、国家资本主义的和合作社的经济成分）的只有三种基本经济法则，那就是：社会主义的、资本主义的和小商品生产的基本经济法则。因为国家资本主义和半社会主义合作社的生产方式都是过渡性的生产的社会形态，它们没有自己所固有的独立的特殊的基本经济法则，它们只能分别地受着社会主义的、资本主义的、商品生产的基本经济法则的支配。

第二，决定目前我国的过渡时期的社会性质和经济性质的，主要的有两种基本经济法则，那就是：社会主义的和资本主义的基本经济法则。因为单纯的商品生产方式，不是一种划分独立的经济时代的、几乎存在于过去的一切历史阶段中的生产的社会形态，它既不可能发展成为在社会上占统治地位的经济形态，也不可能创造出适合于这种生产方式的独立的政治形态。并且，决定着这种生产方式的发展的一切主要方面和一切主要过程的价值法则本身的性质就在决定着：单纯的商品生产的社会形态发展到一定的阶段就要自发地转变成为资本主义的生产的社会形态，而"建立在商品生产和商品循环的基础之上的占有法则，即私人所有的法则由于其自身、内在的、不可避免的辩证法而转变为其对立物……占有他人的无酬劳动……的法则"。①

所以在国民经济的一切领域中，我们到处都可以看到：在资本主义的基本经济法则（剩余价值法则）的支配之下的资本主义的生产的社会形态和在社会主义的基本经济法则（满足社会需要的法则）的支配之下的社会主义的生产的社会形态进行着殊死的斗争。

第三，决定将来我国的经济性质和社会性质的，只有一种基本经济法则，那就是：社会主义的基本经济法则。因为不仅支配着目前的社会主义的生产的（社会）形态的社会主义的基本经济法则正在为自己开辟道路，争取发生作用的广阔场所，为改变社会主义的生产，为社会的唯一的生产形态而斗争，而且支配着资本主义的生产的（社会）形态的资本主义的基本经济法则也正在"由于它的本身的内在的不可避免的辩证法"（同前恩格斯语）引导着资本主义的生产走向没落，换句话说，就是"资本主义生产自身的内在的法则"② 也正在决定着资本主义的生产的社会形态将会随着"劳动的进一步地社会化，土地及其他生产手段的进一步转化为社会的利用的共同的生产手段"，而天天"以一种自然过程的必然性，创造出自身的否定"，向着对立物

---

① 恩格斯：《反对杜林》第二编，《经济学》二、暴力论，《马克思恩格斯全集》第12卷，日文译本，第336页。

② 马克思：《资本论》第1卷，《资本蓄积的历史趋势》，恩格斯英文译本，第836页。

的方面——社会主义的社会形态转变。①

十　在过渡时期的我国的各种基本经济法则的相互关系

一切社会发展的历史，都在指示给我们：在一定的经济条件的基础之上产生的旧的基本经济法则，在其发展的过程中会创造出新的经济条件，而在新的经济条件的基础之上又会产生新的基本经济法则。新的基本经济法则并不是在旧的基本经济法则已经完全失去作用以后，而是在那以前产生并且开始发生作用的。旧的基本经济法则也不是在新的基本经济法则刚一开始发生作用时就完全失去作用的。相反地，新的基本经济法则只有在旧的基本经济法则充分发挥其在社会经济中的支配作用的基础之上，才能产生并且开始发生作用。旧的基本经济法则只有在新的基本经济法则已经获得了充分地发挥作用的广阔场所，并且因而能够充分地发挥其对于社会经济的决定作用的条件之下才能失去其支配的作用，开始退出历史的舞台而让位给新的基本经济法则。

---

① "由资本主义生产方式生出的资本主义占有方式、资本主义私有制，是个人的以本人劳动为基础的私有制的第一否定。但资本主义生产又以一种自然过程的必然性，造出它自身的否定。这是否定之否定。这并不是重建私有制，却是在资本主义时代已有的造就——协作，土地与由劳动自身生产的生产资料的共有制——的基础，建立一种个人的所有制。"（马克思：《资本论》第 1 卷，第二十四章，郭大力、王亚南译，人民出版社出版，第 964—965 页）

"资本家在当作人格化的资本的限度内，方才有一个历史的价值，……也只有在这种限度内，他自身的暂时的必然性，才包含在资本主义生产方式的暂时的必然性中。不过，在这限度内，推动他的动机，也就不是使用价值和享受，而是交换价值及其增殖了。作为价值增殖的狂热要求者，他无顾忌地，强迫人类去为生产而生产，引起社会生产力的发展，引起这样的物质生产条件的创造；只有这样的生产条件，能为那种以每个人的完全自由发展作为根本原则的较高社会形态，形成实在的基础。"（马克思：《资本论》第 1 卷，人民出版社出版，第 741 页，着重点是引者加的）

所以，在社会历史的发展的一定的阶段里，必然要出现这样一种情况：新的基本经济法则已经产生因而开始发生作用，但是还未发展成为支配整个社会经济的法则，旧的基本经济法则已经开始缩小作用范围，但还未完全失去作用。新的基本经济法则和旧的基本经济法则一方面必须同时并存，另一方面又不能同时并存；两者处在互相依存而又互相排拒的关系之中。从质的方面看，新的基本经济法则的发生作用的历史过程也就是旧的基本经济法则的失去作用的过程。从量的方面看，旧的基本经济法则缩小或丧失作用的范围，总的说来，正比例于新的基本经济法则发挥或扩大作用的范围；所谓经济上的过渡时期，本来就无非是新的基本经济法则和旧的基本经济法则的矛盾的发生、发展和变化的过程。

有的同志，在质的方面，只注意到新的（例如，社会主义的）基本经济法则和旧的（例如，资本主义的和小商品生产的）基本经济法则处在不能并存——互相排斥——的关系之中，而忽视了这个新的基本经济法则和旧的基本经济法则也还处在同时并存——互相依存——的关系之中。其实，在一定条件之下，社会主义的基本经济法则对于整个社会经济发生作用，也还以各种非社会主义的（例如，资本主义的和小商品生产的）基本经济法则对于社会经济发生一定的作用为前提。我们党的利用各种非社会主义的生产关系及其各种基本经济法则的政策就是以对于各种基本经济法则的这种相互关系的正确理解为直接根据而制定的。有的同志，在量的方面，只注意到在整个社会的再生产过程的规模不变的条件下，旧的基本经济法则的作用范围将随着新的基本经济法则的作用范围的扩大而相对地缩小的必然性；然而却忽视了在各种基本经济法则的作用范围的比例关系不变的条件之下，旧的基本经济法则的作用范围还会随着整个社会的再生产过程的规模的扩大而绝对地扩大的必然性。其实，我们党的保证社会主义的生产关系在整个国民经济中的比重的不断增长（相对地和绝对地发展或扩大）的政策就是以对于各种基本经济法则的这种相互关系的正确理解为直接根据而制定的。有的人把各种基本经济法则的作用范围的扩大或缩小，看作各种基本经济法则的作用的形成或消失；把社会主义的基本经济法则和各种非社会主义的（资本主义的和单纯商品生产的）基本经济法则在过渡时期对于整个社会经济的作用范围的比例关系上所发生的量的变化，看作在结束过渡时期各种基本经济法则对于整个社会经济的作用本身的存亡关系上所发生的质的变化；这在实际上就等于抹杀在过渡时期社会主义的基本经济法则和资本主义的，甚至单纯商品生产的基本经济法则的本质的差异和剧烈的斗争。而我们党的限制和改造各种非社会主义的生产关系的政策恰好正是以对于各种基本经济法则的本质的差异及其不可调和的矛盾的正确理解为直接根据而制定的。有的同志认为由于在我们的目前的条件之下，资本主义的剩余价值的榨取无论在范围上在程度上或在发展的前途上都已受到了愈益增加的限制，因而剩余价值的法则已经不再能够成为决定资本主义的生产的发展的一切主要方面和一切主要过程，因而决定资本主义的生产的实质或本质的基本经济法则了。他们没有了解：限制资本主义的剩余价值的榨取范围、程度及其发展前途仅仅意味着无产阶级已经争取到了出卖劳动力——被资本家榨取——的较好的条件；但这还并不等于说无产阶级已经从资本家阶级的榨取之下解放出来，这还并不等于说无产阶级已经消灭了出卖劳动力的条件的本身，这还并不等于说无产阶级已经消灭了剩余价值的榨取制度！这既不等于说无产阶级已经"消灭"了决定资本主义的生产的发展的一切主要方面和一切主要过程，因而决定它的生产的实质或本质的剩余价值的生产和增殖的法则，也不等于说无产阶级已经"改变"了剩余价值的生产和增殖的法则的作为资本主义基本经济法则的性质。①

有的同志认为：各种基本经济法则的相互关系，它们的互相依存和互相排斥，它们的互相联系和互相制约，它们的互相统一和互相斗争，……这一切都形成基本经济法则所依以运动的外在的经济条件，都会使基本经济法则的性质发生变化；例如，在社会主义的基本经济法则的作用范围不断地扩大的条件之下，资本主义生产的基本经济法则和小商品生产的基本经济法则的作用范围就不能不受到愈益增多的限制；因而剩余价值的法则已经不再可能像在资本主义社会一样发挥其作为资本主义的基本经济法则的作用；价值法则也已经不再可能像在以前的各种社会一样发挥其作为小商品生产的基本经济法则的作用了。他们不但把实现法则的外在条件作为决定法则的内在根据，而且还把在法则的作用范围上发生的量的变化看作在法则的作用本身上发生的质的变化；正是这样分析或观察问题的方法，不但曾把某些同志引导到否定资本主义的基本经济法则和小商品生产的基本经济法则的结论中去，而且还把某些同志引导到否定社会主义的基本经济法则的方向上去。

他们没有知道：

在中世纪社会，尤其初期的几世纪，生产在本质上曾经以自己的消费为目的而被进行来着。……为交换的生产，商品生产，当时好容易才发生。所以在那里就有着被限制了的交换，被限制了的市场，被固定了的生产方法，对外部的地

① "……人们能发现这些法则，认识它们，研究它们，在自己的行动中估计到它们，利用它们来为社会谋福利，但是人们不能改变或废除这些法则……"（斯大林：《苏联社会主义经济问题》）

方的封锁和在内部的地方的团结——就是说，在乡村有马尔克（农村公社），在城市有基尔德。①

虽然这样说，但是和其他一切的生产形态一样，商品生产也还有它所固有的和它不可分离的独特的法则。②

很明显地，恩格斯在这里所讲的依然是价值法则。

尽管这样，有人却还在以同样的论据坚持地认为：在我国因为资本家已经不可能延长劳动日，所以绝对剩余价值的生产也就失去了可能性；因为资本家已经不可能降低工资，所以相对的剩余价值的生产也就失去了可能性。而在这种情况之下，剩余价值的法则也就不能不失去了它的作为支配我国资本主义的生产的基本经济法则的作用或意义了。我在这里必须引用马克思的话来作如下的简短的回答：

……没有剩余价值，就没有资本主义的生产；因而也就没有资本和资本家！资本和工资劳动（……）不过是表示同一关系的两个因子。③

延长劳动日到超出劳动者恰好生产了他的劳动力的价值的等值的时间点以外和剩余劳动被资本家占有，这就是绝对的剩余价值的生产。它形成着资本主义制度的一般的基础和相对的剩余价值的生产的出发点。④

劳动日不能延长并不等于绝对的剩余价值的生产的消灭，工资不能降低也并不就等于相对的剩余价值的生产的终结；因为绝

---

① 恩格斯：《反对杜林》，《马克思恩格斯全集》第 12 卷，日文译本，第 440—441 页。

② 同上书，第 440 页。

③ 马克思：《直接的生产过程的诸结果》，《马克思恩格斯选集》第 9 卷（下），日文译本，第 398 页。

④ 马克思：《资本论》第 1 卷，恩格斯英文译本，第 559 页。

对的剩余价值的生产决定于剩余劳动时间，而相对的剩余价值的生产在工资不变的条件下决定于劳动的强度和劳动的生产力；在资本主义的生产关系以内，劳动日无论怎样缩短也决不会达到等于必要劳动时间的程度①，工资无论怎样提高也绝不能达到等于劳动所创造的价值的水准。认为剩余价值的法则已经不是支配我国资本主义的生产的基本经济法则的同志们很显然地忽略了如下的事实：

　　资本就是对于劳动（发挥机能的劳动力或劳动者本身）的支配权！②

　　资本就是一种迫使工人阶级超越它自己的生活需要的狭窄范围去作更多的劳动的强制关系。③

　　资本就是，作为自我增殖的价值。④

　　……资本的生命过程只是由它的作为不断地增殖着，不断地倍加着它的自身的价值的运动所形成的。⑤

　　资本的自我增殖——剩余价值的创造，因此，就是资本家决定的，支配的，压倒的目的，就是他的活动的绝对的冲动和内容。⑥

　　剩余价值的生产和增殖的法则只不过是资本主义的"社会

---

　　①　"在资本主义生产的基础上，这种必要劳动，只能形成劳动日的一部分；劳动日本身永远不能被缩短到这个最小桯度。"（马克思：《资本论》第1卷，恩格斯英文译本，第256页）

　　②　同上。

　　③　马克思：《资本论》第1卷，恩格斯英文译本，第338页，中文译本，第365页。

　　④　同上书，第620页。

　　⑤　马克思：《资本论》第1卷，恩格斯英文译本，第339页，中文译本，第366页。

　　⑥　马克思：《直接的生产过程的诸结果》，《马克思恩格斯选集》第9卷（下），日文译本，第397页。

生产诸关系的理论的表现"或其抽象的反映；① 只要资本主义的生产诸关系没有被消灭，剩余价值的生产和增殖的法则也就不会失去其对资本主义的生产方式的支配作用；换句话说，剩余价值的生产的增殖的法则也就不会改变其作为资本主义的基本经济法则的性质。肯定资本主义的生产关系的存在而否定剩余价值法则的支配作用，正是和肯定资本主义的生产关系的存在而否定剩余价值的生产和增殖一样的悖理的矛盾。应该知道：我们能够消灭或改造资本主义的生产关系，但我们却永远无法消灭或改造剩余价值的生产和增殖的法则；并也永远无法改变剩余价值的法则作为资本主义的基本经济法则的性质。我们可以通过消灭资本主义的生产关系的方法使剩余价值的法则失去作用并退出历史舞台，然而，我们却永远无法在不废除资本主义的生产关系的条件下使剩余价值法则失去其对资本主义的生产关系的支配作用。

毫无疑义地，在整个过渡时期，新的基本经济法则（在这里，就是社会主义的基本经济法则）在和一切其他旧有的基本经济法则的互相对立和斗争的过程中，经常地发挥着主导的作用。然而，我们却绝不能把这种主导作用无条件地理解成为支配作用。因为在像我国目前这样的过渡时期，新的基本经济法则（社会主义的基本经济法则）还并不是支配社会经济和决定社会制度的唯一的基本经济法则。只要在什么时候这种新的基本经济法则发展成为支配整个社会经济，因而成为单独地决定社会制度的法则；那么，就要在什么时候结束历史上的过渡时

---

① "经济的诸范畴不过是社会的生产诸关系的理论的表现、它的抽象。"（马克思：《哲学的贫困》，见《马克思恩格斯选集》第 1 卷（下），日文译本，大月书店出版，第 370 页）

期而走入社会主义的历史时期。很明显地，我们今天还并没有走进这样的独立的历史时期，也还没有产生这样的单一的生产的社会形态。

（原载《经济研究》1955 年第 2 期）

论社会主义的生产目的

所有的社会主义的建设者都在理论上承认社会主义的生产目的是：最大限度地满足社会及其成员不断增长着的物质和精神的需要。但是在实践中，有些人却往往发生背离社会主义生产目的的倾向。例如：

（1）为生产而生产。既不顾及自己的生产品是否具有社会的使用价值，更不考虑它们是否满足生产消费或个人消费的需要。

（2）只是为了追求产品数量的增加，而不顾产品质量。

（3）单纯为了追求产值，而不重视经济效益。

（4）更严重的是"一切向钱看"，不惜损害国家所代表的社会的整体利益和广大消费者的个人利益。

为什么这些错误倾向一直未能完全从企业经营思想中消除呢？我认为，直接的原因是：我们现在的经济管理体制还不适于全面而彻底地贯彻社会主义的生产目的；我们的生产、分配、交换和消费的全部过程还没有形成一个互相独立而又密切联系、互相制约而又互相依存的有机的整体。但是更根本的原因还是：我们在经济理论上还没有真正全面而深刻地认识社会主义的生产目的。这首先表现在对马克思的生产和消费的同一性的辩证法缺乏应有的理解。马克思说："产品只有在消费中才得到最后完成。"①"因为产品只是在消费中才成为现实的产品，……因此，产品不同于单纯的自然对象，它在消费中才证实自己是产品，才成为产品。消费是在把产品消灭的时候才使产品最后完成，因为产品之所以是产品，不是它作为物化了的活动，而只是作为活动着的主体的对象。"②

我们现在同样可以说：在生产品没有进入消费过程，变成"现实的生产品"以前，生产过程的任务并没有完成。在生产品没有变成"活动着的主体的对象"以前，还不能说，它的生产者的劳动已经完成了"物化劳动"的过程。因之，社会劳动的生产品只要没有实现其满足社会及其成员物质的或精神的需要的目的，谁也不能承认或证明它是社会必要的劳动生产品，它的生产者的劳动都可能是浪费的劳动。这就是说，只有劳动生产品最终达到消费者的手中，才是真正的生产，也才是符合社会主义生产目的的生产。

我们在经济理论上还没有真正全面而深刻地认识社会主义的生产目的，还表现在：对马克思的消费和生产的差异性的辩证关系缺乏应有的理解或重视。

马克思指出："生产直接也是消费，消费直接也是生产。"③在这里马克思是就生产与消费的同一性而言的。但马克思又指出："这种与消费同一的生产是第二种生产，是靠消灭第一种生产的产品引起的，在第一种生产中，生产者物化，在第二种生产

---

① 马克思:《经济学手稿（1857—1858 年)》,《马克思恩格斯全集》第 46 卷（上）, 第 28 页。

② 同上。

③ 同上书, 第 27 页。

中，生产者所创造的物人化。因此，这种消费的生产——虽然它是生产和消费的直接统一——是与原来意义上的生产根本不同的。生产同消费合一和消费同生产合一的这种直接统一，并不排斥它们直接是两个东西。"①

　　我们由于只注意到生产和消费的直接同一性，而忽视了两者的差异性——忽视了"生产的消费"是跟"原来意义上的消费"有区别的，忽视了"消费的生产"是"与原来意义上的生产"根本不同的"两个东西"，结果，在下社会主义生产目的的定义时，便只就"消费的生产"——生产的终点作了规定，而没有同时也就"生产的消费"——消费的前提作出必要的规定。这样就容易使人们对社会主义生产目的产生片面性的理解。

　　因此，我认为，关于社会主义生产目的，应该补充定义为：用最少的社会必要劳动创造最多的社会必要的物质财富，去最大限度地满足社会及其成员不断增长着的物质和精神的需要，并且保证社会全体成员完全幸福和自由地全面发展。

　　可能有人提出这样的问题："用最少的社会必要劳动，创造最多的社会必要的物质财富"，这不是"最大限度地满足社会及其成员的不断增长着的物质和精神的需要"的手段吗？我的回答是：第一，前者是社会及其成员在"生产的消费"过程中所要达到的目的，后者是他们在"消费的生产"过程中所要达到的目的。如果"生产的消费"过程的目的不能实现，那么，"消费的生产"过程的目的也就无法实现。反之，如果"消费的生产"过程的目的不能实现，那么，"生产的消费"过程的目的也就无法实现。两者正是整个生产过程的互相衔接而又互相同一的目

----

　　① 马克思：《经济学手稿（1857—1858 年）》，《马克思恩格斯全集》第 46 卷（上），第 28 页。

的。从全社会的观点看，一切生产过程都是再生产过程，从社会的再生产过程的观点看，生产过程和消费过程总是互为目的和手段的。用马克思的话说，就是："生产也不仅是消费的手段，消费也不仅是生产的目的，就是说，每一方都为对方提供对象，生产为消费提供外在的对象，消费为生产提供想象的对象；两者的每一方不仅直接就是对方，不仅媒介着对方；而且，两者的每一方由于自己的实现才创造对方，把自己当作对方创造出来。"① 在这里，我们可以说，手段都是向目的转化的手段，目的都是向手段转化的目的；每一方都表现为对方的手段，被对方媒介着，都在互相依存和互相转化的不断的运动中，彼此发生着关系；两者都既是"互不可缺而又各自处于对方之外"的社会生产过程和再生产过程的动因。如果我们在理论上切断了生产和消费的辩证法的联系，就会在实践中把两者机械地对立起来，导致生产和消费脱节并产生"为生产而生产"或"为消费而消费"的不正常的状态。

第二，还需要进一步指出：用最少的社会劳动创造最多的物质财富，不但是实现最大限度满足社会及其成员的需要的手段和前提，而且还是实现最大限度满足社会及其成员的需要的目的本身。因为只有尽量缩短社会成员进行物质生产的劳动时间，才能增加他们从事精神活动和社会活动的时间。使所有社会成员都能享有足够时间去参加精神的和社会的活动，得到全面的发展，从而使劳动者从繁重的劳动中解放出来，这正是社会主义生产贯彻始终的直接目的，正是在社会主义生产方式下的"劳动解放"。

无产阶级争取"劳动解放"是通过两个历史阶段和两种斗争形式实现的：在资本主义的历史阶段是通过阶级斗争、废除资

---

① 马克思：《经济学手稿（1857—1858 年）》，《马克思恩格斯全集》第 46 卷（上），第 30 页。

本主义的剥削制度，使劳动从资本主义的苦役中解放出来。在社会主义的历史阶段，是通过对自然的斗争，用不断地提高物质生产的技术基础和科学管理水平来不断提高劳动生产率和改善劳动生产条件，并在生产现代化和科学化的基础上缩短劳动时间而增加自由时间，使劳动者从繁重的劳动中解放出来。

因此，如果说，资本主义的生产目的是榨取最大限度的剩余价值，那么，社会主义的生产目的就恰好相反，是用最少的劳动创造最多的财富，去最大限度地满足社会及其成员不断增长着的物质和精神的需要。

有人把满足社会及其成员的物质的和文化的需要只限定于纯消费的范围，因而把满足社会及其成员的需要的生产品只限定于所谓"终极产品"，实际上这就等于把生产的消费排除于满足社会及其成员的需要的范围，因而把生产手段的生产和扩大再生产排除于满足社会及其成员的需要的范畴之外。可是，如果不去满足生产的消费的需要，不去满足生产手段的生产和扩大再生产的需要，那就无法满足社会及其成员的不断增长着的物质和精神生活的需要。因此，满足社会及其成员的生产的消费的需要，尤其是满足社会及其成员的不断扩大着的生产消费的需要，正是满足社会及其成员的不断增长着的物质和精神生活的需要的前提、手段及其不可分离的组成部分。从社会的再生产过程的观点看来，不但满足社会及其成员的生产消费的需要是满足社会及其成员的消费需要的手段和前提，而且满足社会及其成员的消费需要（即消费的生产）也是满足社会及其成员的再生产需要的手段和前提。生活手段是直接满足社会及其成员的需要的生产品，而生产手段则是间接满足社会及其成员的需要的生产品。在生产过程中，这两类生产品的生产都是生产的直接目的。

物质财富——劳动的生产品，无论存在于生活手段的形态、生产手段的形态，或者直至存在于战争手段的形态，也无论它们是否存在于所谓的"终极产品"的形态，要能满足社会的需要，必须首先在质上具有社会的使用价值（即社会承认的使用价值），而在量上符合社会的需要。不具有使用价值的劳动生产品，只能成为废物，而不能成为物质财富。使用价值如果超过了社会的需要量，也会变成废物，不但不能形成社会的财富，而且是对社会财富的浪费。因为无论把它们抛弃或保存起来，都不但要支出追加的社会劳动，而且还要占去有用的空间。我们在这方面已经积累了许多经验教训，付出了高昂的代价。

　　社会及其成员的集体和个人的需要是多方面的，既有现在的又有将来的，既有来自物质方面的又有来自精神方面的，既有来自消费过程的，也有来自生产和流通过程的，还有来自交换和分配过程的，这些需要又都是随着社会生产的发展而不断增长和变化着的。有时"某种产品今天满足一种社会需要，明天就可能全部地或部分地被一种类似的产品排挤掉"①，突然从社会的使用价值变成非社会的使用价值。总之，社会及其成员的各种需要本身也是各种各样的，并且是在不断变化发展的。因此把应被满足的社会及其成员的需要只限于"个人的消费"而排除了"生产的消费"，实际上不但把应被满足的将来的需要尤其是把应被满足的不断增长着的将来的多种多样的新的需要排除在社会主义生产目的之外，而且还把应被满足的社会及其成员的现在的需要——例如把全部生产劳动者对社会生产手段的需要，把一切有劳动能力的社会成员的就业的需要，把实现生产手段的现代化和生产过程的自动化、使全体劳动者都能用最少的劳动生产最多的物质财富的需要——全都排除在社会主义生产目的之外，这显然是不正确的。

---

　　① 　马克思：《资本论》第 1 卷，人民出版社 1975 年版（下同），第 125 页。

社会主义生产的目的，是由社会主义生产方式所特有的基本经济规律决定的。因此，要实现社会主义的生产目的，必须发挥社会主义公有制的优越性，经常通过调查研究、统计和情报工作，全面而正确地掌握社会及其成员的各种需要的发展变化动态、现有的各种生产条件和生产能力的发展变化情况、这些生产条件和生产能力跟世界先进水平的差距以及消灭这些差距的方法和途径，并且根据全面科学的统计数字，有计划地合比例地安排社会生产。因为"只有在生产受到社会实际的预定的控制的地方，社会才会在用来生产某种物品的社会劳动时间的数量，和要由这种物品来满足的社会需要的规模之间，建立起联系"①，才会避免盲目性，从而使社会生产符合社会主义生产目的。

长期以来，我们在经济建设中发生比例失调的重要原因就是缺乏以科学的统计数字为根据的全面而正确的经济计划；却又在"计划就是命令"的公式下，以"计划"的名义行使瞎指挥的权力。长期以来，我们所以一直未能在许多被用来生产商品的社会劳动时间的范围和这些商品所满足的社会需要之间建立联系的根本原因，就是对节约劳动时间的重要意义认识不足。从这一点上看，马克思所概括的时间节约规律应被奉为进行社会主义现代化建设的行动指南："一切节约归根到底都是时间的节约。……社会必须合理地分配自己的时间，才能实现符合社会全部需要的生产。因此，时间的节约，以及劳动时间在不同的生产部门之间有计划的分配，在共同生产的基础上仍然是首要的经济规律，这甚至在更加高得多的程度上成为规律。"②

① 马克思：《资本论》第 3 卷，第 209 页。
② 马克思：《经济学手稿（1857—1858 年）》，《马克思恩格斯全集》第 46 卷（上），第 120 页。

现在我们在经济建设中存在的最大的病源正是时间的浪费。而最大的时间浪费，莫过于在生产各部类和各部门之间的比例失调。这都是由于在理论上没有认识"只有合理地分配自己的时间，才能实现符合社会全部需要的生产"，"时间的节约，以及劳动时间在不同的生产部门之间有计划的分配"，在社会主义生产方式下，更加变成了首要的、甚至在更高得多的程度上的经济规律，因而在实践中也就没有加以贯彻的结果。也可以说，这是由于没有使每一个生产管理者把用最少的劳动创造最多的财富，去最大限度地满足社会及其成员的不断增长着的物质和精神的需要，看作是社会主义的生产目的并在实践中加以贯彻的结果。

虽然从我国的现状出发，谁也不能要求现在就把我国国民经济计划做到完全或基本合乎理想。但是，始终为贯彻社会主义生产目的并为实现节约劳动时间及在不同部门之间有计划地分配劳动时间的经济规律而斗争，应该成为一切社会主义建设者的自觉行动。

在生产领域中检查物质财富的生产是否符合社会主义生产目的，可用以下公式表示：

$$\frac{所生产的使用价值量}{所消费的劳动时间}$$

如果把劳动时间再作具体的区分，公式就应被具体化为：

$$\frac{所生产的使用价值量}{体现在被消费的生产手段中的过去的劳动时间 + 被消费的现在的劳动时间}$$

在生产品还采取商品形态下，这个公式就应被改成：

$$\frac{所生产的商品的使用价值量}{所生产的商品的价值量}$$

如果把商品的价值再作具体的区分，这个公式就应被具体化为：

$$\frac{\text{所生产的商品的使用价值量}}{\text{所消费的生产手段的价值量 + 新创造的价值量}}$$

这在实际上就是表示劳动生产率的基本公式。在这个基本公式中可以看到：所生产的使用价值量是和所消费的劳动时间或所创造的价值量处在反比例的关系之中。马克思告诉我们："从社会的角度看，劳动生产率还随同劳动的节约而增长。这种节约不仅包括生产资料的节约，而且还包括一切无用劳动的免除。"① "劳动生产力的提高，在这里一般是指劳动过程中的这样一种变化，这种变化能缩短生产某种商品的社会必需的劳动时间，从而使较小量的劳动获得生产较大量使用价值的能力。"② 因此，不断地提高劳动生产率就是实现社会主义生产目的的主要方法。

不同的生产目的，决定着提高生产率的不同方法、速度和结果。社会主义生产目的所决定的社会主义的提高劳动生产率的基本方法是：（1）不断地改进劳动手段，提高生产过程的自动化和现代化的程度，用最先进的劳动手段，代替一部分手工劳动、体力劳动和一部分脑力劳动。（2）不断地改进劳动对象，首先是提高原材料、半制品等的质量，用新的品种代替旧的品种，并增加它们的数量。不断地提高燃料的质量，增加各种能源及其品种，同时提高它们的效力。不断地改善并增加各种辅助材料。（3）不断地提高职工贯彻社会主义生产目的的自觉性、组织性和纪律性，提高他们的科学技术水平和生产管理水平。（4）改革经济管理体制，使生产、交换、分配和消费过程互相衔接并协调动作。（5）加强统计和情报工作，保证统计数字的全面性、准确性和及时性，发挥统计的监督作用。提高计划的科学性。

① 马克思：《资本论》第 1 卷，第 578—579 页。
② 同上书，第 350 页。

（6）把节省出来的劳动时间转成自由时间——把节省出来的人力、物力和财力全都集中于精神生产的领域，以便创造更多的精神产品，一面满足社会成员的精神生活的需要，一面把更多的科学研究成果变成直接的社会生产力投入物质财富的生产。（7）全面有计划地改善人和自然的变换关系，保持和改善自然的生态平衡，防止空气、水、土壤、动植物等的污染，保护自然资源，合理有效地利用自然资源，禁止掠夺式的、破坏性和毁灭性的开发。这样，我们就有可能使社会主义的生产力迅速发展。

　　社会主义的生产目的是决定着社会主义生产方式发生、发展的全部过程的历史经济的动因。马克思早就把自己的精辟而透彻的科学远见告诉了我们：随着资本主义生产关系被废除，"大工业的发展，大工业所依据的基础——占有他人的劳动时间——不再构成或创造财富"[①]，"社会的个人的需要将成为必要劳动时间的尺度"[②]。随着社会生产过程的机械化、自动化和科学化的发展，"劳动表现为不再像以前那样被包括在生产过程中，相反地，表现为人以生产过程的监督者和调节者的身份同生产过程本身发生关系。……这里已经不再是工人把改变了形态的自然物作为中间环节放在自己和对象之间；而是工人把由他改变为工业过程的自然过程作为媒介放在自己和被他支配的无机自然界之间。工人不再是生产过程的主要当事者，而是站在生产过程的旁边"[③]。那时"直接劳动本身不再是生产的基础"[④]，也"不再是

---

　　① 马克思：《经济学手稿（1857—1858 年）》，《马克思恩格斯全集》第 46 卷（下），第 222 页。

　　② 同上书，第 218—222 页。

　　③ 同上。

　　④ 同上。

财富的巨大的源泉",① "真正的财富就是所有个人的发达的生产力。那时，财富的尺度决不再是劳动时间，而是可以自由支配的时间。"② 总之，生产力愈益发展，劳动时间就愈益减缩而自由时间就愈益增加；自由时间愈益增加，满足社会及其成员的需要、并保证全体社会成员的完全幸福和自由全面发展的物质和精神的财富就愈益丰富。这就是社会主义生产目的所决定的社会生产力发展的必然结果，也正是我们建设社会主义物质文明和精神文明所必须遵循的路线。

（原载《经济研究》1984 年第 2 期）

---

① 马克思：《经济学手稿（1857—1858 年）》，《马克思恩格斯全集》第 46 卷（下），218—222 页。

② 同上。

再论社会主义的生产目的

我在《论社会主义的生产目的》一文中已经论证过：只有在生产过程中用最少的社会必要劳动创造最多的社会必要的物质财富，才能在消费过程中最大限度地满足社会及其成员不断增长着的物质和精神的需要，并保证社会全体成员完全幸福和自由地全面发展。

虽然在目前的社会经济条件下，社会主义的生产也还必须采取商品形态，因而社会财富也还必须采取价值形态；但是，社会主义的商品生产在实质上只是满足生产者需要的一种手段，是一种仅仅由使用价值占统治地位的生产；它是和资本主义商品生产有着本质的区别的，不能把这两种生产方式所固有的生产目的混为一谈。

在《资本论》第4卷中有这样一段讲述：

……在这里李嘉图陷入了可笑的自相矛盾之中。当我们谈到价值和财富时，根据李嘉图的解释，我们只是指整个社会。而当谈到资本和劳动时，李嘉图认为"总收入"仅仅为了创造"纯收入"而存在，是不言而喻的事。实际上，他对资产阶级生产赞赏的，正是这种生产的一定形式同以前的各种生产形式相比能给生产力以自由发展的天地。当这种形式不再起这种作用的时候，或者当这种形式在其中起作用的那些矛盾显露出来的时候，李嘉图就否认矛盾，或者确切些说，他自己就以另一种形式表现矛盾，把使用价值总量本身说成是"ultima thule"（最终目的）而不考虑生产者了。①

资产阶级古典派经济学家李嘉图由于把资本主义的商品生产看作生产的绝对形式；又把使用价值总量（财富）本身说成是资本主义生产的最终目的；使自己在理论上"陷入了可笑的自相矛盾之中"。

现在，我们的有些同志，由于看到社会主义的财富在一定条件之下也采取商品和价值的形态，而把"追求新价值"（v＋m）和"力图得到纯收入，取得赢利"（即m）说成"社会主义生产的直接目的"②，也使自己在理论上陷入同样甚至更加可笑的自相矛盾之中。

他们都把财富（使用价值）和价值混为一谈，而把实现生产目的的手段说成生产本身的目的。差异只是：李嘉图"把资产阶级生产变成单纯为使用价值而进行的生产，这对于交换价值占统治地位的生产方式是一种非常美妙的见解"。③ 而我们的上述同志却把我国的社会主义生产变成单纯为"追求新价值"（v＋m）和"力图得到纯收入，取得赢利"（即m）而进行的生产；实际上无异于把我国社会主义生产关系的一定形式说成李嘉图所概括的"'总收入'仅仅为了创造'纯收入'而存在"的

---

① 《马克思恩格斯全集》第26卷第三册，1974年版，第54页。
② 《社会主义生产的最终目的和直接目的》，《经济研究》1981年第9期。
③ 《马克思恩格斯全集》第26卷第三册，1974年版，第53页。

资本主义的生产关系。

　　政治经济学中的许多错误都由来于对财富（使用价值）和价值的本质不加区别，并把财富的增加和价值的增加混为一谈。由于李嘉图一贯认为资本主义的生产目的是创造"总收入"（v＋m）中的"纯收入"（m），即取得被他与利润混为一谈的剩余价值，而不是财富（使用价值）；马克思曾特别指出："无论如何，没有一个人比李嘉图本人更好地、更明确地阐明了：资产阶级生产并不是为生产者（他不止一次地这样称呼工人）生产财富，因此资产阶级财富的生产完全不是为'充裕'而生产，不是为生产生活必需品和奢侈品的人生产社会必需品和奢侈品，——如果生产只是满足生产者需要的一种手段，是一种仅仅由使用价值占统治地位的生产，那么情况本来应当是这样的。"① 李嘉图把资本主义生产看作生产的绝对形式，而不是暂时的、充满矛盾的生产的一定形式。但是，当资本主义生产关系所固有的——使用价值和交换价值、商品和货币、买和卖、生产和消费、资本和雇佣劳动等之间的矛盾，随着生产力的发展而愈益扩大的时候，当旧的生产关系必须被新的生产关系所取代的时候，他就为了否认矛盾，而"以另一种形式表现矛盾，把使用价值总量本身说成是'ultima thule'（最终目的）"；结果反倒使他不自觉地陷入了已被自己"抽掉了立足点的庸俗的萨伊"② 的错误中去：把使用价值和交换价值这两种应当永久分开的东西混为一谈了，认为这两个名词是同义语了。

----

　　① 《马克思恩格斯全集》第26卷第三册，1974年第1版，第53—54页。
　　② 马克思的用语，见《马克思恩格斯全集》第26卷第二册，1973年第1版，第183页。

我们的上述同志们，由于把李嘉图用以表述资产阶级生产目的的公式改成"追求新价值"（v＋m）和"力图得到纯收入，取得赢利"（即 m）的形式，并把他们的公式说成是"社会主义生产的直接目的"，从而在理论上陷入了自相矛盾之中；也正是因为他们否认了追求价值和创造财富（资本主义生产目的和社会主义生产目的）之间的矛盾，而以另一种形式（社会主义生产的"直接目的"和"最终目的"的形式）表现了矛盾，结果使自己不自觉地陷入了与萨伊先生同样的关于价值和财富（使用价值）概念的混乱之中。

萨伊的概念所以错误，因为它和以下客观现实不相一致：

第一，价值只是反映商品生产关系的范畴，商品生产关系一旦消灭，价值范畴也就不存在了；但财富（使用价值）却是在任何形态的生产关系下的劳动生产品的总称，因而是永远存在的范畴。在没有商品生产关系的时间、地点和条件下，人们并不生产价值或具有价值的物品，却都在创造着财富（使用价值）。

第二，即使在商品生产关系下，价值也只是财富（使用价值）所采取的社会形态，而不是财富（使用价值）本身。价值量决定于抽象劳动的支出时间，而不决定于财富（使用价值）量；财富（使用价值）量决定于具体劳动的生产力，而不决定于价值量。财富（使用价值）量随劳动生产力的发展程度而正比例地变化（前者随着后者的高、低而增、减），价值量却随劳动生产力的发展程度而反比例地变化（前者随着后者达到高、低而减、增）。

第三，通过无条件地不断提高劳动生产力的方法，即用最少的劳动时间生产最多的使用价值（生产手段和生活手段），不断增加使用价值量，并减少实现在这个使用价值量中的价值量，达到保存现有资本价值（c＋v）和增加剩余价值（m，或其转化形态——利润）的目的，是资本主义所特有的经济规律。但是，劳动生产力的发展使利润率（$\frac{m}{c+v}$）下降也是一个资本主义的经济规律；这个规律在某一点上（即当利润率降低到一定程度，威胁到资本的存在时），又会遇到另一个资本主义规律：生产的扩大或缩小不是取决于生产或社会的需要，而是取决于资本平均价值增殖的需要，取决于一定的平均利润率。资本为了实现追逐利润的目的，在社会上进行着无序的转移，其结果必然是资本主义的经济危机爆发：一方面资本（c＋v）过剩，另一方面人口过剩（劳动力过剩）；生产的客观因子（生产手段）和主观因子（劳动力）互相分离，资本主义生产关系变成了社会劳动生产力发展的桎梏。

解决资本主义生产方式下不可调和的矛盾的唯一出路，就只能是：由社会生产力的发展者和代表者——无产阶级，用社会主义制度去取代资本主义制度。

我们的一些同志在理论上陷入和李嘉图同样的自相矛盾之中，那是因为：

第一，李嘉图站在资产阶级的立场上还能客观地指出："资产阶级财富的生产完全不是为'充裕'而生产……"而我们的同志反倒不能客观地认识这个问题。

第二，李嘉图已就资产阶级的社会生产实践做出了客观的理论概括：

>　……就整个社会来说，商品量虽有增加，财富虽有增益，享受品虽已更多，但价值却减少了。通过不断增进生产的便利，我们虽然不只是增加国家的财富，并且会增加未来的生产力，但同时却会不断减少某些以前已经生产出来的商

品的价值。……但是即使上述商品中有任何一种是正确的价值尺度，它也仍然不是衡量财富的标准，因为财富不取决于价值。一个人的贫富取决于其所能支配的生活必需品和奢侈品的多寡。这些东西无论对货币、谷物或劳动的交换价值是高是低，它们总是同样能有益于所有者的享受。正是由于将价值的观念和财富的观念混为一谈，才会有人认为：减少商品数量——也就是减少生活必需品、享用品和娱乐品的数量——财富就可能增加。……"①

但我们的有些同志却似乎还没有认识到价值与财富的差异或矛盾，以及两者随着生产力的发展而发生的反比例变化的关系。

第三，李嘉图在引用萨伊的定义，并揭露他在概念上的矛盾和混乱时说：

萨伊先生自己对价值也作了类似的论述。他说："效用是价值的基础，人们希望得到商品只是因为它有某种用处。但商品的价值不取决于其效用，不取决于人们需要它的程度，而取决于获取它时所必要的劳动量。"……

……可是在另一处他又说："财富不在于产品本身，而在于产品的价值，因为产品如果没有价值就不是财富。"②

李嘉图尚能在理论上坚持价值与使用价值（财富）概念的科学的划分，但是我们的一些同志却不自觉地陷入了与萨伊先生同样的矛盾和混乱之中！

萨伊是资产阶级庸俗派政治经济学的鼻祖，他的财富和价值的同一论，之所以现在还需要加以批判，就因为它是资产阶级

---

① 李嘉图：《政治经济学及赋税原理》，商务印书馆1962年版，第233—234页。

② 同上书，第244—245页。

"一切向钱看"的思想意识在理论上的反映。它会使人错误地认为：增加价值就是增加财富，只有增加价值，才能增加财富；它还会使人错误地认为："追求新价值"（v＋m）和"力图得到纯收入，取得赢利"（即 m）就是"社会主义生产的直接目的"，甚至连毫不掩饰的"一切向钱看"的经营管理思想，也是符合社会主义的生产目的的。有一位曾在 1979 年初就已公开宣告"什么是社会主义？什么是资本主义？这个问题我现在弄不清楚了"的权威人士，不是还把农民编出的"抬头向前看，低头向钱看；只有向钱看，才能向前看"的顺口溜作为"革命的理想"广为宣传吗？

不容否认，在社会主义的生产还必须采取商品形态的限度内，社会主义生产目的的实现还必须以价值的实现为前提。在这种条件下，价值和财富（使用价值）也是有其历史上的暂时同一性的。为要保证价值的顺利实现，就必须不断地努力使价值降低到当时的社会平均水平以下，使生产成本和商品循环费用减少到最低限度；这是价值法则强制一切商品生产者必须遵行的无声的命令。社会主义的商品生产者即使单纯为遵行这个命令，以便在国际和国内市场上顺利地实现自己商品的价值，也必须根据国内外不断发展变化着的社会需要，有计划、按比例地分配社会劳动（死的劳动和活的劳动）于各个不同的生产部门，并且不断地改善以经济核算制为轴心的经济管理体制，以便不断地促进生产力的发展（生产手段质量的提高、数量的增加，劳动者的政治素质和科学技术水平的提高，科学技术在生产中的应用及其支配范围的扩大等等）。可是随着社会生产力的发展，尤其是随着社会生产过程的现代化的发展，财富（使用价值）和价值向着反比例的方向发展的趋势也就愈益明显，财富和价值的本质差异性和矛盾性也就愈益清楚地暴露出来。

马克思早就预见到了：

　　……但是，随着大工业的发展，现实财富的创造较少地取决于劳动时间和已耗费的劳动量，较多地取决于在劳动时间内所运用的动因的力量，而这种动因自身——它们的巨大效率——又和生产它们所花费的直接劳动时间不成比例，相反地却取决于一般的科学水平和技术进步，或者说取决于科学在生产上的应用（这种科学，特别是自然科学以及和它有关的其他一切科学的发展，又和物质生产的发展相适应）。例如：农业将不过成为这样的物质代谢的科学的应用，这种物质代谢能加以最有利的调节以造福于整个社会体。

　　现实财富倒不如说是表现在——这一点也由大工业所揭明——已耗费的劳动时间和劳动产品之间惊人的不成比例上，同样也表现在被贬低为单纯抽象物的劳动和由这种劳动看管的生产过程的威力之间在质上的不成比例上。①

马克思还告诉我们：

　　……问题在于，一方面，财富是物，它体现在人作为主体与之相对立的那种物，即物质产品中；而另一方面，财富作为价值，是对他人劳动的单纯支配权，……

　　……事实上，如果抛掉狭隘的资产阶级的形式，那么，财富岂不正是在普遍交换中造成个人的需要、才能、享用、生产力等等的普遍性吗？财富岂不正是人对自然力——既是通常所谓的"自然"力，又是人本身的自然力——统治的充分发展吗？财富岂不正是人的创造天赋的绝对发挥吗？这

---

① 《马克思恩格斯全集》第46卷（下），第217—218页。

种发挥，除了先前的历史发展之外没有任何其他前提，而先前的历史发展使这种全面的发展，即不以旧有尺度来衡量的人类全部力量的全面发展成为目的本身。①

社会经济发展法则早就决定了：社会主义的生产目的，必然是为了"不以旧有尺度来衡量的人类全部力量的全面发展"，是用最少的劳动创造最多的财富——使用价值，去最大限度地满足社会及其成员不断增长的物质的和精神的需要；而不是所谓"追求新价值"（v+m）和"力图得到纯收入，取得赢利"（即m）。

《社会主义生产的最终目的和直接目的》一文的作者们，只看到了"价值"和"使用价值"、"利润"和"满足社会需要"在一定条件下和一定限度内，在现象上的同一性，而忽视了"价值"和"使用价值"、"赢利"和"满足社会需要"在本质上的矛盾性和对立性。

他们说："我们知道，价值和使用价值是商品的二因素。在商品中不论哪一个因素实现不了，整个商品交换就实现不了，从而，社会生产的目的也实现不了。"

但是，假如"在商品中不论哪一个因素实现了"，那么，商品交换还有必要进行吗？事实与他们的说法恰好相反。正是因为：在商品生产关系中，商品交换实现不成，商品的价值就实现不了；而商品的价值实现不了，商品的使用价值也就实现不了。这正是价值妨碍使用价值直接成为满足社会需要的手段的直接证明，也正是把"追求新价值"（v+m）和"力图得到纯收入，取得赢利"（即m）作为社会主义生产的"直接目的"和把"满足人们的物质文化生活需要"作为社会主义生产的"最终目的"

---

① 《马克思恩格斯全集》第46卷（上），1979年版，第486页。

的矛盾所在。

在我国的现实生活中，不是常常见到有大量的最好的蔬菜和水果在商店里由于它们的价值不能实现，就不准它们的使用价值实现的商品交换原则，最终导致其腐烂变质，不得不被倒入垃圾堆的大量事例吗？这难道也是"社会主义生产的直接目的"吗？难道这种"追求新价值"（v＋m）和"力图得到纯收入，取得赢利"（即 m）的"社会主义生产的直接目的"不是和他们的社会主义生产的"最终目的"相矛盾的吗？

作者们在文中讲到：

> 社会主义公有制多种形式的存在，意味着生产资料和产品是属于不同所有者所公有，他们各自有着不同的物质利益。……
>
> ……作为消费者，关心的是商品的使用价值。作为商品生产者，则关心的是商品的价值，关心用最少的费用取得更多的收益。他不仅力图补偿自己的支出，而且力图得到纯收入、取得赢利（即 m）。因此，获得赢利乃是社会主义企业经常关心的事，它就成为各个企业生产的直接目的。

但是作者们没有更进一步推想，在这样的"社会主义生产的直接目的"指导下：假如商品的"消费者"（商品购买者）所"关心的是商品的使用价值"而不涉及价值；相反地"商品生产者"（商品出卖者）所"关心的是商品的价值"，而不涉及使用价值，尤其是他们所"关心的"是"用最少的费用取得更多的收益"、"纯收入"或"赢利"（即 m），而不是使"消费者"（购买者）用最少的价值取得更多更好的使用价值以便获得需要的满足的时候，两个对立面之间为着"不同的物质利益"的经常的斗争就成为不可避免了。

　　为了正确地分析问题，明确作者们的用语的真实含义，必须首先纠正他们的用语的不当。我们知道：社会主义的生产方式，是把现代化的社会生产手段和劳动力直接而有计划地实行合理的结合的产物。因此，在社会主义生产关系中，每个生产者都既是生产的消费者，又是个人的消费者。作为社会主义的商品生产者，他们首先关心并且必须为之奋斗的应该是努力提高劳动生产力——用最少的劳动（死的劳动和活的劳动）生产出最多最好的使用价值，以便最大限度地，既满足社会主义的累进的扩大再生产的需要，又满足个人和集体的愈益增长的物质和文化生活的需要；这里，根本不存在生产者和消费者的分离和对立；把生产者完全划入价值增殖者和商品出卖者的范畴，而把消费者划入商品购买者的范畴，显然和客观存在不尽一致。但是如果客观地就作者用语的真实含义看来，他们的所谓"商品生产者"无非是专以"追求新价值"（v＋m）和"力图得到纯收入，取得赢利"（即 m）为目的的工商业的经营者及"用最少的费用取得更多的收益"的投机者；而所谓的"消费者"无非是以满足社会及其成员的物质和文化需要为生产目的去参加社会主义四个现代化建设的劳动人民。

　　事实上，即使在我国社会主义生产关系内部，也一直存在着上述两种生产目的的坚持者的斗争。在实践中，我们不也经常看到有些企业，由于受到自己的物质利益的驱使，为了增加"自己的"工人工资和奖金及"自己的"的企业利润，而一面压低固定资产折旧费，一面抬高商品售价，同时又降低生产品质量，甚至偷税漏税，截留应当上交国家的收入，以及化公为私等违法乱纪行为吗？难道这也"和实现社会主义生产的最终目的是完全一致的"吗？这不都是由"追求新价值"（v＋m）和"力图得到纯收入，取得赢利"（即

m）的所谓"社会主义生产的直接目的"而产生的，必然要牺牲或背离"社会主义生产的最终目的"的结果吗？我们不是经常看到假烟、假酒、假农药、假化肥、假种子甚至假药品等"商品出卖者"吗？他们不是都在"追求新价值"（v+m）和"力图得到纯收入，取得赢利"（即 m）的所谓"社会主义生产的直接目的"鼓舞之下而宁冒刑事犯罪的危险，也要加入"用最少的费用取得更多的收益"的投机者行列的吗？但是这种"生产的直接目的"能够体现或者符合"社会主义生产的最终目的"吗？

我当然不是说，我们在现阶段不应该发展商品生产和商品交换关系，也不是说进行商品生产和交换而不应该实现价值（包括成本和利润），或者进行经济核算而不要利用价值成本和利润的范畴，更不是说国家和经济建设的领导部门不应该要求国营企业在不断提高劳动生产力并降低商品价值和生产价格（增加商品的使用价值，缩短生产商品的社会必要劳动时间）的前提下，在增加商品总量的同时，为保证工资和利润计划的实现而努力；我只是说，而且必须重复地说：社会主义的生产目的，是用最少的劳动创造最多的财富（使用价值）去最大限度地满足社会及其成员的不断增长着的物质的和精神的需要，而不是所谓"追求新价值"（v+m）和"力图得到纯收入，取得赢利"（即 m）。正像发展商品生产和商品交换关系并且实现价值（包括成本和利润）只是实现社会主义的生产目的的手段而不是目的本身一样，我们利用价值、成本和利润的范畴进行经济核算，只是为了检查我们企业的经营管理是否符合社会主义的生产目的，并借以保证不断提高社会生产力、不断增加社会物质财富的要求的实现。提高社会生产力所产生的经济效果应该是：所生产的社会必要的使用价值量愈益增多，所包含在同一使用价值量中的价值量愈益减少。

党的十二大提出的到本世纪末使我国工农业总产值在提高经济效益的前提下翻两番的任务应被理解为：在减少每一社会必要的使用价值中的价值的基础上，使我国工农业总生产品的价值（c＋v＋m）翻两番，也就是说，要使总产值翻两番就必须使总生产品——社会必要的使用价值总量增加得更快、更多。在社会主义社会里，总产值是作为促进并检查总生产品的更快、更多地增长的经济指标而采用的。不把社会必要的使用价值——总产品，而把"追求新价值"（v＋m）和"力图得到纯收入，取得赢利"（即 m）作为社会主义生产的直接目的，不但是和社会主义的基本经济法则背道而驰，而且也是不符合党和国家提出的"在不断提高经济效益的前提下，力争使全国工农业的年总产值翻两番"[①] 的目的和要求的。

v＋m（可变资本＋使用价值）本是反映资本主义生产关系的范畴；社会主义生产关系既然是在否定资本主义生产关系的基础上产生和发展的，表述社会主义生产关系，也就不应再用 v＋m 了，只能在作不确切的类比时在有限的意义上借用它。

在历史上和现实中，基本上存在着三类商品，在形式上，它们都是使用价值和价值的矛盾统一体。这三类商品，在循环过程中都具有 W—G—W 的基本运动形态，但是它们所反映的生产关系、所追求的生产目的、所具有的特殊性质及价值构成都是在本质上不同的，可以简单地表示如下：

----

① 《全面开创社会主义现代化建设的新局面》，胡耀邦同志在中国共产党第十二次全国代表大会上的报告。

	简单商品生产	资本主义商品生产	社会主义商品生产
生产关系	用小商品生产者自己的生产手段与自己的劳动结合，为自己进行生产	用被资本家占有的、由雇佣劳动者所创造的生产手段与雇佣劳动者的劳动结合，为资本家进行生产	用全社会公共所有的生产手段与全社会劳动者的共同劳动结合，为满足全社会的需要进行生产
生产目的	不是使用价值而是价值	不是使用价值，也不是价值，而是剩余价值	不是价值，也不是剩余价值，而是使用价值
特殊性质	以使用价值为形式的价值——简单商品	以使用价值和价值为形式的剩余价值——作为"商品资本"的存在形式的商品	以价值为形式的社会的使用价值——非商品的"商品"（列宁的用语）
价值构成	被转移到生产品中的个人的生产手段的价值＋个人劳动新创造的价值	不变资本（c）＋可变资本（v）＋剩余价值（m）	被转移到生产品中的生产手段的价值＋社会化劳动所创造的价值

在简单商品生产者那里，使用价值的生产，以价值的市场实现为目的和前提——使用价值的市场依存于价值的生产和实现；因为一般的商品生产者，仅为获得交换价值而去生产使用价值。

在资本主义商品生产者那里，使用价值和价值的生产以剩余价值的生产和实现为目的和前提；资本家仅为获得剩余价值而生产使用价值。但是决不能反过来说：使用价值的生产必须以剩余价值或价值的生产和实现为目的和前提。因为一切为了满足自己需要而不是为了交换目的的生产，都不是以商品生产（价值或剩余价值的生产）为目的和前提。

社会主义的劳动生产品，虽然在目前的条件下，还必须采取商品形态，也是使用价值和价值的矛盾统一体，却不是以生产价值或剩余价值为目的和前提的。因为任何一种劳动生产品，在作为具有使用价值的价值而存在的期间，是不能作为使用价值去满足任何人的物质的或精神的需要的。单从这个现实上看，也就可以说："追求新价值"（v＋m）的生产目的是和"满足社会需要"的目的背道而驰、互相矛盾的。

我国的社会主义制度是在推翻帝国主义、封建主义、官僚资本主义和改造私人资本主义及小商品生产关系的基础之上建立和发展起来的。如果说，在马克思的时代，"资产阶级社会是历史上最发达的和最复杂的生产组织。因此，那些表现它的各种关系的范畴以及对于它的结构的理解，同时也能使我们透视一切已经覆灭的社会形式的结构和生产关系。资产阶级借这些社会形式的残片和因素建立起来，其中一部分是还未克服的遗物，继续在这里存留着，一部分原来只是征兆的东西，发展到具有充分意义，等等。"① 那么，现在我国的社会主义社会就更是这样的"最复杂的生产组织"。

由于历史的原因，我国的资本主义先天发展不足，农民占全国人口的绝大多数。这种情况，不但限制了我国社会主义工业化发展的广度和深度，而且还决定了我国必须在一定范围及限度内，通过国家资本主义的迂回道路完成社会主义现代化建设的任务。允许小商品生产和国家资本主义的商品生产在一定范围和限

---

① 马克思：《政治经济学批判导言》。

度内发展，就是在这种经济条件下为了实现满足社会及其成员的需要的目的而采取的经济政策，而这种经济政策又是与"生产关系必须适合生产力发展"的法则相一致的。但是，不能把小商品生产关系、国家资本主义生产关系同社会主义生产关系混为一谈；同样也不能把小商品生产者的商品的价值构成、国家资本主义的商品的价值构成同社会主义商品的价值构成混为一谈；更不能把这三种生产方式的生产目的混为一谈。

在资本主义生产方式下"v"（可变资本或作为劳动力的价格的工资）和"m"（剩余价值或利润）分别地代表着无产阶级的必要劳动和剩余劳动所创造出的新价值，被称为资本家阶级的"总收入"或"国民收入"。在这个所谓的"总收入"（v＋m）中，v 和 m 不但处于反比例的关系中（一方的增加，对应着他方的减少），而且还处在（阶级）对抗性的矛盾之中。资本家阶级为了提高剩余价值率（$\frac{m}{v}$）或利润率（$\frac{m}{c+v}$），以便增加剩余价值或利润（m）而不断相对地或者绝对地降低劳动力的价值（其价格表现为：工资 v）。随着社会劳动生产力的愈益提高，劳动力的价值也和其他一般商品的价值一样愈益降低；随着失业大军的愈益扩大，劳动力的价格也就愈有被降低的可能。

但是，当无产阶级进行了不屈不挠的革命斗争，并终于废除了雇佣奴隶制度而建立了社会主义制度的时候；当无产阶级为了消灭剩余劳动的榨取制度而把自己创造的社会化生产手段收归全社会所有，并且把在这一基础之上，由社会劳动共同生产的社会生产品交给社会，并按照马克思在《哥达纲领批判》中所提出的原则进行分配的时候；如果把在社会主义生产方式下已经变成了全社会的主人、正在为实现共产主义理想而斗争的工人阶级的生产目的说成"追求新价值"（v＋m）和"力图得到纯收入，取得赢利"（即 m），不但是降低了无产阶级的斗争纲领，无视了无产阶级所肩负的伟大历史使命，而且也歪曲了当前的历史现实。

当前的历史现实是：社会主义的劳动生产品的分配，以社会主义的生产为前提，个人的收入或所得只能随着社会生产力的发展和社会必要的使用价值（财富）的增加而增加。因此，只有用最少的劳动创造最多的社会"总生产品"——社会必要的使用价值，才能满足社会及其成员愈益增长的需要。无需赘述：社会必要的使用价值，是把废品和无人愿买的商品除掉后的合格的使用价值的总量。离开这一生产目的，而为"追求新价值"（v＋m），即为追求"利润"和"报酬"去斗争，只能引起企业、个人和国家之间的不应有的矛盾和斗争。

把"追求新价值"（v＋m）看作社会主义生产的"直接目的"，尤其是把"力图得到纯收入，取得赢利"（即 m）看作社会主义的"各个企业生产的直接目的"的理论，反映着并助长了某些部门和企业管理人员的如下的倾向：不顾生产品（使用价值）的质量和数量是否符合满足社会及其成员的需要的目的，也不管所生产的社会的使用价值是否真正到达消费者的手中，而单纯追求"利润"和"报酬"。其结果，往往是片面地夸大"赢利"，对已经造成的生产手段和劳动力的普遍浪费——经济效益的惊人降低视而不见。

我们的一些同志还没有认识到：当统计报表或会计账目上反映着"新价值"（v＋m）的增加的时候，而另一方面却在生产过程中浪费了无数的生产手段，如：闲置的设备、电力、水力、交通运输能力以及劳动力等，被破坏了的工、矿、农、林、牧、副、渔业的自然资源等。草原、森林被毁，会导致水土流失、土地沙化，造成水源枯竭、江河泛滥等危险；在运输、保管过程中会损失和减少商品的使用价值；在交换过程中，由于有些商品在质量上、数量上缺乏社会的使用价值，或者定价超出社会有支付能力的需要而大量积压，不得不为了长期保管和处理完全丧失使用价值的商品或者为了弥补这些财富损失和资源浪费而更多地支出死的劳动和活的劳动；在这样的情况下，能够认为企业达到了自己"追求新价值"（v＋m）和"力图得到纯收入，取得赢利"（即m）的"生产的直接目的"，就达到了最大限度地满足社会和个人的消费需要的社会主义的生产目的了吗？

一般说来，我国社会主义的总生产品的价值（c＋v＋m）和价值生产品（v＋m）逐年增长的速度高于资本主义国家，是社会主义制度的优越性所决定的。但在有些年份增长速度高于其他年份，是同生产手段和劳动力在生产过程中的"高消费"、"低效益"及劳动生产品的"高价值"互为因果的。多年以来，为了坚持这样的"高速度"而实行的"高积累"，既以劳动者的"低消费"为前提，又以许多生产手段和自然资源的"高浪费"，以及生产设备的不能更新、劳动生产力的普遍下降为结果。显然，这是背离社会主义生产目的和经济法则的唯意志主义所造成的。

应该知道：社会主义的国营企业如果不能及时地进行生产手段的更新，那就不但无法以最快的速度赶上并超过资本主义的生产力的发展水平，而且还有使生产手段的社会所有划归乌有的危险！

生产手段在质上提高和在量上增加，既是资本主义进行扩大再生产的必要条件，更是社会主义不断发展生产力、改进生产关系及满足生产消费和个人消费需要的物质基础。而专以"追求新价值"（v＋m）和"力图得到纯收入，取得赢利"（即m）为目的的理论和实践正是引导和鼓励一些企业的经营管理者沿着

"一切向钱看"的跑道竞走，导致许多企业经常亏本，使生产手段无法更新却还感到心安理得的客观依据。

现在，世界已经走进了以电子计算机、智能机器人和信息技术为先导的科学技术革命的时代。用最少的劳动创造最多的财富愈益成为必然的趋势。摆在我们面前的是这样一个发展战略上的抉择：或者把我国社会主义经济建设的重点有计划地转到利用国际和国内的有利条件，尽可能地引进、研究和发展世界最先进的科学技术上，使我国关系全局的骨干企业迅速地首先走上以现代化的生产手段为基础的发展道路，使我国社会主义生产力更快地赶上并超过资本主义世界的水平；或者接受富国为穷国设计的"劳动密集加中等技术"的坑害穷国的圈套，而不加独立思考地和心安理得地继续走着资本主义传统的"夕阳工业"的老路，使中国愈益扩大或继续保持和世界发达国家之间在生产力方面的差距。我认为前一条道路，是符合社会主义生产目的的为实现四个现代化而斗争的道路；而后一条道路是体现着"追求新价值"（v＋m）和"力图得到纯收入，取得赢利"（即 m），以及"一切向钱看"的生产目的，使我国愈益落后于世界科学技术先进水平的道路。

坚持走后一条道路，中国人就只能靠做小本生意、以出卖劳动力为生，甘居落后、甘拜下风、任人欺凌、奴役和宰割了！还有什么社会主义的四个现代化的美好前途可望呢？殊不知：只有尽可能多地集中我国现有的和可能有的人、财、物力，加速研究、引进、利用和发展现代先进的科学技术成果，才能最大限度地提高我国社会劳动生产力，才能改变我国的生产手段和生活手段不能满足社会需要的现状。只有把科学技术变成直接的生产力，向着生产过程自动化的方向发展，才能缩短我国和世界先进水平的差距，为社会主义战胜资本主义并向共产主义迈进奠定坚实的物质基础。

现代世界的科学技术革命是在节约（缩短）劳动时间、扩大自由时间，并把科学（如：量子电子学、核子学、分子生物学、生物工程学、生态学、海洋工程学、太空科学等）变成直接的生产力的基础上，发生和发展起来的生产自动化的革命。它的特点是：用机器人、智能机器人之类的自动化设备代替人的体力劳动，进行直接的生产和服务工作；用电子计算机代替人的部分脑力劳动，对生产过程和服务工作进行管理和控制。我深信科学的生产力逐步代替直接劳动的生产力的过程本身也必将愈益使人们明白："追求新价值"（$v+m$）和"力图得到纯收入，取得赢利"（即 m）（亦即李嘉图的"'总收入'仅仅为了创造'纯收入'而存在"）的生产目的，不但不是社会主义生产的发展的动力，而是实现社会主义的四个现代化的绊脚石，是最大限度地满足社会及其成员的不断增长着的物质和精神需要的生产目的对立面。

马克思早就预示我们：

　　……一旦直接形式的劳动不再是财富的巨大源泉，劳动时间就不再是，而且必然不再是财富的尺度，因而交换价值也不再是使用价值的尺度。……于是，以交换价值为基础的生产便会崩溃，直接的物质生产过程本身也摆脱了贫困和对抗的形式。个性得到自由发展，因此，并不是为了获得剩余劳动而缩减必要劳动时间，而是直接把社会必要劳动缩减到最低限度，那时，与此相适应，由于给所有的人腾出了时间和创造了手段，个人会在艺术、科学等方面得到发展。[①]

　　——那时，一方面社会的个人的需要将成为必要劳动时

① 《马克思恩格斯全集》第 46 卷（下），1980 年第 1 版，第 218—219 页。

间的尺度，另一方面，社会生产力的发展将如此迅速，以致尽管生产将以所有的人富裕为目的，所有的人的可以自由支配的时间还是会增加。因为真正的财富就是所有个人的发达的生产力。那时，财富的尺度决不再是劳动时间，而是可以自由支配的时间。[①]

真正的经济——节约——是劳动时间的节约（生产费用的最低限度——和降到最低限度）。而这种节约就等于发展生产力。……

节约劳动时间等于增加自由时间，即增加使个人得到充分发展的时间，而个人的充分发展又作为最大的生产力反作用于劳动生产力。从直接生产过程的角度来看，节约劳动时间可以看作生产固定资本，这种固定资本就是人本身。[②]

所以，我认为"用最少的社会必要劳动创造最多的社会必要的物质财富，去最大限度地满足社会及其成员不断增长着的物质和精神的需要，并且保证社会全体成员完全幸福和自由地全面发展"应该是社会主义生产的唯一目的。

我们虽然还处在社会主义的初级阶段，但是在马克思展示给我们的人类社会发展的远景中，已经指出了我们现在就应实行的节约劳动和发展科学生产力的社会主义的发展方向。要建设社会主义的物质文明和精神文明，就必须全面而正确地认识并且自觉地为实现社会主义的生产目的而斗争。

（1984 年 2 月）

---

① 《马克思恩格斯全集》第 46 卷（下），1980 年第 1 版，第 222 页。
② 同上书，第 225 页。

从50年代开始的一场关于经济法则的论争的回顾与展望

马克思主义政治经济学是使社会主义从空想变成科学的理论基础，是马克思和恩格斯根据人类社会物质生活的生产的实践作出的科学的抽象，是经过实践检验过的普遍真理，是无产阶级正确地认识社会发展法则，并且据以胜利地进行社会主义革命和成功地领导社会主义建设以便加速实现共产主义理想的理论指南。从这一立场观点和动机出发，1955年我在《经济研究》第2期发表了《论决定我国过渡时期的各种生产底社会形态的基本经济法则》一文，引用马克思列宁主义经典著作阐释党在过渡时期的总路线的理论根据，说明在我国过渡时期发生作用的三种基本经济法则——社会主义的、资本主义的和商品生产的基本经济法则——的作用范围、它们之间的矛盾统一的关系和无产阶级进行社会主义的工业化建设及对资本主义和小商品生产的社会主义改造的必然途径。我不同意认为社会主义的基本经济法则在我国过渡时期已经是支配整个国民经济的唯一基本经济法则的当时流行的观点。因为这种观点在实质上不但否定了"资本主义的基本经济法则"（斯大林的用语）或"资本主义生产方式的绝对法则"——"剩余价值的生产和增殖的法则"（马克思的用语）依然是决定我国资本家阶级的生产目的的基本经济法则；而且也否定了"价值法则是商品生产"的"基本法则"（恩格斯的用语）；这是和我国的实际情况不相符合的。我认为经济法则"只不过是现实关系的抽象"，只要这些关系继续存在，它"就是真实的"（借用马克思在 1846 年 12 月 28 日致安宁可夫的信中用语）。我国经济科学研究工作者的职责就在于用经济法则如实地反映或概括我国"经济的社会形态的发展"（马克思的用语），帮助人们有意识地根据这些经济法则去进行社会主义的建设和改造。我在这篇论文中，首先指出"过渡时期就是从一种特定的生产方式占统治地位的社会向着另一种特定的生产方式占统治地位的社会转变的时期"，"形成历史上任何过渡时期的根本原因和基本特征不外是：旧的死亡着的生产的社会形态和新的正在生长着的生产的社会形态的同时并存和互相斗争"。① 简单商品生产方式是前资本主义的生产的社会形态，从原始公社的末期起就在它所固有的基本经济法则——价值法则的支配之下。资本主义生产方式是在商品生产和价值法则的基础之上发生的生产的社会形态，始终是在它所固有的基本经济法则——剩余价值法则支配之下。社会主义是在资本主义高度发展的基础之上发生的生产的社会形态，始终在它所固有的基本经济法则——满足社会需要的法则的支配之下。这三种依次发生的生产的社会形态代表着三个不同的生产力的发展阶段，由于它们各自固有的基本经济法则和一切生产方式所共有的生产关系必须适合生产力的性质的经济法则，每一种都是：当它发展到一定阶段时就必然被后一种所代替。在我国，由于历史上的复杂原因和条件，社会主义生产的社

---

① 《经济研究》1955 年第 2 期，第 25—26 页。

会形态从 1949 年起虽然已经开始变成了国民经济的主导成分；但是当时"私人资本主义还是一个不容忽视的力量"（毛泽东在党的七届二中全会上的报告），前资本主义的小商品生产还占极大的比重，农民依旧占人口的绝大多数，为使社会主义生产方式发展成为我国的唯一的经济成分而使社会主义基本经济法则——满足社会需要的法则变成支配我国国民经济的唯一基本经济法则，无产阶级还必须利用和通过列宁所说的国家资本主义的各种形式，把私人资本主义生产方式，同时也把前资本主义的小商品生产方式全部或基本改造成为社会主义的生产方式。我国的国家资本主义就是引导资本主义走向社会主义的过渡形态，半社会主义农业生产合作社就是引导农业中的前资本主义的小商品生产走向社会主义的过渡形态。这些过渡性的生产的社会形态都集中地反映着新旧生产方式在其各自固有的基本经济法则的支配之下的统一和斗争。我认为这也是正确地理解党在过渡时期总路线的关键。

但是，当我引用列宁和斯大林的国家资本主义定义说明我国国家资本主义的性质及引用恩格斯和列宁的农民生产合作社的理论说明我国半社会主义农业生产合作社的性质，并且进而说明决定这些过渡性的生产的社会形态的发生、发展和向社会主义转变的基本经济法则时，一顶"歪曲经济规律、歪曲党的路线"的政治帽子突然落到头上！

1956 年，毛泽东作了《百花齐放、百家争鸣》的报告后，我写了一篇反批评的文章，一顶"右派"帽子竟被扣到头上！

我不想在这里就当时的理论斗争的内容再作具体的重述，因为我怕浪费同志们的宝贵时间。但我要公开声明：我永远不能同意：一方面把我引用列宁和斯大林的定义说明我国国家资本主义的性质说成"是代表资产阶级利益说话的"；另一方面把我引用恩格斯和列宁的合作社理论说明我国半社会主义农业生产合作社的性质说成"反映富农和资产阶级的要求，为富农路线制造理论根据"；因为这等于说马克思列宁主义不适用于中国，它甚至使人认为马克思列宁主义是"代表资产阶级利益的"，是"富农路线的理论根据"。我尤其不能承认根据这些给我扣上"歪曲"党在过渡时期的总路线的帽子，并且从此剥夺了我通过学术上的"百家争鸣"去为马克思列宁主义辩护的权利是符合党的原则、立场、路线和政策的。因为党在过渡时期的总路线是根据马克思列宁主义制定的；把两者对立起来，否定马克思列宁主义的普遍真理性和无产阶级的阶级性，才是真正歪曲党在过渡时期的总路线的思想根源。实践已经证明，从那时起，不但关于我国过渡时期的经济法则的讨论就已宣告"寿终正寝"，而且党在过渡时期的总路线的理论核心——列宁的关于国家资本主义的理论也已变成了科学的禁区！以后，不但我的反批评文章永世不得与读者见面，关于经济法则的研究也被一般人视为畏途，而且马克思主义与修正主义的界限更被混淆起来了！现在，凡是受过康生、林彪和"四人帮"所推行的极"左"路线折磨的人，几乎谁都懂得：反对"唯生产力"论就是推行唯意志论而破坏社会主义生产的同义语；否认经济法则的客观性——独立于人们的主观意志的决定作用，就是推行"权力万能"论和"政治决定"论而实行瞎指挥的同义语；不准"百家争鸣"和禁止学术自由，就是实行文化专制主义而建立科学上的"一言堂"的前奏曲！

我一贯认为政治经济学的研究对象是生产关系，经济法则是生产关系的抽象表现或理论概括，在它反映不以人们意志为转移的经济社会结构的发生、发展及向着更高级形态转变的过程的必然性的限度内，经济政策应该根据它去制定。政治经济学家的理论可能有错误，但每一个人的理论只代表他个人的学术观点和意见并没有强制人们执行的政治和法律的效力或作用，自然也不能影响经济政策的推行。这是属于个人的思想言论自由的领域，个人享有民主权利的领域，不需要也不应该以经济政策为轴心而转移。经济政策是根据阶级意志和斗争需要由国家（政府或长官）制定的，也可以因时间地点和条件不同而改变的，但它是具有法律上的效力的。这该是国家（政府或长官）所应行使强制权力的领域，在社会主义制度下自然是只能根据民主集中制的原则加以贯彻的。但它既非政治经济学的研究对象，自然也就不应把它作为判别政治经济学的理论是非的标准（虽然它也能反映着政治经济学的理论对错），更不能要求政治经济学的理论，以它为转移。如果要求政治经济学的理论或观点必须符合经济政策的提法，尤其是根据这样标准对政治经济学中的理论斗争作出组织决定和处理，那就不但必然要使政治经济学变成经济政策的仆从，而使经济政策陷入丧失科学的基础和依据的险境，并且还会在科学研究工作中助长功利主义或实用主义倾向的发展而在科学行政工作中助长专制主义或官僚主义的发展。

实践已经证实了：历史上相继发生，因而也会在一定社会中同时并存的各种不同的生产的社会形态，不仅服从自己特有的经济法则，而且还服从一切生产的社会形态所共有的法则——例如生产力决定生产关系，生产关系决定生产目的的法则。所谓"先进的生产关系和落后的生产力的矛盾"是不存在的，因为在落后的生产力的基础之上不可能产生先进的生产关系。"四人帮"所推行的向社会主义全民所有制的"穷过渡"只能得到既破坏生产力又破坏生产关系的结果。它从反面证明了：马克思"把经济的社会构成"（或社会的经济构成）当作自然历史的过程去把握并把"社会的经济运动法则"（或"社会运动的经济法则"）当作"它（社会）的运动的自然法则"（《资本论》第一版序）去把握，是完全正确的。社会主义是在资本主义所创造的社会生产力的基础之上发生的，它也只有通过创造出新的比资本主义更高的生产力的途径才能最后战胜资本主义。无产阶级在资本主义先天发展不足的农民占人口绝大多数的国家里，只有把原有的处在各种不同的经济发展阶段的生产的社会形态按照它们各自特有的经济法则所决定的发展方向，通过适当的过渡形式、办法和道路，把它们引上社会主义的轨道，才能完成社会主义改造和社会主义现代化建设的任务，因为"纵使一个社会已经追溯到了它的自然法则的踪迹……它也既不能跳过，也不能用法令废除适合自然的发展阶段。但是，它却能使分娩的阵痛缩短和缓和"。① 列宁提出的"把资本主义之在某种程度内和某种期限内不可避免的发展，引导到国家资本主义轨道中去"，以便"保证在不远的将来变国家资本主义为社会主义的路线和"利用资本主义（特别是把它引导到国家资本主义的轨道中去），把它作为小生产与社会主义间的中间环节，作为提高生产力的手段、途径、方法和方式"② 的理论，就是为了使旧的社会经济构成加速向社会主义的过渡，就是为了缩短和缓和共产主义诞生的痛苦。

回顾过去，是为了展望将来。党在十二届三中全会以来纠正了过去的"左"倾错误，提出了实现社会主义四个现代化建设的总任务，确定了"按照经济规律办事"的方针及"对内搞活"、"对外开放"的政策之后，实践又把如下的经济学的理论问题提到经济科学研究工作者的面前，要求给以解答：

一、小商品生产或单纯商品生产发展到一定程度，是否必然

---

① 马克思：《资本论》第 1 卷，第一版序，见柏林狄茨出版社 1953 年版，第 7—8 页。

② 列宁：《论粮食税》。

由于它的内在的不可避免的辩证法转变为资本主义的生产？我依然认为必须肯定：这是马克思根据人类社会历史实践所概括出来的法则。我国过去在"一打三反运动"中所搜集的关于"新生资产阶级的资料"和现在农业联产承包制下发生的雇佣关系即对他人劳动的占有关系都是证明。问题是：在无产阶级专政下，国家的经济政策应该是为了防止这种必然性的发生和发展而禁止小商品生产的发生和发展，并且在理论上公开宣布商品生产和价值法则已在我国退出了历史舞台，像在"大跃进"时期作的那样？还是"把这种不可避免的发展趋势，从一开始就引导到国家资本主义的轨道中去"？（列宁语，见《论粮食税》）实践已经证明，只有后一种政策才是符合经济法则的政策，在我国具体情况下，只有实行这一政策，才能促进社会生产力的发展，加速社会主义建设并把小商品生产方式改造成为社会主义生产方式。

　　二、以生产手段的私人所有权为凭藉的对"他人劳动的占有关系"是否是"剩余劳动的榨取关系"或通常简称的"剥削关系"？在私人的商品生产关系中发生的对"他人劳动的占有关系"是否是"资本主义性质的剥削关系"？我一直是给以肯定的回答的。因为这是马克思的政治经济学、阶级斗争学说和无产阶级革命——"剥夺剥夺者"的理论基础；否定了它，就必然要使自己陷入资产阶级庸俗派政治经济学的"三位一体公式"（资本——利润〈企业利润＋利息〉，土地——地租，劳动——工资）中去，同时还必然要使自己背离了为共产主义而斗争的科学根据。1956年我在反批评的文章中曾就资本剩余价值、利润的本质及其相互关系作过如下说明："'资本并不是一种物品，而是通过各种物品的媒介而被建立起来的一种人们之间的社会关系'；资本是'吸收他人劳动的手段'；资本是'创造剩余价值的价值'。生产手段，在它表演作为吸收他人劳动因而创造剩余价值的手段的职能时它就变成了资本；价值，在它被当作创造价值的价值或者自我增殖的价值去使用时，它就表演着资本的职能；而且只有由于它在生产过程中所表演的职能我们才有根据把它叫做资本。生产手段所以能够在一定条件之下表演创造剩余价值的价值的职能，换句话说，它们所以能够在一定条件之下表演资本的职能，并不是由于它们本身具有表演这种职能的性质，而是'社会生产的一定的内在关系'给予这些生产手段及其价值以表演资本职能或作为资本的'特殊的社会的性质'。而且在最初，并不是由于它们是资本，它们才能表演作为'吸收他人劳动的手段'的职能或作为'创造剩余价值的价值'的职能；而是由于它们表演作为'吸收他人的劳动的手段'的职能或作为'创造剩余价值的价值'的职能，它们才是资本的。恰像一个人只有由于生了儿女才能变成父亲一样，一定的生产手段及其价值只有由于它们吸收他人劳动，创造剩余价值，才能变成资本。利润正是按照资本计算的剩余价值，正是'资本主义生产方式所特有的特征的剩余价值形态'，而剩余价值又无非是在被投下的'原来的价值以上的增量或超额'。否认在农业生产合作社的生产手段的私人所有权的基础上产生的，在一定限度之内的'小资产阶级资本主义生产关系'（列宁的用语）就等于否认作为'走向完全社会主义化的过渡形式的合作社'的半社会主义的性质。这在实际上是一种'左'倾的错误思想。"

现在还须更进一步指出：农业包产到户以来，随着农村生产力的普遍迅速发展，一方面万元户不断涌现出来，另一方面农业中的过剩人口也愈益增加。商品生产中自然发生的雇佣劳动关系也到处发生。这一经济发展的现实，不仅继续要求作出理论说明，而且迫切要求作出政策决定：是承认这一小资产阶级资本主义关系并且把它引到国家资本主义的轨道上来呢？还是否认和阻止这一趋势的发展而坐视已被蓄积的一定量的货币或价值和剩余的劳动力被非生产地浪费呢?

三、列宁的国家资本主义——首先是租让制——的理论应否或能否适用于中国?我认为回答必须是肯定的。因为如果不这样,那就不但无法说明外国资本家和华侨资本家在我国经营企业的性质和目的,而且也无法理解党的对外开放和引进外资的政策的英明、正确和伟大。受到"左"倾思想影响的人一直怕说在社会主义社会里还存在着资本主义的剥削关系,惯好武断地认为如果资本主义生产关系在一定时期,一定范围和一定限度之内存在、资本家依然在为追求剩余价值的目的而斗争的客观事实,那就是"站在资产阶级立场上代表资产阶级利益说话",那就是"为资本主义复辟制造理论依据"。但是我认为:如果不把列宁关于国家资本主义的理论作为"拨乱反正"的思想武器,这种"左"倾思想,不但还会变成党的对外开放和引进外资政策的阻力,而且还会直接助长右倾思想——否认引进和利用外资"这是一场不能作丝毫让步的战争"[1],而不去坚持社会主义的生产目的,而盲目地变成资本主义的俘虏。

为了避免或防止这两种倾向的发生和发展,我认为经济科学工作者不但有必要肯定我国把在中国一定区域经营企业的利权租让给外国资本家和华侨资本家的对外开放政策,正是列宁所推行的租让制国家资本主义的政策在我国具体条件下的新发展;而且还有必要把列宁的国家资本主义的理论发扬光大,用以保证我国人民通过对外开放政策的正确执行而促进我国社会生产力的迅速发展并加速我国社会主义"四个现代化"的进程。为此,我们必须首先重温列宁的如下教导:

---

[1] 借用列宁的话,见《列宁全集》第 31 卷,第 416 页。

"从经济关系来看，什么是租让呢？租让是一种国家资本主义，是苏维埃政权同资本家订立的一种合同。"① "承租人就是资本家，他们按资本主义方式经营，是为了获得利润，他们愿意和无产阶级政权订立合同，是为了获得高于普通利润的额外利润，或者是为了获得用别的办法得不到或极难得到的原料。苏维埃政权获得的利益，就是发展生产力，就是立刻或在最短期间增加产品数量。"② "但是，如果认为租让就是和平，那当然是十分错误的。这二者毫无共同之处。租让不过是新的战争形式。"③ —— "不过是另外一种对我们更加有利的战争。"④ "显然，保持私有制和剥削关系的资本家，在社会主义共和国内不能不是一种异物。"⑤ "只要存在着资本主义和社会主义，它们就不能和平相处，最后不是这个胜利，就是那个胜利；不是为苏维埃共和国唱挽歌，就是为世界资本主义唱挽歌。这是战争的延期。"⑥ "因为资本家存在着这件事本身——就已经是对社会主义世界的战争。"⑦

总之，租让制的国家资本主义的本质无非是资本主义和社会主义之间、世界资本主义和社会主义共和国之间的"战争的继续"，是"战争的延期"，是最后决战的准备，是以"经济合作"的形式进行的不流血的战争。（因为在这种国家资本主义的经济关系中，资本主义的代表是在利用社会主义国家所提供的利权继续为坚持剩余价值的榨取制度和反对社会主义而斗

---

① 《列宁全集》第 32 卷，第 284—285 页。
② 同上书，第 337 页。
③ 《列宁全集》第 31 卷，第 415 页
④ 同上书，第 393 页。
⑤ 同上书，第 435 页。
⑥ 同上书，第 416 页。
⑦ 同上书，第 490 页。

争的，这正是资本主义基本经济法则所决定的；社会主义的代表自然是在利用资本家所提供的资本，先进的生产手段、科学技术知识及管理方法去为发展社会主义经济，以便取代资本主义制度而斗争的，这也正是社会主义基本经济法则所决定的历史必然性。）

列宁所以认为租让制国家资本主义是"对我们比较有利的战争形式"，因为在军事领域的流血的战争会使生产力遭到破坏，而在经济领域中的不流血的战争却可以使生产力得到发展。如能通过租让关系获得必要的资本、生产手段和科学技术，社会主义的经济力量就会增强，"如果那些可能同我们作战的国家接受租让，这就使它受到约束，不能同我们作战"，因为"租让的存在就是反对战争的经济根据和政治根据"。①但是，在经济领域的不流血的战争和军事领域的流血战争都是资本主义对社会主义进行的你死我活的战争，而且前者（不流血的战争）只是后者（流血战争）的继续，"延期"或准备，所以为使社会主义通过经济领域的不流血的战争取得胜利，同时防止或推迟在军事领域的流血战争的发生，无产阶级专政的国家就必须"利用资本主义世界的各种矛盾和对立"，把推行租让制的国家资本主义的政策作为争取"社会主义在全世界彻底胜利"的战略方针去贯彻。同时，为使社会主义在经济领域的战争中取得胜利，无产阶级专政国家还必须动员每一个劳动者以"丝毫不能让步的战争"的观点"参加这场战争"，"必须监视敌人的每一个行动，要用各种管理、监督、影响和感化的办法"②进行这场战争。为此，"我们把租让地方画成棋盘

---

① 《列宁全集》第31卷，第417页。
② 同上。

的格式。"而"在旁边建立起自己的企业","学习他们如何按照现在最新的技术成就进行装备和管理模范的企业",同时"处处用自己的共产主义影响来抵制"他们在新建的市镇"带来资本主义习气,使农民腐化"的恶果,只有在这样"一种特别的战争"、"共产主义和资本主义这两种方式,两种形态,两种经济的战争竞赛"① 中取得胜利,才能使社会主义以租让政策所付出的代价,换取在经济技术上赶上和超过资本主义世界的现代化的水平,并且进而争取在新的经济基础上完成自己的历史使命。

但是,必须清醒地看到:资本主义世界的垄断资本家的集团的战略方针是加速自己的科学技术革命,发展新兴的采用高级技术的知识密集型的企业,而把传统的将被淘汰的劳动密集型的技术装备连同经济危机一并转让给经济落后的国家;同时还为落后国设计一个"劳动密集 + 中等技术"的经济发展模式,千方百计地使落后国走进它们设计的圈套;而它们自己则坚持高、精、尖科学技术的垄断地位,并且不遗余力地准备"星球大战"。

四、社会主义的商品生产和简单商品及资本主义商品生产有无本质区别?怎样发挥我国社会主义商品生产的优越性和完成它的历史任务?

从交换过程看,好像一切商品都是没有差别的,都是使用价值和价值的统一体;都受价值法则的支配。但从生产过程看,这三种商品是有着本质的区别的,可以简单地表示如下:

---

① 《列宁全集》第 31 卷,第 416 页。

	简单商品	资本主义商品	社会主义商品
生产关系	小商品生产者用私有的生产手段和私人劳动为自己生产的	资本家用私人占有的社会的生产手段和雇佣劳动为资本家生产的	社会的生产手段的公共所有者用社会的劳动为社会生产的
生产目的	价值	价值增殖	满足社会需要
价值构成	私有的生产手段的价值＋私人劳动新创造的价值	不变资本＋可变资本＋剩余价值（c＋v＋m）	社会的生产手段的价值＋社会劳动新创造的价值（预定交给社会的＋分给个人的）
特殊性质	以使用价值为形式的价值——单纯商品	以使用价值和价值为形式的剩余价值——作为"商品资本"的存在形式的商品	以价值为形式的社会的使用价值——"已非原来意义的商品"（即向"非商品"过渡的"商品"）

从这里可以看到：社会主义商品生产和资本主义商品生产及单纯商品生产的本质区别首先在于生产目的，既不是剩余价值，也不是价值；而是满足社会的需要。更具体地说，就是"用最少的劳动创造最多的使用价值，去最大限度地满足社会及其成员不断增长着的物质和精神的需要，并且保证社会全体成员完全幸福和自由地全面发展。社会主义的商品生产当然也是价值的生产，但是生产价值只是为了满足社会的需要的手段，而不是生产目的。这是社会主义基本经济法则所决定的。小商品生产者和资本主义商品生产者都可以为了生产和实现价值而不顾社会及其成员的需要，例如不顾自然资源枯竭、环境污染，生产品的物质成分危害购买者（社会成员及其后代）的健康，等等。资本主义

商品生产者还可以为了坚持商品的垄断价格而大批销毁商品——价值生产品。资本主义商品生产者和单纯商品生产者的共同出发点是："一切向钱看"；他们都在利用社会及其成员的迫切需要而尽可能地抬高商品的价格。这是价值法则和剩余价值法则所决定的。社会主义商品生产却必须反对"一切向钱看"的资本主义和投机商人的经营思想而为实现社会主义的生产目的去斗争。这是社会主义基本经济法则所决定的。

社会主义商品生产和资本主义商品生产及简单商品生产的另一个本质的区别在于商品的价值构成。资本主义商品包含着三个价值部分：不变资本＋可变资本＋剩余价值，通常用 $c + v + m$ 表示，这些价值要在交换过程中以"成本（$c + v$）＋利润（m）"的形式实现。在这个价值构成中，v 和 m 处在反比例的关系中。随着社会劳动的生产力增进和资本的有机构成的不断提高，v 和 c 也处在反比例的发展关系之中，资本家无论要提高剩余价值率，或是降低成本，都必然要降低工资 v 的比重。这是资本主义基本经济法则所决定的。社会主义商品只包含着两个价值部分——被转移到生产品中去的生产手段的价值（由死劳动形成的）＋新创造的价值（由活劳动形成的）。降低成本主要表现在每一商品所包含的生产手段的价值和活劳动量的减少上。在正常的情况下，工资和利润是要按一定比例同步增加的。因为降低成本的唯一正确途径是愈益提高社会劳动生产力：用同一劳动量（劳动时间×劳动者人数）愈益生产更大量的使用价值，因而在每一商品或同一使用价值量中愈益包含更少的价值。而提高社会劳动生产力的方法是：不断地改进劳动的技术条件和社会组织。这是社会主义基本经济法则决定的。在简单的商品的价值构成中，包含着的是单个的直接劳动者私有的简单的甚至原始的（只适于个人使用的小手工业的或半机械化的）劳动手段及劳动对象的价值和私人劳动新创造的价值，这些价值经过交换过程变成市场价格被实现以后全归自己。他们的收入正比例于商品的市场价格，高于或低于其价值的变化而增减，在这里潜伏着简单商品生产者两极分化的可能性和必然性。但在社会主义商品价值构成中，包含着的却是只能由社会劳动使用的生产手段的价值和社会劳动共同创造的新价值；这些价值经过交换过程被以"生产价格"（成本＋利润）的形式实现后归社会所有，其中一部分由社会按照每个劳动者所支出的劳动以"工资"的形式分给个人。不同的价值构成决定于不同的生产关系；生产手段的私有制和公有制的差异决定着分配关系的差异，而分配关系转过来又决定着再生产过程的关系。

社会主义商品和简单商品及资本主义商品的这些本质区别来源于生产手段的所有制的不同和商品的特殊性质的不同。在生产手段的私有制的基础上，简单商品生产和资本主义商品生产在全社会的范围内只能无政府地进行，商品的供求关系总难完全一致，价值法则只能通过价格不断以价值为中心的上下波动去贯彻。因为所谓商品供求关系，无非是商品生产（供给）和消费（需要）的关系，只有两者都能始终保持数量完全相等，才能实现商品的价格和价值一致；而在供求关系不能一致的情况下也就不可避免地由于商品"生产过剩"或"生产不足"而造成商品生产者的破产或亏损和社会劳动时间的浪费。人们往往只看到"生产过剩"所造成的劳动时间的浪费，而忽视"生产不足"所造成的浪费。其实，我们经常遇到的正是：由于生产手段——例如，电力、能源、交通运输设备、钢材水泥、木材、化工产品、各种原材料等等的"生产不足"，有关生产部门停工、减产、销售部门缺货而造成的死劳动和活劳动的浪费，也并不亚于"生产过剩"所造成的浪费。更不用说，由于生活手段——衣、食、住、行的必需品的"生产不足"而造成的有形的和无形的劳动时间的浪费早被"视以为常"了。只有在生产手段公有制的基础上，社会才有可能自觉地依据和运用价值法则，进行有计划的商品生产和扩大再生产，"社会才会在用来生产某种物品的社会劳动时间的数量和由这种物品来满足社会需要的规模之间建立联系"，才能避免由于商品"生产过剩"和"生产不足"而造成的社会劳动时间的浪费。

还须更进一步指出：简单商品是以使用价值为形式的价值，是原始商品的社会形态。资本主义商品是以使用价值和价值为形式的剩余价值，是"价值关系和以价值为基础的生产的最后发展"。① 这两种商品都是为了生产者的私人目的而被生产的。社会主义商品在本质上是以价值为形式的使用价值；是在否定他人劳动的占有关系的基础之上发生发展起来的生产的社会形态，社会主义商品生产是为了发展社会主义生产方式，实现社会主义生产目的和共产主义社会理想而被进行的。为了用最少的社会劳动创造最多的使用价值，去最大限度满足社会及其成员的需要，就必须自觉地依据和运用价值法则：在生产过程开始以前就要根据生产每一种特定商品所需要的社会必要的劳动时间有计划地把全社会的劳动按比例地分配在各种不同的生产部门之间，当生产过程一终结，就迅速地通过预先安排的流通渠道或合同关系把商品按照定价销售到生产的消费者或个人的消费者的手中，而不是盲目地任凭价值法则和市场上的供求关系去摆布。只有这样才能使价格和价值一致，使供给符合需要，而使生产者和消费者都不受损失。

在这里，需要特别说明的是：所谓"生产过剩"，只是"有

---

① 《马克思恩格斯全集》第 46 卷（下），第 217 页。

支付能力（即有购买力）的需要不足"的另一种说法，只是反映资本主义商品生产关系的经济学的范畴。"有支付能力的需要"是和"应被满足的社会需要"在本质上不同的概念。在资本主义发达的国家里，由于资本蓄积的法则，雇佣劳动者阶级愈益向着"相对过剩人口"转变，"商品生产相对过剩"愈益成为经常的伴侣，构成经济危机的因素。这是剩余价值的生产和增殖的法则所决定的。在社会主义生产关系下，生产和需要也会发生比例失调，这是由于违反了有计划地按比例地发展国民经济的法则，没有贯彻社会主义基本经济法则——用最少劳动创造最多的使用价值去最大限度地满足社会及其成员的不断增长着的物质和精神的需要的法则的结果；不能把有些商品（例如，生猪、粮、棉、油等）"卖不出去"说成"生产过剩"。几年以来，我国农民在国家用财政补贴的办法实行粮食和棉花超产奖购政策之下增产了大量粮食和棉花，但是由于主观原因（例如，价格体系定的不合理，需要粮棉的农民、牧民等的购买力不足、主管部门未能预先制定并及时执行收购、储运、加工和赊销的全面计划等等），致使商品的价值循环发生了困难，它们的使用价值无法实现。有的同志就单从商品交换的观点认为粮棉"生产过剩"，主张减产，并且单从增加价值的观点，主张多生产"富强粉"之类的既减少面粉中的营养成分，又增加消费者负担的高价食品；而不以最大限度地满足社会及其成员的现在和将来的生产和生活上的多方面的需要的观点，认为我国的粮棉依旧"生产不足"，仍须继续增产。在这里，暴露出了作为商品生产的基本法则的价值法则和作为社会主义的基本经济法则的最大限度地满足社会及其成员的需要的法则的矛盾。同时也说明认识社会主义商品和简单商品及资本主义商品的本质区别的必要性。

马克思所以认为资本主义的商品生产"是价值关系和以价

值为基础的生产的最后发展"，因为资本在发展过程中始终存在着本身无法克服的如下的固有的矛盾："它竭力把劳动时间缩减到最低限度，另一方面又使劳动时间成为财富的唯一尺度和源泉。因此，资本缩减必要劳动时间形式的劳动时间，以便增加剩余劳动时间形式的劳动时间；因此越来越多使剩余劳动时间成为必要劳动的条件——生死攸关的问题。一方面，资本调动科学和自然界的一切力量，同样也调动社会结合和社会交往的力量，以便使财富的创造不取决于（相对地）耗费在这种创造上的劳动时间。另一方面，资本想用劳动时间去衡量这样造出来的巨大的社会力量，并把这些力量限制在为了把已经创造的价值作为价值来保存所需要的限度之内。（生产力和社会关系——这两者是社会个人发展的不同方面——对于资本来说仅仅表现为手段，仅仅是资本用来从它的有限的基础出发进行生产的手段。但是，实际上它们是炸毁这个基础的物质条件。）"①

在资本主义国家，劳动手段在机器体系上取得了资本的物质存在方式以后，一方面把人口的绝大多数变成雇佣劳动者阶级——劳动的榨取对象，另一方面又由于它"规定要用自然力代替人力，用自然科学之意识的应用代替经验的例规"。② 这样，"提高劳动生产率而最大限度否定必要劳动"，"但必要劳动如消灭，剩余劳动也会消灭"。③ 因此可以说：资本的自我增殖的过程，也就是资本的自我否定的过程。以劳动时间、尤其以盗窃他人的劳动时间为财富的基础的生产关系，亦即以简单价值、尤其以剩余价值为生产目的的商品生产正被资本自身创造的技术基

① 《马克思恩格斯全集》第 46 卷（下），第 219 页。
② 马克思：《资本论》第 1 卷，郭大力、王亚南译本，第 465 页。
③ 同上书，第 654 页。

础——自动化的机器体系所代表的生产力否定着。马克思早在19世纪50年代就已经看到这样的趋势："随着大工业的发展，现实财富的创造较少地取决于劳动时间和已耗费的劳动量，较多地取决于在劳动时间内所运用的动因的力量，而这种动因自身——它们的巨大效率——又和生产它们所花费的直接劳动时间不成比例，相反地却取决于一般科学和技术进步，或者说取决于科学在生产上的应用。"① "现在财富倒不如说是表现在——这一点也由大工业所揭明——已耗费的劳动时间和劳动产品之间惊人的不成比例上，同样也表现在被贬低为单纯抽象物的劳动和由这种劳动看管的生产过程的威力之间在质上的不成比例上。劳动表现为不再像以前那样被包括在生产过程中，相反地，表现为以生产过程的监督者和调节者的身份同生产过程本身发生关系"，"这里已经不再是工人把改变了形态的自然物作为中间环节放在自己对象之间，而是工人把由他改变为工业过程的自然过程作为媒介放在自己和被他支配的无机自然界之间。工人不再是生产过程的主要当事者，而是站在生产过程的旁边"。②

现在资本主义国家实行的科学技术的革命，就是资本的这一趋势的发展。发展的直接结果将是用机器人和智能机器人代替体力劳动者进行生产，用电子计算机代替脑力劳动者指挥生产；用"科学的生产力"代替"劳动的生产力"；把直接劳动主要"变成看管和调节的活动"，把指挥生产的劳动主要变成设计和改进智能机器人、电子计算机及编制运算程序等工作。但是，这就必然要导致以价值为基础的生产的崩溃；因为这就意味着"直接形式的劳动不再是财富的巨大的源泉，劳动时间就不再是，而且

① 《马克思恩格斯全集》第46卷（下），第217页。
② 同上书，第218页。

必然不再是财富的尺度，因而交换价值也不再是使用价值的尺度"。① 社会主义商品已经不是原来意义的商品，而是向非商品过渡的"商品"，实质上是以价值为形式的使用价值。因为社会主义是在直接否定资本主义生产关系及其对生产力的限制的基础上建立的向共产主义过渡的生产方式。社会主义商品生产的目的和要求是愈益用最少的劳动创造最多最好的能够最大限度地满足社会及其成员在生产上和生活上的现在和将来的物质和精神的多方面的需要的使用价值——最多的物美价廉的商品。这就要求把加速科学革命及经济管理体制改革，并且不断加速提高劳动生产力实现社会主义建设的"四个现代化"作为首要的任务，为此必须全面考虑在经济发展战略上，所应采取的一系列的措施，例如：

（1）怎样加速我国科学技术革命和科学技术革命队伍的培养的进程？怎样有计划地为把传统的劳动密集型的企业，改造成为知识密集型的企业创造条件？

（2）怎样在扩大地方和企业自主权的同时加强国家计划的领导和统计与会计的监督？怎样使我国重要国营企业在有计划的商品生产和交换中尤其在对外贸易中发挥优越性？

（3）怎样在实现生活手段生产的现代化的同时，把实现生产手段生产的现代化摆在首位？怎样把引进外资的重点集中在发展我国电子工业和机器人工业上？

（4）怎样确实保证在社会生产总值或国民收入迅速增长的条件下，使全社会的使用价值的生产和供应及其所能满足社会和个人需要的程度增长得更快？

（5）怎样在经济建设和国土资源开发中防止资源被浪费、

---

① 《马克思恩格斯全集》第46卷（下），第218页。

环境被污染而确保自然资源的综合利用和生态平衡的良性循环?

总之，为了在社会主义商品生产中贯彻社会主义的生产目的而必须考虑的问题无法在这里一一列举。但是，不容忽视的是：在世界市场上和我国社会主义商品进行交易的主要是国际资本主义的垄断集团——跨国公司，它们不但拥有世界上最先进的生产手段，正在加紧进行着科学技术革命，而且还拥有分布在全世界的，以最先进的通讯手段为基础的统计情报信息网，能够迅速地根据所搜集到的统计、情报和信息资料在集中统一的计划领导之下，加紧在商品生产和交换领域中进行着殊死的斗争。它们的战略方针不外是：用新兴的科技（或知识）密集型的朝阳工业战胜传统的劳动密集型的夕阳工业。所以，即使仅仅为使我们的社会主义商品能在世界市场上进行竞争，也就必须发挥我国社会主义的"有计划的商品生产"的优越性。而为了实现有计划的商品生产，正确地进行计划体制的改革及在国内外建立集中统一的独立的统计、情报和信息网，就是一个迫切需要解决的先决问题。

（1985 年 3 月 20 日）

哀悼不幸早逝的吴恩裕同志

吴恩裕同志去年患心肌梗塞病经医院急救复苏之后长期带病工作，终于在今年 12 月 12 日下午三时半在撰写文稿时突然从坐椅上坠倒地下，不幸与世长辞！

吴恩裕同志虽然年已七十，但他的身体素质一向很好，所患心肌梗塞病也为期不久，从现在我国医学技术水平上看也并不是不治之症，本来还可以多活几年，为党和人民作出更多的贡献。但是由于林彪和"四人帮"的极"左"路线所造成的后果，未能及时消除，致使他的生活、工作、医疗和救护条件不能适应他的过度紧张、带病工作的需要，结果本来可以防止的不幸终于变成不可避免的现实！噩耗传出，亲友无不万分震惊。

使人悲痛不已的是：他用毕生精力和全部心血凝集起来的科学研究成果和文学艺术构思未及全部表述出来、变成全党和全国人民的精神财富，就过早地与世长辞！和他一起工作的同志都在为他痛惜：他在临终之前准备首先完成的三部著作——《无产阶级的政治学》、《曹雪芹传记故事》和《西方政治思想史》——的写作计划，不得不随着他的与世长辞、而永无和读者见面的一日了！

　　我所以特别感到痛惜和悲伤，不但因为他是我的终生好友，他是向我传播并且和我共同研究马克思主义的最早的同志，他在我参加革命运动以后曾给过我以及和我一起工作的同志许多难得的帮助和掩护，尤其在 1932 年我负责中共北平市委宣传部工作期间，在白色恐怖最严重的时刻，他曾冒着生命的危险为我保存过党的秘密文件；而且还因为我深知他在政治上、科学上和文艺上的成长过程，他在科学上文艺上的多方面的造诣和在政治上的坎坷遭遇！培育一个像他这样的科学和文艺人才是非常不易的！可是正当党和人民要向他接收更丰富的和具有更高水平的科学成果和文艺创作的时候，他却带着自己的研究成果和文艺构思与世长辞了！这实在是革命的科学和文艺界的无可补偿的损失！

　　吴恩裕同志在哲学、社会科学和文学艺术领域中是个多方面的专家。这在一方面固然是由于他自少年时代就聪明过人，好学不倦，博览群书，酷爱真理和追求进步的思想；但更重要的还是由于他从 1926 年起就和党的地下工作者发生了关系，接受了马克思主义的思想，开始自觉地抛弃了自己出身的阶级立场，转变成为无产阶级革命的忠实的同情者、赞助者直至参加者。为了系统地掌握马克思列宁主义——无产阶级革命的理论，1927—1933 年，他在国内大学首先选修俄文和专攻哲学。1935 年他发表的第一部著作——《马克思的哲学》，既可以说是他的学习总结，也可以说是他以著书立说形式宣传马克思主义的革命实践的开始。1936 年，他进入英国伦敦大学政治经济学院研究院更进一步钻研了马克思关于哲学、历史、经济、政治、伦理……各方面的理论，1939 年他写成了原题为《马克思的哲学、伦理和政治思想》的博士论文。回国以后把它分章译成中文相继出版；同时并以这些译稿为根据在各大学向学生讲授。应该说，这是他通过自己的科学研究成果，为宣传和捍卫马克思主义而斗争的继续。从1940年，他利用在国立中央大学政治系讲授西洋政治思想史（上古中世编）的机会，特意以《西洋政治思想史专家研究》为题把马克思作为第一个政治思想家突出地加以介绍的时候起，到1948年他又为《唯物史观精义》加写《自序》的时候止，他在国民党统治区的全部历史证明：由于他用马克思主义理论推动群众的革命运动的结果，他和他的著作受到了党和进步学生的热烈欢迎和重视，但同时也引起了国民党反动派及其特务的憎恨和仇视。1943年，他把他的《马克思的哲学理论和政治思想》的第三、四两章——《唯物史观的考释》及《革命理论阐微》译载出来，得到周恩来、董必武同志的称赞并由《新华日报》加以评介以后，国民党特务就开始对他进行政治迫害，1945年竟率领暴徒寻衅打断了他的肋骨，使他住进医院；1947年当他在北京大学教书时，国民党特务又组织暴徒捣毁了他在北京大学东斋的工作室。凡此种种都在说明着吴恩裕同志的科学研究成果，已经使国民党反动派把他看作需要拔掉的"眼中钉"了！但是吴恩裕同志并不因而停止或减弱自己的斗争。1948年8月，他在"八一九"事件中，冒着自己被捕的危险掩护北京大学的几名共产党员脱离国民党反动军警包围转入解放区后，又亲自领衔在天津《益世报》上发表55名教授联名的宣言，严正抗议国民党反动派在学校中大批逮捕共产党员、镇压学生革命运动，结果被国民党列入应被逮捕的黑名单中。这一切都绝不是偶然的。它说明着：吴恩裕同志从1926年起，一直在中国共产党及其领导下的革命运动的影响之下坚持革命理论和革命实践相结合，献身于中国人民的解放事业。

吴恩裕同志一贯认为："马克思的哲学既要解释人类过去的活动，即历史；也要变革现在的社会。解释历史乃是变革社会的根据。"（见吴恩裕《马克思的哲学》，第51页）而变革社会又是解释历史的目的。"此两者实在不可分离：失掉了前者，马克思主义便成了盲动，失掉了后者，马克思主义便根本灭亡，根本失掉了存在的意义。"（同上）因为马克思主义就是要按照唯物史观的观点去不但解释世界而且变革世界的理论。吴恩裕同志经常引用马克思的原话着重地论证：马克思在哲学上最突出的贡献就是宣告：以前的"哲学家们只曾经把世界不同地解释了，而重要点则是去变革它"（同前《马克思的哲学》第33页译引的马克思的原话）。五十多年以来，吴恩裕同志就是在这一基本观点指导之下根据唯物史观从事"解释历史"（科学研究）和"变革社会"（革命斗争）的实践的。为了"变革社会"就得"解释历史"；为了"解释历史"，就得全面地研究"人类过去的活动，即历史"的发展法则。由于"人类过去的活动"是多方面的，吴恩裕同志也就展开了多方面的研究工作（例如，关于哲学、历史、经济、政治、法律、伦理、宗教、文艺等方面的研究工作）；出版了多种著作（例如：《马克思的哲学》、《马克思的政治思想》、《政治思想与逻辑》、《形式逻辑与辩证法》，《马克思的方法论》、《评罗素论辩证法唯物论》、《唐代儒家与佛教的关系》、《论用和平方法不能实现社会主义》、《论社会主义必须实行计划经济》、《西洋政治思想史》、《政治学问题研究》、《民主政治的基础》、《论马开维里的政治思想》、《法律道德与大众需要》，及介绍马克思、恩格斯通信集的文章，等等）。为了"变革社会"，就得用马克思主义科学真理组织群众、动员群众和武装群众，并且亲自投身于群众斗争的行列。为了这一目的，吴恩裕同志1939年在英国取得博士学位之后，谢绝了他的导师拉斯基（Harold J. Laski）教授向他提出的赴美任职的建议和愿为推荐出版其论文的约许，毅然决定回国，投入中国共产党领导的新民主主义革命运动。他在读完斯诺的《西行漫记》以后和拉斯基教授的如下的对话明确地表明了他对以毛主席为首的中国共产党所领导的革命运动必然沿着马克思主义路线取得胜利的坚强信心：

拉斯基："吴，你认为延安共产党是真的在进行革命吗？"

吴："是的，他们是真正在为人民谋幸福的。"

拉斯基："他们懂得马克思吗？"

吴："我相信他们懂得。"

拉斯基："但是没有看到他们的理论著作。"

吴："他们实际实行的确是马克思的理论，虽然我们这里不易看到他们的许多理论著作。他们现在又正在忙于打日本侵略者。"

拉斯基："你认为他们的事业有希望吗？"

吴："肯定有希望。中国的希望就在他们那里。"

1945 年他被国民党特务打断肋骨伤愈之后，曾经向中共驻重庆办事处提出过批准去延安的申请，由于董必武同志表示要他留在国民党区域继续发挥动员群众推动斗争的作用，而决定还是留在国民党统治区继续在白色恐怖之下坚持斗争。1948 年天津《益世报》发表以吴恩裕同志为首的 55 名教授联名抗议宣言之后，吴恩裕同志就被列入国民党准备镇压的黑名单中。实践不但是检验一个人的认识是否真理的客观根据，而且也是判断一个人是否革命者的客观标准。如果说，愿不愿和敢不敢为实现马克思主义而斗争，是区别真假马克思主义者的分界线；那么，我们今天在吴恩裕同志已被"盖棺"之后，为他作出"定论"时，就不但可以，而且应该说他是从 1926 年起，就一贯愿意并且逐渐敢于为实现马克思主义而斗争的革命的社会科学家和文学家。

1949 年，全国宣告解放，中华人民共和国成立以后，他在写给我的第一封信中，以庆贺斗争胜利的无比快慰的心情向我欢呼道：我们两个人终于"殊途而同归了"！也就是说，他认为：我经过了从"变革世界"的"政治斗争"到"解释世界"的"理论斗争"的道路走进了社会主义的入口；而他经过了从"解释世界"的"理论斗争"到"变革世界"的"政治斗争"的道路也走进了社会主义的入口。他满怀信心地以为从此我们都可以一帆风顺地为实现共产主义的共同理想而有效地贡献自己的力量了。为了有助于"变革世界"的伟大运动，他曾在解放初期主动地翻译了恩格斯的《共产主义原理》，注释了列宁的《国家与革命》。但是谁都没有想到：1952年高等院校调整院系他被调离北大，转入一个新成立的学校以后，由于他的新的直接上级对他的著作、他的历史和他的为人既不了解也不调查，又由于他从爱护的观点出发而直言不讳地批评了上级民主作风不够的缺点，他就长期受到政治怀疑和压抑，甚至逐步被极"左"路线的推行者在暗中栽上"对组织不满"、"参加过反动组织"、"有反动言论、反动活动和反动著作"的莫须有的罪名。使人感到不平的是：他的所在学校长期既不设他所能教的专业课，也不批准他的调动工作的请求。北京大学因为他是当时国内研究西方政治思想史的专家，几次通过组织手续商调他去北大任专职教授或任兼职教授，或只兼任培养教师的导师，也都横遭拒绝。1956年当他的学校组织科学讨论会时，他写了一篇《论中国国家的起源问题》，在科学讨论会上宣读，被评给一等奖后，先在《新建设》上发表，又被印成专书，但是1958年该校展开"拔白旗运动"时，他却被上级宣布为"个人名利思想的典型"、"资产阶级白专道路的代表"，竟被作为"白旗""拔掉"。这种不正常的情况使他在相当长的期间除了为完成国务院交下的任务而写出《西方近代法学流派评介》和根据出版社的约稿，写出《批判资产阶级国家学说》、《联共党史九至十二章的注释》，翻译恩格斯的《共产主义在德国》、《欧洲大陆社会改革运动的进展》、《第一国际与巴黎公社》，凯尔森《布尔什维克的政治理论》等书外，就只得放弃自己原来的专业，而把主要精力转入副业——《红楼梦》和曹雪芹的研究中去。正是这种使他"不务正业"的反常情况，把他推上了《红楼梦》及其作者曹雪芹的"研究专家"的"座位"，使他变成了《曹雪芹的生平》、《曹雪芹的故事》、《有关曹雪芹十种》、《考稗小记》、《曹雪芹丛考》、《曹雪芹佚著浅探》、《曹雪芹传记故事》……诸书的作者！

科学的道路总是不平坦的。吴恩裕同志当初不曾料到：转入"副业"——《红楼梦》和曹雪芹的生平及其佚著的研究，也会同样难免突然袭来的不白之冤：1954年既曾有人"揭发"他"垄断"曹雪芹的"珍贵材料"，1978年又曾有人"揭发"他"伪造"曹雪芹的佚著；"揭发"到底，无非要说：他的"目的"在于"追名逐利"。我没有看过那些"揭发"者的文章，也不知道他们的论据。但我知道吴恩裕同志的历史及其为人。我可以肯定：他的研究《红楼梦》和曹雪芹，一方面由于上述的不得已的客观情势，另一方面由于他对《红楼梦》的特殊爱好。他自少年时代（1925年以前）就对《红楼梦》进行孜孜不倦的钻研和评注。同时他做研究工作，总是先从搜集全面资料入手，在资料还不齐全，或者还未研究明白以前，不去急于发表，这又是他根据马克思的教导所一贯采取的科学态度。

吴恩裕同志的研究工作经常多于他的写作（表述）工作——他的研究成果和文艺构思没有来得及全部表述出来就与世长辞，使我们深感痛惜。我坚信凡是吴恩裕同志公开发表出来的材料或观点，一定都是在他的上述的研究和表述工作完成之后，认为正确无误、确有真凭实据时才和读者见面的。

他在"四人帮"推行极"左"路线认为"知识越多越反动"、不给稿费，却打棍子的条件下，发表曹雪芹的《废艺斋集稿》的研究论著，既无名利可图，且有风险要冒，不是把个人利害得失置之度外怎能办到？

吴恩裕同志是在党的长期培养教育下成长起来的革命的知识分子，马克思主义的哲学家、法学家、政治学家和政治思想史学家，也是曹雪芹及其《红楼梦》的研究专家。他的生活、工作和成就是同党的路线和工作紧密地联系在一起的。当党的路线正确和工作正常时，他就得到党的支持和关注，他就可以充分地发挥自己的专长，工作成就也就显著地增多。当党的路线受到"左"倾错误思想干扰时，他就遭到歧视、排挤和压抑，他的工作就发生了困难。在林彪、"四人帮"的极"左"路线横行时，他就遭到任意摧残、迫害、诬陷和镇压，1971年他被"下放"到安徽"五七"干校后，连患了视网膜脱落症都不准回京医治，硬被迫害成为一目失明的残人！"四人帮"被粉碎，在以华主席为首的党中央领导之下，党的正确路线重新占据统治地位以后，吴恩裕同志才有了可能被调到中国社会科学院来，才又得到党的重视和信用，北京政法学院党组织才有了可能在曹海波同志领导之下，作出彻底平反决定：推倒一切诬陷不实之词，正式宣告给吴恩裕同志恢复名誉。也只有在这样条件之下，吴恩裕同志才有了可能把自己的主要精力集中到原来的"正业"上来。但是不论在任何情况之下，吴恩裕同志总是一贯坚持马克思列宁主义的观点，总是一贯坚持对共产主义的忠诚和对革命事业的热爱。因之，他在任何条件之下，即使由于长期遭到诬陷和迫害，身心受到极大的摧残，也一贯坚持勤奋的学习，一有可能，就又开始夜以继日地从事科学研究和文艺创作的活动。《曹雪芹传记故事》和《考稗小记》就是他在"干校"已经一目失明之后利用体力劳动的仅有的余暇在极端困难的情况下开始写作的，1978 年在外出调查、搜集材料回京之后，因积劳成疾，突然心肌梗塞，在被送进医院抢救复苏之后，就又开始同有关同志研讨工作中的各种问题和制定写作计划。离开医院之后，又不顾医生和亲友们要他继续疗养的劝告，而继续坚持紧张地抱病工作：赶写《论〈废艺斋集稿〉的真伪》及其他文章，指导研究生学习，准备应邀赴美参加学术讨论会的论文，为的是争分夺秒地把自己多年积蓄起来的各方面的研究成果尽快和及早地表述出来，提供给大家参考。

　　吴恩裕同志热爱毛主席、周总理、朱德委员长、董副主席等老一辈无产阶级革命家，无比憎恨林彪、“四人帮”的极“左”路线，衷心拥护以华主席为首的党中央的正确路线。急切地希望对我国的社会主义“四个现代化”作出更多的有益的贡献，急切地希望通过自己的辛勤劳动帮助革命事业的接班人加速成长。悼念吴恩裕同志，我们要学习他对无产阶级革命事业的一贯忠诚，学习他对马克思主义的一贯热爱，学习他为坚持真理、为实现共产主义、为完成社会主义科学、文艺和教育战线上的任务而一贯进行忘我劳动的高尚品质，学习他的光明磊落，待人诚恳，对学生和青年谆谆善诱、诲人不倦的优良作风，化悲痛为力量，在以华主席为首的党中央的领导之下，为加速社会主义的“四个现代化”而斗争。

1979 年 12 月 31 日

（原载《红楼梦学刊》1980 年第 2 期）

北平学生南下示威团战斗在南京

1931年12月，在国民党统治中心——南京，爆发了一场规模较大的学生游行示威斗争。这次斗争的主要发起者和参加者是北平学生南下示威团。这次斗争进一步暴露了国民党卖国投降的丑恶嘴脸，激发了广大人民群众抗日的爱国热情，直接促成了"一·二八"上海抗战。

当时我是北平南下示威团的党团主要成员之一，参加并组织了几次游行示威活动。现将我还能忆起的情况追记如下。

一

1931年11月，组织上调我离北平前往上海工作。为了节省车费，我随北平燕大等校的请愿团同行。到南京后，我住了几天，正准备到上海时，北平学生南下示威团来到南京。参加示威团的学生约有两三千人。示威团的党团书记是中共北平市委的王荫槐，这是省委指定的。示威团纠察队总队长是杜健（北平艺术学院的学生），游行示威时他任总指挥，他是公开指挥，党团书记是秘密指挥。参加党团的还有政法大学的郑依平、李之琏，师范大学的王一夫，民国大学的朱宝善等十多个人，他们都是各自学校学生会的负责人。我遇到他们后，他们要我也参加他们的战斗行列。王荫槐在党团会议上主动提议让我担任南下示威团的党团书记，他说因为我的斗争经验比他多一些，领导斗争有把握一些，大家一致表示同意。我无法推辞，只好担负起群众的重托。

"九·一八"事变后，北平学生组织起来到南京去反对蒋介石的不抵抗主义，要求国民党政府对日宣战，共有三次：第一次是以燕京大学为中心组成请愿团到南京去请愿；第二次是北大的部分学生组织南下示威团去南京示威；第三次是北平各大学学生示威团的行动。第一次的请愿斗争是在这样的情况下发生的：当时我党的组织力量还很薄弱，在群众中的影响不大，对群众斗争的形势起不了决定作用。而国民党在学生会中的政治影响和欺骗作用则比较大，所以开始只能根据他们的意见把群众组成请愿团赴南京"请愿"。但是，随着学生运动的开展，党逐渐取得了学生会的领导权，斗争的形式就变成了到南京向国民党示威了。北京大学部分学生单独组成了一个南下示威团到南京去示威，是斗争形式转变的开始。北平各大学学生南下示威团的组织和行动既是这一斗争形式的继续，又是斗争形势发展到了新阶段的标志。"请愿"和"示威"的区别在于：国民党想要通过"请愿"的形式，把群众的抗日反蒋斗争"平息"下去；共产党则要通过"示威"的形式，把群众抗日反蒋的斗争发展起来。

为了逼迫蒋介石抗日，当时全国已爆发了多次群众请愿运动，要求国民党政府对日作战。然而蒋介石依然是对外坚持不抵抗主义，对内继续镇压抗日和革命运动，对前去请愿的群众，不是阻拦，就是拒不接见，即使"接见"，也是先欺骗，继之镇压。有时竟用机关枪扫射或用刺刀押送。这些惨痛的经验使广大群众很快就认识到：不能再对蒋介石及其国民党政府存有政治幻想；只有通过抗日反蒋的示威斗争，展示全国人民的不可抗拒的意志和力量，才能迫使蒋介石改变政策，接受人民的要求，动员全国军队对日作战。广大群众认识上的变化，就使抗日运动的领导权从国民党手中转到共产党手中，运动的形式从南下请愿转成南下示威。但是，党也估计到：根据当时的阶级力量对比，单凭学生的示威是不会迫使蒋介石改变卖国政策，而接受人民的要求的。因而南下示威团除了依旧坚持"要求国民党政府对日宣战"、"反对不抵抗主义"以外，还着重向全国人民进行了"民众自动武装起来对日作战"的宣传，目的是通过示威运动把全国人民引上抗日反蒋和反对国民党反动统治的长期斗争的道路。所以在南下示威期间，我们喊的主要口号就是"全国人民自动武装起来对日作战"、"反对蒋介石不抵抗主义"、"打倒卖国的国民党政府"、"拥护苏维埃红军对日作战"等。

这次南下示威是在十分激烈的斗争中进行的。国民党当局下令不准火车出站，是示威团遇到的第一道难关，示威的群众进行了三天三夜的卧轨斗争。在卧轨斗争中，国民党妄想示威团员忍受不了风餐露宿的艰苦而自动解散，他们勾结了托派分子到群众中演讲，鼓动示威团员不要"受共产党利用"，马上回校去，回家去。但绝大多数学生坚持爱国主义的立场，团结在自己选出的学生会的周围，用事实揭露了国民党的卖国立场，戳穿了托派的本质，粉碎了他们妄图分裂南下示威团、破坏抗日运动的政治阴谋。第一个回合的斗争胜利地结束了。我们自己的人开动火车出发了。这时托派也秘密派遣了一些人混在南下示威团的队伍中，在火车上继续进行分裂活动，妄图瓦解示威团的斗志，把一部分群众拉回北平。但是，他们的可耻行径遭到了有力的回击。示威团在 1931 年 12 月 13 日下午终于抵达南京。

二

北平学生南下示威团到南京后，斗争更加激烈、尖锐。这时，党团每天都开会，一方面分析处理各学校内部出现的一些问题，继续克服分裂活动以巩固示威团的团结；另一方面及时分析政治形势的发展，研究斗争策略，据以安排每天的活动，决定每次示威的组织、应呼的口号、游行的路线和时间等等。

开始时，北平学生南下示威团是单独举行游行示威的。虽然我们一到南京就住进中央大学的大礼堂，中央大学的学生也给示威团很多支持，但是，他们当时还没有组织起来，不能和我们一起行动或参加我们的示威游行。上海示威学生到南京后，北平学生就和他们联合起来举行游行示威，这时中央大学的学生也参加了。在南京我们共组织了四次大规模的游行示威。

第一次游行示威是1931年12月14日，捣毁了国民政府外交部。这是示威团到南京后根据党团第一次会议的决定采取的行动。我们把外交部定为第一个示威目标，因为它是国民党政府勾引日本帝国主义吞并中国和屠杀中国军民的卖国专业机构，要它来回答人民的质问，可以直接暴露国民党出卖民族利益的罪行，如果它对示威群众的质问拒绝回答，在激起群众愤怒的情况下，不但可使南下示威团提高士气和巩固团结，而且还会使人民看到自己的力量，增强斗争胜利的信心。

出发前，党团会议确定了向外交部提出质问的内容和发言的代表，指定了总指挥、副总指挥和秘密指挥，以及纠察队、宣传队和交通队的负责人。我连夜起草北平各大学学生南下示威团宣言，刻印后连同写好的标语一齐分发给全体示威团员。第二天早晨，北平南下示威团的全体学生按照预定的计划，从中央大学出发，沿途散发传单，张贴标语，高呼抗日反蒋的口号。队伍到了外交部时，只见大门紧闭，无人出来接见，同学们义愤填膺，一致高呼："反对国民党卖国政策！""打倒国民党卖国政府的外交部！""打倒国民党！""打倒国民党政府！"总指挥下达了"捣毁国民党卖国政府的外交部"的号令，示威群众一拥而上，捣毁了大楼办公室的门窗，然后沿着预定的游行路线，高呼着"反对蒋介石的不抵抗主义！""要求国民党政府对日宣战！""民众自动武装起来对日作战！"等口号，回到中央大学。

第二次示威是在 12 月 15 日进行的。目标是国民党政府，示威团事前准备提出质问是："为什么坚持对外投降、对内战争的卖国杀民政策？""为什么坚持拒绝接受全国人民的要求，不肯对日宣战？"我们整队出发后，还是先在街上游行，呼口号，向群众进行抗日宣传和鼓动。到达国民政府门前时，国民政府早已戒备森严，仍然是无人出来接见，全体示威同学立即愤怒地高呼："打倒卖国投降的国民党政府！""全国人民自动武装起来对日作战！""拥护苏维埃红军对日作战！"等口号。然后，总指挥根据党团会议预先的决定，带领队伍到街上去游行。

第三次游行是在 12 月 16 日进行的。目标是国民党的中央党部。事前，党团作了分析，认为国民党中央党部的军事警卫力量不大，决定见机捣毁。示威队伍刚到国民党中央党部的大门前，纠察队就把卫兵的枪支缴下，当整个队伍涌到楼前时，纠察队就把楼下的通道完全占领并且把守起来。当时蒋介石还在楼上开会，群众坚持要求蒋介石亲自出来接见。蒋介石不敢露面，派出了蔡元培和陈铭枢，他们俩为蒋介石和国民党的对日采取不抵抗主义、对内坚持"剿共"战争的政策辩护。同学们十分气愤，纷纷提出质问。忽然从里面传出消息说："国民党卫兵要动武了"，示威群众在示威团总指挥的命令下，捣毁了门窗什物之后，及时撤离了国民党中央党部。这时还有少数纠察队员断后，卫兵乘势追赶上来，分头抓人，并且开枪进行威胁。纠察队员出于自卫的需要，把蔡元培和陈铭枢架走，并迫使蔡、陈下令不许卫兵开枪，二人只好向卫兵摆手，让他们回去。纠察队员架着蔡、陈二人又走了一段路，才把他俩放回去。

这次示威有二十多个同学被捕，在示威团的强烈要求和斗争之下，被捕的同学很快就被释放回来。这时上海各大学的示威学生也来到南京，我们准备联合起来，展开更大规模的示威运动。南京的学生也准备参加。

第四次示威是在12月17日，示威目标是国民党政府和《中央日报》馆。通过前几次游行，北平学生南下示威团的政治影响扩大了。南京各大、中学的学生也组织起来上街游行，全国各地的学生也都先后来到南京。这期间，我们曾要求《中央日报》正确地报道北平学生南下示威团游行的情况，可是他们不但拒不发表真实的消息，反而攻击和污蔑南下示威运动，在报上进行反宣传。同学们非常气愤，想捣毁报馆来教训教训他们。党团同意这个意见，并决定和上海的学生联合行动，进行一次大规模的行动，先到国民党政府游行示威，揭露蒋介石的卖国罪行，然后去捣毁《中央日报》馆。

这次是北平学生、上海学生、南京学生和全国各地到南京来的学生的联合示威。我们按原定计划对《中央日报》馆进行了全面的捣毁。把办公室捣毁后，又捣毁它的机器设备，前面的学生走了，后边的学生又跟上来，这样一批跟着一批，时间拖得较久，队伍的距离也就拉长了。到了大部分人已经走远，最后一小部分人还在继续捣毁时，就被蒋介石派来的宪兵包围起来。赤手空拳的学生和宪兵进行搏斗，有些学生被宪兵打到《中央日报》馆附近的河里，他们拼命地游到岸边，又被宪兵用枪托打到水里，结果有几个学生竟被活活打死，其中有两个是上海学生。

国民党的暴行，激起了全国人民更大的愤怒。上海的示威学生回去后，党中央在上海组织了一次有二十多万人参加的抬棺游行示威。这次示威游行及后来的一次同样规模的示威游行，激起了上海军民的抗日高潮。为了抗议国民党残杀群众的暴行，我们在捣毁《中央日报》馆后，还准备在南京继续举行游行示威。可是国民党反动派采取了先发制人的办法：在 18 日黎明时刻，派出军队，把中央大学的大礼堂包围起来，士兵们端着刺刀走到正在睡梦中的北平南下示威团学生的铺前，一个兵逼着一个学生，把他们押到下关车站，逼上火车，驱回北平。

北平南下示威团的同学们虽然被押送回北平，但是，他们坚决要求抗日的爱国思想和英勇斗争的精神，却给南京、上海等地的广大人民群众留下了深刻印象。

（1983 年 4 月）

（原载《北京党史资料通讯》1983 年 7 月第 8 期）

关于陕北公学的几点回忆

　　陕北公学是在抗日战争爆发之后，中共中央决定作为抗日军政大学的兄弟学校成立的培养抗战建国的干部的学校。1937年9月初开学，它所接收的第一批学员主要是北平、天津等地各大专院校的流亡学生，及全国各大城市受过党的政治影响的思想进步的青年。修业期原定两年，课程设有马克思列宁主义、政治经济学、统一战线、游击战术等。但是随着战争形势的发展，为了适应工作的需要，党中央决定在第一期（9—11月）的教学计划完成以后，把修业期间缩短为两个月。这样，陕北公学就变成了具有干部短期训练班性质的学校，课程和教学人员的配备也就发生了改变。

　　陕北公学刚成立时的负责人是：

校长：　　　　　　　　　　　　成仿吾

教育处长：　　　　　　　　　　邵式平

科长：　　　　　　　　　　　　陈璧如

政治处长：　　　　　　　　　　周纯全

生活指导委员会主任：　　　　　邓洁

马列主义教员：　　　　　　　　陈伯达

政治经济学教员：　　　　　林里夫、王思华

统一战线教员：　　　　　　周扬、吴化之

游击战术教员：　　　　　　戴戟英

（成仿吾也常作关于学习马克思、恩格斯著作的体会的报告）

陕北公学的教学方法是：白天讲课，晚间分组讨论，教员轮流到各小组去解答讨论会上的问题。

从第二期起，陕北公学正式变成了短期训练班，但从1938年下半年起，又增加了高级班，选留了一部分毕业生，进行系统的理论教育。

陕北公学是一所值得称赞的新型的革命学校：因为它用最少的教职员工教育了尽可能多的学员，并且不断地用最短的时间培养出抗战建国的有用人才。

陕北公学完成了党所交给它的历史任务：因为它的毕业生的绝大多数，除了在抗日战争、解放战争中已为革命英勇牺牲的烈士以外，在中华人民共和国成立以后，都已对社会主义革命和建设作出了，并且继续作出着自己应有的贡献。

（1983年7月23日）

我在北平工作的两年

一

1928 年 8 月，我在北京大学（1927 年曾被改名为"京师大学堂"）上学时，参加了反对国民党的并校决定和争取北大复校的斗争，在斗争中曾向同学郑侃提出加入中国共产党的申请。郑侃说我年龄尚小，让我先申请参加共青团，并把我介绍给他在团市委工作的弟弟郑依平（原名郑佩，法政大学学生），郑依平又把我介绍给北大团支部的负责人。后者和我谈话以后，对我说，批准入团得经过一段时间的考查。但那时我为了要系统学习马列主义理论，准备到日本去上学，等不及办完批准的手续。为此我又找到郑侃，郑说，他可以把我的情况及入党申请转给日本共产党，我到日本后可以在那里办理入党手续。1931 年，我才知道当时日共负责人锅山贞亲和郑侃经常来往，并教郑学日语。

1929 年 1 月初，我到达日本东京。7 月，崔仲远和宋健鹏介绍我加入共产党，经过组织审查和批准，于 9 月 1 日举行了入党仪式。从此，我就成了中共中国留日学生特别支部的一员。9 月 4 日，我去参加日共布置的纪念国际青年节的游行示威时，在路上被捕。1931 年 1 月出狱，3 月回国。

二

1931 年 3 月底，我回到北平，先找到了郑侃、郑依平。郑依平把我 1928 年在北平时的情况及后来在日本的情况向党组织作了介绍。中共河北省委负责人刘锡五直接找我谈话，把我的历史审查完毕以后，通知我说，省委决定恢复我的组织关系，并要我留在北平市工作。我先被编在法政大学三院党支部，支部书记及支部成员是谁我已想不起来了，只记得和我一个支部的有李兴唐。不久我被调到西城区委做了 10 天左右的交通，后任区委宣传部长。这时，即 1931 年 4 月，西城区委成员连我共三个人，区委书记是郝德青，组织部长是荫行农（北平大学医学院学生）。不久，荫行农被调往江西苏区工作，我接任组织部长职务，5 月，郝德青也调走了，我又接任区委书记职务。这时区委就剩下我一个人支撑工作。到 6 月，区委才又增加了两个人，他们都是我在日本时同时入狱而又同时出狱的中共留日学生特支的同志。一个是王哲明（当时改名王光巽），担任区委组织部长，另一个是刘恩波（当时改名刘熙林，现名刘惠之），担任区委宣传部长，我仍担任区委书记，直到 1931 年 9 月。

我在西城区委工作期间，区委领导的支部有：1. 民国大学支部，书记最初是李铁夫（他还兼任中共河北省反帝大同盟党团书记，是朝鲜人）；以后是四川人李××，支部党员有山西人朱宝善和朝鲜人王惠民（也是反帝大同盟党团的成员）等。2. 中国大学支部，书记是潘训（该校的讲师，"左联"的负责人），支部成员有路占魁等。3. 法政大学三院支部，书记是朱肇基。4. 法政大学二院支部，支部书记可能是苏亦农，党员有郑依平、李之琏等。5. 师范大学研究院支部，只有已毕业的陈璧如和张秀岩二人，张秀岩当时的名字是张哲之，她俩都是"左联"的干部。6. 清华大学支部，有两三个党员，我还能记得的有张钦益（后改名张立森）、李兆瑞（后改名李乐光）。7. 艺术学院支部，党员有杜健等。原来师范大学和燕京大学都有党员，但当时他们还未恢复党籍。女子师范大学有两个党员恢复了党籍，后又被开除出党。

区委主要工作是恢复和发展党组织，并且通过党支部领导和推动外围群众团体（左联和反帝大同盟及其领导下的青年读书会）的工作。中共河北省反帝大同盟党团书记是李铁夫，成员有王惠民、郑依平。反帝大同盟的党团本来是在省委直接领导之下工作的。1931 年 5 月，河北省委被破坏后，李铁夫因失去与省委的联系，便以民国大学支部书记的身份通过西城区委接受党的领导。西城区委也就通过民国大学支部的李铁夫和王惠民推动反帝同盟的工作。郑依平和我是老朋友，所以他们也都经常和我商讨反帝大同盟的工作中的问题。1931 年"九·一八"事变后，我曾经过他们把如下几个人介绍参加反帝同盟：刘镜寰（后改名刘仁，1932 年下半年任共青团北平市委书记）；夏鲁梅（原名夏致一）、杨志信（当时燕京大学学生）、李兴唐（当时东北大学学生，后来成为建筑师，不是法大三院党支部的李兴唐）、赵××（北平大学工学院的学生）。他们参加反帝大同盟后，都作出了自己的贡献。"九·一八"事变后，反对帝国主义运动就逐渐转到以反对日本帝国主义侵略为中心的斗争了。

在我担任西城区委书记时，直接领导区委的是中共北平市委。

市委和我经常联系的起初是组织部长杨××，他被捕后是市委廖华（廖告诉我市委被破坏了，杨××被捕了）和我联系，不到半月，市委书记李良接替他和我联系。中共北平市委被破坏后，我在报纸上看到河北省委也被破坏的消息，被捕的有刘锡五、廖化平、潘冬舟（潘问友，立三路线时在《布尔塞维克》杂志上发表文章的"问友"，最早翻译《资本论》第1卷第一分册的，出狱后任张学良的顾问，因为给党送蒋介石的"剿共"情报被蒋介石指令张学良枪毙了）等人。省、市委遭到破坏后，组织机构长期未能重建起来。在这期间，省里有几个人和我见过面，他们的姓名我都忘了；其中有一个是做总工会工作的。李良（原名宋绍贞，江西人，红军刚组成时曾在红军里工作，但不久就被派到苏联去学习，他是何时从苏联回国和担任北平市委书记的我不知道）和我发生联系时，因为省委的组织和市委的组织都没有重建起来，他就只身以市委书记的名义领导工作。因为他单身无法租房，就住在我家，一直到他被调往中央时。我那时和弟弟林郁青、妹妹林彦青住在一起。在党内把我弟弟叫做二林，把我妹妹叫做小林，他们都做青年团工作。李良上边的联系人是谁我不知道。听李良说，当时北平只有两个区委，一个是东城区委，书记是刘德承（现名顾卓新），另一个是西城区委。

1931年8月，李良被中央调走后，老罗（从苏联回国的）代表中共河北省委直接领导各区委工作，不久老罗告我说，决定取消区委，准备成立中共北平市委，由从天津调来的老孟（后来叫老马，他原是天津纱厂工人）任市委书记，老罗曾介绍我和他见过面。另外还调来王荫槐（法政大学一院学生，因头发长，人们都叫他王长发，1932年我再见到他时，他是市委秘书长），他以准备成立的市委的委员资格接收了原西城区委领导下的支部关系。我和西城区委其他两名委员由河北省委另外分配工作。1931年11月底，我和陈璧如一起被调往上海工作。12月中旬我在南京停留时曾临时参加了北平各大学学生南下示威团的工作，并被推荐担任了示威团的党团书记。示威团回北平后，我到了上海。

三

1932年七八月间，我和陈璧如从上海又转回北平工作。见到老马时，他已调任中共河北省委书记（1933年被捕后据说叛变了），老罗任省委组织部长（1933年被捕时任职工部长，被捕后被国民党宪兵三团杀害了），李铁夫任省委宣传部长。在我回北平前，中共北平市委成员有老郭（工人出身，后调任唐山市委书记）、王荫槐、唐明照（当时只称他"老唐"，不知道他的名字）。我回到北平后，最初被任命为中共北平市委文委书记。陈璧如被分配为文委委员，这时文委由三个人组成，除我们两个人之外，还有老周（四川人），他在我回北平前就在文委工作。文委领导"文总"。这时"文总"仍由老周负责，陈璧如也参加"文总"。"文总"直接领导"社联"、"左联"、"教联"、"乐联"、"剧联"等党的外围组织。社联党团书记是老潘（即张磐石），左联党团书记是张秀岩。后来在文委的领导下，"文总"还成立了一个"十月革命研究会"。

四

1932年9月初，中共北平市委决定成立"九·一八"周年纪念筹备会，通过公开纪念"九·一八"的群众运动，推动抗日和反国民党的斗争，并调我任"九·一八"周年纪念筹备会的党团书记。参加党团的还有中国大学支部的路占魁、师范大学支部的王治保（王少庸）、负责武装民众工作的王逐萍、青年团员小周（女一中的学生，1933 年曾任共青团天津市委宣传部长）。我调离文委后，市委文委书记由老周接任。

"九·一八"周年纪念筹备委员会约有十人，是在全市群众团体代表大会上公开选举产生的。我是以"乐联"（音乐家联盟）的代表名义被选进这一筹备会担任委员的。筹备会的办公地点设在西城，委员分别担任以下职务：

主席：王治保；组织部长：朱宝善（民国大学支部的）；宣传部长：法政大学二院的代表；检查日货部长：林里夫；民众武装部长：王逐萍；妇女部长：小周；总务部长：路占魁。

其余的，我不记得了，组织部长和宣传部长也可能记得不准确。

党团的工作重点是：一、公开地组织和领导检查日货的行动，推动抗日、反国民党运动；二、半公开地组织和训练民众抗日武装队伍，准备对日作战。当时估计检查日货是可以合法进行的。在"九·一八"前几天，我们公开张贴布告，号召全市群众（主要是学生），在师范大学操场集合，列队出发检查日货。并确定总指挥是路占魁，副总指挥是朱宝善。出发前我们印了宣传品，买了封条，做好了组织上的准备。但是，当检查日货的队伍在师大操场集合，我在大会上讲话进行动员以后，决定立即出发时，师大已被国民党军警包围了。因为冲不出去，临时决定检查日货改期进行，行动的时间地点另行通知。回来以后，党团决定在各校贴出通知，动员群众在"九·一八"那天到北大操场集合，继续实行检查日货的活动。这次在北大集中的人数更多了。队伍在北大操场集合后正要出发时，军警又赶来阻止。但北大出口多，军警不易包围，经过十几分钟的斗争，大多数群众冲出校门。冲出去的人有的又被截住了，但未被截住的群众就分成小队到一些商店查封了部分日货。在与军警冲突中有几十个人被捕。为了营救被捕的群众，"九·一八"周年纪念筹备会召开会议，作出决定，公开号召全市工人罢工，学生罢课，商店罢市，以抗议国民党逮捕检查日货的群众和镇压抗日运动，要求立即无条件地释放被捕的学生，并保证抗日爱国的自由。当我们正在按照决定分头动员群众的时候，张学良慑于群众的威力，先把被捕的学生召集在一起发表讲话，对他们进行劝勉和安慰，宣布把他们一律无条件地释放，要求他们回校后做些解释工作，不要鼓动罢工、罢课和罢市，然后下令把他们全部放回。

在"九·一八"周年纪念筹备会公开宣告成立后，国民党就派出了一个名叫李春华的人，冒充新闻记者，经常来了解情况，我们每次的会议他都参加，检查日货的活动他也参加了。当时我对王治保和路占魁等有关同志说，他可能是个特务，要提防他。两个月后，他果然以"国民党省党部指导委员"的身份到处抓人。法政大学二院支部和师范大学支部有几位同志，就是这样被捕的。当时的报纸曾经详细公布过他带领警察抓人的情况。

五

"九·一八"周年纪念活动结束后，我被调任中共北平市委宣传部长。这时市委书记是老郭，组织部长是老唐（唐明照，清华大学学生），市委军委书记是黑李（刘瑞森，燕京大学学生），参加军委工作的还有王逐萍，市委秘书长是王长发（即王荫槐），妇女部长是李兴华（李大钊的女儿）。市委下面没有设区委，由市委直接领导各支部。我现在还能记得的有：法政大学二院支部（我不记得谁是书记了，党员有李之琏等）、法政大学三院支部（书记是佘力平，现名陈沂）、中国大学支部（书记是路占魁）、民国大学支部（书记是朱宝善，山西人，抗战期间牺牲了）、师范大学支部（书记是王治保，党员有王一夫等）、燕京大学支部、清华大学支部、北京大学支部、朝阳大学支部。我负责联系的有法政大学三院、中国大学、民国大学等几个支部；唐明照负责师范大学、北京大学、朝阳大学等支部；刘瑞森负责燕京大学、清华大学等支部；老郭直接领导门头沟煤矿和长辛店等支部，工会工作也由他负责。为了推动职工运动，中央曾派全总代表黄平来直接领导。有关职工运动方面的问题由黄平直接和老郭解决。黄平也常来参加市委会议。

这期间，省委和我经常发生联系的是省委组织部干事和宣传部干事张钦益和李兆瑞（即李乐光），他们原来都是清华大学的学生，1931年西城区委领导清华大学支部时，我就和他们相识。省委书记老马（老孟）、组织部长老罗、宣传部长李铁夫也都到市委来过，老罗还参加过市委会议。

这一时期，市委的工作是比较有起色的。党组织经过1931年的恢复和发展，力量比过去加强了。"九·一八"以后，由于北平各大学学生南下示威团在党的领导之下取得了斗争的胜利，北平的客观环境也比过去有所好转，因此这半年，北平市委组织了一些活动，中心任务是扩大我党的力量和影响，组织群众反对日本帝国主义对我国的侵略。除了前面谈到的成立"九·一八"周年纪念筹备会，领导规模较大的公开的检查日货运动和组织半公开的民众武装队伍，进行军事训练，准备对日作战外，我们还在国民党军队中进行秘密工作，发展组织；在各个大学组织一些公开的讲演会、报告会，请左翼教授侯外庐、马哲民、许德珩、王思华（当时名王慎铭）等演讲，利用他们的合法地位，宣传马克思主义。

1932年11月，鲁迅来北平时，我们动员全市各大学学生自动到中国大学集会，先请鲁迅演说，接着再请朝阳大学讲师鲁克明发表简短时事讲话，进行抗日宣传鼓动。在群情激奋的情况下，大会主席根据预定计划提出临时动议：成立一个抗日救国的群众组织，与会群众纷纷签名。刚签完名国民党军警来了，大会就散了。11月后国民党公开实行白色恐怖政策，特务在各大学抓人，少数同志被捕，师大学生会的革命学生被开除学籍，群众已经签名参加的抗日救国群众组织也就夭折了。但是，在党的组织和领导之下，师大学生展开了顽强的斗争，反对校方无理开除学生会负责人的学籍，并终于取得了胜利，被开除的学生又恢复了学籍。

在兵运方面，刘瑞森在东北军里建立了一些关系，王一夫被师大开除学籍以后也参加了一个秘密的抗日民众武装组织，接受军事训练，1933年，王一夫就和一些同时受训者有组织地参加了察哈尔抗日同盟军。

1932年10月前后，河北省委在"反对北方落后论"的口号下，决定为"建立北方苏维埃"而斗争。组成中共河北省委干部训练委员会，开办干部训练班，从各地抽干部进行训练。省委调去兼任训练委员会委员的有老罗、李铁夫、张钦益、李兆瑞和我，并由我们共同分担讲课任务。领导训练委员会的是省委组织部长老罗。参加轮训的干部大都是农村的，共轮训了一个多月。高阳、蠡县暴动以后，这个训练班就中止了。

1932年11月中旬或下旬，市委开会时省委老罗交来一份国民党准备通缉的共产党员黑名单，让参加会议的人看看有没有自己或自己知道的人的名字。我一看名单上有个"林况古"的名字，这个名字是我做"九·一八"周年纪念筹备会工作时对冒充新闻记者的国民党特务李春华随口说出的假名，因为这是我只对他一个人用过的假名，我断定把我列入这个黑名单一定是他干的。我把这个情况向老罗汇报后，省委决定让我马上停止工作，先在家里隐蔽起来，等待调到外地工作的决定。1933 年 2 月省委决定调我和陈璧如到天津去工作。市委其他委员因没有列入黑名单，所以未受到影响，没有变动。

1983 年 4 月

（原载《北京党史资料通讯》1983 年第 11 期）

对敌斗争的实践使我确认：陶凯孙是革命的战友，康生是革命的敌人

——为悼念凯孙同志被害50年而作

我是1932年秋认识陶凯孙同志的，那时她是共青团北平市委宣传部长，我是中共北平市委宣传部长，因为工作关系，我们在西单附近见了面。那时正值国民党特务伪造中共北平市委讨论举行武装暴动计划的会议记录在报纸上发表之后，和制定黑名单准备抓人之前，阶级斗争、民族矛盾愈益尖锐，白色恐怖愈益严重，有的人因参加斗争而死在敌人的屠刀之下，有的人因参加了托派活动而被开除党团籍的情况下，陶凯孙和党内、团内的绝大多数同志站在一起，为拥护苏维埃红军、反对蒋介石的"攘外必先安内，抗日必先剿共"的卖国政策、为实现抗日民族革命战争而斗争，她给我的印象是：她是一个立场坚定的共产主义战士。

1933年，我和陶凯孙又在天津见了面。那时我任中共天津市委宣传部长兼秘书长，她在共青团天津市委任妇女部长。那时是日本帝国主义发动长城战争，占领热河，党中央军委派人和冯玉祥建立了抗日民族统一战线的关系，组成了察哈尔抗日同盟军

对日作战以后，我和她谈的内容是：共青团天津市委应该执行中共天津市委的决定：把"抗日"运动作为"反帝"运动的中心、动员青年团员和反帝同盟青年支部领导青年群众首先为广泛地发展各种抗日组织，并以各种可能的形式支援察哈尔抗日战争，反对日本帝国主义侵略天津和华北的阴谋活动而斗争。这次谈话也留给我一个深刻的印象：她是坚决拥护党的立场和观点的。

1934—1936年间，陶凯孙在上海先后担任共青团江苏省委组织部长、团中央巡视员期间，我在上海一直担任中共中国民族武装自卫委员会筹备会（简称"武卫会"）党团书记。我和她没有见过面，但在工作上曾经发生过间接关系，那就是在共青团江苏省委领导之下建立起来的武卫会分会在1934年曾和武卫会总会发生过组织关系，那个分会中的团组织是在共青团江苏省委和武卫会总会党团的双重领导之下进行工作的。

1937年秋（9—11月间）我在陕北公学教政治经济学。金文哲在陕北公学第一期第二大队学习，经常来往。不久陶凯孙和文哲一起来见我，才知他俩已结成夫妇，但因遵守党在秘密工作中的纪律，互相不问过去的工作，只是根据在过去工作关系中的信任保持同志之间的友谊和交往。当年11月陕北公学改变教学方针和计划，我被调到陕甘宁边区政府主席团工作，以后未再会面。但其后不久，听到说陶凯孙和金文哲被康生下令关进了陕甘宁边区政府保安处。1939年我也被康生强加以"内奸"的罪名关进保安处，听到同狱的人讲到他俩的情形时，才知道他们未经任何法律手续秘密地处死了。自然，他们的罪名谁也不能知道。

康生原是一个混进党内的阶级异己分子。1930年被国民党秘密逮捕后立即叛党，接受内奸任务回到党内。1931年骗取了中共中央组织部长职位以后就一面在政治上利用王明的"左"倾机会主义危害革命，另一面在组织上利用王明的宗派主义，推行包庇坏人、诬陷好人、出卖同志的内奸路线，使党在各地的组织不断遭到破坏。1934年党在苏区的中央局随红军长征前夕，把对上海中央局的领导委托给中共驻共产国际代表团的康生办公室后，上海中央局就于1934年10月开始接连遭到严重的破坏。1935年正当重新建立起来的上海中央局一面追查内奸，清除内奸，一面领导全党对内外敌人展开决死斗争的关键时刻，康生突然发出"不在上海设立中央"的指示，帮助敌人解除白区党的组织武装，不但使在上海的党、团和革命群众组织失去了中央的领导，而且还使整个白区党的组织——从各省委起全都失去中央的领导。康生企图用这样的方法，一面帮助国民党特务从外部破坏党、团和革命群众组织，一面帮助内奸从内部篡夺党、团和革命群众组织的领导权。1937年春，我就听说，从中央到省委的许多负责同志为了汇报工作，要求解决问题而去到苏联直接找中共代表团。其中许多人都被康生强加以各种罪名监禁、流放或害死。现在知道中共上海中央局的组织部长贺昌之同志就是被他于1936年流放到西伯利亚害死的，这也正是毛主席所说的王明路线使白区的党损失了百分之百的真正原因。

最能暴露康生的内奸的本质的莫过于1937年他从苏联一回国就开始利用党对他的信任和人民对党的信任，从新疆到延安，把党的忠诚干部大批地诬陷为托派、反革命、叛徒、内奸或特务。有的杀掉，有的关死。从1942年起利用党内整风把国民党统治区的各省委（如甘肃、四川、河南、河北和浙江各省委）和在国民党军队中的地下组织诬陷为在特务的领导下的"红旗党"，把大批党的干部和革命青年，甚至党的"七大"代表投入监狱或隔离审查，为的是帮助国民党实现"防止异党活动办法"和支持内奸实现篡夺党内领导地位和职权，而对知情者和反对者实行灭口，陶凯孙夫妇就是康生这一内奸路线的较早的牺牲者。

政治斗争的实践是检验敌我的标准。历史已经证明，康生就是：说别人是叛徒，他自己才是叛徒；说别人是内奸，他自己才是内奸，说别人是托派，他自己才是托派；说别人是国际间谍，他自己才是国际间谍的反革命者。而被他作为敌人杀害的陶凯孙夫妇才是真正的革命者。他们遭到康生杀害的唯一原因就是他们在康生取消了中共上海中央局、国民党特务破坏了共青团上海中央局以后，还在独立地坚持斗争，和武卫会联合起来反对政治野心家篡党夺权的阴谋活动，为继续贯彻党的路线而斗争。

我以陶凯孙同志的战友和同遭政治诬陷的难友的身份，为陶凯孙夫妇申冤，同时也为人们识别党内忠奸提供一点史料，希望有助于"四项基本原则"的贯彻。

1987 年 8 月

（载《陶凯孙纪念文集》）

鞠躬尽瘁　坎坷一生

——狄超白传略

一

　　狄超白原名狄幽青，1910 年 4 月 7 日出生于江苏省溧阳县一个店员家庭。1930 年毕业于苏州中学并考入南京中央大学政治系，在南京大学求学期间狄超白与共产党员潘滨和汪季琦等结成知交，并在他们的影响之下，一面系统地学习马克思主义，一面参加革命斗争。1931 年"九·一八"事变，蒋介石及其国民党在"抗日必先剿共"的卖国政策下，坚持对日实行不抵抗主义，激起了全国人民抗日反蒋怒潮。中央大学的学生也和全国各大学学生一样，投入了反对蒋介石及其国民党出卖民族利益的示威运动，要求蒋介石政府对日作战。狄超白站在运动的前列，参加了中央大学学生捣毁国民党外交部并痛打外交部长王正廷的斗争。经过潘滨的介绍，狄超白被发展成为中国共产党所领导的"反帝大同盟"的盟员。当年 10 月北方学生纷纷到南京示威游行，同国民党宪兵、警察发生冲突。狄超白和中央大学的进步同学一起参加了反击宪兵和警察的斗争，在斗争中狄超白受了伤，结果引起了中央大学学生自治会改选，清除了国民党改组派，使学生自治会的领导权转入了共产党的手中，狄超白被选入了学生自治会。经过斗争的考验，狄超白于当年11月加入了中国共产党。当年12月中旬，"北平各大学学生南下示威团"3000人，经过三天三夜的卧轨斗争到了南京，于12月14日、15日、16日举行了捣毁国民党外交部和中央党部的示威游行，迫使蒋介石于15日宣告下野。12月17日在北平、上海、南京各大学学生示威团联合指挥部领导下举行的联合示威中捣毁了国民党《中央日报》馆，国民党政府出动宪兵制造了血腥屠杀示威学生的"珍珠桥惨案"。在这次惨案中被杀害的上海学生杨同恒的尸体被运回上海以后，上海20万人抬棺示威游行，变成了促成"一·二八"淞沪抗日战争的思想激因。在这期间，根据党内分工，狄超白是专门领导南京学生抗日反蒋运动的骨干。

1932年2月，狄超白被中共南京市委派回溧阳县，开展工作。他在那里发展了党员，建立了党的组织，并担任特别支部书记。为了掩护党的秘密组织和活动，狄超白还曾利用国民党改组派的关系创办了《溧阳日报》。到当年3月中旬，溧阳特支已有党员八人、团员一人。由于中共南京市委遭到了建党以后的第七次大破坏，市委负责人王善堂、路大奎、吴春俯等叛变自首，党员名单被抄走，狄超白被溧阳县政府捕送南京警备司令部。在狱中，狄超白坚贞不屈，拒不承认自己是共产党员，保证了溧阳特支的安全，后被判处了10年徒刑，送进中央陆军监狱。在陆军监狱，他为抗议看守所长的侮辱曾进行过绝食斗争，还充分利用当时狱中能够传递进步书刊的条件，继续系统地钻研马克思列宁主义的基本理论，尤其是精读了马克思的《资本论》和列宁的《帝国主义是资本主义的最高阶段》，他还在极其艰难的条件下，动手写作《通俗政治经济学讲话》，为的是把马克思列宁主义的科学变成大众常识和进行革命斗争的思想武器。狄超白把敌人的监狱变成了学习革命理论的学校，变成了传授革命理论的阵地。

狄超白的《通俗政治经济学讲话》于1935年4月在上海新知书店一出版，就受到读者的热烈欢迎，1936年"西安事变"之前，发行到第三版，在抗日战争爆发以后的最初两年（1938—1939年）间发行到了第八版。狄超白在1948年增订序言中说："读者对这本小册子的爱好，不是说明本书有如何优异之处，而是说明中国的民族独立解放运动，自始就与以社会主义为目标的中国革命运动，不可分离。"1947年他在香港达德学院讲授政治经济学后，又把这本书增写了"中国社会的经济法则"几节，改名为《政治经济学讲话》，1949年6月由上海三联书店出版发行，12月再版。1951年，狄超白又对这本书进行了修订，并在修订版序中说："这次修订除绪论几乎全部重写而外，更把每一讲中关于新民主主义经济的部分都另立一节，原文的极大部分都已修订了。"

狄超白的这本书不但愈益把更多的读者引上了学习马克思主义政治经济学的道路，而且还随着中国革命运动的发展，逐步增加了新的内容，以便把读者引上为新民主主义革命和社会主义革命而斗争的道路。

1933年秋，中共南京市委在顾衡领导下重新建立起来之后，就在知识分子中开展工作，加强了对以王昆仑为首的读书会的领导，并且开始有计划地通过党员和党的同情者利用国民党的上层关系对狱中同志进行营救活动。1934年7月，狄超白在汪季琦、胡济邦、王枫等的帮助下，由王昆仑转请蔡元培、于右任等六名国民党中央委员具名保释出狱。

狄超白出狱时，正是民族矛盾和阶级矛盾尖锐的时刻，他刚回到溧阳，中共南京市委就遭到破坏。因为得知顾衡也被捕了，狄超白不得不转往无锡，暂时避居王昆仑的家中。以后经同学介绍到宜兴和桥镇彭城中学教书，但已和党失掉了联系。

1935 年 2 月，狄超白重新回到南京，因为还是找不到党的组织，决定参加王昆仑、孙晓村、曹孟君、王枫、胡济邦等人组织的读书会，一面继续研究马克思主义政治经济学和中国革命运动中的理论及政治时事问题，一面整理《通俗经济学讲话》的原稿，进行出版前的加工。

1935 年读书会无锡万方楼会议以后，狄超白就专门从事救亡活动，从学生和职工中扩大到广大知识分子中间。在救亡运动中，狄超白在失去党的领导的条件下，表现出了坚强的党性，他坚决站在无产阶级立场上，以马列主义理论为指导，为正确地宣传和实现党的"八·一"宣言所规定的抗日民族统一战线的路线而斗争。

1936 年 1 月 28 日，上海各界救国联合会在纪念"一·二八"四周年的市民大会上公开成立之后，南京各界救国联合会秘密成立，狄超白以五个常委之一，继续领导文化界、学生界和职工界救国会。由于南京各国救国会不能用自己的名义公开活动，所以，从 1936 年 2 月起曾以"妇女文化促进会"、"中华自然科学社"等八个合法团体的名义联合举办"冬令讲学会"，讲学会连续两个多月请南京救国会的负责人曹孟君、孙晓村、千家驹及上海救国会的负责人章乃器等担任主讲，向以中央大学学生为基本听众的知识分子进行抗日救国的政治、思想、理论和政策的宣传。在这之后，南京文化界救国会又举办了一些小规模的讲演会。狄超白都是秘密的组织者。这种利用学术讲演会宣传抗日的活动方法，以后曾被各地留在南京的学生推广运用到无锡、苏州、南通等地。

1936 年 6、7 月，蒋介石开始镇压上海和南京的抗日救国运动，国民党反动派首先破坏了共青团江苏省委和中共领导的以宋庆龄为主席的中国民族武装自卫委员会，并在报纸上发表了捏造的"王顺芝等率民族武装自卫会四百三十七人归顺中央宣言"，从11月下旬到12月上旬，国民党政府先把上海各界救国联合会公开领导者——"七君子"逮捕入狱，然后就开始对秘密的南京各界救国联合会进行"围剿"。他们先把常委孙晓村和曹孟君关进国民党宪兵司令部，接着又把职工界救国会的负责人刘仲芳、薛宁人等逮捕起来。狄超白稍事隐蔽，西安事变后转入上层统一战线活动。

"七·七"抗战爆发后，"七君子"出狱，沈钧儒到南京创办《抗敌周刊》，狄超白任主编。《抗敌周刊》大力宣传中国共产党的抗日救国十大纲领，动员全国军队和全国人民，为实现这个纲领，争取抗日战争彻底胜利而斗争。

1938年3月他到安徽六安后恢复了党籍，负责筹建安徽省民众动员委员会（以下简称"动委会"）的工作。6月，动委会在金寨成立，狄超白担任宣传部长。他以中国共产党的抗日救国十大纲领和毛泽东的《论持久战》为基础，针对国民党顽固派和汪伪政权的反动言行，制定各个时期的宣传教育计划，动员省动委会所属机构贯彻执行。1939年春，狄超白为了对干部进行系统的理论教育还创办了《文化月报》。在统一战线的工作中，狄超白经常和朱蕴山（省动委会总干事）、章乃器（省动委会的最初的总干事、省财政厅长）等发生密切的联系。狄超白除了通过他们贯彻党的"坚持抗战、反对投降；坚持团结、反对分裂；坚持进步、反对倒退"的方针外，还介绍一大批共产党员和进步青年到省财政厅工作，把他们培养成财经工作干部，为以后建立抗日民主根据地，开展持久的抗日游击战争做准备。

1939年1月国民党五届五中全会通过了"限制异党活动办

法"后，安徽桂系国民党省主席先是限制动委会的活动，接着把动委会组织部长共产党员周新民调离安徽，并对所有的党团员进行监视。桂系国民党愈益反共迫使中共区党委于8、9月间作出撤退干部的决定。狄超白根据区党委的通知，于当年10月离开立煌（现名金寨）去重庆接受新的任务。

1940年1月狄超白回到中共重庆办事处，向董必武、叶剑英、林伯渠、李先念等同志汇报了安徽工作情况以后，接受了新的任务：一方面巩固救国会的内部团结，推动民主党派反对国民党的反共分裂政策；另一方面，参加王昆仑、许宝驹、赖亚力、刘仲容、王炳南等举办的座谈会，收集、分析和研究国民党内部情况，向党汇报。经过一年多的努力，狄超白圆满地完成了任务：通过王昆仑、许宝驹等加强了和国民党内部的抗战派冯玉祥、孙科、于右任、邵力子等的联系，并且搜集到大量国民党内部的情报。

1941年1月"皖南事变"发生后，狄超白被派往华南局驻桂林办事处工作，他的组织关系也转给华南局的廖承志。5月初狄超白离开重庆，当他到达桂林时党驻桂林办事处已被撤销，廖承志也已去香港。当时从桂林到香港的陆路已被日寇切断，航空线又在国民党特务管制之下，狄超白只得暂留桂林。11月，香港被日寇占领，原在香港工作的中共党员和文化界人士纷纷回国，中共在桂林建立了文化工作委员会，狄超白被任命为委员，主要负责统一战线工作和搜集情报工作。1945年8月，日本宣布投降后，狄超白被派往广州、香港继续作统一战线工作和文化工作。1946年6月，周恩来电召狄超白到上海、南京汇报工作情况，尔后指示他：全面内战已不可避免，回香港专作经济研究工作，不要再参加民主党派的活动了。狄超白回到香港后就在香港成立了研究机构，搜集国内外经济资料，研究国民党统治区域经济愈益崩溃而解放区的经济愈益发展的原因和趋势，编辑和出版了《中国经济年鉴》，1947年和1948年各一卷。

1947年下半年，为了培养革命干部，中共和民主党派共同在香港创办了一所达德学院，狄超白在那里兼任教授。狄超白在讲授马克思主义政治经济学时增加了《中国新民主主义经济制度》一节，根据经济发展法则论证在中国的具体条件下产生新民主主义社会的历史的必然性，他说："中国新民主主义社会阶段，乃是中国半殖民地半封建的社会，进入社会主义之前的一个必然的历史阶段。"在1949年出版的《政治经济学讲话》就是狄超白在这一时期把《通俗政治经济学讲话》加以增订的劳作。

1948年底，达德学院被香港英政府查封，1949年3月，狄超白根据党的决定，和冯乃超一起率领达德学院部分师生回到了北平。当时狄超白除担任党中央财政经济部统计处长外，还参加了新政协和新经济学会的筹备工作，中华人民共和国成立后，狄超白改任中央财经委员会统计处处长。他认为："社会主义计划生产，不再使社会的生产物有过剩或不足的现象"，它不但是使"社会能用最少的劳动创造最多的物质财富以便最大限度满足社会的物质和文化的需要"的最好的方法，而且还是使"社会生产力的发展速度，也将超过以前任何社会的发展速度"① 的唯一途径。但是，除非统计工作机构能够及时提供全面而正确的统计数字，否则社会主义计划生产，只能是纸上谈兵。因为社会主义的统计工作就是社会主义计划经济的基础。狄超白认为，在经济、科学、文化落后，统计工作既无传统，而又少被重视的中国，要为统计工作打好一个必要的基础也是十分困难的。但是，由于他坚定不移站在列宁主义的立场上，认为"社会主义，就

---

① 狄超白：《政治经济学讲话》，三联书店1951年版，第186—187页。

是核算"，核算包括"业务核算、会计核算、统计核算，统计核算的对象是集团现象"，"在个别各因素具有个体的偏差的总体中，一般的规律性表现在集团的大量的事实中"（平均死亡率、平均劳动日等）。[1] 在他离开统计工作职位以后，一直关注着全国计划统计工作的发展，当他看到康生、陈伯达、"四人帮"疯狂地摧毁国家计划统计机构，把为坚持建立在垂直领导下的全国统计工作网而斗争的王思华诬陷成为"修正主义分子"，迫害致死的时候，心中无比忧愤。1975 年在邓小平重新主持中央工作期间，狄超白不顾自己处在异常悲惨的政治逆境，毅然决然地草拟一份《编写〈社会主义国民经济计划统计辞典〉设想》（草案），想要"以社会主义国民经济计划统计的概念、范畴、指标和方法为主，从理论上和方法上加以阐述"。

狄超白的名字久已随着他的经济学著作深入群众之中，1949年狄超白一到北京，北大经济系便邀请他兼任教授职务。狄超白在北大开设了新的课程"新民主主义经济之理论与实践"，他从"近百年来中国社会的基本特征及其发展"出发，把马克思列宁主义理论、毛泽东思想、党的政策和中国革命历史紧密地结合起来，深入浅出地从当前形势讲到"1951 年的展望"，使学生既能掌握中国社会发展的经济法则，又能学会按照经济法则指导中国社会主义革命和社会主义建设。在 1949 年和 1950 年的整整两年期间，选修他主讲的课程的学生不断增加，即使学校换了大教室授课，教室内也还是座无虚席，这些情景当时的北大师生迄今记忆犹新。从狄超白的"讲授提纲"来看，他从这时起就对中国新民主主义——即向社会主义过渡时期的经济状况、经济理论和政策开始了全面的科学研究。

---

[1]　狄超白：《统计学提纲》（中央税务学校讲授材料之十三），第1页。

二

1949 年 11 月中国科学院创立，狄超白被任命为经济研究所的代理所长，并当选为全国人民代表。1954 年狄超白被选为中国社会科学院哲学社会科学部学部委员。

1953 年党在过渡时期的总路线公布以后，我国社会主义工业化建设和对私人资本主义及农业手工业的社会主义改造全面展开。我国经济理论的研究远远落后于经济实践，为使我国经济科学的研究满足我国经济建设发展的需要，党决定创办《经济研究》杂志，由狄超白负责筹备。在狄超白等人的努力下，《经济研究》于 1955 年 2 月创刊，狄超白在《发刊词》中把当时的经济研究工作大体上概括为如下四个方面：（1）"对国家的经济活动和社会经济的发展不断进行调查和掌握足够资料，发现问题，并从理论上来解决这些问题。"（2）"研究政治经济学和部门经济学，研究和讨论我国过渡时期的经济法则及其作用，阐扬社会主义经济理论。"对于"在我国经济科学领域内，资产阶级唯心主义的理论……的影响……应该认真加以批判和清除"；因为"只有彻底批判了谬误的唯心主义理论，才能对马克思列宁主义的经济理论有更深入的体会，才能在实际工作中少犯错误"。（3）"整理和综合近代经济资料"，"作为有系统地研究各门经济科学和经济史"的基础并"为近百年来我国社会经济的演变的研究、我国新民主主义革命阶段社会经济改革的研究以及我国国民经济恢复阶段的研究"提供条件。（4）吸取"苏联在社会主义建设过程中对于经济理论的研究"成果，"结合中国的具体条件和实践过程更加以丰富和发扬"，"研究社会主义阵营内部的经济关系"，"对于亚洲各国和重要资本主义国家经济情况的研究，也是决不能忽视的一个方面。"狄超白认为这是时代所赋予我国经济科学研究工作者的任务，因而，无论在经济研究所的科学研究工作的组织和领导中，或是在自己的科学研究中，狄超白都为实现这一时代要求而努力。

从1952年起，我国经济学界开始了关于我国过渡时期的经济法则的自发讨论。为了提高讨论的效果，以便推动全国马克思主义政治经济学的理论研究工作并使理论研究工作更好地为社会主义革命和建设服务，从1954年末起，狄超白和中宣部理论处及《人民日报》理论部共同发起举办了"关于我国过渡时期的经济规律问题"的学术座谈会，邀请有代表性的经济学家展开"百家争鸣"，并且互相商定把讨论情况及有代表性的论文分别在《学习》杂志、《人民日报》和《经济研究》上发表。为此，《经济研究》从创刊号起，就设置"关于我国过渡时期的经济规律问题的讨论"专栏，在狄超白的领导下，始终坚持学术自由的方针：凡是在马克思主义的指导下，进行理论探讨具有一定学术水平的文章，不论观点如何，一律根据"文责自负"的原则，不加删改地予以发表。

当时，讨论中占优势的观点认为：在我国过渡时期，社会主义基本经济法则就是（或已经变成了）支配整个国民经济的唯一的基本经济法则。"剩余价值法则已经不能称之为我国资本主义的基本经济法则"，更不用说，价值法则也不被认为是商品生产的基本法则了。另一观点认为："社会主义基本经济法则还不能发生作用或处于支配地位。"狄超白认为：这"是两种极端的偏见"，前一种观点把社会主义基本经济法则在国民经济中的作用范围夸大了，后一种观点把它缩小了。为了把讨论引上正确的发展方向并且防止这些观点对我国过渡时期的社会主义经济建设和社会主义改造发生有害的影响，狄超白在《经济研究》1955

年第 4 期发表了题为《对于我国过渡时期经济规律问题的意见》（提纲）的文章，就如下观点进行了全面而系统的论证：

第一，我国"过渡时期，乃是两种主要生产方式——社会主义生产方式和资本主义生产方式谁战胜谁的时期，是社会主义经济对私有制经济进行改造的时期"，"'每一种生产方式都有自己的基本经济规律'……离开了一定的生产方式而谈基本经济规律是不可想象的，是形而上学的"。

第二，国营经济是社会主义的经济形态，虽然它还在成长发展之中，但它既然是建立在社会主义所有制和社会主义生产关系的基础之上，"社会主义的基本经济规律就是它的基本的运动规律"。"不能因为社会主义的经济体系还不完整和还不完善而就怀疑或否定它的规律……相反的，正是由于社会主义基本经济规律生气勃勃地施展其作用和影响，才能战胜其他经济成分而为社会主义经济的广阔发展开辟道路。""社会主义经济的优越性，主要的表现在社会主义生产的目的性，就是因为它的生产目的不是为了一部分人的剥削利益……而恰恰是为了全社会的物质和文化的需要，所以才能发挥劳动人民的无穷的创造性和积极性，才能使生产和消费之间永远不会产生对抗性的矛盾，才能以其不断提高劳动生产率和空前的发展速度在竞赛中战胜资本主义并限制其活动范围，改造其企业而最后达到消灭资本主义。"

第三，资本主义经济，虽然它在国民经济中的比重会逐渐缩小，然而它是贯穿存在于整个过渡时期的一种经济成分，并且是与社会主义的经济对立的始终进行斗争的一种经济成分，它与社会主义经济的对抗性矛盾的发展过程成为过渡时期社会经济发展过程的主要特征。因此，资本主义的基本经济规律——剩余价值规律必然与资本主义经济不可分离地存在着并发生作用和影响；当剩余价值规律不再发生作用和影响的时候，资本主义经济成分乃至国家资本主义经济成分也就不存在了。"剩余价值规律是导致资本主义生产生长发展的规律，也是导致资本主义没落死亡的规律。""凡有资本主义经济残余的地方，就有剩余价值规律起作用（内在的支配作用）。……社会主义的外在影响（包括政治的经济的规律等等）可以限制剩余价值规律的作用和影响的范围，然而只要这种限制还没有消灭资本家所有制的时候，也就不能改变剩余价值规律在资本主义经济内部的支配作用。"

第四，"个体经济（即小商品经济），是自己占有生产资料并以自己的劳动力为主而进行生产的一种生产方式。""价值规律是调节小商品生产的规律，小商品生产者是依靠商品交换实现劳动价值而进行单纯再生产的。"

第五，"国家资本主义经济是社会主义成分与资本主义成分相互结合具有过渡性质的经济形态"，"它既然还存在着资本家所有制和资本剥削，就存在着阶级关系，就存在着对抗性矛盾，就不能称之为社会主义企业"，"有的同志看到了社会主义基本经济规律在公私合营企业中起主导作用，因而就忽视了资本主义经济规律的存在及其对抗作用（虽然是被限制的），甚至有的人说在公私合营的企业中资本主义经济规律已经不存在了，利润也不是剥削性质的了，这是不符合实际的。实践中证明：社会主义经济规律在公私合营企业中起主导作用，是需要经过各种不同形式不同程度的对抗性的斗争才能实现的。假如忽视了这种斗争，国家就不能实现领导。我们应该认识清楚：几年来公私合营企业发展得比较迅速，并且一般的都有较好的成绩，这并不是由于社会主义的威信使然，更不是资本家的自觉的思想转变使然，而基本上是国家依靠社会主义经济的物质力量和工人阶级的阶级力量不断的进行复杂细致的各种斗争的结果，忽视了这种基本特点，就不可能理解国家资本主义经济的实质。"

　　"资本家愿意接受国家领导、接受各种合作形式，并迎合社会的需要进行生产，绝不是因为资本主义的生产目的改变了，而是因为资本家在斗争中认识到这样做才能够生存并且不违背剩余价值规律的要求。""但是资本家个人的接受改造，只有在社会主义建设逐渐强大的前提下，只有在阶级斗争逐渐尖锐的过程中，才能使某些资本家逐渐放弃其阶级利益。仅仅把希望寄托在对资本家的教育与自觉是不现实的。"

　　第六，"社会主义的农业生产合作社经济是生产资料个体所有制和社会主义集体所有制相结合的经济形态……社会主义经济规律已成为矛盾发展的主导方面，改变了原来的个体经济成分占优势的实质。……然而，由于农业生产合作社的部分的社会主义生产关系和技术基础较低的生产力性质，社会主义经济规律的作用范围不仅受着集体所有制的范围的限制，而且还受着物质基础较落后的限制，它仍然要依靠外在的影响，要依靠国家的帮助……不把社会主义工业化当作是农业社会主义改造的具有决定意义的步骤，错误地认为依靠农业生产合作社内部的力量也可以达到社会主义，那就要掉到农业社会主义的泥坑里去。……另一方面，农业生产合作社内部的矛盾仍然是复杂的，是不断有斗争的，社会主义经济成分必须随着生产力性质的逐步提高而逐步限制和排斥它的对立物。"

　　第七，"生产关系一定要适合生产力性质的规律，在过渡时期有广阔的作用场所，它决定我们建设社会主义经济、改造资本主义经济和个体经济的步骤和方法"，但是"能够体现出过渡时期社会主义必然胜利的前途的，并能够据以组织动员千百万劳动群众为实现社会主义而斗争的，只有社会主义基本经济规律"。

　　狄超白的这些观点，无论从我国当时的历史现实上看，从马克思主义理论上看，还是从党在过渡时期的总路线和总政策上看，都是基本正确的。他所以在标题上，加上"提纲"二字，因为他准备在学术界展开深入的讨论时再详加论证。然而，没有想到，由于林里夫在《经济研究》1955年第2期上发表的《论决定我国过渡时期的各种生产底社会形态的基本经济法则》一文，遭到了来自"左"倾思想的政治诬陷，狄超白不但冤枉地遭到了有组织的批判，并且被迫在保留不同意见之下，以《经济研究》编辑部的名义，在该刊第5期发表了违心的"自我批评"说："我们选稿不谨严"，发表了"与国家的重要政策相抵触"的文章！从此，狄超白准备根据上述《提纲》继续展开的全面论证，也就只得留待适当的时日了。

　　1956年1月周恩来总理作了《关于知识分子问题的报告》，传达了毛泽东主席提出的赶上世界科学先进水平的号召以后，中国科学院党组就在张稼夫的领导之下，一面准备集中全国各学科的科学家制定十二年赶上世界科学先进水平的科学研究计划，一面通过党委发下的通知规定所属各支部必须动员党团员"根据各个不同的工作岗位"检查任务完成的情况，其中着重指出："行政干部应检查行政工作应如何改善科学家的工作条件，更好地为科学研究工作服务的问题，青年研究实习员尤应检查如何虚心向科学家学习并做好科学家助手问题。"（在传达这个通知时党委还特别附加一句：张稼夫同志说："要特别强调在工作中学习。"）通过检查要充分发挥全体党团员的积极性，掀起一个向科学进军的高潮等等。经济研究所党支部在狄超白领导之下经过了三天半热烈的讨论，一致同意党委的通知所作的指示，而否决了"要在青年中提出'为争取候补博士学位而奋斗'的口号"的提议。狄超白在结论性的发言中说，"科学院正在准备集中各学科的科学家制定十二年内赶上世界科学先进水平的科学研究计划，党在科学研究机构的中心任务就是：通过党员动员共青团员按照科学院党委的《通知》更好地完成自己工作岗位上的任务，去团结、支持和帮助科学家为完成国家批准的科学研究计划而斗争。自然其中也包括着发展队伍——即培养青年的计划。但党的培养青年科学家的方法是强调在工作中培养的，动员青年为候补博士学位而奋斗必然助长青年要求脱离或减少为科学研究工作服务和为科学家作助手的工作的思想情绪的发展，不利于党的向科学进军的路线的贯彻执行。不能把个人的利益和集体利益、培养和工作对立起来。"

万万没有料到，就是为了这件事，不但在经济研究所内，而且在全国范围内掀起了一场批判以狄超白、林里夫为首的经济研究所党支部的斗争。随后，1958 年，又错误地把经济研究所党支部定为"狄超白、林里夫反党集团"。从此，狄超白便蒙受了不白之冤。

狄超白被开除党籍以后，依旧以党员的标准要求自己，依旧孜孜不倦地进行社会主义经济学的研究和写作。为使理论密切地结合实践，他领导经济研究所派赴东北三省、浙江、江西和广西的调查组进行专题调查，深入基层搜集第一手资料和统计数据，并写出报告。调查报告揭示了我国经济建设中存在的问题，针对当时"左"的思想和政策，提出了具有战略指导意义的理论观点。由于狄超白的冤案在他在世期间未得平反，他的调查报告一直未被发表，在他去世以后他的遗稿因无人整理又多被遗失。但是从现在还能找到的他在 1963 年所写的《当前农业生产力性质及经济关系》、《当前农业技改的方向和工农关系》、《在社会主义价格理论问题座谈会上的发言》等遗稿看来，他的如下观点，对我们总结历史经验、进行经济建设和经济理论的研究，都是很有教益的：

第一，他认为，到目前为止，我国农业生产力的性质，还是比较落后的，它仍以个体劳动、手工工具和简单协作为主要特征。因此，集体的规模不能过大，劳动资料的性质决定改造劳动对象的深度和广度，二者的辩证统一决定生产规模。是生产规模决定劳动组织，而不是劳动组织决定生产规模。生产力的革命要由劳动力的革命开始，不打破劳动者的单干形式，就不能为生产资料革命开辟道路。但是，没有生产资料的革命继之而起，则劳动力的革命既不能彻底也不能巩固。只要生产过程的个体性质没有得到彻底改造，单干倾向就如幽灵一样，在集体经济中不时作祟。

第二，农业生产资料的革命，是农业技改的基本任务，……改良土壤、增施肥料、发展水利、工具改革等都属农业劳动资料的改革，推广良种、合理密植是劳动对象的改革。在"农业生产力中人的作用，比在工业中还重要，培养掌握先进知识技能的农业劳动者，是技术改革的首要任务。必须加紧在农业中培养一支庞大的科学技术队伍"。"因为发展农业生产力，不但需要极为丰富的自然科学知识，还需要一定的社会科学知识，尤其政治经济学的知识。对于一定的劳动对象使用什么劳动手段和劳动力或者一定的劳动力和劳动资料用于什么劳动对象，是一个科学技术问题，同时又是一个经济学问题，经济发展速度，既决定于主观能动作用，又决定于是否掌握客观经济规律。符合客观规律的主观能动性能够事半功倍，违反客观规律的积极性也会事倍功半。"

第三，现代化的农业是工业装备的农业，是自然科学和政治经济学相结合的农业。社会主义农业生产力及其每一因子——劳动资料、劳动对象和劳动力——在社会总生产过程中能否或如何发挥最大的经济效果，不但决定于科学技术指导是否正确，而且首先决定于生产关系、经济管理体制和指导思想能否保证按照经济规律进行全面的经济核算。例如，"有限的水源，灌在什么地区，灌什么作物，才能达到最大经济效果，存在着客观经济规律。在私有制的时代，发现了也不能实现。社会主义的优越性恰恰是在能够实现全社会的最大经济效果。"但是，"由于初期阶段经济管理体制还不完善也还不统一，在农业建设投资方向上有的地区有些事例违背了社会主义全面核算的经济原则"和"社会主义生产资料的有计划分配"的经济管理体制，造成了"既不符合自然规律，也不符合经济规律"，恰恰否定了社会主义的优越性的结果。尤其是由于在经济建设指导思想上的某些偏差，"几年以来……许多干部把自然斗争和阶级斗争混同起来，将用于对敌斗争的经验用之于斗争自然将有些人民内部矛盾扩大为敌我矛盾，其结果，既在自然规律的面前碰了壁，也在社会经济规律面前碰了壁，生产力后退了，生产关系也不能相应调整"。"不适当的削弱商品关系，过分压缩统销数量，机械地执行'以粮为纲'政策，加强了农业生产的自然经济倾向。"农业的自然条件和生产条件都有地区特点，因地制宜才能充分发挥自然的和社会的生产力。因地制宜要求地区分工分业，是农业生产力社会化的重要方向。将来商品关系是要消灭的，农业地区的分工分业是要发展的。但是，"经济区域隶属于行政区域，结果生产地域经济的倾向：生产与消费都从一定地域的平衡出发。……地区的自给平衡扼杀了地区分工发展。……这些问题有的反映主观认识与客观存在之间的矛盾，有的反映地区之间的矛盾，也有的是反映生产力与生产关系之间的矛盾。对于这种种矛盾，只有以恢复和发展社会主义生产力为主要指导思想，才能逐步得到克服"。

第四，"我国农业技术改革的目的有二：一是要巩固和发展社会主义现代化农业，把农业置于现代化物质技术基础之上；二是使农产品总产量有巨大增长。二者是互相促进的。但归根到底，增加按全国人口平均对农、畜产品的占有量，是建成社会主义的主要物质指标"。

"农林牧渔的全面发展，是社会主义大农业的基本生产项目。在我国耕地少，人口多的条件下，尤其不能单纯依靠种植业的发展。在林牧渔发展的条件下，也为种植业的精耕细作和扩大再生产提供物质的和经济的前提。种植业的发展反过来又能以更多的劳力、饲料发展畜牧，以更多的劳力、物质投向植树造林和兴建水利工程。"

"社会主义大农业的精耕细作，应以农、林、牧、水利的四结合为条件，也就是以广义农业发展为基础。举例来说：为了要在黄河流域发展社会主义的农牧业，关键的措施是根治黄河，三门峡水利工程枢纽及有关各项工程的主要目的，应该是防洪蓄水（附带发电）以发展流域范围内的农、牧业。但是为了达到这个目的，同时必须在中、上游植树、造林、种牧草，防止水土冲刷、调节径流。这不仅为了延长三门峡水库的寿命，更主要的是彻底改变黄河流域的自然面貌和农牧业的自然条件，为流域林牧业的发展和农业的精耕细作创造前提。没有这个前提，即使有更多的电力、化肥和拖拉机，也很难改变黄河中下游的自然面貌，很难实现全流域农业的精耕细作，从而也不能给工业发展创造条件。"

狄超白认为："过去我们进行的流域规划，一般以发电为主，以供工业用电为主。在以农业为基础、工业为主导的方针指导下，有些工程需要重新研究。北方的河流，除黄河上游外，也许应以发展广义农业为主，为发展农、林、牧、渔进行规划设计。北方多煤，可以火电为主；南方比较缺煤，河流建设水电站的自然条件也较好，可以分别情况，采取发电、灌溉并重的方针。"

狄超白经过了详细论证之后，特别强调地指出：

"我国平原耕地少，山区丘陵草原占全国土地面积三分之二以上，年降雨量500厘米以下地区占全国土地面积半数以上。要在全国耕地上推行精工细作，除农牧结合和水利工程建设外，还应当利用广阔的宜林地普遍植树造林。森林是农业自然生产力的重要物质泉源，它能增加雨量，调节径流，调节空气的温度，增加灌溉土壤的有机质。所以哪里有森林，哪里就有'青山不老，绿水长流'，就会在其附近和中、下游发展兴盛的农牧业。森林本身，在很大程度上也是种植业，它能提供工业原料、木本粮和木本油料，繁殖野生动物。人类一开始就是利用森林的自然生产力而生产生活的。数千年剥削制度，把全国的原始森林和天然次森林破坏殆尽，这是建设我国社会主义大农业的不利条件。过去在私有制生产方式下，要在全国范围内绿化山林，是绝对不可能的，社会主义生产方式提供了可能。全国有20亿至30亿亩的宜林地可以分批、分期绿化。山林的绿化将以空前的规模，恢复和扩大农业和工业的生产力。在这里，自然生产力和社会生产力的相互转化，是十分清楚的。"

"农林牧与水利之间相互依存相互促进的规律，是广义农业的重要自然规律，在社会主义制度下，也是重要的经济规律。只有社会主义、共产主义制度，才能充分利用这个规律建立广义农业的生产结构。建立了这样的生产结构，就能充分发挥农业为基础的作用，为工业的发展提供必要的生活资料和重要的生产资料。任何一个缺乏这种农业生产结构的社会主义国家，虽有较大的工业体系，它的基础是不完整的，事实上是不能取得经济上的独立自主的。"

第五，在现代工业的物质技术支援之下，"我国农业技术改革的全部过程，是生物措施、化学措施、水利工程措施以及工具机械化措施等方面相互交织、相互促进的过程"。是通过不断地发展科学生产力，去不断地提高劳动生产力，因而不断地提高投资效果而节约劳动力的过程，在人口数量不变更不用说在人口的自然增长的条件下，也是不断增加所谓"剩余劳动力"的过程。"为要解决农村庞大的劳动后备队的问题，主要有下列几个途径：一、农、林、牧、副、渔全面发展，上山、下海和开发边疆；二、精耕细作，提高复种指数；三、在农区、林区、渔区、牧区建立加工修配工业以及科学文化教育事业。"

"在社会主义制度下，人口既是社会消费的基本因素，也是社会生产力的因素。我国人口众多这个特点，使我们有条件进行广义农业的全面发展和种植业的精耕细作。这是一项伟大的历史任务，完成了这个任务，就解决了社会主义建设阶段的最艰巨的任务，并为过渡到共产主义创造了最必要的物质条件。同时，我们完成了这个任务，也给全世界劳动人民指出：只有在社会主义、共产主义制度下，才能彻底解决被资产阶级反动派视作劳动者宿命论的人口问题。"

第六，"发展集体的多种经营：充分利用自然条件，农、林、牧、副、渔，以一业为主，综合经营，是我国社会主义农业生产发展的基本方针。这既与资本主义国家的生产单一化有区别，也与苏联农业生产专业化有所不同。当前大部分的公社和生产队，都有依靠自己的力量展开多种经营的可能。生产队经济的巩固与发展，也在很大程度上依靠多种经营的开展"。

"用不同规模不同形式的农、林、牧结合，用社会化的水利灌溉，用各种现代化科学的成就等等，来促进农业的精耕细作，就完全不同于旧时小农经济的精耕细作。它将代表崭新的农业生产力，在与农村资产阶级残余势力的斗争中，在改造小农经济思想意识的过程中，将发挥决定性的作用。因为上述种种的生产条件，它的增产幅度，它所展示的更为辉煌的远景，都远非资本主义和小农经济所能达到的。"

"这个农业技术改革的道路是能够摆脱繁重体力劳动和大大提高农业劳动生产率的，依照毛主席的指示：'凡是能够使用机器的地方统统使用上机器。'在不宜使用机器的地方，分别用化学的、生物的和物理的其他科学措施来节约劳动力和增加产量。依据农业的本性，走向共产主义的具体道路只能是这样而且必然是这样。"

"社会主义农业的技术改革，始终具有阶级斗争和生产斗争的双重任务。二者互为条件，缺一不可。不能把技术改革视作单纯的技术任务。那种认为有了足够的黄油面包，有较高的生活水平就自然能够战胜资本主义的说法是荒谬的，是社会民主主义者的陈词滥调。马克思列宁主义者认为：解放了的人民的物质生产能力的增进，既为提高人民生活，也为具备充足的物质、精神力量对资本主义进行斗争、冲击，以彻底消灭剥削制度和改造剥削分子创造了条件。在世界范围内消灭大垄断资本主义，是社会主义各国过渡到共产主义的社会前提。社会主义阶段的阶级斗争和生产斗争息息相关地联系着。"

狄超白的这些观点，在一定意义上可被认为他准备写进《社会主义政治经济学》专著的基本观点。但是，遗憾的是：他的这部专著，刚写完第一篇第一章《从资本主义到社会主义》，就不得不因参加"农村四清运动"，接着又在十年浩劫中遭到了新的政治迫害，而无法完成——虽然他早就拟定了全书的目录。

从1977年夏季起，许涤新主持编写《政治经济学辞典》时，约请狄超白负责辞典编辑部的工作。狄超白开始把全部精力投入辞典编写工作中，他既要埋头于自己分担的条目的写作，又要审阅其他词条。1977年11月2日，他在泰安举行的"政治经济学辞典会议"总结会议上作了《关于〈政治经济学辞典〉凡例的几个问题》的报告以后由于积劳过度，于 11 月 7 日回到北京的当天，因心肌梗塞而与世长辞！

1978 年 8 月 16 日中共中国社会科学院经济研究所党总支，就狄超白的冤案申诉进行审查做出初步决定，宣布给他恢复党籍，撤销处分。11 月 4 日给狄超白举行追悼会，在悼词中，肯定了"狄超白同志在数十年中，立场坚定，爱憎分明，忠于人民，忠于党"。"他的不幸逝世是我国经济学界的一个损失。"

1985 年 4 月中共中国社会科学院经济研究所分党组作出《关于"狄超白、林里夫反党集团"问题的复查平反结论》，1986 年 6 月中国社会科学院在《院内通讯》发表了《中纪委批复我院纪委：彻底为"狄超白、林里夫反党集团"平反》的消息，为狄超白的冤案彻底平反昭雪。狄超白如果九泉之下有知，应为自己所一贯为之献身的党的四项基本原则的胜利而欢呼了！

编辑注：

应本文作者的要求特做如下说明：

由于篇幅所限，本文一部分内容在编辑加工过程中做了删节：

其一，抗日战争期间，狄超白在周恩来的领导下，在上层统一战线完成了一些特殊任务；其二，解放战争期间，狄超白在香港筹办《华商报》并任该报主编的历史及周恩来电召狄超白赴上海、南京汇报工作的原因；其三，1956—1958 年间，狄超白任中国社会科学院经济研究所代理所长兼任党支部书记时为坚持马克思主义理论、党的路线和党的民主集中制而进行的斗争。

（原载《中国当代经济学家传略》，辽宁人民出版社，1989 年）

宋庆龄和中国民族武装自卫委员会

　　宋庆龄是1934—1937年间中国民族武装自卫委员会筹备会（简称"武卫会"）的主席。她和武卫会的关系实际上是她以值得令人钦敬的马克思主义者和党外布尔什维克的无产阶级革命战士的身份、利用中国国民党左派元老的资格和中国共产党共同建立和发展抗日民族统一战线，并以武卫会主席的身份和中共武卫会党团同心协力、荣辱与共地为实现中国共产党提出的《中国人民对日作战基本纲领》而斗争的关系。在武卫会存在的期间，国民党一直把武卫会作为"围剿"的对象，宋庆龄也一直受到特务的威胁、恫吓，而很少能和中共武卫会党团发生直接的联系；但是，她却一直以武卫会主席的身份支持和赞助着中共武卫会党团所领导的抗日反蒋斗争，使中共武卫会党团得以宋庆龄主席和武卫会总会的名义同国内外各地区民族武装自卫会分会及抗日武装部队直接或间接发生联系，以推动全民族的抗日救国运动。1936年8月国民党发表捏造的"王顺芝等率民族武装自卫会四百三十七人归顺中央宣言"时，宋庆龄还以武卫会负责人的名义和章乃器联名在报纸上发表声明予以驳斥。但是，宋庆龄担任武卫会主席的历史不见于宋庆龄的悼词，这就使人们理所当然地提出"宋庆龄和中国民族武装自卫会的关系"问题，并要求作出回答。我曾任中共武卫会党团书记，对这个问题作出系统的回答，我责无旁贷。本文就是应中共上海市委党史资料征集委员会之邀而写作的。

一

宋庆龄在蒋介石背叛中国民族民主革命，破坏了第一次国共合作以后，一直坚持着和共产党的联系，赞助着中国共产党所领导的革命运动，南昌起义后，她被推选为革命委员会委员，她便以此身份支持中国共产党组织工农红军。

1931年"九·一八"事变以后，她和中国共产党一起反对蒋介石对日本帝国主义实行的不抵抗主义，要求对日作战，并积极支持东北人民的抗日斗争。1932年她积极支持"一·二八"淞沪抗日战争，担任"国际非战及反对日本对中国之侵略大会"的筹备委员会和执行委员会委员；发起组织"中国民权保障同盟"，支援为争取结社、言论、出版、集会自由等民主权利而斗争，反对蒋介石疯狂地逮捕、监禁和屠杀革命群众的白色恐怖政策，并且积极进行营救被捕共产党员的活动。

1933年3月8日，她在上海三十几个进步团体召开的"国民御侮自救会"筹备大会上发表演说时，就提出了以下四项要求：（一）全国军队至少百分之八十以上配以适当的军械与飞机，应开拔去抵抗日本帝国主义，收复满洲热河，保卫中国；（二）人民全部武装，组织人民自卫团；（三）人民的民权（言论出版自由，集会结社自由等）立即恢复，对革命分子的监禁酷刑与杀戮应立即废止；（四）停止向中国苏维埃区域的进攻。并且号召全国一切城市和乡村，都要为实现这些要求而斗争，以便赢得一个"不是被帝国主义征服与瓜分的中国，而是工人与农民的自由的团结的革命的中国"。同年9月30日，她摆脱了国民党特务的监视，出席并主持了在中国共产党秘密组织和协助之下举行的"世界反对帝国主义战争委员会远东会议"，发表了《中国的自由与反战斗争》的演说，明确地表示："必须为建立真正的中国人民政府而斗争"，"让我们团结起来，向那些背叛国家，把我们的国土一省一省地出卖给帝国主义者的人们作斗争！""用我们最大的力量来保卫那已经由帝国主义者统治和封建剥削的羁绊中解放出来的中国工人和农民，他们现在正受着国民党军队第五次而且是最大规模的进攻。"在这次会议上成立了"远东反帝反战同盟中国分会"，宋庆龄被选为主席。

二

提出《中国人民对日作战基本纲领》，决定成立"中国民族武装自卫委员会筹备会"，请宋庆龄担任主席，是中共中央为了纠正"左"倾关门主义错误而"组织广泛的民族革命统一战线"，变国内革命战争为抗日民族革命战争的战略决策。作出这一战略决策的根据和实行这一战略决策的经过是——

1933年10月，国民党第十九路军将领和红军签订了抗日反蒋协定，11月在福建宣布脱离蒋介石的统治，联合第三党和神州国光社的成员组成"生产党"，成立"中华共和国人民革命政府"，把十九路军改名为"人民革命军"。红军第三军团长彭德怀向中共中央书记博古建议："留五军团保卫中央苏区，集中一、三军团和七、九两个军团向闽浙赣边区进军，依方志敏、邵式平根据地威胁南京、上海、杭州，支援十九路军的福建事变，推动抗日运动，破坏蒋介石对苏维埃红军的第五次'围剿'计划。"博古根据王明"左"倾机会主义观点认为打起"人民革命"的旗帜的国民党是"最危险的敌人","第三党比国民党还坏",决定"采取坐山观虎斗的政策",不让红军履行抗日反蒋协定。博古不但使"红三军团奉命由福建向江西转移",而且"还要赣东北地区三千人的红十军南调到中央苏区集中",把彭德怀的正确建议斥为"脱离中央苏区的冒险主义"。

1934 年 1 月,由于十九路军失去了红军的支援和掩护,"福建事变"失败。"中央苏区的羽翼失去了依托"(借用彭德怀的原话),蒋介石得以集中全部军事力量在帝国主义支持之下对苏维埃红军开始了准备一年的第五次"围剿",加速了日本帝国主义侵略华北和灭亡中国的步伐。全国人民和军队根据自己的痛苦经验已经愈益觉悟到:只有实行武装自卫,自动对日作战,才是挽救民族危亡的唯一出路。中共中央根据国际国内的政治形势和阶级关系的发展变化,"九·一八"事变以后全国军民自动进行的抗日战争的经验和教训(主要是由于缺乏全国集中统一的领导和支持而遭到失败的教训),以及党对广泛地组织抗日民族统一战线的必要性认识不足所犯的错误(包括王明对于自己采取"坐山观虎斗"的政策所作的自我批评)而提出了《中国人民对日作战基本纲领》。

在 1934 年 4 月以前,中共中央就根据这个纲领的第五条,决定成立"中国民族武装自卫委员会筹备会"。一方面调集干部于 4 月初首先组成中共武卫会党团及其领导下的党组;另一方面征得宋庆龄、章乃器、黄申芗等人的同意和中共党团成员共同组成以宋庆龄为主席的武卫会筹备会。宋庆龄在当时十分艰难的条件下,挺身而出毅然担任这一任务。4 月 20 日"中国民族武装自卫委员会筹备会"在上海印发《中国人民对日作战基本纲领》,在全国各民族、各阶级、各党派、各职业界、各团体的男女老少中展开征求发起人、赞成人的签名运动。从那时起，宋庆龄和武卫会的关系，就是她以国民党中央委员的身份和共产党合作的关系，就是她用被尊为"国母"的政治威信和关系支持和赞助中国共产党和全国人民为实现《中国人民对日作战基本纲领》而斗争的关系。

当时中共武卫会党团成员有老李（李国章）、老何、陈璧如和老白，由老白任党团书记。党组成员有：老袁、景群和谢华，由老袁任党组组长。本来在这以前党中央就已开始了武卫会筹建工作。武卫会党团成立以后，党中央就通过党团继续进行武卫会的筹建工作；除增调党、团员、社联盟员参加武卫会基层组织的筹建外，还和宋庆龄共同商定武卫会筹备会的内部分工如下：

1. 主席：宋庆龄（女，中国国民党中央委员）。

2. 总务部长：陈璧如（女，中共党员，党团成员。1919年在"五四"运动中参加革命，1926年由李大钊介绍入党，1930年"北方左联"的发起人之一，教育学家，1932年中共北平市文委委员，1933年中共天津市委宣传部干事。1975年被"四人帮"迫害致死）。

3. 经济部长：章乃器（曾参加过第三党，在那以前参加过共产党。当时任上海浙江实业银行副总经理，全国知名人士）。

4. 军事部长：李国章（中共党员、党团成员，原在国民党孙殿英部队任营长，1933年组织士兵暴动，参加察哈尔抗日同盟军，任团长。后调中共中央军委工作，1935年7月被捕后下落不明，可能当即被害）。

5. 民众武装部长：黄申芗（曾任国民党的县长，上海青红帮小首领）；副部长：柴世荣（东北义勇军代表）。

6. 组织部长：老何（中共党员，党团成员，1926年加入共青团，1930年入党，1933年上海沪中区委干事，1934年初任上海中共水上区委宣传委员，现名李定南）。

7. 宣传部长：老白（中共党员，党团书记，1928 年参加革命，1929 年入党。1931 年任中共北平市西城区委书记。1932 年上半年在上海曾任"文总"外兵工作委员会主席兼日兵科长、"社联"常委研究部长；下半年在北平任中共北平市委宣传部长。1933 年在天津先后任中共反帝党团书记、中共天津市委宣传部长兼秘书长，现名林里夫）。

1934 年 5 月 7 日，中共中央向党在国民党区域的各省委发出秘密指示信说：成立中国民族武装自卫委员会，为实现《中国人民对日作战基本纲领》而斗争，是党为了粉碎国民党对苏维埃红军的第五次"围剿"，变国内革命战争为抗日民族革命战争而制定的战略决策，必须动员一切组织，在群众中广泛地宣传《中国人民对日作战基本纲领》，展开签名运动，并把签名者组成各省、市、县、区、乡的民族武装自卫会分会，一面在省委直接领导下，一面和中国民族武装自卫委员会总会建立组织关系，要把这一工作当作白区党的中心任务去进行。不久，中共中央就把代拟的《中国民族武装自卫会筹备会反日宣言》原稿由苏区送到上海交给武卫会党团，分头征求武卫会总会各委员的意见，获得全体一致通过之后，中共中央就通过各种关系帮助武卫会争取把它和有发起人和赞成人签名的《中国人民对日作战基本纲领》一起在报刊上公布。本来按照中央的计划，武卫会的正式成立大会应于 6 月召开，这些文件应在武卫会成立大会之后发表。但是，由于中共中央印刷机关遭到敌人破坏，接着，中共上海临时中央局负责人李竹声也被逮捕，不得不决定把原定计划推迟实行。

1934 年 7 月下旬，按照中共上海中央局的安排，武卫会总会在党中央代表参加之下秘密地召开了成立大会。8 月 1 日在报上发表了由宋庆龄、何香凝、白云梯等三千余人署名的《中国人民对日作战基本纲领》、《中国民族武装自卫委员会筹备会反日宣言》和《中国民族武装自卫委员会组织章程》。武卫会成立大会一开始，主席宋庆龄就宣布把《中国民权保障大同盟》的结余基金全部移交武卫会作为抗日经费，由经济部长章乃器负责保管。武卫会成立大会除了决定立即开始动员全国海陆空军和全国人民为实现《中国人民对日作战基本纲领》而斗争之外，还向国内外郑重宣告：中国民族武装自卫军第一军已经正式组成，准备和由江西出发的中国工农红军北上抗日先遣队会师北上，在武卫会的直接领导下，共同进行抗日民族革命战争。武卫会筹备会在《反日宣言》中曾经拟议：在"九·一八"三周年纪念日召开全国抗日人民代表大会正式选举中国民族武装自卫委员会。但是，由于蒋介石顽固地坚持其"攘外必先安内，抗日必先剿共"的政策及"在剿共期间不准侈言抗日，侈言抗日者斩"的军令，武卫会的《抗日宣言》一发表，国民党就下令把武卫会宣布为非法组织和特务"围剿"的对象，同时又通过特务警告宋庆龄说："你若继续参加政治活动，就要对你采取不客气的行动了。"在这种情况下，不但全国抗日人民代表大会无法召开，就连武卫会的日常工作也不得不采取更加隐蔽的方式，武卫会党团和宋庆龄的关系也不能不有所改变了。本来，蒋介石早就在宋庆龄住所四周安置了特务据点。武卫会在公开宣布成立以前，党团只派老何（海南岛人，宋庆龄的同乡）去和宋庆龄联系过两三次，一次是征求她对《反日宣言》的意见，其余一两次是商谈展开签名运动的问题。在特务发出警告之后，党团又派李国章去和宋庆龄联系过一两次，讨论在国民党军队中进行工作的计划。以后，中共上海中央局就决定：为了保证组织安全，武卫会党团和宋庆龄的工作联系改由中央代为保持，现在知道中央经常和宋庆龄发生联系的有贺昌之，他原在上海临时中央局作特科工作，以后在上海中央局负责组织工作。

武卫会公开宣告成立之后，武卫会的华南分会（负责人有陈铭枢、蒋光鼐、蔡廷锴、叶挺、胡汉民等，联系人是梅龚彬）、南洋分会、美洲分会、华北分会（主席是吉鸿昌，下设天津市分会、北平市分会及徐水县分会等等）也相继成立。除华北分会因国民党的白色恐怖严重，由中央代为联系外，都和武卫会总会建立了直接关系。不幸的是：武卫会江苏省分会功亏一篑，未能建成，因为中共江苏省委遭到破坏，它所交给武卫会公布的 3000 名发起人和赞成人多已失掉了联系。武卫会只能和共青团江苏省委领导下的武卫会分会保持联系，重新征收会员，发展组织。

三

从 1934 年武卫会成立，到 1936 年 7 月武卫会总会及上海市分会遭破坏，武卫会的活动，在大体上可以分为三个阶段。

第一阶段：1934 年 4 月—1935 年 7 月，是武卫会在中共中央直接领导和帮助下发展组织和展开战略攻势的时期，主要成就是：

1. 建立和发展了总会机关、国内外分会及由总会直接组建的以基层分会（沪东、沪西、沪中、闸北、南市及各大中学分会）为基础的上海市分会和常熟分会，并在其中吸收共产党员。

2. 在方志敏所率红军北上抗日先遣队因误入敌人包围圈而被敌人围歼后，中国民族武装自卫军第一军就潜伏起来，在安徽省的合肥、蚌埠、怀远三个县分成七个区建立了秘密的抗日武装根据地，通过皖北巢芜地区武卫会驻沪联络站和总会经常联系，保存了一支拥有一万多人枪，在有军事指挥才能的干部（他们都是在苏联受过军事教育的）领导下的抗日队伍。

3. 和李杜的东北义勇军驻沪办事处保持着联系，帮助东北抗日联军（李延禄部）采购军需物资，和党中央军委合办训练班，为东北义勇军培训干部。委任王一川（吉林省大赍县人，原为中学教员。"九·一八"后，自动充当东北义勇军义务联络员。以后他在大赍县创建了一支70多人的抗日游击队，领导抗日斗争，很有声威。因汉奸告密不幸被捕，英勇牺牲，但并未暴露自己的身份，已被追认为烈士）为武卫会代表，派回东北义勇军，宣传和贯彻《中国人民对日作战基本纲领》。

4. 在长江沿线国民党"围剿"红军的部队中通过武卫会的关系，组织策反工作。党中央军委曾以武卫会的名义进行具体的领导，并为他们建立转到红军去的关系。在国民党驻宁夏的部队中也展开了同样的活动，曾于1935年1月派武卫会党组谢华（湖南人）领导其中某部哗变到红军中去的工作；虽因军队转移，情况发生了变化，原定计划未能实现，但谢华却被留在西北继续进行工作。

5. 以1927年参加过上海工人三次武装暴动的工人武装纠察队为基础发展抗日的民众武装部队，进行对日作战的准备（负责人是陈以胜——1927年上海工人武装纠察队队长）。

6. 在国内外轮船公司的海员中发展武卫会的组织，建立起海员分会，在武卫会总会领导下和海外武卫会分会保持着秘密关系。负责人是海李和王阿林。（他们都是老海员、老共产党员、1925年省港罢工的领袖，海李是赤色职工国际的候补执委。1935年1—3月间和总会组织部长党团成员老何对调工作职位后，因早年在新加坡被敌人打伤留下的残疾复发，被上海英国巡捕扭送疯人院以后"下落不明"，为革命牺牲。）

7. 总会宣传部从 1935 年 2 月起秘密油印出版《政治周报》，根据日本人办的《每日新闻》所载，揭露了 1935 年蒋介石接受日本广田外相灭亡中国的"对华三原则"，及日本大使有吉明在南京迫使蒋介石签订"中日提携协定"和发表"中日亲善宣言"等卖国文件的经过以及其后蒋介石以徐道邻的名义发表《敌乎？友乎？》的卖国文章，和以国民政府名义颁布"敦睦邦交令"的罪行，动员全国军民为实现《中国人民对日作战基本纲领》而斗争。

8. 1935 年 6 月，日本帝国主义者以《新生》周刊发表《闲话皇帝》一文以"侮辱天皇"、"妨害邦交"为借口，迫使蒋介石下令《新生》停刊。事件一发生，上海市分会就根据总会的指示，动员各区分会会员及其影响下的群众组成《新生》读者会，"以要求《新生》复刊，争取抗日救国的民主权利为中心，号召全市人民展开抗日反蒋的斗争"。他们还根据群众的要求创办了一个半公开的期刊《斗生》，以《中国人民对日作战基本纲领》为中心，动员全国人民开展民族武装自卫运动。当蒋介石在日本帝国主义威逼之下，把《新生》主编杜重远逮捕下狱准备判刑时，武卫会总会一面通过总务部长陈璧如支持章乃器、胡愈之等组织一批著名律师利用合法斗争的形式，为杜重远进行"爱国无罪"的辩护，借以暴露蒋介石的卖国的政策；一面通过宣传部副部长顾准指示并帮助上海市分会立即以"《新生》读者会"为基础组成"杜重远后援会"，发表《告全国人民书》，以要求无条件释放杜重远、保证人民抗日民主权利和言论出版自由、反对日本帝国主义者占领华北为中心，为掀起全国人民的抗日反蒋运动的高潮而斗争。上海市分会通过"杜重远后援会"和"《新生》读者会"用寄赠捐款、送交慰问品、写信、探监或访问等方式声援和支持杜重远的正义斗争。他们把杜重远的狱中照片、签字和谈话在报刊上发表，用以激励和鼓舞群众的抗日反蒋的斗争。其中最有战斗意义的是：《斗生》在《抗日斗士杜重远访问记》中，把杜重远的如下的狱中答问原样传达给全国人民："男监里有三四十个是政治犯，女监里也有。大都是从警备司令部抓来的，他们那儿对政治犯是没有什么法律的，随便的定罪就是了。""目前中国民族已经到了生死存亡的关头，……我们唯有抱着'破釜沉舟'与'背城借一'的精神来掀起广大的民族自卫的武装战争跟日本强盗拼出一条血路！我早就说过：'绵羊偷活百年，不如猛狮生存一日！'我们要做猛狮，却不愿意做绵羊！更不愿做日本帝国主义的奴才！"①

但是，正当援救杜重远的运动如火如荼地发展起来，中共上海中央局由于内奸告密而于1935年7月21日（或22日）遭到一次大破坏。武卫会总会的军事部长、党团成员李国章也被捕了，我和陈璧如的家也被敌人占领了。武卫会的组织安全遭到了严重威胁。8月上旬我又和上海中央局的负责人（当时的组织部长是贺昌之、书记是刘仲华）恢复了组织关系。根据中央负责人（现在知道是贺昌之）的指示，武卫会党团不得不决定暂时停止活动，一面把环境不好的干部交中央调走，一面把各级组织作一全面的清理，使整个组织从上到下，建立在最安全与可靠的单线联系上，准备在完全摆脱敌人的包围之后恢复工作。

第二阶段从1935年7月下旬，中共上海中央局及武卫会总会由于内奸告密而遭到敌人的破坏的时候起，武卫会总会及上海市分会的对敌斗争就转入了实行战略退却和战略防御的第二阶段。这一时期，武卫会北平分会却经过了艰苦斗争，参与发动和领导了震惊中外的"一二·九"运动。

---

① 《斗生》第5期，第23—24页。

1935 年 10 月，上海中央局负责人根据当年 5 月的决定把我和陈璧如转到香港去，武卫会的工作仍旧由我负责。但是，因为临行时遭到特务的威胁，我和陈璧如认为这可能又是内奸告密的结果，为了保证组织的安全，决定不去香港，而召开党团会作出决定：我们两人移居南京，党团和总会继续停止工作，保持单线联系，准备在摆脱敌人的包围后恢复工作并设法重建和中央的关系。从这时起，武卫会和宋庆龄主席之间的间接联系也就完全中断了。在这一阶段，经过思想教育和组织清理工作，武卫会的主要成就是：基本上摆脱了敌人的包围，提高了干部的质量，纯洁了各级组织，通过灵活而紧密的单线联系巩固了下列分会及其领导关系。

（1）上海市分会包括：沪东区分会、沪西区分会、沪中区分会、闸北区分会、南市区分会。各区分会领导下的基层分会或小组（包括上海中学、正风中学、麦伦中学、华清中学及工人、店员及职员或小组）。

（2）上海市大专院校分会：持志大学分会、交通大学分会、光华大学分会、大夏大学分会、复旦大学分会、大同大学分会、暨南大学分会、税务专门学校分会、美术专科学校分会、蒙藏学院。

（3）常熟分会。

（4）海员分会。

（5）民众武装部队。

（6）中国民族武装自卫军。

（7）东北抗日联军。

（8）华南分会。

（9）南洋分会。

（10）美洲分会。

　　需要加以说明的是：武卫会各基层分会或小组的周围，都有以各种名义和形式存在的各行各业的以抗日救国为目的的外围群众组织，它们在武卫会的干部和会员的领导或影响下，并未由于武卫会暂时停止工作而停止活动。例如，在国民党法院开庭审判杜重远时，"杜重远后援会"就曾动员了相当多的群众去参加旁听。当法官宣判杜重远徒刑一年零两个月时，群众就一面高呼"打倒日本帝国主义"、"打倒卖国贼蒋介石"等口号，一面散发传单，支援宋庆龄、章乃器、胡子婴、沙千里、李公朴等人的抗议斗争。

　　还须特别指出的是：正当中共上海中央局及武卫会总会遭到敌人的破坏，武卫会总会及其上海市分会不得不实行战略退却和战略防御的期间，武卫会的北平市分会——"北平市民族武装自卫会"却先后在李世庸、程国奇（杨子英）、冷楚、周怀求（周小舟）的领导下展开了英勇顽强而且卓有成效的斗争。他们"出版秘密刊物《抗日新闻》"，在二十几所学校设立分会，通过"多达五百余人"的会员，利用时事讨论会、学术报告会、学习世界语、推广北方话拉丁化等形式，尤其是利用筹建黄河水灾赈济会对灾民进行赈济的活动，一面揭露蒋介石及其国民党政府和日本帝国主义签订"何梅协定"出卖华北，并且帮助日本帝国主义逐步实现"华北特殊化"的罪行，一面把广大群众引上反蒋抗日救国的道路。人们都知道"一二·九"学生运动是在"北平市各大中学校学生抗日救国联合会"（简称"北平学联"）的领导下爆发的。但是，似乎很少有人知道，"北平学联"原是武卫会北平分会为了发动并领导这次抗日反蒋救国运动而建立的合法的群众组织，而为了建立这一组织，武卫会北平分会是经过了许多迂回曲折的艰苦工作的。

　　从1935年12月起，武卫会的对敌斗争转入第三阶段：为实现《中国人民对日作战基本纲领》，贯彻党的抗日反蒋的策略路线及巩固与发展上海及全国的抗日救国运动。

北平"一二·九"学生运动爆发后，武卫会上海市分会的干部也动员自己单线联系的组织及其领导下的救国会的群众，与其他组织协同作战，发动了上海人民的抗日救亡运动。武卫会总会党团为了不使群众的自发斗争由于缺乏集中统一的领导而被敌人扑灭，经过慎重的考虑，决定停止1935年8月中央指示的执行，而动员整个组织进行有计划的领导。

武卫会总会党团意识到自己并未完全摆脱敌人的包围。经过斗争，虽然在政治上由于党的抗日反蒋路线和《中国人民对日作战基本纲领》愈益受到广大群众的拥护而必将取得胜利；但是由于帝国主义和国民党特务与他们打入革命阵营的内奸的联合"围剿"，而在组织上依然存在着遭到破坏的可能。为此，决定在严格地保持组织的秘密的前提下，以武卫会基层分会和小组为中心，利用一切公开合法的形式，广泛地建立和发展救国会，展开各种形式的抗日救亡运动。同时，最大限度地缩小武卫会领导机关及其对外直接接触的范围，并且经常检查武卫会各级组织坚持秘密工作原则的情况及其效果，以便随时采取措施，避免敌人的追踪。

1935年12月末，以武卫会各大专院校分会为核心，建立的"上海市大专院校抗日救国联合会"（简称"上海学联"），就是根据武卫会党团的上述方针在恢复工作后开始的第一个行动。当时，"上海学联"的参加者有：交通、大同、大夏、暨南、持志、同济各大学及税专、美专、中法工学院、蒙藏学院等院校，公推武卫会成员胡实声为主席。1936年5月在上海成立的"全国学生抗日救国联合会"（简称"全国学联"，主席是刘导生），就是由胡实声派出的"上海学联"代表彭瑞复（也是武卫会会员）和"北平学联"的代表韦毓梅、刘江陵、陆瓃、董毓华（筹备期间的党团书记）等共同筹备的结果。

1936 年 1 月，"上海学联"组织"上海各大中学学生救国宣传团"，沿京沪铁路进行抗日救国的宣传活动。在出发前，杨立钧代表武卫会总会邀集"宣传团"中武卫会的领导骨干胡实声等，在八仙桥的一个小旅馆里开了一夜的秘密会，确定领导斗争的计划和部署。1 月 21 日，宣传团员约 90 人在南翔集合，编成三个中队。复旦大学人数最多，单独编为第一中队，交大、大夏和暨南几个大学编为第二中队，税专、美专、蒙藏学院及几个中学，编为第三中队；每个中队再分为三个小队，每个小队除了小队长和交通员外，还选出先遣员、宣传员、组织员、救护员、事务员等。22 日清晨三四点钟出发，沿着去嘉定、太仓、昆山、苏州……南京的公路步行，对广大人民进行抗日救国的宣传、动员和组织工作。23 日在去太仓的途中，帮助当地农民组织一个"农民救国会"；24 日走到太仓，上午整队游行，下午分队宣传，并募捐抗日经费；25 日冒着雨雪，高唱着《工农兵联合起来向前进》的歌曲前进。下午到了昆山，游行一周之后，遇到国民党县公安局的干涉。经过了一场成功的抗日救国宣传和胜利的说理斗争，击退了国民党县公安局督察长的诬蔑和恐吓，组成了"昆山民众救国会"。晚间，又在民众娱乐场演出了爱国戏剧，并且发表讲演，扩大了政治影响；26 日宣传团正向苏州前进时，昆山县公安局长又奉命前来阻拦，不准西行。由于宣传团的抗日救国宣传深受群众的欢迎，抗日歌声又博得了当地保安队士兵的同情，在他们自动地高呼"欢迎上海爱国学生"的口号声中冲向苏州。但是 27 日下午 3 时刚到苏州城外，警察就奉命出城阻截。宣传团根据《中国人民对日作战基本纲领》做了抗日救国的宣传，使警察变成了同情者，也跟着宣传团一起走到城门。由于城门已被关上，十几人冲撞不开，武卫会的会员许锡缵和徐昌裕等根据一位警察的指点，翻越城墙，打开城门，使队伍涌进城里，一面游行，一面演讲，苏州人民买了面包和点心给宣传队充饥，同时也自动地加入了游行队伍，汇集成了2000余人的大军，一齐去到国民党县政府，质问并抗议：为什么下令紧闭城门，不准中国人民在中国境内自由通过和进行抗日救国宣传？国民党县长谎称："没有下令紧闭城门"，群众揭穿了他的欺骗，他退回县府阴谋采取镇压措施。宣传团继续在苏州市内示威游行，直到深夜；正当精疲力竭准备投宿时，国民党县长派人前来假装"招待"，把大家引进苏州工专学生宿舍，不给被褥，8个人分住一间，化整为零，等到夜深人静、孤立无援时，派来大批宪兵（不戴符号），持枪荷弹，上了刺刀，把宣传团员唤醒，两人挟持一个，连拽带拖地押上火车，送回上海。宣传团员们奋力反抗，在互相搏斗中有人竟被打得头破血流。这次行动使全体抗日宣传团员再一次看到了国民党反动派卖国的狰狞面目。

四

武卫会及宋庆龄担任武卫会主席的历史为什么长期不得重见天日呢？

1936年8月28日，国民党在京沪各大报上发表了伪造的"王顺芝……等率民族自卫会四百三十七人归顺中央宣言"，极尽造谣诬蔑之能事。不但把我所担任的武卫会党团书记说成是"葛志明的兼职"，还把虚构的"兼上海市委秘书"的职务加在武卫会党团成员张慕华（袁牧华）的名下，又把根本不存在的"市委兼党团书记"的官衔安到王芳（即黄磬吾）的头上，等等。从这份"宣言"中可以看到：武卫会的党内关系甚至武卫会总会和分会的内部分工及其职称，都是敌人捏造的。即使局外人也能看出如下的破绽：（1）被捕者只有11人，何来"归顺"者"四百三十七人"？（2）既把葛志明说成总会"党团书记"，为什么又把写不出其党内职务的王顺芝摆在"宣言"的领衔者的位置？"宣言"发表不久，就从狱中传出消息说：武卫会被捕者都不知道这个"宣言"。后来查到的国民党档案材料上明确地记载着王顺芝（李建模的假名）、张慕华、王阿林、朱宝庭等在狱中发现国民党盗用他们的名义发表反对共产党、污蔑武卫会和欺骗人民的"宣言"时进行抗议斗争的情形。

宋庆龄看到那份"宣言"后，立即和章乃器以中国民族武装自卫会负责人的名义，在报上发表声明，说在武卫会中根本就没有发现所谓"率民族武装自卫会四百三十七人归顺中央宣言"的人，用以揭穿了国民党的欺骗，维护了武卫会在全国人民中的威信。

我从1937年2、3月起就把上述情况向党中央作了如实的报告。但是，完全没有想到：康生利用中共中央社会部长等职权，竟在武卫会被捕干部（李建模、袁牧华、王阿林、朱宝庭等）都在各个战线上担负着党所分配的领导职务并且都能证明我没有任何政治问题的情况下，于1939年11月捏造出"民族武装自卫会的负责人是个内奸，他把组织破坏以后，登报—自首"的罪状，把我关进陕甘宁边区政府保安处长达7年之久。从此，武卫会及其领导干部也全都蒙上了不白之冤，王阿林被剥夺了党的"七大"代表的资格和权利就是一个典型例证。宋庆龄和"中国民族武装自卫委员会筹备会主席"的职位也就从她的革命历史上被抹掉了。

1945年中共第七次代表大会组成的以刘宁一为首的关于我和武卫会的问题专案审组，作出结论肯定了以下事实：（一）所谓"王顺芝……等率民族武装自卫会四百三十七人归顺中央宣言"是国民党捏造的;（二）在那个宣言中没有我的名字;（三）敌人要抓我,但是没有抓到（朱宝庭证明:他听到两个特务在私语说:"武装自卫会的头子跑掉了,没有抓住。"）;（四）我的历史没有政治问题;（五）组织被破坏和我没有关系;（六）我在领导武卫会进行反对帝国主义、国民党的斗争中是有成绩的。这些事实不但完全推翻了栽赃诬陷者的谎言,而且也暴露出了以谎言骗党者的反动立场和动机。当年4月20日中共第六届中央委员会第七次扩大会议通过的《关于若干历史问题的决议》系统地批判了第三次"左"倾路线,但同时却肯定了:"我党……提出了……在六个条件（指《中国人民对日作战基本纲领》）下愿同各界人民建立民族武装自卫委员会,在1935年8月1日发表了《为抗日救国告全体同胞书》,号召成立国防政府和抗日联军等,这些也都是正确的。"这个《决议》从正面证实了我和武卫会党团在1934—1936年间的工作,是完全符合党的路线和要求的。

康生不但不肯根据党的上述《决议》和《结论》给我和武卫会平反冤案以减轻自己的罪责,而且反倒指使陕甘宁边区政府保安处在肯定我没有任何政治问题的历史审查结论中对我和武卫会栽赃诬陷,说我:"在一九三五年十月自动摆脱和中央的关系,'武卫会'成立后就因袭了'左'倾关门主义作风,继续坚持'左'的策略观点和动员群众的冒险办法,执此反对'临委'、'文委',反对的意见基本上是错误的"等等。我要求中央组织部根据党的文件和我所列举的（也是武卫会的有关干部和群众都能证明的）事实,给我作出平反结论,推翻康生所强加给我和武卫会的诬陷不实之词,并给康生以应有的惩处。但是由于康生既是我的被告又是我的法官,我所得到的回答,只能是一个强制性的决定,把康生给我和武卫会的强加之罪作为我的

"历史上的暂予保留的问题"，写进1946年所作的给我恢复党籍的决定，而把我的全部要求，弃置一旁，迫使我和武卫会继续蒙受不白之冤！我只得一方面以《声明书》的形式坚持自己意见，另一方面不断地要求早日就"暂予保留的问题"作出结论。但是，没有想到1958年，康生竟以"林里夫一贯好在党内打官司，向党作斗争，这一次就要使他这一辈子再也没有可能再在党内打官司、向党作斗争了"为理由，把我打成"资产阶级右派分子"，并把和我一道为坚持党的方针、政策和路线而斗争的中共中国科学院经济研究所支部及其领导下的群众也都打成"林里夫反党集团"。由于党支部书记狄超白（中国科学院经济研究所第一任党员所长）不同意这一诬判，而把狄打成"反党分子"，然后再把"林里夫反党集团"改名为"狄超白、林里夫反党集团"。从此，我和武卫会的冤案就更加难获平反与昭雪，而宋庆龄的武卫会主席的历史也就无法再见天日了！

　　1966年"文化大革命"一开始，我就向毛主席上诉，要求以我和武卫会的政治冤案为中心审查谁是内奸，作出结论。同时还要求查明康生究竟是个什么人？毛主席指定第506号中央专案组把我和周扬的案件一齐审查。1972年，506号专案组就已给我作出平反结论。由于康生及"四人帮"的干扰和阻挠，结论既未交我签字，更不送毛主席审批，被搁置起来。党的十一届三中全会以后才由中共中央组织部继续审理，并在邓小平的先后批示下，逐步克服阻力，逐一作出平反结论。1984年5月，中共中央组织部在《关于林里夫同志历史保留问题的复查平反结论》中肯定了以下事实："林里夫同志1929年入党，1934年至1936年7月在上海任中国民族武装自卫会党团书记"，"林里夫同志在武卫会期间工作是努力的，在革命处于困难时期政治上是坚定的，对敌斗争是坚决的，在领导武卫会为实现《中国人民对日作战基本纲领》而进行的反对帝国主义和国民党的斗争中，做了许多工作，是有成绩的。林里夫同志在远离中央的情况下，就当时所看到的文件和领会的精神进行工作，依旧是以党所制定抗日反蒋的策略路线为准是正当的。原陕甘宁边区保安处 1946 年 4 月对林里夫同志的审查结论中所说的‘武委会成立后因袭了过去的关门主义作风’，‘依然坚持着左的策略观点和动员群众的冒险办法’，予以否定。”“1946 年 6 月中组部《关于林里夫同志党籍问题的决定》中所保留的问题应予撤销，林里夫同志这段历史以此结论为准，在此之前 1939 年 11 月康生主持中央社会部工作期间，决定以内奸罪名将林里夫同志送陕甘宁边区保安处关押达 7 年之久，党的‘七大’专案组及保安处的审查结论证明林里夫无政治问题，所谓内奸嫌疑，属于诬陷不实之词，应予推倒，彻底平反，恢复名誉，并消除因此而受到的政治影响。对于 1958 年中国科学院把狄超白和林里夫定为‘反党集团’，使林里夫同志受到冤屈，予以平反。”

根据这一平反结论，现在我有权利和义务主张把宋庆龄在 1934—1937 年间担任中国民族武装自卫会筹备会主席的履历及武卫会总会和国内外各级分会为实现《中国人民对日作战基本纲领》而进行的斗争写进中共和宋庆龄的革命关系史中。因为宋庆龄率先在中共提出的《中国人民对日作战基本纲领》上签字，中共武卫会党团始终是以宋庆龄主席的名义展开对敌斗争的。宋庆龄也是自觉自愿地为武卫会的存在和发展作出自我牺牲的。武卫会的全体会员，也都以宋庆龄为武卫会总会的主席而自豪。我认为：为了抹杀或贬抑武卫会历史而阉割宋庆龄这段革命历史和功绩，将会受到全国人民及其子孙后代的应有的谴责。

（原载《上海党史研究》1993 年第 1 期）

王纪华与武装自卫会

　　1934年8月1日,中国民族武装自卫委员会筹备会(简称"武卫会")一公开宣告成立,就被蒋介石宣布为共产党的非法团体,下令特务组织进行"围剿"。武卫会主席宋庆龄接到的威胁信说:"你如果继续活动,我们就要对你不客气了。"在这样的白色恐怖异常严重的条件之下,王纪华同志毅然决定加入武卫会来实现《中国人民对日作战基本纲领》而进行斗争,并且成为创建武卫会上海市分会的第一批骨干。

　　王纪华同志的突出成绩首先就是同其他会员(顾准、李建模等)一起有计划地利用在"青年会读书会"学习和讨论马克思主义的机会宣传武卫会的《抗日救国六大纲领》(1935年毛泽东同志的用语),把思想进步的青年吸收到武卫会中。他们在当年9月16日读书会第一期结业时,特意举行了纪念"九·一八"三周年大会,邀请章乃器、沈体兰(上海麦伦中学校长)等知名人士参加。在大会上由顾准公开宣读了武卫会成立宣言和《中国人民对日作战基本纲领》。后提出成立民族武装自卫会分会的动议,得到二百多人中的绝大多数的赞成,当场推举出包括章乃器、沈体兰、顾准、王纪华在内的十几个筹备委员。虽然筹委会只开过一两次会议，就根据武卫会的指示，为了保证组织安全而停止了活动。但这次行动却在青年会读书会会员中扩大了武卫会的政治影响，为其后发展组织造成了有利的条件。

王纪华同志在创建武卫会上海市分会工作中的重要成就是：在李建模的帮助下，利用了原在中华职业教育社所办的商学团的主要负责人的地位和关系，首先在商学团及其所属各职业补习学校中秘密发展武卫会会员，建立起武卫会基层组织，然后组建成立沪中区分会。到1934年末，在王纪华同志的直接领导之下的基层单位及其主要会员计有：

①商学团小组：韩曼松、尉迟缨、顾嘉玉；

②国难教育社小组：李松年；

③宁波同乡会小组：杨元康；

④南京路小组：李云、李寅甫、陈凤鸣、杨秉芳、姜坎庐（谢胥浦）；

⑤永安公司小组：张宏远；

⑥国货公司小组：李伟炯；

⑦三友实业社小组：刘仲芳、沈静芷；

⑧家庭工业社小组：汤仲毅；

⑨仁济医院小组：高力享；

⑩银行业小组，其中

国泰银行：杨子华；

辛秦银行：张承宗；

⑪中国征信所小组：王璧澄；

⑫商务印书馆小组：周静（唐勋）、吴子良（吴佐臣）；

⑬生活书店小组：朱晓光、毕子桂；

⑭江海关小组：程俊、吴进元、吴拯黎、严雪鸿、殷之铖。

1981 年，王纪华同志告诉我说，这些会员，在长期艰苦而伟大的革命斗争中，除了光荣地为国捐躯者外，都已成了党和国家的高级干部，正在为我国社会主义现代化建设而发挥着自己的才智。

1935 年"新生事件"一发生，武卫会就为了掀起全国人民的抗日反蒋运动高潮而先后指示上海市分会立即发动所属区分会（沪东、沪西、沪中、南市、闸北各分会）组织《新生》读者会及"杜重远后援会"，动员全市人民以要求《新生》复刊，立即释放杜重远为中心，展开争取抗日爱国自由及一切民主权利的各种形式的斗争。王纪华同志以武卫会上海市分会直属三人小组成员的身份领导了有关组织，出色地完成了这一战斗任务。他的突出成就是：在中共上海中央局于当年 7 月遭到敌人的破坏、中共武卫会党团也遭到敌人的袭击和围攻，不得不实行战略退却期间，王纪华同志创办了《斗生》半公开的刊物，不但发表了一些有分量的分析政治时事的文章，动员广大群众开展募捐写信慰问杜重远的轰轰烈烈的运动，并以齐进笔名发表了《抗日志士杜重远访问记》，把杜重远的狱中见闻及呼声传达给全国人民："我们不要一昧地向走狗之走狗谈什么保障人权的话，只有抱着'破釜沉舟'与'背城借一'的决心来掀起广大的民族自卫的武装战争，向日本帝国主义与一切卖国的汉奸奴才们算一笔总账！"（见《斗生》第 5 期）。又以编者名义在《老实话》栏中写出《"九·一八"四周年》短文，把武卫会的《抗日救国六大纲领》中的五条简括地发表出来，并且号召："同胞们，我们全国总动员起来，打倒不许我们抗日的汉奸，打倒日本帝国主义，援助东北义勇军，争取抗日言论出版集会结社的自由，为民族解放而斗争！"（见《斗生》第 6 期）。与此同时，还大量翻印《中国人民对日作战基本纲领》向国内外分发。

1935年7月，在国民党上海地方法院开庭审判杜重远时，王纪华亲自率领杜重远后援会的一部分会员去参加胡子婴、沙千里等的抗议斗争。当国民党法官在日本帝国主义代表监视之下宣告判处杜重远一年零两个月的徒刑时，立即带领旁听群众一致愤怒高呼："打倒日本帝国主义！打倒卖国的走狗蒋介石！坚决要求无罪释放抗日爱国志士杜重远！"等等口号，接着一齐掏出准备好的铜元、石子及抗日反蒋的传单向国民党法官和日本帝国主义代表的头上掷去，使法院秩序大乱，法警呆若木鸡，反动法官和日寇鹰犬抱头鼠窜。在场的一位《密勒氏评论周报》记者跷起大拇指对群众说："中国人有骨气！今天法庭上的这场'天女散花'演得好，演得好！"

王纪华同志的一生是为中国人民的民族、民主和社会主义革命事业从不计较个人名利地位而进行无私奉献的一生！他在临终的病榻上还在孜孜不倦地为《退休生活百科全书》和《中学生百科知识日读》上海版的完稿而忍痛操劳！

王纪华同志的革命事迹永远值得我们怀念，他的高尚的思想品德永远值得我们敬仰和学习！

（原载《王纪华纪念集》，1995年）

后 记

林里夫同志去世后，他的夫人胡柏琴同志向中国社会科学院领导提出出版林里夫文集的愿望。其后，在院科研局和经济研究所的帮助下，《林里夫集》纳入了申报编辑程序。

胡柏琴同志及其子女收集整理林里夫同志的文稿（含手稿），送交经济研究所裴俊生编审编选，之后由科研处交林里夫同志离休前所在支部负责人经济思想史研究室裴小革研究员校选，随后上交中国社会科学院有关部门审定、纳入出版计划。

《林里夫集》在经济研究所内的编辑程序，原拟由从上个世纪50年代就与林里夫同志相识相知、亦师亦友的晚学裴俊生同志承担，但是他因健康需要而邀约长期与老专家接触的韩孟同志共同完成。

《林里夫集》的编辑出版受到了经济研究所许多同志的关切和帮助。特别是曾经担任经济研究所所长职务的赵人伟研究员、副所长林青松研究员和在经济研究所从事生态经济研究的程福祜教授的关切。在此，我们受胡柏琴同志嘱托谨向所有关心与支持《林里夫集》编辑出版的同志和朋友们表示深深的谢意。

编者

2007 年 1 月 21 日脱稿

作者主要著作目录

边区各乡各区民政府选举运动的总结 《解放周刊》第1卷第21期，1937年10月30日

论国家企业实行成本核算的必要性 《东北经济》第5期，1948年8月15日

统计工作的阶级本质及其终极目的 《统计工作》第1卷第6期，1950年10月20日

论编制物价指数的新方法——综合公式 《统计工作》第2卷第4期，1951年2月

关于统计与计划、业务的关系问题 《统计工作》第3卷第1期，1951年5月31日

苏联社会主义经济问题讲义初稿 中共中央东北局党校出版，1954年3月

论决定我国过渡时期的各种生产底社会形态的基本经济法则 《经济研究》1955年第2期

论社会主义的生产目的 《经济研究》1984年第2期

鞠躬尽瘁坎坷一生——狄超白传略 《中国当代经济学家传略》（三），辽宁人民出版社，1989年

宋庆龄和中国民族武装自卫委员会 《上海党史研究》1993年第1期

作 者 年 表

林里夫，曾用名：林云青、林立甫、老白。

1909 年

11 月 26 日出生于辽宁省西丰县。

1927 年

考入北京大学。

1928 年

参加革命。

1929 年

1 月赴日本留学，9 月 1 日在日本东京加入中国共产党。

1931 年

3 月回到北平，5 月任中共北平市西城区委书记。

1931 年

"9·18"事变后，由中共河北省委决定转往上海工作；同年 12 月，在南京任"北平各大学学生南下示威团"临时党团书记。

1932 年

在上海"1·28"战争中任"中国左翼文化总同盟外兵工作委员会"日兵科长，后兼任该会主席（进行瓦解日军工作，帮助 19 路军抗战），战后任"中国左翼社会科学家联盟"常委研究部长。

1932 年

6 月任中共北平市文委书记、"9·18 周年纪念筹备委员会"党团书记，后任中共北平市委宣传部长。

1933 年

任中共天津市委宣传部长兼中共天津市委秘书长。

1934 年 4 月—1936 年

在上海任中共中国民族武装自卫委员会筹备会党团书记兼宣传部长（简称"武卫会"总会，宋庆龄任主席），为反对蒋介石发动的国内战争，实现《中国人民对日作战基本纲领》及建立"广泛的抗日民族统一战线"——既反对关门主义，又反对投降主义——对党内外的阶级的和民族的敌人进行了殊死的斗争。

1937 年

在延安任中华苏维埃共和国临时中央政府西北办事处内务部秘书、兼陕甘宁特区民主政府选举委员会秘书、陕北公学政治经济学教员。

1938 年

任陕甘宁边区政府主席团秘书。

1939 年 11 月—1946 年

因被康生诬陷为内奸，被开除党籍，关进陕甘宁边区保安处，遭到酷刑、迫害达七年之久。

1945 年

中共"七大"专案组"审查结论"证实：不但所谓内奸罪状全无事实根据，相反肯定了林里夫领导"武卫会"在进行反对帝国主义和国民党的斗争中是有成绩的。

1946 年

陕甘宁边区保安处做出林里夫无政治问题的历史审查结论，由安子文以中央组织部名义恢复林里夫党籍。但康生又把新的栽赃诬陷作为"林里夫历史上的暂时保留问题"写进恢复党籍的决定中。

1947 年

秋，在哈尔滨任东北行政委员会经济委员会资料室主任。

1948—1949 年

任东北财经委员会（后改名为东北计划委员会）调查统计处副处长。

1950—1952 年

任东北人民政府统计局副局长，后兼任东北计划统计学院副院长（现东北财经大学）。

1952—1954 年 10 月

任中共东北局党校政治经济学教员及教研室主任。

1954 年

10 月调任中国科学院经济研究所研究员。

1955 年

2 月与中国科学院经济研究所所长狄超白共同创办党的经济理论刊物《经济研究》杂志，任副主编。1956 年兼研究生导师、北京大学经济系《资本论》教授。

因撰文论述我国过渡时期的基本经济法则，于 1957 年被错误地作为政治问题遭到批判。

1958 年

3 月被划为右派，开除党籍。同年 5 月又被诬为"反党集团的组织者、领导者"，后改称为"狄超白、林里夫反党集团"，取消工资、级别和干部待遇，监督劳动 21 年。

1978 年

12 月中共中国社会科学院经济研究所党支部做出"改正林里夫同志被错划右派分子的决定"。

1983 年

任第六届全国政协委员。

1984 年

5 月 25 日，中共中央组织部下发"关于林里夫同志历史保留问题的复查平反结论"的通知，撤销历史保留问题，推倒康生所强加的一切诬陷不实之词，为林里夫同志彻底平反，恢复名誉；对于 1958 年中国科学院把狄超白、林里夫定为"反党集团"，使林里夫同志受到冤屈，予以平反。

1985 年

4 月中共中国社会科学院经济研究所分党组做出决定，重申"狄、林反党集团"是冤假错案，予以彻底平反。

1989 年

12 月离休。

2001 年

4 月 16 日逝世。